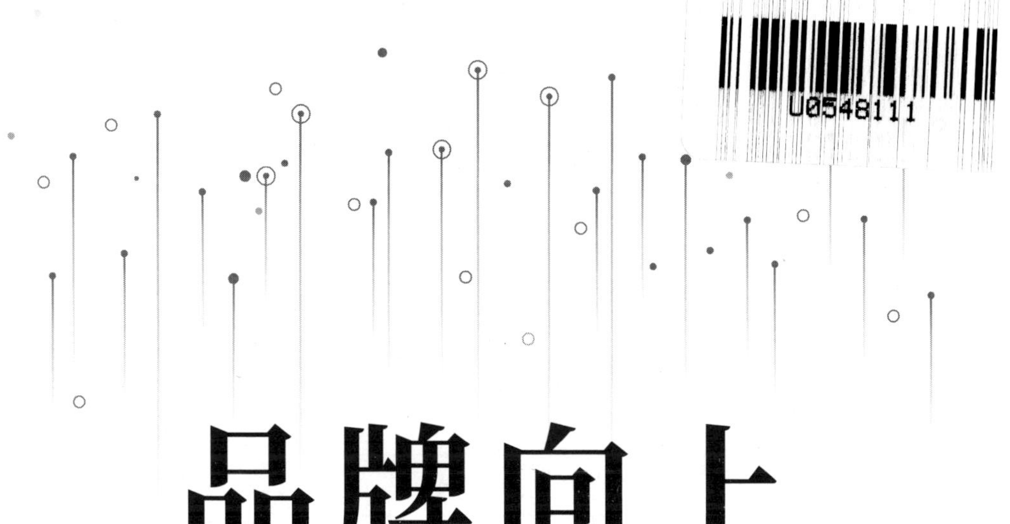

品牌向上

|新能源汽车篇|

杨一翁◎著

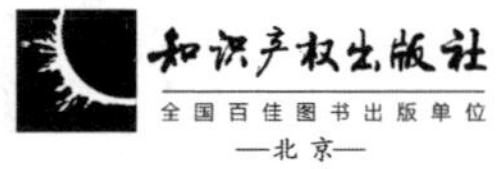

图书在版编目（CIP）数据

品牌向上. 新能源汽车篇 / 杨一翁著. —北京：知识产权出版社，2024.6
ISBN 978 - 7 - 5130 - 8614 - 1

Ⅰ. ①品…　Ⅱ. ①杨…　Ⅲ. ①品牌战略—研究—中国　Ⅳ. ①F279.23

中国国家版本馆 CIP 数据核字（2023）第 002393 号

责任编辑：江宜玲　　　　**责任校对**：王　岩
封面设计：杨杨工作室·张冀　　　　**责任印制**：刘译文

品牌向上：新能源汽车篇
杨一翁　著

出版发行：知识产权出版社有限责任公司　　**网　　址**：http://www.ipph.cn
社　　址：北京市海淀区气象路 50 号院　　**邮　　编**：100081
责编电话：010 - 82000860 转 8339　　**责编邮箱**：99650802@qq.com
发行电话：010 - 82000860 转 8101/8102　　**发行传真**：010 - 82000893/82005070/82000270
印　　刷：三河市国英印务有限公司　　**经　　销**：新华书店、各大网上书店及相关专业书店
开　　本：720mm × 1000mm　1/16　　**印　　张**：27.75
版　　次：2024 年 6 月第 1 版　　**印　　次**：2024 年 6 月第 1 次印刷
字　　数：416 千字　　**定　　价**：88.00 元

ISBN 978 - 7 - 5130 - 8614 - 1

推荐语

品牌是企业连接顾客的情感纽带，学界和业界从未停止过探索如何通过品牌建设使顾客对产品的情感更牢靠。青年学者杨一翁从读博到执教至今十余年，一直潜心研究中国企业品牌打造与提升并产生系列成果，呈现在读者面前的本书是其又一力作。作者基于对中国新能源汽车行业主要案例的研究，提出推进中国新能源汽车品牌向上发展的四个核心命题——愿做用户企业、始于用户定位、重在用户共创、径为用户运营，并构建了相应的理论模型。在贯彻新发展理念、构建新发展格局背景下，这一研究具有重要的学术价值和实践意义。

孙国辉丨中央财经大学商学院教授、国务院特殊津贴获得者

因应消费升级，新能源汽车品牌纷纷进行“品牌向上”的努力。杨一翁博士设计了一个理论模型，深入调研 11 个品牌在这方面的尝试，他的发现对其他行业的品牌高端化也有启示。

周　南丨香港城市大学市场营销学系退休教授、2007 年度教育部企业管理学科长江学者讲座教授

在品牌向上的概念中，我认为：产品是“本”，自研技术是高端品牌的立足点；信念是“根”，是品牌创立的初心，企业和员工是否能践行直接影响高端品牌的生存；互联网运营模式是“术”，这里的运营分为企业本身的管理模式及用户社群打造的方法论，这些都是在企业“根”“本”下持续成为高端品牌的重要举措。

胡秀秀丨蔚来南通区域公司总经理

《品牌向上：新能源汽车篇》深入研究了中国汽车品牌的高端化趋势，以及11个令人瞩目的案例。作者的四个核心命题提供了有力的指导，使创建高端汽车品牌变得更加清晰和可行。这本书对于想要在竞争激烈的汽车市场脱颖而出的企业家和市场专业人士来说，绝对是不可或缺的。

姚　凯｜Credamo见数科技有限公司创始人、中央财经大学商学院教授

习近平总书记强调，“我们要成为制造业强国，就要做汽车强国”。建设现代化产业体系、满足人民日益增长的美好生活需要，中国汽车品牌高端化成为题中之义。杨一翁博士深刻洞见这一历史进程，在对11个国产汽车品牌进行全景式深入调查研究的基础上，提出了创建高端汽车品牌的四个核心命题，并构建了理论模型，既有卓越的理论创新，又有极强的可操作性，对中国汽车品牌高端化极具指导意义，发人深省，值得研读！

聂维月｜银川通联资本投资运营集团有限公司总经理

随着中国经济持续高速增长，出现了消费升级的明显迹象。在这一经济环境下，中国国内品牌高端化正蓬勃发展。本书以中国新能源汽车行业作为典型案例，深入研究了其中的11个品牌，并基于所得的见解，提出了四个核心命题，建立了具有广泛应用价值的理论模型。本书对中国品牌高端化的探索具有重要的启发作用，为我们更深入了解中国市场的发展趋势和品牌战略提供了宝贵的参考。

陈世智｜台湾高雄科技大学资讯管理系教授

本书提炼出中国汽车品牌高端化发展的路径，通过案例分析的方式展现了品牌向上的方法，值得品牌经营管理者和汽车行业人士阅读。

童泽林｜海南大学国际商学院副院长、教授、博士生导师

我国汽车工业的崛起是一条从“引进来”到“走出去”的高质量发展之路，在全球汽车产业链的发展中谱写着靓丽的中国篇章。中国汽车行业由大到强，亟须自主高端品牌的全面崛起。杨一翁博士多年来扎根于汽车行业开展深入研究，厚积薄发，凝练成此书中的四个核心命题，必将助推我国汽车行业自主高端品牌的建设进程。与君共享，不负时光。

陶晓波丨北方工业大学研究生院副院长、教授

21 世纪以来我国一直在践行创新强国战略，从之前的模仿式、改良式创新，逐步走向自主式创新；从之前的追跑、跟跑态势，逐步走向并跑与领跑态势，主要体现在微观产品层面，已经雨后春笋般地涌现出众多深入人心的品牌，其中新能源汽车行业尤为突出。随着百姓生活水平的不断提升和对美好生活需求的日益增长，品牌向上、打造高端是各行各业面临的挑战。本书以新能源汽车行业 11 家代表性企业为例，剖析它们在品牌高端化过程中形成的成功经验，综合构建出打造全新高端汽车品牌的理论模型。书中对案例的细节性分析、全方位对比及模型的概念化过程，对各行各业品牌的高端化运营均有着重要借鉴意义。

蒋贵凰丨北方工业大学经济管理学院副院长、教授

作者针对国内新能源汽车，如蔚来、理想、极氪、极狐、岚图等 11 家汽车公司走访调研，搜集详细的一手数据，最终提出了针对新能源汽车发展的四个核心命题，即：要成为用户企业来成就高端汽车品牌，找准高端汽车品牌定位，与用户共创极致体验以及基于互联网开展用户运营。全书基于大量的一手调研数据，案例丰富，结果呈现客观，解决办法落地，是现在难得一见的解决企业问题的有用书籍。

李　凡丨北京第二外国语学院国际商学院教授、企业管理方向学术带头人

我和杨一翁博士相识多年，他勤勉刻苦，笔耕不辍，著作颇丰，年轻有为。本人很荣幸能够有机会推荐他的这部新著。这部著作内容全面，理论扎实，研究了蔚来、理想、极氪、极狐、岚图、星途、坦克、魏牌、领克、高合、红旗11个高端品牌案例，既有学术前沿的探索，又有实践经验的总结。内容既有深度，又有广度。该著作研究了中国汽车品牌高端化，提出了四个核心命题，构建了理论模型。此书的出版有助于中国涌现出更多的高端品牌，助力中国实现由制造大国到品牌强国的转变！

李季鹏｜新疆财经大学工商管理学院教授

伴随中国经济迈入高质量发展的新阶段，中国制造除了需要强化技术创新之外，提升品牌价值、努力实现品牌向上跃升也成为题中之义。杨一翁博士的新著《品牌向上：新能源汽车篇》此时出版恰逢其时，以一个典型行业为读者提供了思考这一问题的切入视角。作为多年同事兼好友，我有幸见证了杨博士一路以来对于品牌管理研究的持续耕耘。本书采取多案例研究方法，并由此创新性地提出了中国汽车品牌高端化的理论模型，兼具理论深度、案例厚度与可读温度，期待读者们乐享悦读！

罗文豪｜北方工业大学科研院副院长

推荐序一

杨一翁博士和我是多年的同事、好友和球友，其正直、善良、谦虚和执着的品格一直让我深感钦佩。

这次他邀请我为本书作序，我深感自己在业内的知名度和影响力还不够。但他坚持让我来执笔，也是给予我一次跟本书读者交流学习的机会。

我跟一翁博士对汽车行业有着共同的研究兴趣。2002 年，我攻读管理学博士学位期间，关注到国外学者关于汽车精益生产的研究，发现他们的理论研究真正做到了“顶天立地”，这也吸引我此后选择到中国汽车技术研究中心工作了一段时间。加入北方工业大学后，一翁和几位同事也表达出对汽车行业的研究兴趣，因此我们于 2014 年共同发起成立了汽车产业创新研究中心，集中开展汽车产业发展和相关的企业管理问题研究，这在国内经济管理专业领域还不多见。

一翁博士是汽车产业创新研究中心团队的核心和骨干，他近年来先后完成了十余项汽车相关课题，并深度参与了五本汽车行业蓝皮书报告编撰工作。这期间，他也逐步成长为汽车行业的专家。

本书的灵感源于我们的一次日常聊天。2017 年年底，蔚来 ES8 正式上市。一翁博士问我：“蔚来融资速度挺快，好像定价非常高，你接触过这家企业吗?”

“蔚来是融资最大的造车新势力，定位在高端市场，我今年曾经去上海安亭蔚来总部调研过一次。”

“蔚来是模仿特斯拉吗?”

“蔚来不是机械模仿特斯拉，其创始人李斌是易车网的老总，有互联网经历，被称为‘出行教父’。以后你可以多关注下这家公司，关注造车新势力的管理问题。”

“从哪个点切入比较好？”

“蔚来说自己要成为第一家‘用户企业’，这是一个很好的概念。现在开展研究，可能是第一个从管理研究领域吃‘用户企业’这个螃蟹的。”

一翁博士是一个非常用心、对研究充满热情的人，这次交流后，他就很认真、执着地开展关于造车新势力，特别是关于蔚来的研究。

此后，发生了一段小插曲，蔚来差点儿“黄了”！2019年年末，整个新能源汽车面临价格高、充电基础设施不足、安全问题频发等问题，行业内多家企业相继破产和暴雷。蔚来也在资金链上出现问题，面临融资困难、股价狂跌等非常不利的困境。当时，一篇将李斌描述为“2019年最惨的人”的自媒体文章火遍了汽车圈。小鹏汽车创始人何小鹏后来形容蔚来当时已经进入ICU（重症加强护理病房），而小鹏已经在ICU门外。

一翁也跟我交流：“如果蔚来倒闭了，我们继续研究蔚来的价值还大吗？”我当时也对蔚来持悲观的态度，记得在一家互联网媒体的直播间，我建议蔚来的出路在于找一家财大气粗的传统企业进行股权转让。但从研究角度，我跟一翁讲，即使蔚来失败，其探索和实践无论是对传统企业还是对新创企业，以及理论探索，都是有意义的。

出乎很多人的预料，蔚来“起死回生”。合肥市政府在一片疑惑声中，果敢向蔚来注资70亿元。2019年后半段，蔚来销量持续上升，12月底销量突破了3000辆，产品销售产生了较好的资金流。中国新能源汽车市场化开始逐步启动起来，并在2020年整体渗透率达到了5%——创新产品实现突破的重要节点。合肥市政府对蔚来的投资获得了几十倍的回报，成为地方政府投资的一个经典案例。

一翁博士基于用户企业的成果也首次发表，《用户体验因素和类型影响品牌资产机理探讨——来自“用户企业”蔚来汽车用户体验数据的实证研究》一文见刊于《中央财经大学学报》2021年第7期。在这段时间，我们也指导研究生完成了多篇关于蔚来商业模式和用户体验的硕士学位论文。

随着研究的逐步深入，除“用户体验”外，一翁博士关注到了一个更有意思的研究问题——“中国汽车品牌高端化”。

在蔚来之前，中外汽车合资近 40 年的历史中，20 万元成为中国汽车品牌售价的天花板，几乎没有一个品牌真正突破过。在合资合作的过程中，国有汽车集团一定程度上患上了“合资依赖症”，民营汽车企业如吉利、奇瑞都是从几万元的车入手，依靠性价比从合资品牌手中获得了一定的市场份额，但到了 20 万元，几乎看不到自主品牌的身影。

汽车电动化、智能化和网联化开启了中国汽车发展的新时代，一大批中国造车新势力如雨后春笋般涌现出来。在市场的严酷考验下，虽然很多品牌和企业折戟沉沙，有的终结于 PPT，有的融资不畅，有的产品无法量产，也有的在量产后得不到市场认可。大浪淘沙，以“蔚小理”——蔚来、小鹏、理想为代表的十多家企业却成功跨越了巨大的挑战，实现了从 0 到 1 的突破。

最难能可贵的是，中国企业第一次出现了真正市场化的高端品牌——蔚来和理想等，根据对企业的调研和第三方调查数据，其用户很大一部分来自 BBA（奔驰、宝马和奥迪）用户。

蔚来和理想品牌高端化的初步成功，鼓舞着汽车行业的奋斗者们。在此前后，高合、极狐、岚图、极氪、阿维塔等品牌纷纷成立，并取得了一定的市场销量。高合、仰望等品牌更是要冲击豪华车细分市场。而宝马、奔驰、奥迪、雷克萨斯、英菲尼迪、林肯等豪华品牌均无法推出像其燃油汽车时代一样具有市场号召力的智能电动汽车产品。

中国汽车品牌如何成功实现高端化？这是一个来自中国管理实践的全新研究课题。一翁博士着手开展了品牌高端化的研究，以案例研究为主，并结合大量的访谈、二手资料和问卷调查。此后不久，他以“中国汽车品牌高端化的理论模型与实践路径研究”为题撰写申请书，成功申请并获批了教育部人文社会科学研究项目。

我非常看好一翁博士探索这个新课题，鼓励他深入研究，讲好这一激动人心的中国故事。我也认为汽车行业是产品单价十万级、产量百万级、市场千万级的，兼具高端技术、传统工业和时尚产品特点的独特产业，也是最能反映一个国家综合产业竞争实力的产业。汽车品牌高端化的成功代表了中国工业已经具备了全球高端制造的竞争能力。

一翁博士决定对市面上所有的中国高端新能源汽车品牌进行案例研究，这也成为本书的由来。如何界定“高端”呢？我们也多次研讨，最后确定了三条选择标准：一是自主品牌；二是已量产并交付；三是平均售价接近 20 万元或以上，且主力车型售价不能低于 20 万元。基于以上标准，选取了 11 个品牌：蔚来、理想、极氪、极狐、岚图、星途、坦克、魏牌、领克、高合、红旗。

今天，经过五年多的时间，在大量调查研究和长期反复思考的基础上，一翁博士关于汽车品牌高端化的研究逐步成熟，《品牌向上：新能源汽车篇》一书终于成稿。关于中国自主品牌如何走高端之路，书中形成了如下七大核心观点：

第一，成为“用户企业”的坚定信念是创建高端汽车品牌的护城河。

第二，定位是创建高端汽车品牌的出发点。

第三，与用户共创极致体验是创建高端汽车品牌的核心。

第四，基于互联网的高效用户运营是持续提升高端汽车品牌绩效的方法论。

第五，核心技术是创建高端汽车品牌的立足点。

第六，强有力、稳定、跨界融合的领导是创建高端汽车品牌的保障。

第七，渠道成员协同共生、线上线下融合是高端汽车品牌在保障一致体验的同时快速拓展市场的关键。

我比较认可他关于品牌高端化的这一阐述，这一阐述一方面源于新能源汽车产业的最新实践，另一方面是互联网行业与汽车行业相互融合的结果。从理论上看，当前还很少有关于品牌高端化的系统性理论成果。基于我的了解，本书是国内第一部关于品牌高端化研究的系统理论成果。

比较欣喜的是，一翁博士因在此方面的研究成果突出，已经成功入选“北京市属高校教师队伍建设支持计划优秀青年人才”，说明其成果已经得到了学界的初步认可。目前，一翁博士也计划将品牌高端化的研究从汽车行业逐步拓展到其他行业，如手机、白酒、啤酒、服装、化妆品、茶、乳制品行业等。

一翁博士对中国品牌高端化的研究对他个人而言仅是走出了第一步，相关的理论构建还需要接受学界同人的批评并不断完善。后续希望有更多的研究者能够关注这一领域，尽快建立起更为系统、更有深度的品牌高端化理论体系。

从一翁博士的成果中，我也越来越感觉到，学界与业界需要更紧密的连接，一方面跟踪业界的最新实践开展研究，另一方面将研究成果面向学界和业界开展交流，能够进一步传播优秀企业的先进做法，推动学界和业界的共同进步。

感谢大家关注到杨一翁博士新的研究成果，也祝愿品牌高端化研究领域能够产出更多原创性的研究成果。

纪雪洪

北方工业大学汽车产业创新研究中心主任、MBA 中心主任、教授

推荐序二

为了提高中国制造产品的质量，提升中国企业在国际市场的竞争力，2017年，国务院将每年的5月10日设立为“中国品牌日”。其旨在强化企业和全社会的品牌意识，推动企业创建更多的国际知名品牌，促进中国制造的品牌与产品走向世界。通过实施品牌战略，有利于提升中国国家品牌形象，也有利于吸引优质投资助力创建更多的国际知名品牌。

近年来，在国家政策的引导和各方面共同努力下，“中国制造”的形象已经大为改善，一些行业的知名品牌不断涌现。特别是在新能源汽车行业，中国出现了蔚来、理想、极氪等一批高端汽车品牌，比亚迪更是推出了百万元级的“仰望”品牌。中国新能源汽车的“品牌向上”，受到国内外消费者和汽车企业的关注，带动了中国品牌向高端化发展，也引起了投资资本的重视。

杨一翁博士多年来一直从事品牌管理相关研究，其著作《品牌向上：新能源汽车篇》，研究了中国新能源汽车企业力创高端品牌的实践和案例，提出了创建高端品牌的四个核心命题，构建了创建高端品牌的理论模型等，很值得努力创建国际知名品牌的企业和研究品牌理论的学者阅读。

刘　韧

中国投资协会副会长

国际投资专业委员会会长

前国家粮食局外事司司长

自　序

曾几何时，20 万元是中国自主汽车品牌难以突破的售价天花板。今非昔比，市面上平均售价超过 30 万元的中国自主汽车品牌比比皆是：蔚来、理想、极氪、岚图、高合……它们是怎么做的？它们做得怎么样？哪些因素影响品牌高端化的成败？

为了讲好“品牌向上”这段在中国汽车产业高质量发展过程中出现的新的中国故事，我们选取了 11 个中国自主高端汽车品牌进行多案例研究，它们是：蔚来、理想、极氪、极狐、岚图、星途、坦克、魏牌、领克、高合、红旗。我们深度访谈了数十位上述品牌的高管、普通管理者、员工、汽车行业专家、汽车媒体人等；我们还深度访谈了大量以上品牌的车主；同时，我们尽可能全面地研究了这些品牌的领导者和高管的访谈、演讲及讲话等。通过案例分析，我们提出如下**七大核心观点**。

第一，成为“用户企业”的坚定信念是创建高端汽车品牌的护城河。我们将“用户企业”定义为：“与用户共创极致体验，从而赢得极高用户满意度的企业。”蔚来号称“要成为全球范围内第一家用户企业”。蔚来创始人李斌说：“蔚来希望成为全世界用户满意度最高的公司，这就是我们的初心。”[394] 用户满意度是用户企业的最高目标，长期实现盈利是其自然的结果。蔚来“用户企业”商业模式备受瞩目，极氪、领克、极狐、岚图、魏牌、高合等品牌纷纷效仿。极狐事业部前总裁于立国表示：“我对蔚来的用户服务有深度观察，个人也很欣赏。我认为蔚来的‘护城河’在于用户本身和用户型企业的信念。”[710]

第二，定位是创建高端汽车品牌的出发点。理想“奶爸车”的定位闻名遐迩、深入人心。理想创始人李想说：“我认为性能、配置、功能、体验这些事情是第二位的……第一重要的其实是（定位）战略。”[729] 通过定位战略成功打造爆品是理想成功创建高端汽车品牌的最大秘密。凯文·莱恩·凯勒的《战略品牌管理》被誉为“品牌圣经”，它将定位列为创建品牌资产的第一步。可见，无论是业界还是学界，都将清晰、独特、一致的定位作为创建国际知名品牌的出发点。高端汽车品牌也不例外：一开始就要找到清晰、好界定的目标顾客；一开始就要选好清晰、独特的定位；一开始就要找到一群认同品牌价值观、志同道合的目标用户，后期进行用户运营才会更有效率，才能更好地驱动用户进行共创。同时，正如理想“一直聚焦于家庭用户市场”，保持定位的一致性也很重要。极狐、魏牌、红旗等案例还表明，当企业遭遇发展困境、想要重塑品牌、力推转型升级时，首先要做的是重新定位。

第三，与用户共创极致体验是创建高端汽车品牌的核心。品牌忠诚是最高等级的品牌资产。如何让用户忠诚？如何使用户成为品牌积极主动的“推荐者”？工信部资助的中国顾客满意度指数（China Customer Satisfaction Index，C-CSI）报告发现，只有令用户“极度满意”才行。那么，如何让用户极度满意呢？唯有超越用户期望的极致体验。蔚来最早在汽车行业强调“极致用户体验”，如今几乎所有汽车品牌都意识到用户体验的重要性。在此基础上，极氪进一步提出“共创”，正如极氪首席执行官安聪慧所言：“极氪愿景使命是我们要共创极致体验的出行生活。”[360]于是，绝大多数汽车品牌不再单方面为用户“提供”体验，而是与用户“共创”体验。例如，蔚来与用户共创产品、服务、数字、生活方式“四种体验”；领克与用户共创产品、沟通、价值和社交“四大体验”；坦克与用户进行产品、生态、服务、内容和公益“五大共创”。

第四，基于互联网的高效用户运营是持续提升高端汽车品牌绩效的方法论。自从小米提倡“参与感”，汽车企业也认识到用户“参与感”的重要性，都想与用户共创。极氪副总裁赵昱辉提出一个关键问题：“用户凭什么花时间、花精力、付出情感和品牌共创？”[511]我们认为解决之道在于“基于互联网的用户运营”。极氪运用金字塔模式进行用户运营，使用户逐步完成“关注者→信任者→拥趸者→共创者”的升级，促使品牌关系不断升温。蔚来的用户运营模式融合了创新的涟漪模式（满意的核心用户→一般用户→品牌向往者→品牌关注者）与传统的漏斗模式（关注→兴趣→欲望→购买），借助极度满意用户的口碑推荐不断提升品牌资产与财务绩效，并形成良性循环。与此同时，坦克、魏牌用户运营高级总监顾华军提醒我们注意：品牌价值观、成为用户企业的坚定信念是“道”，而基于互联网的用户运营是“术”。蔚来南通区域公司总经理也强调：信念是“根”，互联网用户运营模式是“术”。两者切不可本末倒置。

第五，核心技术是创建高端汽车品牌的立足点。2020 年 7 月 23 日，习近平总书记在视察中国一汽时强调：“一定要把关键核心技术掌握在自己手里，要立这个志向，把民族汽车品牌搞上去。”[715] 一汽前董事长徐留平在谈及此问题时，强调要“努力到不能再努力，创新到不能再创新”。[757] 上汽与华为的“灵魂之争”备受瞩目，反映了通过自主研发掌握核心技术的重要性。高端品牌要有高端产品，高端产品要有高端技术，高端技术依靠研发与创新，通过自主研发来掌握核心技术至关重要。在传统燃油汽车时代，我们在核心技术上屡屡受制于人，被人“卡脖子”“牵鼻子”。进入电动化、智能化、网联化的汽车“新三化”时代，通过自主研发掌握核心技术，是中国自主新能源汽车品牌，特别是高端品牌，实现“换道超车”的深层原因。

第六，强有力、稳定、跨界融合的领导是创建高端汽车品牌的保障。在徐留平强有力的领导下，红旗于 2017—2022 年创造了年销量 65 倍增长的中国新“旗”迹。除了强有力的领导，蔚来、理想、极氪等成功案例的高管团队构成还呈现出多元化的特征，兼具汽车行业从业经历、智能驾驶技术背景、互联网基因、互联网用户运营经历。著名财经作家吴晓波称“互联网精神”与“用户思维”为汽车企业插上了“两个翅膀”。[633] 与此形成鲜明对比的是，一些绩效较差的案例企业高管变动如“走马灯”一般，这导致其成为用户企业的信念不够坚定，也造成定位的混乱等问题。

第七，渠道成员协同共生、线上线下融合是高端汽车品牌在保障一致体验的同时快速拓展市场的关键。之前，传统燃油车企广泛采用授权经销商的渠道模式，而造车新势力则普遍采取直营的渠道模式，两者泾渭分明。直营模式的主要优势在于定价一致、用户体验好、成本可控、有利于信息收集。但直营模式存在一些弊端，如成本高、难以迅速提升销量、覆盖不了足够多的区域、困难时刻无人共担风险、管理难度大。现在，无论是传统燃油车企，还是造车新势力，其渠道模式都出现了融合的趋势。我们认为未来汽车行业理想的渠道模式是“授权经销商+直营”的复合型渠道模式，同时线上线下融合，从而在保障全过程、全场景一致的用户体验的同时，还能快速拓展市场。

以上为本书的七大核心观点。

本书的顺利出版得到各方的热情帮助，在此致以最诚挚的感谢！

感谢各位大咖在百忙之中为本书撰写推荐序与推荐语！他们分别是纪雪洪、刘韧、孙国辉、周南、胡秀秀、姚凯、聂维月、陈世智、童泽林、陶晓波、蒋贵凰、李凡、李季鹏、罗文豪。

感谢我的学生在本书撰写过程中的辛勤付出！

杜紫叶丰富了第二章第一节“品牌向上”的文献综述，主笔撰写了第二章第二节“品牌重塑”的文献综述，并撰写了本书第六章第三节坦克案例、魏牌案例和第七章红旗案例的初稿。

彭磊参与了第三章蔚来案例的调查研究工作。

丁梦悦参与了第三章蔚来案例的撰写，并撰写了第四章理想案例的初稿。

孟含章为第六章第三节极狐案例的数据收集作出了很大贡献。

张耀丹深度参与了第六章第三节高合案例的调查研究工作。

靳瑞杰认真、仔细、全面地梳理了全书的参考文献。

张辉更新了全书的数据与图表，补充了数据来源和资料来源。

赵春晓、鲁子薇、赵芯、付双参与了本书的数据收集工作。

杨一翁

2023 年 11 月 16 日于北方工业大学励学楼

目　录

| 第一章 |

中国新能源汽车品牌向上

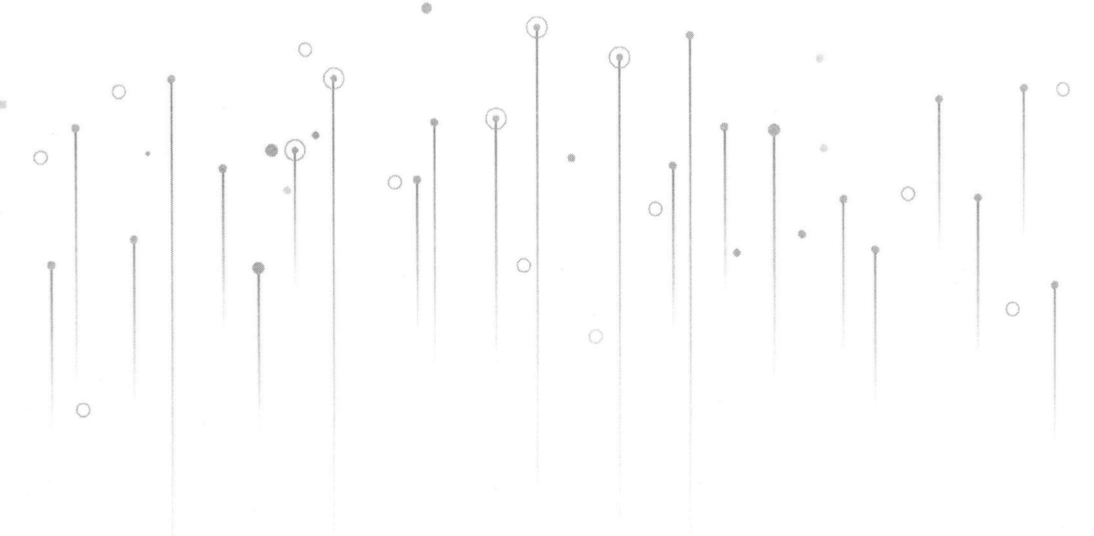

理想
HONGQI
EXEED
星途
ZEEKR
VOYAH
TANK
NIO
HiPhi
高合
WEY
ARCFOX
极狐
LYNK&CO

一、中国消费升级浪潮

改革开放以来，中国经济高速发展。据国家统计局的数据，1978 年中国 GDP 总量为 3 679 亿元；2023 年，中国 GDP 总量飞升到 1 260 582 亿元，45 年增长了 300 多倍。[412] 与此同时，中国居民的收入也水涨船高。1978 年，全国居民人均可支配收入仅为 171 元，到 2023 年全国居民人均可支配收入激增到 39 218 元，45 年也增长了 200 多倍。[412]

在此背景下，中国出现了消费升级浪潮，中国消费者越来越青睐高质量产品、名牌产品和高端产品。

针对新趋势，2017 年，习近平总书记在十九大报告中指出："中国特色社会主义进入新时代，我国社会主要矛盾已经转化为人民日益增长的美好生活需要和不平衡不充分的发展之间的矛盾。"

近年来，党和国家出台了一系列政策。

2015 年 5 月 8 日，国务院印发中国实施制造强国战略第一个十年的行动纲领——《中国制造 2025》。

2015 年 11 月 10 日，中央财经领导小组第十一次会议首提"着力加强供给侧结构性改革"。

2017 年，国务院批准将每年的 5 月 10 日设立为"中国品牌日"，以培养发展自主品牌，消费自主品牌的产品，助力供给结构和需求结构的升级。

2018 年 9 月 20 日，中共中央、国务院《关于完善促进消费体制机制 进一步激发居民消费潜力的若干意见》公布，为促进消费升级绘制了蓝图，明确提出：大力开展高端品质认证，推动品牌建设，培育一批能够展示中国产品优质形象的品牌和企业。

2021 年 3 月 11 日，十三届全国人大四次会议表决通过了"十四五"规划，提出"开展中国品牌创建行动，保护发展中华老字号，提升自主品牌影响力和竞争力，率先在化妆品、服装、家纺、电子产品等消费品领域培育一批高端品牌"。[500]

2022年7月29日，国家发展改革委等七部委联合发布《关于新时代推进品牌建设的指导意见》，提出“鼓励消费品行业发展个性定制、规模定制，在汽车、纺织服装、消费类电子、家用电器、食品、化妆品等领域，培育一批高端品牌、‘专精特新’企业”，**补充了汽车**、家用电器、食品三个行业，并**将汽车行业放在最前面**。[686]

二、中国新能源汽车突飞猛进

在消费升级的背景下，在国家战略与政策的指引下，中国企业纷纷进行“品牌向上”尝试，其中最典型的是新能源汽车行业。近年来，中国新能源汽车发展势头迅猛。2009年，科技部、财政部、发改委、工信部四部委共同启动了“十城千辆节能与新能源汽车示范推广应用工程”，拉开了中国新能源汽车发展的帷幕，2009年也因此被称为“中国新能源汽车元年”。但当时中国新能源汽车的销量仅为259辆，之后一路高歌猛进，到2023年销量已飞升至949.5万辆，[758] 如图1-1所示。

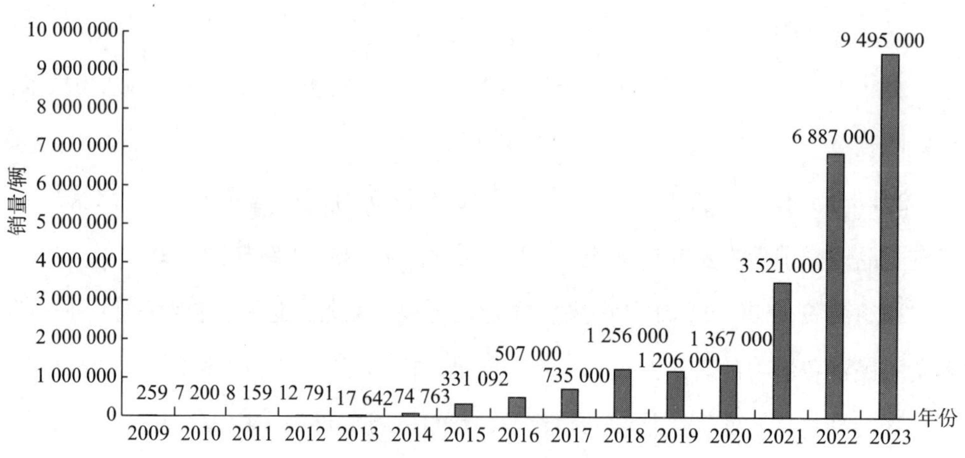

图1-1 中国新能源汽车2009—2023年销量

数据来源：中国汽车工业协会。

由图1-1可知，在过去15年中，除2019年主要受补贴退坡的影响销量略微下滑之外，中国新能源汽车的销量一路突飞猛进，近几年更是爆发式增长，

2023 年达到 949.5 万辆，同比增长 37.9%；据全国乘用车市场信息联席会发布的数据，2023 年中国新能源乘用车渗透率达到 35.7%，比 2022 年提升 8.1 个百分点，[758]已提前实现国务院办公厅印发的《新能源汽车产业发展规划（2021—2035 年）》提出的目标——到 2025 年“新能源汽车新车销售量达到汽车新车销售总量的 20%左右”。自 2015 年起，中国新能源汽车产销量连续九年位居世界第一。据中国汽车流通协会数据，2023 年，中国新能源乘用车销量占世界新能源汽车 63.5%的份额，可谓“一枝独秀”。[743]

三、中国新能源汽车品牌向上

“品牌向上”这一提法业界常用，学界通常使用“品牌高端化”。中国汽车品牌一直心怀“高端梦”，但在燃油汽车时代，中国汽车企业的多次“品牌向上”尝试均难言成功。中国新能源汽车的高速增长带给中国汽车品牌“弯道超车”的机会，近几年陆续出现了“造车新势力”创建的蔚来、理想和高合等高端新能源汽车品牌；传统汽车企业吉利、北汽、东风等也不甘落后，分别推出极氪、极狐和岚图等高端新能源汽车品牌；红旗、魏牌、坦克、领克、星途等之前主要生产燃油汽车的高端品牌也正在全面向新能源汽车品牌转型。数据显示，2022 年，中国新能源豪华汽车市场同比增长 49%。2022 年 4 月，比亚迪发布公告称，自 2022 年 3 月起停止燃油汽车的整车生产，全面转型新能源汽车业务。之后，其新能源汽车销量一路“开挂”，2023 年销量达 302.44 万辆，同比增长 61.86%，[397]问鼎 2023 年中国汽车市场销量冠军，超过新能源汽车行业昔日“老大哥”特斯拉 181 万辆的全球销量。[493]2023 年 1 月，比亚迪发布全新“百万元级”高端新能源汽车品牌“仰望”；2023 年 9 月，仰望 U8 正式上市，售价 109.8 万元。[588]

2022 年，中国纯电动汽车销量为 536.5 万辆，同比增长 81.6%，占中国新能源汽车销量的 77.9%。根据中国汽车技术研究中心终端零售数据，中国纯电动汽车各价格区间上险量排行如图 1-2 至图 1-6 所示。

40万元以上

品牌/车型	上险量/台	起售价/万元
蔚来ET7	22 910	45.80
蔚来ES7	13 746	46.80
蔚来ES8	13 505	49.60
高合 HiPhi X	4 349	57.00
保时捷 Taycan	3 292	89.80
奔驰 EQC	3 220	49.19
红旗 E-HS9	2 672	50.98
LYRIQ 锐歌	2 461	43.97
宝马 iX	1 684	74.69
奔驰 EQE	1 627	47.80

图1－2　2022年中国40万元以上纯电动汽车上险量排行

数据来源：中国汽车技术研究中心终端零售数据。

30万~40万元

品牌/车型	上险量/台	起售价/万元
蔚来 ES6	42 332	38.60
宝马 iX3	26 669	39.99
蔚来 EC6	17 265	39.60
宝马 i3	14 434	34.99
蔚来 ET5	10 400	32.80
小鹏 G9	6 332	30.99
智己 L7	4 654	33.88
奔驰 EQB	4 064	35.18
奔驰 EQA	3 423	32.18
飞凡 R7	2 935	30.25

图1－3　2022年中国30万~40万元纯电动汽车上险量排行

数据来源：中国汽车技术研究中心终端零售数据。

20万~30万元

品牌/车型	上险量/台	起售价/万元
Model Y	316 515	28.89
Model 3	125 182	26.59
比亚迪汉 EV	116 018	26.98
极氪 001	71 441	29.90
小鹏 P7	58 862	23.99
海豹	32 195	20.98
ID.6 CROZZ	24 141	25.23
阿尔法 S	6 928	22.38
问界M5	6 541	25.98

图 1-4　2022 年中国 20 万~30 万元纯电动汽车上险量排行

数据来源：中国汽车技术研究中心终端零售数据。

10万~20万元

品牌/车型	上险量/台	起售价/万元
元 PLUS	186 581	13.78
海豚	182 557	10.28
秦 PLUS EV	163 323	11.18
Aion Y	94 757	13.76
Aion S	89 699	13.98
风神 E70	69 878	14.28
欧拉好猫	57 366	12.99
宋 EV	55 632	15.28
哪吒 U	50 129	12.38
几何A	44 501	11.88

图 1-5　2022 年中国 10 万~20 万元纯电动汽车上险量排行

数据来源：中国汽车技术研究中心终端零售数据。

10万元以下		
品牌/车型	上险量/台	起售价/万元
宏光 MINI	409 846	3.28
奔奔 EV	95 082	4.98
哪吒 V	94 330	7.99
奇瑞小蚂蚁	91 501	7.39
QQ冰淇淋	79 127	3.99
长安Lumin	61 296	4.89
零跑 T03	60 593	7.95
科莱威CLEVER	41 040	5.99
花仙子	40 735	6.69
欧拉黑猫	25 589	8.48

图 1－6 2022 年中国 10 万元以下纯电动汽车上险量排行

数据来源：中国汽车技术研究中心终端零售数据。

由图 1－2 至图 1－6 可知，2022 年在中国纯电动汽车市场，40 万元以上市场的领导者是蔚来；30 万～40 万元市场的领导者也是蔚来；20 万～30 万元市场的领导者是特斯拉；10 万～20 万元市场的领导者是比亚迪；10 万元以下市场的领导者是五菱。可见，在以蔚来为代表的中国高端新能源汽车品牌的带领下，中国汽车品牌已经成功向上突破了燃油汽车时代一直难以突破的 20 万元“天花板”。

除政府、企业外，行业协会也在积极行动。在工业和信息化部的支持与指导下，中国汽车工业协会 2021—2023 年连续三年组织了中国汽车品牌向上发展专项行动，[742]同时联合央视网连续三年制作出品了《看见中国汽车》专题片，[685]记录中国汽车产业发展的成就，展现中国汽车品牌向上的力量。中国汽车工业协会副秘书长柳燕认为：“经过近年来的发展，中国汽车品牌向上已经取得了长足的进步，表现在品牌价值提升、市场份额提升、高端化突破、全球化提速等多个方面，成就有目共睹，可圈可点。”[702]同时，柳燕也指出：“中国汽车品牌即便是在智能电动汽车领域取得了阶段性成功，但缺少深入剖析和系统总结，企业无暇顾及理论研究，学界尚未涉足此领域研究，因此，业内缺少属于中国汽车品牌的原创理论体系，缺少基于中国品牌成长研究而构建的体系支撑，这不利于进行长期可持续的品牌建设。”[598]

正如柳燕所言，新能源汽车品牌向上的中国故事正在如火如荼地上演，但企业无暇顾及理论研究，学界的研究尚未涉足此领域。这为本书留下了广阔的研究空间。

为了讲好这段激动人心的中国故事，我们首先梳理、分析近年来国内外关于品牌向上和品牌重塑的研究概况，作为本书的理论基础。使用百度学术与谷歌学术，以“品牌向上”（brand step-up）、“品牌高端化”（brand premiumisation）、“高端品牌”（high-end brand）和“品牌升级”（brand upgrading）作为关键词进行搜索，检索出的 CSSCI 索引/SSCI 索引文献数量有限。这些文献主要探讨了高端品牌的品牌管理（Schuckert et al.，2019；Yan，Shen，2021；林海芬，苏敬勤，2016）及其消费者特征（Hardman et al.，2016）与行为（Bruwer et al.，2014；Wang，John，2019），品牌高端化的影响因素（段艳玲等，2020；黄俊等，2018；刘博，朱竑，2017；宋耘，王婕，2017）及其对消费者决策的影响（Li et al.，2021；Xu et al.，2018；梁磊，赖红波，2016），以及已有品牌的转型升级（戴勇，肖丁丁，2011；徐彪等，2012；杨桂菊，刘善海，2013；杨桂菊等，2017；杨桂菊，李斌，2015），主要聚焦已有品牌的管理、效应和升级，较难指导创建全新高端品牌的中国新能源汽车品牌向上的新实践。

基于中国新能源汽车品牌向上的新实践与现有研究留下的研究空间，本书后续各章内容安排如下：第二章对品牌向上与品牌重塑的研究概况进行梳理。第三章至第五章为对蔚来、理想和极氪三个代表性高端新能源汽车品牌的案例研究。在此基础上，第六章归纳出中国企业创建新能源汽车高端品牌的理论模型，并提出四个核心命题；之后对极狐、岚图、星途、坦克、魏牌、领克、高合七个汽车品牌进行案例研究，对四个核心命题进行验证，在此基础上进一步提炼出成功创建中国新能源汽车高端品牌的路径。第二章至第六章研究的是中国汽车品牌向上的第一类路径——创建全新高端品牌。第七章研究的是第二类路径——重塑已有高端品牌。第八章为全书结论，提出七大核心观点。

我们主要收集三种资料进行案例研究。

第一，二手资料。一是各个品牌的高管关于“中国汽车品牌高端化”的演讲、讲话、访谈的文本与视频资料，其中视频资料转换成文本资料；二是各个研究机构关于各个品牌的研究报告；三是各个品牌或其母公司的招股说明书，以及各个品牌或其母公司的历年年报。以上形成超过 50 万字的文本资料。

第二，访谈资料。深度访谈主要在 2022 年 3 月至 2023 年 3 月进行，主要围绕“如何创建高端新能源汽车品牌”“用户企业”“用户满意度”“用户体验”“定位”“口碑推荐”“共创”“用户运营”“绩效”等问题展开（详见附录 1－7）。受访者主要是各个品牌的管理者、员工和车主，也包括汽车行业专家与资深汽车媒体人，如表 1－1 所示。受访者总人数为 72 人，访谈总时长 2524 分钟，平均时长 35 分钟，形成超过 40 万字的访谈文本资料。

表 1－1　深度访谈情况

品牌	被访者	访谈情况
蔚来	2 位区域经理，1 位管理者，5 位员工，7 位核心车主，1 位汽车行业专家	总时长 928 分钟，平均时长 58 分钟
理想	1 位管理者，3 位员工，6 位车主	总时长 332 分钟，平均时长 33 分钟
极氪	1 位管理者，1 位员工，8 位车主	总时长 361 分钟，平均时长 36 分钟
岚图	5 位管理者，5 位车主	总时长 200 分钟，平均时长 20 分钟
极狐	5 位员工，4 位车主，4 位资深汽车媒体人	总时长 419 分钟，平均时长 32 分钟
高合	1 位管理者，5 位员工，5 位车主，2 位汽车行业专家	总时长 284 分钟，平均时长 22 分钟

第三，参与性观察资料。课题组成员以购车者的身份，在各个品牌的大型体验中心、中小型体验店、商超店等开展实地调研，观察和参与各类车主活动。同时，课题组成员还注册成为各个品牌自营 App 的用户，观察并参与各种在线品牌社区活动。此外同时，课题组成员在某些品牌的核心车主与员工的帮助下，加入

一些品牌的微信群、自营 App 群，包括一些原本只有车主才能加入的在线社群，观察各个品牌的用户言行，并与他们互动。以上形成约 10 万字的参与性观察笔记。

这三种资料将在第三章至第七章作为本书观点的论据被引用。

本书使用的各品牌数据来源多样，写作团队尽量通过多方渠道做了核实，并对主要数据来源做了标注。个别数据因未公开，故通过多方数据源交叉估算而来，可能与实际数据略有差异。

| 第二章 |

品牌向上与品牌重塑

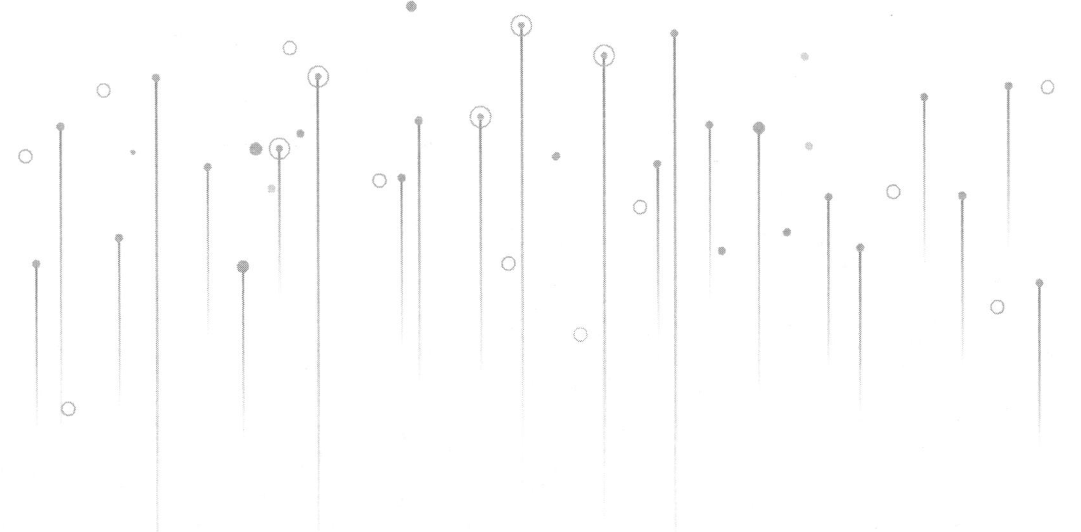

理想
HONGQI
EXEED
星途
ZEEKR
VOYAH
NIO
HiPhi
高合
TANK
WEY
ARCFOX
极狐
LYNK&CO

第一节　品牌向上

正如前文所述，“品牌向上”这一提法业界常用，学界通常使用“品牌高端化”。现有关于品牌高端化的文献主要包括代工企业升级、品牌升级的影响因素、高端品牌管理、高端品牌的消费者特征与行为、高端化战略与策略对消费者决策的影响等方面的内容。

一、代工企业升级

学者们以格兰仕、比亚迪等企业为例进行案例研究，提出了代工企业“OEM（代工生产）→ODM（代工设计）→OBM（自主品牌）”的升级路径（戴勇，肖丁丁，2011；徐彪等，2012），指出代工企业可以通过网络关系构建、模仿学习、创新投入以及国际化行为，实现战略创业，推动代工企业的转型升级（杨桂菊，刘善海，2013）。杨桂菊和李斌（2015）对三星电子的品牌升级过程、机制和模式进行了案例研究，构建了品牌升级的5W－1H（360度）创新模型，提出：代工企业需要在企业家精神的驱动下（Why），在人才培养机制与企业文化的保障（How）之下，通过实施4W（What、Who、When、Where）维度的十多种非研发创新行为，突破后发劣势，实现品牌升级。杨桂菊等（2017）发现，许多已经建立自主品牌的代工企业，仍然以代工组装和代工设计业务为主，并积极开拓不同形态的代工业务。因此，以富士康等企业为例，进行案例研究，构建了U形曲线的升级新路径。研究结果表明，**对于代工企业，尤其是资金、技术和人才不足的代工企业而言，代工生产→代工设计→自主品牌的升级路径并非连续且必要的升级路径**。切实有效的升级模式是在客户需求的拉动下，代工生产企业通过持续不断地创新产品和服务问题解决方案、创新产品研发设计和服务流程，通过自主设计以及发展多元业务等，最终实现转型升级。

二、品牌升级的影响因素

有学者发现，网络能力、技术能力、营销能力和动态能力等企业能力影响品牌升级，其中网络能力决定了企业对外部知识的获取能力，技术能力决定了企业外部知识与内部知识相融合并创造新知识的效果，营销能力则决定了企业捕捉市场需求、建设销售渠道、运营品牌的水平（宋耘，王婕，2017）。这些能力相互作用（宋耘，王婕，2017），且在品牌升级的不同阶段，企业会动态调整其核心能力（黄俊等，2018）。黄俊等（2018）以长安汽车、吉利汽车和东风汽车为例进行案例研究，发现：在自动化阶段，企业主要通过实施以提高制造能力为核心的战略实现转型升级；在信息化阶段，企业主要通过实施以标准化、信息化集成为核心的战略实现转型升级；在智能化阶段，企业主要通过实施以企业柔性化建设为核心的战略实现转型升级。另有学者指出，实施品牌全球化战略（段艳玲等，2020），树立品牌全球化形象（刘博，朱竑，2017），有利于品牌升级。段艳玲等（2020）基于全球价值链重构视角，探讨了全球价值链重构下我国体育品牌战略地位与升级路径，提出我国体育品牌突破全球价值链低端锁定的升级路径主要有：一是通过品牌国际化、提高品牌自主创新能力、发展体育服务业、实施跨国并购等途径，提升我国体育品牌在全球价值链中现有战略地位；二是利用“一带一路”倡议构建区域体育品牌价值链体系，并发挥政府主导作用，创建战略性新兴体育产业集群品牌，以构建由中国体育品牌主导的自主区域价值链。刘博和朱竑（2017）发现：品牌与全球时尚地方互动有利于树立品牌全球化形象，提升感知质量，从而促进跨地方品牌升级。

三、高端品牌管理

学者们探索了高端品牌的品牌延伸（Yan，Shen，2021）、接收与管理顾客反馈（Schuckert et al.，2019）和产品创新体系构建（林海芬，苏敬勤，2016）等问题，还实证检验了高端汽车品牌（奔驰）向全方位餐厅（Mercedes me 时尚餐厅）服务延伸的效果（Yan，Shen，2021）。他们研究发现：品牌质量影响品牌满意度，进而影响品牌忠诚度；品牌匹配度对品牌质量与品牌满意度之间的关系起中介作用。舒克特等（Schuckert et al.，2019）以中国大陆的豪华酒店品牌（四星级及以上）作为研究样本开展实证研究，发现：相比于国内连锁酒店，中国大陆的高端顾客更有可能选择国际连锁酒店；相比于国内酒店，国际酒店更关注于优化回应策略；回应管理策略是中国酒店管理者提高顾客满意度的有效途径，但对国际品牌酒店而言效果有限。林海芬和苏敬勤（2016）基于技术能力与组织能力整合的视角，构建了高端汽车品牌雷克萨斯的产品创新系统模型，并与自主高端汽车品牌红旗的产品创新模型进行对比，指出当年的红旗存在如下问题，并提出了相应的建议：一是红旗产品仍停留在高度依赖技术吸收能力确保静态技术高端性的阶段，因此在消化吸收的基础上开展高端技术研发并实现纵向持续更新与改进是红旗面临的首要任务；二是一汽围绕红旗高端化所采取的行为一直以打造顶级技术产品为核心，尽管也涉及品牌创建和市场化行为，但只是作为补充，因此突破高端产品创新相对狭隘的技术观念，形成系统观，亦是红旗的重要任务；三是一汽在红旗高端产品创新中并未贯彻独立性理念，在产品创新的各阶段均保持与一汽轿车或一汽集团千丝万缕的关系，更重要的是自始至终未真正实现品牌经营权和决策权的独立，且一汽红旗的高端定位仍是一个空泛的概念，以至无法引导整个创新系统；四是红旗还没有像雷克萨斯那样成立临时性虚拟机构中长期策划室、雷克萨斯中心及雷克萨斯营业部，并为之配置最佳资源，以实现品牌创新、技术创新和服务创新。

四、高端品牌的消费者特征与行为

学者们分析了高端品牌的消费者人口与心理特征（Hardman et al.，2016）、参与度及相关行为（Bruwer et al.，2014）和升级购买行为（Wang，John，2019）等。哈德曼（Hardman et al.，2016）比较了电动汽车的高端与低端的早期采用者，发现：第一，两个群体的人口统计特征不同。高端采用者中的女性占比更高、年龄更大、教育程度更高、收入更高。第二，两个群体的心理统计特征大部分差异不显著，少量差异显著。高端采用者有更强的同理心，在决定投资一项新技术之前，他们通常花费更少的时间。第三，两个群体对电动汽车属性评价不同。高端采用者对电动汽车在品牌、车辆形象/外观、购买价格、可行驶里程、充电时间、车辆性能（加速、最高速度）和生活方式匹配上的评价显著更高。第四，未来购买意愿不同。高端采用者未来更愿意继续购买电动汽车，更愿意再次购买同一品牌的电动汽车。为提高未来持续购买意愿，低端电动汽车应该重点改进可行驶里程和充电时间。布鲁韦尔（Bruwer et al.，2014）分析了英国高端零售店葡萄酒市场的消费者参与度与相关行为，研究发现：与低参与度的消费者相比，高参与度的葡萄酒消费者并不会减少对价格的重视，但他们对特定品牌的忠诚度较低。因此，品牌名称在低参与度的葡萄酒消费者的购买决策中具有更大的重要性，尤其是在特殊场合下。高参与度的消费者明显更倾向于使用报纸、杂志、互联网和葡萄酒书籍作为他们关于葡萄酒的信息来源。然而，**口碑在所有的信息来源中起的作用是最重要的**，无论是低参与度还是高参与度的葡萄酒消费者均是如此。在高参与度的葡萄酒消费者中，男性比女性更多，其主要原因是大多数男性的收入比女性的收入高。有学者发现，当高端品牌的消费者发现与其不同的人群也在使用该品牌时，并不会简单地放弃或回避该品牌的产品，他们的策略是升级到该品牌更独家的产品（Wang，John，2019）。那些有着强自我—品牌联结的消费者不太可能放弃或回避品牌，因为他们的自我认同与品牌联系在一起。当这些消费者遇到不同的人群也和他们使用同样的高端品牌时，会感受到自我威胁，从而引发他们在品牌使用者中获得更高身份地位的欲望，这一欲望需要通过升级到该品牌更独家的产品来满足。强自我—品牌联结对这种升级效应起调节作用；同时，当品牌的独家产品更容易获得时，以及当品牌已经通过顾客地位等级计划赋予他们更高地位时，这些消费者升级的兴趣就会减弱。

五、高端化战略与策略对消费者决策的影响

学者们发现，企业的高端化战略（Xu et al.，2019）、商业模式（Li et al.，

2021）、品牌培育和新媒体传播策略（梁磊，赖红波，2016）等影响消费者的品牌选择、感知价值和购买意向等决策。有学者评估了中国烟草的品牌高端化战略在实施前的三年以及实施后的六年共九年时间中对高档品牌香烟、中等价位香烟和折扣品牌香烟的流行度的影响，并分析了消费者选择以上三种品牌香烟的原因（Xu et al.，2019）。研究发现：消费者更多地选择高档品牌香烟与中等价位香烟，而选择折扣品牌香烟的消费者减少了，原因在于中高端品牌香烟的消费者相信品牌高端化后的香烟危害更少；而所有的烟民都认为品牌高端化后的香烟质量更高且价格还可接受，尤其是高端品牌香烟的消费者最相信这一点。有学者研究了高端电动汽车销售商业模式对品牌竞争力的影响，同时探索了两者之间关系的中介效应（Li et al.，2021）。研究发现：电动汽车销售商业模式的价值主张与价值创造影响品牌竞争力；此外，顾客感知价值对价值主张与品牌竞争力，以及价值创造与品牌竞争力之间的关系起中介作用。梁磊和赖红波（2016）提出了本土新奢侈品品牌的概念，构建了基于新媒体传播为调节变量的产品感知、品牌感知、传统广告与消费购买意向的影响模型。研究结果表明：新媒体传播在本土新奢侈品产品感知、品牌感知、传统广告与消费购买意向中发挥调节效应，即新媒体传播能增强本土奢侈品产品感知、品牌感知和传统广告对购买意向的影响。

六、对现有研究的评价

通过梳理现有研究文献，笔者发现：学者们主要探讨了高端品牌的品牌管理及其消费者特征与行为，品牌高端化的影响因素及其对消费者决策的影响，以及已有品牌的转型升级与品牌延伸等问题，聚焦已有品牌的管理、效应、升级和延伸；而中国品牌向上的实践大部分发生在汽车行业，除红旗外，几乎所有汽车企业都是创建全新高端品牌，因此**现有品牌高端化研究较难指导中国新能源汽车品牌向上的实践，需要从实践案例出发开展系统研究**。这成为本书第三章至第六章的研究内容。

第二节　品牌重塑

关于品牌重塑，一个典型而又特殊的案例是红旗。作为一个创立于 1958 年的高端汽车品牌，红旗以前是“领导专用车”，近些年进行品牌重塑，“飞入寻常百姓家”，红旗走近普罗大众。

一、品牌重塑的定义

穆扎雷克等（Muzellec et al.，2006）从宏观角度阐释了品牌重塑的含义，强调了品牌的独特身份与品牌形象的重新建立。梅里利斯和米勒（Merrilees，Miller，2008）则将品牌重塑定义为“新品牌与最初定制的品牌之间的分离或变化”。盖蒂和汤姆森（Getty，Thompson，2014）也认为，品牌重塑涉及品牌价值和承诺的改变。达利和莫洛尼（Daly，Moloney，2004）提出品牌具体的改变包括一个品牌的有形要素（品牌的物理表达，如品牌的产品及其包装、生产经营环境、生产经营业绩、社会贡献、员工形象）和无形要素（价值、形象和感觉）的部分或全部改变。上述学者对品牌重塑的界定都侧重于重塑行为对原来品牌的改变。

穆扎雷克等（Muzellec et al.，2003）认为，品牌重塑是在利益相关者心目中重新建立差异化的名称标识和区别于竞争对手的独特身份的实践活动。穆扎雷克和兰姆金（Muzellec，Lambkin，2006）将品牌重塑定义为：改变组织内在的自我身份和外部利益相关者对组织的形象认知，品牌重塑旨在提高、恢复、传递和重建企业的品牌资产。上述定义更加注重重塑行为的目的和结果。

综观现有文献对品牌重塑的定义，虽然存在一定程度的差异，但总体来看，大部分都围绕组织的品牌身份的重新确立以及重塑行为的目的和结果而展开。本书通过对比以上品牌重塑的定义发现，以上学者都注意到在品牌重塑的过程中“改变”的重要性，但是更加注重重塑结果的定义也标志着学界对品牌重塑行为对于品牌的价值和意义的看重，这彰显了企业进行品牌重塑的重要性。

本书在现有文献的基础上，将**品牌重塑**定义为：**企业通过对品牌战略、市场定位、品牌价值等的改变，来改变品牌在利益相关者心中的形象，以提升品牌资产的行为**，具体的改变包括品牌标识、品牌形象、产品、利益相关者关系等。

二、品牌重塑的程度与层面

（一）品牌重塑引起企业变化的程度

在品牌重塑的商业实践中，由于面临的主客观条件不同，品牌重塑引起的企业品牌的变化程度也不尽相同，包括从细微的、渐进性的变化到彻底的、革命性的变化（Daly，Moloney，2004；Muzellec，Lambkin，2006；Stuart，Muzellec，2004）。例如：小米改变品牌标识是细微的变化；京东打造自己的物流体系是渐进性的变化；而苏宁从传统的电器零售商转型为互联网零售商是彻底的、革命性的变化。

（二）品牌重塑的三个层面

根据涉及范围的不同，品牌重塑可以进行不同层面的分类。穆扎雷克和拉姆金（Muzellec，Lambkin，2006）认为品牌重塑可能发生在组织中的三个层面上——企业层面、业务层面和产品层面。

1. 企业层面品牌重塑

企业层面品牌重塑指整个企业的重塑，往往标志着重大的战略转变或重新定位。例如：“老乡鸡”最初的名字是“肥西老母鸡”，主营业务是鸡汤；后来从整个企业层面转型为连锁快餐品牌，在全国有600多家直营店。

2. 业务层面品牌重塑

业务层面品牌重塑指一些大型企业给予其子公司或所属部门不同的名称，以使其拥有独立于母公司的独特身份。例如：2016年，一汽批准成立红旗事业部，“红旗”作为独立品牌运营。

3. 产品层面品牌重塑

产品层面品牌重塑指的是产品的变化。例如，好来集团将其旗下的黑人牙膏改名为“DARLIE 好来”。

三、品牌重塑的驱动因素

品牌重塑的驱动因素可以归结为两大类：内部驱动因素和外部驱动因素。

（一）内部驱动因素

企业为了加深消费者对品牌的理解（Deakin，2012；Miller，Merrilees，2013），强化品牌个性（Rosenthal，2003），嵌入新的愿景、使命和价值观（Causon，2004），树立新的企业形象（Gambles，Schister，2003；Stuart，Muzellec，2004），获得更多的关注（Nielsen，2014；Sutton，Brady et al.，2017）等目的，会主动进行品牌重塑。企业内部的驱动因素是非常重要的。

合并、收购和多元化（Stuart，Muzellec，2004），组织结构的改变（Lomax et al.，2002），企业战略的改变（Muzellec，Lambkin，2006）等都成为企业内部推动品牌重塑的重要因素。例如，FILA 被安踏收购后，重新进行品牌定位，将“运动＋时尚”作为自己的标签，实现了在中国市场的迅速崛起。

此外，强大的领导力也是品牌重塑的重要驱动因素（Easter，Leoni，2008；Khirfan，Momani，2013），如果在自上而下的品牌重塑过程中，领导层缺乏改革的决心，则会影响重塑的效果（Miller，Merrilees，2013）。

（二）外部驱动因素

1. 竞争的变化

外部环境包括竞争地位、竞争环境的影响（Boyle，2002）。为了防止品牌的持续弱化（Trueman et al.，2007），或者为了提升品牌的竞争力（Sim et al.，2003），企业会选择进行品牌重塑。例如，国产护肤品牌百雀羚在面临市场竞争力持续下降、市场份额持续缩水的困境时，决心进行品牌重塑，以求再次成为“国货之光”。

2. 市场、制度、法律的变化

市场的转变（Hankinson，Hankinson，1998；Moore，Birtwistle，2004；Schultz，Hatch，2003）、制度的变化（Helen，2016）和法律的变化（Stuart，Muzellec，2004）也是品牌重塑的重要驱动因素。例如，在面临市场转变时，科大讯飞作为一个以语音技术为长项、做学习机起家的品牌，顺应了智慧城市建设、智慧医疗行业发展的趋势，转型成为工业互联网时代下提供“AI + 智慧城市”“AI + 智慧医疗”服务的领先企业。

3. 其他外部驱动因素

经济放缓（Kaikati，2003）以及政治、经济的发展（Sim，2012）都是驱动品牌重塑的重要因素。

小结以上，当企业面临外部环境的变化，如政策的改变、消费者需求的改变等（Stuart，Muzellec，2004；Moore，Birtwistle，2004），以及竞争对手的冲击、竞争地位的下降（Trueman et al.，2007）时，会迫于外部压力而被动进行品牌重塑。此外，企业也会因为自身品牌战略的改变（Muzellec，Lambkin，2006）、想要进一步提升品牌资产（Sutton，Brady et al.，2017），或者经历了并购等组织结构的变化（Lomax et al.，2002）而主动进行品牌重塑。

四、品牌重塑效果的影响因素

（一）企业因素

1. 公司领导层的领导力

公司领导层强有力的领导（Sim，2012；Yang，2012）是影响品牌重塑效果的重要因素。公司领导者丰富的相关经验和对品牌重塑的强有力承诺（Hankinson，Hankinson，1998；Hankinson，Hankinson，2004）会促进品牌重塑；然而，“硬币有双面”，专制的领导也会阻碍企业进行品牌重塑（Gotsi et al.，2008；Garcia，2004）。

2. 公司对品牌重塑的研究、计划和把控

公司对变革战略的把控影响品牌重塑的效果。公司在进行品牌重塑之前，通常会对市场、消费者、员工和其他利益相关者进行研究（Bradbury，Catley，2007；Rhee，Han，2006），以制订品牌重塑计划（Herstein et al.，2008；Rhee，Han，2006）。如果公司对于市场需求和商业模式发展的趋势研究不够充分（Boyle，2002），在品牌重塑的过程中失去了对市场情况的把控，或者在变革过程中没有保持战略的灵活性，则可能导致品牌重塑的失败（Olaore，Kuye，2019）。

3. 整合营销传播策略

对品牌重塑进行整合营销传播是影响品牌重塑效果的重要因素。库奇亚拉（Cucchiara，2008）提出，企业在品牌重塑后的营销传播应该保留原有的品牌基因，以降低品牌重塑对原有品牌资产的伤害；并且如果所有的营销策略都传达了重塑后的品牌含义，那么品牌传播方案就实现了整合（Easter，Leoni，2008）。

（二）利益相关者因素

在品牌重塑的过程中，内部利益相关者的作用非常重要。有学者认为，品牌重塑行动应该从内部利益相关者开始（Punjaisri，Wilson，2011），只有内部员工接受了新的品牌理念，才会积极地向外部利益相关者传递品牌重塑的信息（Dechawatanapaisal，2018）。

值得注意的是，只有当内部利益相关者能够了解品牌重塑的意义并且支持品牌重塑行为时，理想中的“积极努力”才会发生（Kuoppakangas et al.，2020；Yeoman，O'Hara，2015）。企业对员工的培训以及积极的内部沟通能够使员工充分理解品牌重塑的意义并支持品牌重塑（Abraham et al.，2020；Merrilees，Miller，2008；Schultz，Hatch，2003）；而内部沟通不足则会导致员工不愿意参与重塑活动，甚至导致混乱，从而影响品牌重塑的效果（Seo，2013）。当内部利益相关者对品牌重塑不理解时，甚至会对企业的变革行为冷嘲热讽（Aspara et al.，2014）。温迪（Wendy，2015）的研究也表明，当员工和消费者能够理解企业变

革的背景和目的时，会对企业品牌重塑产生较高的评价，从而保证了品牌重塑的积极作用。

（三）其他影响因素

在跨地域进行品牌重塑时，原产地形象、当地消费文化（曾国军，孙树芝，2016）和地缘因素（曾国军，孙树芝，2016）都可能影响品牌重塑的效果。

五、品牌重塑的影响

（一）对品牌资产的影响

企业进行品牌重塑主要以提升品牌资产作为目的（Goi，2011）。然而，关于品牌重塑对于品牌资产的影响效果，不同的研究得出的结论不同。

巴拉德瓦吉等（Bharadwaj et al.，1993）研究发现，品牌重塑能够正向影响品牌资产。阿莫阿科等（Amoako et al.，2017）的实证研究也发现，虽然品牌重塑的成本很高，但是其帮助企业获得的超过竞争对手的优势是不可忽视的，其对于品牌资产的提升有很大贡献。品牌重塑会通过影响消费者的购买意愿、改善品牌形象（Dinda et al.，2021）等途径来提升品牌资产。

然而，也有学者认为，品牌重塑并不一定能成功（Aaker，1991；Miller et al.，2014），并有可能对品牌资产产生负面影响（Muzellec，Lambkin，2006；Petburikul，2009；Roy，Sarkar，2015），尤其是对知名品牌而言，品牌重塑行为是非常冒险的，较难获得成功（Muzellec，2006）。这是因为进行品牌重塑，尤其是改变一个品牌的名称，可能意味着失去原品牌所代表的所有品牌价值和品牌信任，这是对传统营销智慧的巨大挑战；传统营销思想认为，一个强大的品牌是通过多年持续经营建立起来的，而品牌重塑意味着放弃之前辛苦积累的一切。已经建立行业领导优势的品牌，其重塑行为可能会对消费者的品牌态度和购买意愿产生负面影响（Subhadip，2015）。

此外，还有学者发现，不同的品牌重塑行为对品牌资产及其各个维度的影响可能不同。泰赫（Teh，2009）以马来西亚高等教育机构为例，研究了品牌重塑对品牌资产的影响，发现品牌重塑从多个方面影响着品牌资产，其中重新定位和重新宣传沟通对品牌资产有积极影响；而重新设计则对品牌资产有消极影响。在马奎斯（Marques，2020）的研究中，品牌重塑对品牌资产的影响在品牌意识和品牌联想维度的负面影响最为显著；但是由于其所研究的品牌重塑是近期行为，这一结果有可能受到时间变化的影响。在关于体育品牌重塑对品牌忠诚的影响的研究中，品牌忠诚度是否下降受到顾客对品牌重塑的态度的影响，因此建议体育品牌在进行重塑时保留品牌的原有部分特征，如保留原有的品牌标识颜色（Antonio et al.，2021）。

（二）对企业绩效的影响

辛格等（Singh et al.，2012）选择全球不同行业的六家已进行品牌重塑的企业和六家相应行业、相似规模的未进行品牌重塑的企业进行了对比研究，发现品牌重塑对企业的总体收入有影响，能够提高企业的收入（市场价值），但这需要企业仔细地完成品牌重塑的每个步骤；在品牌重塑前，要对所有因素进行分析，否则有可能导致灾难。品牌重塑过程中的整合营销传播不仅有助于提高品牌资产，而且会带来更好的企业绩效（Petburikul，2009；Yoo et al.，2000）。企业品牌重塑对股票回报会产生正向影响（Zhao et al.，2021）。

与之相反，也有学者对里斯本证券市场的上市公司进行了十年间股票市值的分析，没有发现品牌重塑对企业价值有正面影响；研究结果甚至显示，品牌重塑可能对企业价值有负面影响，但实证证据较弱（Branca，Borges，2010）。

总结现有关于品牌重塑影响结果的文献，本书发现，当企业的品牌重塑过程是基于细致的市场调查（Bradbury，Catley，2007；Rhee，Han，2006；Singh，2012）、把握好品牌重塑的程度与对原有品牌的偏离程度（Antonio et al.，2021）、配合有效的整合营销传播（Petburikul，2009；Yoo et al.，2000）时，则有可能对品牌资产和企业绩效产生正向影响。

六、对现有研究的评价

关于品牌重塑的研究以案例研究为主（Miller，Merrilees，2013），学者们认为进行品牌重塑，有收益也有风险；学者们也探索了影响品牌重塑效果的因素（Yang，2012；Hankinson，2004；Boyle，2002）。

当企业因为外部环境的变化（Boyle，2002）、受到竞争对手的冲击（Sim et al.，2003），或者迫切想要提升品牌资产（Miller，Merrilees，2013）而进行品牌重塑时，如果能够获得领导人对于变革的强有力支持（Sim，2012），对于变革时的组织内外部环境有充分的了解（Bradbury，Catley，2007），对于自身品牌有深刻的理解并能够把握变革的时机与目标（Olaore，Kuye，2019），在变革时能够向内外部利益相关者传递品牌重塑的意义并获得他们的理解与帮助（Kuoppakangas et al.，2020），在变革的过程中保持对战略的实时把控，并且运用合适的整合营销传播策略（Cucchiara，2008），那么就有可能取得良好的品牌重塑效果，能够提升品牌资产与企业绩效。但值得注意的是，知名品牌或者是已经具有较高品牌资产的品牌在进行品牌重塑的时候更要保持谨慎（Muzellec，2006）。

本书第七章将对红旗如何重塑中国第一豪华汽车品牌进行案例研究。

| 第三章 |

“用户企业”蔚来汽车

——以用户体验为核心创建高端汽车品牌

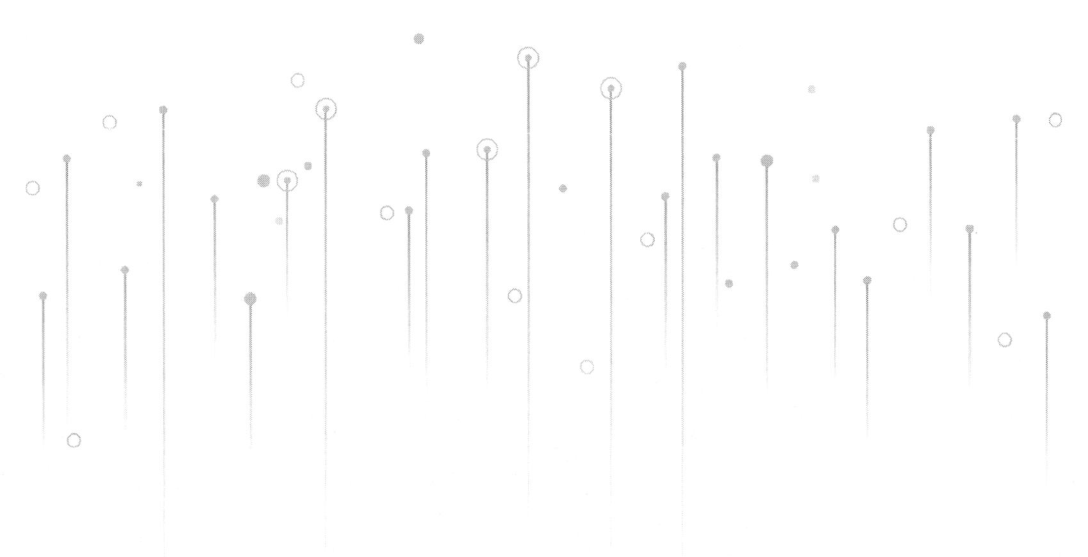

“蔚来希望成为全世界用户满意度最高的公司，这就是我们的初心。”[394]

——蔚来创始人、董事长、首席执行官李斌

第一节 蔚来汽车

蔚来汽车（以下简称蔚来）创立于2014年11月，创始人是被誉为“出行教父”的李斌。在创立蔚来之前，李斌还创立了中国领先的汽车互联网企业易车网，并孵化了摩拜单车、优信二手车等出行领域的公司。蔚来是中国新能源汽车发展进程中涌现出的一批造车新势力中的代表性企业，可以说是本轮中国汽车品牌向上浪潮的引领者。之前，中国一直缺少真正的自主高端汽车品牌，蔚来一开始就从高端切入，短短几年就成功创建出一个高端新能源汽车品牌，这在中国汽车品牌，甚至是所有中国品牌中都是罕见的。在著名品牌评估机构品牌金融（Brand Finance）发布的“2023全球最有价值的100个汽车品牌”排行榜中，蔚来排在第35位；[551] 蔚来的市值一度超过同样定位于高端汽车市场的奔驰、宝马和奥迪，成为市值全球前三、中国最高的汽车品牌。

蔚来在2018年5月开始正式交付，当年销量为11 404辆，之后节节攀升，2023年销量达160 038辆，同比2022年增长30.7%，[330] 如图3－1所示。2023年1—10月，在中国成交价30万元以上的高端纯电动汽车市场中，蔚来占有率高达60.6%。[722]

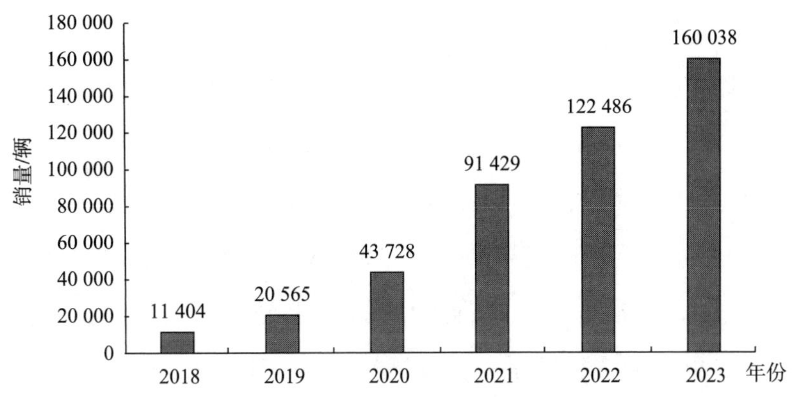

图3－1 蔚来2018—2023年销量

资料来源：蔚来官网等。

蔚来提出成为全球范围内第一家用户企业，备受各界关注，但还没有学者对用户企业进行专门研究。什么是用户企业？用户企业与人们常说的“以顾客为中心”的企业有什么不同？自从蔚来首提“用户体验”之后，用户体验在汽车行业得到了前所未有的重视，甚至各行各业言必称用户体验。如何以用户体验为核心创建高端品牌？从用户体验出发创建品牌资产的路径和经典的路径（Keller，Swaminathan，2020）又有什么不同？虽然蔚来已成功创建出一个高端新能源汽车品牌，但各界对蔚来的争议在于蔚来还未实现盈利。蔚来到底能不能盈利？什么时候能够实现盈利？

针对以上问题，本书以“用户企业”蔚来作为案例进行研究，研究目标为：

- 界定用户企业；
- 探明从用户体验出发创建高端品牌的路径；
- 厘清用户体验、品牌资产和财务绩效三者之间的关系。

第二节　用户企业

一、以顾客为中心的企业与顾客关系管理

（一）以顾客为中心的企业

现代市场营销观念讲究“以顾客为中心”（Kotler，Keller，2016）。以顾客为中心的企业（customer-centered company）指，一家在设计其营销战略与向其目标顾客传递卓越价值方面专注于顾客发展的企业（Kotler，Armstrong，2017）。虽然以顾客为中心的企业寻求创造高水平的顾客满意度，但这不是其最终目标。通过降低价格或增加服务来提高客户满意度，可能会导致利润降低。对以顾客为中心的企业来说，顾客满意度既是一种目标，也是一种营销工具（Kotler，Keller，2016）。可见，以顾客为中心的企业的最终目标仍是盈利，而顾客满意度是实现盈利的手段。

(二) 顾客关系管理

与“以顾客为中心的企业”密切相关的另一个概念是“顾客关系管理”(customer relationship management)。顾客关系管理指，通过传递卓越的顾客价值与满意度，来建立和维持有利可图的顾客关系的整个过程（Kotler，Armstrong，2020)。顾客关系管理的目的是产生高水平的顾客资产（Roland et al.，2006)，即谋取所有顾客终身价值的总和（Robert et al.，1996)。企业精心计算顾客终身价值，将顾客分为盈利性顾客与非盈利性顾客。企业着力于获取和维持与盈利性顾客的关系，并想方设法限制非盈利性顾客，甚至终止与这些顾客的关系。可见，顾客关系管理是功利的，企业只想建立与维持“有利可图”的顾客关系。

(三) 中国人的人际关系管理

顾客关系管理是在西方文化背景下提出的概念，那么在中国文化背景下，人际关系管理又是怎样的呢？费孝通（2013）对中国的人际关系做了论述，提出差序格局的观点，模糊了人与我、群与己的界线，认为中国的社会格局像是将一块石头丢入池塘所泛起的一圈圈同心圆波纹，每个人都是其社会影响所推出去的圈子的中心，核心人物推己及人地、由内向外地一圈一圈影响不同的圈层，圈子的大小取决于中心的影响力大小。中国人的人际关系更为普遍的是讲交情，社会网络是由一条条私人关系所构成的。如果把企业与用户之间的关系比作人与人之间的关系，基于黄光国（2010）提出的人情与面子的理论模式，顾客关系管理论及的企业与顾客的关系更接近“工具性关系”，讲究童叟无欺的公平法则。企业与顾客都会根据一定的比较标准来衡量：自己可从对方获得多少收益？为了获得这些收益，自己必须付出多少成本？收益减去成本后的结果相较如何（Yang，Peterson，2004)？工具性关系中的情感成分甚为微小，企业与顾客交往时，往往倾向于斤斤计较而尽量作出理性的行为，这种关系基本上是短暂而不稳定的。与之对应，情感性关系讲究“各尽所能，各取所需”的需求法则，能满足顾客在关爱、温情、安全感和归属感等情感方面的需求。企业与顾客就像密友甚至家人之间的关系，情感成分大于工具成分。情感性关系通常是长久而稳定的。居中的是混合性关系，遵循的是人情法则，即“投桃报李，礼尚往来”，在这种关系中，情感成分与工具成分大体相当。

二、用户体验及其形成

（一）用户体验、顾客体验、品牌体验

根据 ISO 9241－210 的定义，用户体验（user experience）指：一个人由于对产品、系统或服务的使用和预期使用所产生的感知与反应（Hussain，Mkpojiogu，2015）。与用户体验密切相关的两个概念是顾客体验（customer experience）和品牌体验（brand experience）。当前，关于用户体验的研究大多数来自计算机与信息系统领域（Garrett，2019；Tullis，Albert，2020），来自市场营销领域的研究很少。

市场营销中更常见的概念是顾客体验与品牌体验。用户与顾客是不同的，用户指已经使用或体验过产品的人，而顾客不仅包括现有顾客还包括尚未使用产品的潜在顾客；顾客可能只是购买了产品而没有使用，而用户则是产品的实际使用者（Dehghani，2018；Goey et al.，2017；汪吉，汪豪，2020）。如婴儿用品，母亲是顾客，而她的宝宝则是用户。顾客体验指消费者在消费前、消费中和消费后所有阶段中的认知性、情感性、感官性和行为性反应的总和（Bagdare，Jain，2013；Godovykh，Tasci，2020）。

与顾客体验相似的另一个概念是品牌体验，指由品牌相关的刺激所唤起的主观的、内在的消费者反应（感官、情感和认知）以及行为反应，这些刺激是某品牌的设计与识别、包装、传播和环境的一部分（Brakus et al.，2009）。可见，除了更强调品牌的作用，品牌体验与顾客体验基本是一样的，两者均包括消费者的认知性、情感性、感官性和行为性反应四个维度，在研究中常常被互换使用。相比较而言，用户体验的主体更聚焦为产品的实际使用者。由于营销领域关于用户体验的研究较少，本书同时参考了很多顾客体验与品牌体验的文献，也不再刻意强调它们之间的区别。

（二）功能体验、情感体验及其影响因素

根据用户对体验中功能性与情感性成分的重视程度的不同，用户体验可划分为用户的功能体验与情感体验两种类型（Chang et al.，2014；Pinochet et al.，2018；陈晔等，2014）。现有研究中的用户体验一般为整体用户体验或用户的功能体验（Albert，Tullis，2013；Garrett，2010；Shin et al.，2020；张晓亮，Thorstensen，2020），但近年来学界与业界均越来越重视用户的情感体验（Jokinen，2015；Saariluoma，Jokinen，2014）。

用户的功能体验与情感体验是从用户体验的输出端（即用户视角）来界定的；那么，从用户体验的输入端（即企业视角）来看，用户的功能与情感体验是如何形成的？哪些用户体验设计影响用户的功能体验？哪些又影响用户的情感体验？

少量文献探索了信息系统平台的属性特征对用户的功能与情感体验的影响。常等（Chang et al.，2014）发现，物联网的连通性、交互性、临场感、智能性、便利性和安全性通过功能体验影响购买意向；连通性、临场感、便利性和安全性通过情感体验影响购买意向。皮诺切特等（Pinochet et al.，2018）发现，物联网产品的连通性、交互性、智能性和便利性影响功能体验；交互性、临场感、智能性、便利性和安全性影响情感体验。陈晔等（2014）发现，旅游目的地网络界面的信息价值、友好性和交互性通过功能与情感体验两个中介变量影响目的地品牌形象，但信息价值对情感体验的影响不显著。

可见，学者们主要研究了用户在使用信息平台的过程中，信息平台的属性特征对用户的功能与情感体验的影响。然而，用户对某个具体品牌的体验与对信息系统平台的体验的影响因素是不同的，除产品属性与设计外，服务和触点设计也可能影响用户对某个具体品牌的功能与情感体验。有学者研究了产品属性（Sheng，Teo，2012）与产品设计（杨自营，2012）对品牌/顾客体验的影响；还有学者研究了服务界面（Verhoef et al.，2009）、服务环境（朱洪军，徐玖平，2008）、服务氛围（张计划，2016）、服务质量（李华敏，张雪晶，2009）、服务

便利性（Srivastava，Kaul，2014）和感知服务公平（Kim et al.，2018）对品牌/顾客体验的影响。此外，学者们还研究了不同类型的接触点（Aoki et al.，2019）、顾客旅程接触点（Roggeveen，2020）和品牌接触点（罗选荣，韩顺平，2013；赵忠奇，2015）等对品牌/顾客体验的影响。然而，上述研究没有区分功能体验与情感体验分别是如何形成的。此外，用户拥有某个品牌时，象征着一种用户想要的生活方式（Cătălin，Andreea，2014）。目前，还没有学者研究生活方式设计对用户体验的影响。

三、用户体验、品牌资产和财务绩效

（一）用户体验对品牌资产的影响

少量文献研究了用户体验对品牌资产的影响。米什拉和达什（Mishra，Dash，2014）试图在用户体验与基于消费者的品牌资产之间建立联系。该研究提出用户体验的三个维度为可用性（功能价值）、社会价值和使用中的乐趣（享乐价值），这三个维度对品牌资产的不同维度（品牌联想、感知价值、品牌信任度和品牌忠诚度）有不同的影响。该研究根据消费者价值法（Mathwick et al.，2001）将用户体验分为功能、社会和享乐价值三个维度的观点有待商榷，毕竟体验价值与用户体验本身是不一样的（Kim et al.，2019）。李等（Lee et al.，2018）认为用户体验、顾客体验和品牌体验是不同的，他们将用户体验作为一种体验的条件，将顾客体验视为一种体验的过程，而将品牌体验作为一种体验的结果，据此构建了连接用户体验、顾客体验和品牌体验的结构模型，研究发现三种用户体验（可用性、情感和用户价值）首先影响顾客体验（感官、情感、思考、行动和关联），进而影响品牌资产（品牌忠诚度、品牌知名度、感知质量和品牌联想）。许和陈（Hsu，Chen，2018）在在线游戏化背景下，探索了用户体验的前因与后果及其中介作用。该研究发现，存在感知移动性、实用性和享乐性特征用户体验，用户体验进一步影响感知利益，各类感知价值和品牌资产（感知价值、品牌忠诚度、品牌联想和品牌信任）。全恩和尤（Jeon，Yoo，2021）提出一个研究“杂货店”品牌体验与基于消费者的品牌资产之间关系的模型，结果证实了品牌体验通过品牌知名度、品牌联想/形象和感知质量对感知价值与品牌忠诚度的影响。

（二）品牌资产对财务绩效的影响

已有不少文献研究品牌资产对财务绩效的影响（Lee，Park，2021）。比较普遍的结论是：品牌资产的各个维度显著地正向影响企业的财务绩效（Baldauf et al.，2003；Kim et al.，2003；Narteh，2018）。一些研究将财务绩效分为当前绩效与未来绩效（Rahman et al.，2019），认为品牌资产对两者的影响是不同的。米奇克（Mizik，2014）发现，与当前财务绩效相比，品牌资产对公司未来财务绩效的影响要大得多；品牌资产的总体财务影响只有一小部分反映在当年的盈利上，大部分盈利性影响是在未来实现的。一些研究指出，品牌资产的不同维度对当前与未来财务绩效的影响是不同的（Miao et al.，2021；Verbeeten，Vijn，2010；Young，Rubicam，2000）。例如，基于 BAV 品牌资产模型（Young，Rubicam，2000），差异化维度与当前及未来的财务绩效均正相关；关联、尊重和知识三个维度主要解释当前的财务绩效（Verbeeten，Vijn，2010）。此外，在不同行业，品牌资产对当前与未来财务绩效的影响也不同：在服务导向的行业（如饭店），由于消费者与企业互动频繁，品牌资产主要影响当期财务绩效；在高技术行业，创新扩散需要时间，消费者采用过程较长，品牌资产的盈利影响主要发生在未来；而在产品与服务并重的行业（如零售业），品牌资产对财务绩效既有当期效应也有未来效应，未来效应更大（Mizik，2014）。一些研究进一步发现，品牌资产不同维度的不同组态对短期、长期绩效有不同影响。在对日本时装市场的研究中发现，年轻消费者对品牌资产的评价影响公司的财务结果（Miao et al.，2021）。一个品牌的感知质量与其他品牌感知成分（品牌认知、品牌联想、品牌形象）协作，会导致较高的短期财务绩效，而良好的品牌形象、感知质量、行为性品牌忠诚（如溢价购买行为）和忠诚计划（如会员积分奖励）是达成较高长期财务绩效的必要条件。

（三）品牌资产理论

阿克（Aaker，2013）的品牌资产五维度理论与凯勒和斯瓦米纳坦（Keller，Swaminathan，2020）的基于顾客的品牌资产金字塔模型是研究品牌资产的经典理论。基于此，很多学者都认同品牌资产包括品牌知名度、感知质量、品牌形象和品牌忠诚度等维度（Kim et al.，2018）。

还有学者提出，品牌资产包含感知性成分与行为性成分，其中品牌资产的感知性成分包括品牌知名度、感知质量、品牌联想和品牌形象等维度；而品牌资产的行为性成分则包含品牌忠诚度等维度（Foroudi et al.，2018；Miao et al.，2021）。借鉴 ABC 态度模型（Solomon，2018），顾客态度由认知、情感和行为（意向）三种成分构成，本书研究的品牌资产为基于顾客的品牌资产（Keller，Swaminathan，2020），则品牌资产也可由认知性品牌资产、情感性品牌资产和行为性品牌资产三种成分构成。本书将收集的文献中出现的主要品牌资产维度按照该逻辑进行归类，如表 3－1 所示。

表 3－1　认知性、情感性和行为性品牌资产

品牌资产类型	维　度	代表性文献
认知性品牌资产	感知质量	Ding，Tseng（2015）；Foroudi et al.（2018）；Han et al.（2021）；Hsu，Chen（2018）；Miao et al.（2021）；Rodrigues，Martins（2016）
	品牌知名度	Foroudi et al.（2018）；Jeon，Yoo（2021）；Miao et al.（2021）；Rodrigues，Martins（2016）
	品牌形象	Cho et al.（2015）；Ding，Tseng（2015）；Foroudi et al.（2018）；Miao et al.（2021）
	品牌联想	Ding，Tseng（2015）；Foroudi et al.（2018）；Hsu，Chen（2018）；Miao et al.（2021）；Mühlbacher et al.（2016）
	品牌熟悉度	Han et al.（2021）
情感性品牌资产	品牌满意度	Geigenmüller，Bettis－Outland（2012）；Iglesias et al.（2019）；San Martín et al.（2019）
	品牌信任	Hsu，Chen（2018）；Jun，Yi（2020）
	品牌依恋	Lassar et al.（1995）；Jun，Yi（2020）
	情感性品牌承诺	Matthews et al.（2014）；Šerić et al.（2016）
	品牌至爱	Foroudi et al.（2018）；Verma（2020）

续表

品牌资产类型	维 度	代表性文献
行为性品牌资产	品牌忠诚度	Foroudi et al. (2018); Han et al. (2021); Hsu, Chen (2018); Jeon, Yoo (2021); Miao et al. (2021); Rodrigues, Martins (2016)
	购买意向	Foroudi et al. (2018); Rambocas et al. (2018); Verma (2020)
	溢价支付意向	Rambocas et al. (2018); Rodrigues, Martins (2016)
	口碑推荐	Rambocas et al. (2018)

凯勒和斯瓦米纳坦（Keller，Swaminathan，2020）提出创建强势品牌的三个步骤是“认知→情感→行为（意向）”，即首先建立深厚的、广泛的品牌认知（品牌知名度），形成好的品牌功效（感知质量）与差异化的品牌形象（以上为认知）；接着赢得顾客积极的、易获得的反应与感觉（情感）；最后使顾客愿意购买、反复购买并推荐他人购买，形成品牌忠诚度（行为）。可见，凯勒和斯瓦米纳坦（Keller，Swaminathan，2020）提出的创建品牌资产的路径为：认知性品牌资产→情感性品牌资产→行为性品牌资产。与凯勒和斯瓦米纳坦（Keller，Swaminathan，2020）的思路相似，其他文献提出的创建品牌资产的路径也基本是从认知性品牌资产出发（Foroudi et al.，2018；Jeon，Yoo，2021；Miao et al.，2021）。

四、对现有研究的评价

第一，虽然现实中已经出现了“用户企业”蔚来汽车且备受各界关注，大多数新创的新能源汽车品牌也都自称“用户企业”，但还没有学者专门研究什么是用户企业。用户企业与常说的“以顾客为中心的企业”有什么不同？用户企业的用户关系管理和常见的顾客关系管理有什么不一样？回答以上问题是研究用户企业的基础。

第二，用户体验是一个在计算机与信息系统领域常见的概念，在市场营销领域尚不多见。从用户体验的输出端（用户视角）来看，用户体验可分为功能体验与情感体验两种类型。少量文献探索了信息系统平台的属性特征对用户的功能与情感体验的影响，但用户对某个具体品牌的体验与对信息系统平台的体验是不一样的。那么，从用户体验的输入端（企业视角）来看，企业提供哪些体验能使用户形成功能体验？提供哪些体验又能使用户形成情感体验呢？答案尚不明确。

第三，目前还未发现有文献综合研究用户体验、品牌资产和财务绩效三者之间的关系，学者们研究了用户体验对品牌资产的影响以及品牌资产对财务绩效的影响，尚未发现有学者研究用户体验对财务绩效的直接影响，也没有在这三个概念之间建立联系。

首先是关于用户体验对品牌资产的影响。少量文献研究了用户体验对品牌资产各个维度的影响，但这种影响比较直接，从中难以看出从用户体验出发创建高端品牌的路径。基于品牌资产理论及其相关研究，创建品牌资产的一般路径为：认知性品牌资产→情感性品牌资产→行为性品牌资产。那么，用户企业从用户体验出发创建高端品牌的路径有什么不同？

其次是关于品牌资产对财务绩效的影响。已有一些文献研究了品牌资产的各个维度对财务绩效的影响。有研究将企业的财务绩效分为当前财务绩效与未来财务绩效，认为品牌资产对两者的影响是不同的，品牌资产的一些维度主要影响当前财务绩效，而另一些维度则主要影响未来财务绩效。**目前，蔚来尚未实现盈利，这是否表明用户企业只是一种理想？用户企业只能打造一个知名品牌而无法实现盈利？抑或亏损只是短期的，在长期用户企业是可能盈利的？**分析用户体验与不同成分的品牌资产对短期盈利及长期绩效的影响有助于解答上述问题。

根据以上研究问题，本章的研究目标是：

- 界定用户企业；
- 厘清用户的功能体验与情感体验分别是如何形成的；
- 探明从用户体验出发创建高端品牌的路径；
- 分析用户体验与不同成分的品牌资产（情感性、行为性和认知性品牌资产）对短期盈利与长期绩效的影响。

第三节 创新与实践

本章拟以蔚来为研究对象，采用定性研究法、三角研究法和主题分析法展开案例研究与分析。

本章进行定性研究的原因如下：第一，**用户企业是一种新的管理实践**，当前尚无其他学者进行专门研究，因此定性研究是最好的选择（Miles，Huberman，1994）；第二，本章拟对收集到的资料进行归纳推理，从而提出一个整合的概念框架，这也适合使用定性研究（Creswell，1994）；第三，本章并不是从模型开始研究，研究过程比较灵活，这同样适宜使用定性研究（Cassell，Symon，1994）。

本章选择蔚来作为研究对象的原因如下：第一，参考了单案例研究设计的典型性与代表性原则（Yin，2017）。蔚来通过提供高性能的智能电动汽车与极致用户体验，为用户创造愉悦的生活方式，真正将用户企业的理念付诸实践并一直坚持下来。第二，数据的可获得性和开展研究的便利性（Yan，Gray，1994）。蔚来创始人李斌、总裁秦力洪等高管非常愿意公开讲话，网上有大量蔚来高管的演讲、讲话和访谈等文字与视频资料；蔚来备受各界瞩目，有大量的、较全面的、最新的媒体报道；蔚来是一家诞生于移动互联网时代的企业（成立于 2014 年），围绕数字触点为用户提供极致用户体验，蔚来 App 等平台上有海量的帖子与评论等数据；北方工业大学汽车产业创新中心与轩辕之学合作，研究团队有机会访谈蔚来高管；北方工业大学 MBA 教育中心与蔚来合作，开展了一系列活动，研究团队有机会访谈蔚来管理者、员工和用户；蔚来是一家比较特殊的企业，用户大多把蔚来当成“自家”的企业，一些核心用户非常愿意接受访谈。

资料收集参考案例研究的三角验证法（Eisenhardt，1989；Yin，2017）。一是文档资料。主要包括：大量蔚来高管的演讲、讲话和访谈的文本与视频资料；各类媒体与机构关于蔚来的大量报道及研究报告，以及蔚来的年报、招股说明书。二是访谈资料。研究团队提前设计好半结构化的访谈提纲（见本书附录 1），在蔚来中心、蔚来空间等地，以及通过在线腾讯会议的方式对蔚来的 2 位高管、6 位员工和 7 位核心用户进行访谈；在第一阶段访谈基本结束后，一些疑问仍未厘清，因此又在第二阶段对蔚来的 2 位管理者、2 位员工和 13 位车主进行访谈；同时访谈了汽车行业专家。三是参与性观察数据。研究团队成员注册成为蔚来 App 用户，作为蔚来社区的成员，参与蔚来 App 中的各项活动；同时研究团队也多次以研究者与购车者的身份走访蔚来中心、蔚来空间进行现场观察。研究团队尽可能多地收集资料，直到不再出现新的主题，对每个主题的内涵不再出现新的解读，也不再出现新的主题之间的关系，研究团队才判断数据达到饱和（Braun，Clarke，2021；Fusch，Ness，2015）。

本章使用主题分析法对数据进行编码、情境化，并从数据中提取丰富的含义、模式和洞察（Braun，Clarke，2006；Braun，Clarke，2012；Mbama et al.，2018），总结了与研究目标相关的主导主题和当前研究主题中的理论。将资料编入主题，以加强对现象的理解或对实践行动的报告（Vaismoradi et al.，2013）。建立模式和共性以发现关系存在之处，并使用访谈原话来支持证据。由两名研究人员对分析结果进行交叉检查，对研究结果达成共识，以帮助提高结果的可靠性。如果意见不一致，则将某些访谈原话编入多个主题，由三位研究人员讨论达成一致意见，以帮助消除分歧，确保高度一致（Mbama et al.，2018）。

在本案例研究过程中，对于用户企业、极致用户体验、极高用户满意度、口碑推荐、品牌知名度与联想、短期盈利、长期绩效形成如下研究成果。

一、用户企业

通过研究，本章提炼出用户企业的定义：“**用户企业是与用户共创极致体验来赢得极高用户满意度的企业。**”

以下是蔚来管理层、员工、用户等利益相关方从不同角度对于用户企业的相关表述。这些文字表述由作者团队根据文档资料、访谈资料以及参与性观察资料整理而成。全书类同。

好的用户体验、好的用户满意度是新势力、老势力能够真正赢得消费者青睐的很重要的事情，并且我认为是最重要的事情。[460]（蔚来创始人、董事长、首席执行官李斌）

从企业经营的角度来说，要回答的终极问题就是价值创造，不能创造价值的企业，是无法在市场上成功的。我认为，**企业创造价值的核心就是要为用户创造最佳的体验**。[393]（李斌）

我在内部一直说，如果非要定一个目标，那我们的目标只有一个——**蔚来希望成为全世界用户满意度最高的公司，这就是我们的初心**。[394]（李斌）

我们认为用户企业的理念是一个基本的哲学问题。用户企业，不是战术层面的以用户为中心，以用户的需求为中心。对我们来说，用户企业是企业意识形态层面的问题，它是一个终极问题：你为了谁，为了什么来做这件事？**我们把自己叫作用户企业，最根本的就是我们是为了让用户满意才做这家企业，**当然用户满意、我们又赚大钱就更好了。两者现在还不能平衡，我们还有融资能力，**我们觉得赚钱的事可以适当地放一放，用户满意是第一位的，**至少我们的创始团队对这一点是高度重视的。[674]（蔚来联合创始人、总裁秦力洪）

我们一直强调，成为一家用户企业，我们给每个新入职的员工都讲，**蔚来成为一家用户企业是我们的目的，从来不是我们的手段**。[447]（蔚来用户运营副总裁魏健）

首先，我觉得蔚来有它自己的一个价值体系，对于我们来说，用户企业是为了给用户创造愉悦的生活方式，那也是我们价值体系当中的一个使命，我觉得核心还是“用户”两个字……我们蔚来做得更多的是**用户共创**，也就是从用户利益出发……在蔚来，我们做的每一件事情是希望跟用户一起能够让这家企业做得更加成功……我们的用户，实际上就是这家企业的一

员……我们更看重的是一个**长期的用户满意度**，我认为这是以用户为中心和用户企业的区别。（蔚来某城市经理H）

蔚来对用户企业这一愿景有一个非常明确的解释：**我们为用户满意而存在，通过我们的成功帮助用户实现自我价值**。（蔚来人力资源业务伙伴C）

我可以感受得到蔚来"**傻傻地对用户好**"，就是说它看两个部分，短期利益跟长期利益。在车企利益、用户利益之间抉择的时候，如果看到的是长期利益，车企有的时候会牺牲一部分短期利益，确实会让很多人觉得这家企业不是很聪明，但实际上是它把时间跨度做得比较长，我是这么理解的。（核心车主T）

就像男女朋友一样，为了你的女朋友，你愿意做任何事情，你承受不起的很多事情，也会努力把它做好。（用户甲）

蔚来的整个理念已经跟任何车企都不一样，**它完全把车、车企和用户拉得非常近，就像一家人一样**。（用户乙）

以顾客为中心的企业的最高目标仍然是盈利，顾客满意度仅是为了实现盈利的手段；而用户企业的最高目标是让用户满意，盈利是顾客满意的自然结果。企业进行顾客关系管理的动机是有利可图，企业并不是真心对顾客好，只是在利益的驱使下才对顾客好；而用户企业是真心对用户好（"傻傻地对用户好"），有时候甚至不计成本。用户企业与用户的关系就像是密友甚至是家人之间的关系，以情感性成分为主，更接近情感性关系，双方都不会像顾客关系管理涉及的工具性关系那样斤斤计较收益与成本。

二、极致用户体验（企业端）

（一）产品

蔚来一开始就以高端汽车产品切入市场，迅速创建了一个备受各界瞩目的高端智能电动汽车品牌，这在中国品牌中是罕见的，引领了中国汽车高端化的潮流。截至2024年3月，蔚来旗下共有9款车型，如表3-2所示。

表3-2 蔚来旗下车型

单位：万元

对比项	车型								
	ET9	ET7	ET5	ET5[T]	ES8（全新款）	ES7	ES6	EC7	EC6
产品定位	智能电动行政旗舰	智能电动行政轿车	智能电动中型轿跑	智能电动旅行车	智能电动旗舰 SUV	智能电动中大型 SUV	智能电动全能 SUV	智能电动旗舰轿跑 SUV	智能电动轿跑 SUV
起售价	80.00	42.80	29.80	29.80	49.80	43.80	33.80	45.80	35.80

资料来源：蔚来官网。

由表3-2可知，蔚来汽车的售价基本在30万元左右，有的甚至超出很多；2022年10月，其平均售价达46.6万元，超过奥迪、宝马，比特斯拉高十几万元，是本书研究的所有新能源汽车品牌中平均售价第二高的品牌，仅次于高合。蔚来首款量产车，也是当时起售价最高的车型ES8（2022款），如图3-2所示。

图3-2 蔚来ES8汽车（2022款）

资料来源：蔚来官网。

为用户提供一个安全、高性能、品质好的车，这是必须的，**这就是地基，地基必须打牢**。[307]（李斌）

每个品牌都是有边界的，我们觉得一个品牌什么都做肯定是不可能的，我们蔚来不可能去做特别便宜的车……我们对自己的品牌边界认识非常清楚，**我们做的就是今天中国的主流高端市场**。主流高端市场大致是奔驰、宝马、奥迪做的这些市场，是他们的主流量产车的市场，再往下我觉得不是我们该做的事，特别往上，如法拉利的市场，这也不是我们该去做的事。[674]（秦力洪）

我们一开始肯定是赔钱卖车和提供服务的。蔚来是一家很年轻的创业公司，原来在上学前班，现在也才小学一年级，按照时间算就是这样，毕竟我们从成立到现在才刚刚六年。但是有时候，我们看待一件事情（指盈利）还是要想得更长远一些。[392]（李斌）

首先肯定得保证产品质量非常优秀，你才可能谈什么服务。就像一家饭馆，如果菜品不行，服务体验再好，用户都是不买账的。所以我觉得我们的产品确实够好，这是第一点。（蔚来某城市经理 H）

（蔚来目前还未盈利的原因）第一个是**我们确实花了非常多的资金在自主研发上，**每一年蔚来花在自主研发上的资金都有几十亿元。在这一点上，无论斌哥还是蔚来整个企业都是非常坚持的，我们始终认为自主研发是一家企业最终的发展通路。（蔚来某城市经理 H）

蔚来汽车的成本非常高，例如 ES8 使用的是全铝车身，光靠卖车盈利比较困难。（员工甲）

产品依然是形成用户体验最主要的来源之一，对于汽车这类典型的耐用品尤为如此。同时，汽车是一类功能性非常强的产品，产品设计主要影响用户的功能体验。在访谈过程中，蔚来的城市经理、管理者、核心车主都提到，蔚来长期、持续的高研发投入是蔚来目前还未实现盈利的重要原因之一。蔚来是一个定位于高端市场的品牌，其市场规模相对有限；同时，蔚来创立时间不长，其产量与销量相对不高。总而言之，蔚来尚未实现规模经济。当前蔚来的单车成本远高于其竞争对手特斯拉的相应车型，同时在相近配置下蔚来的售价相对较低，这影响蔚来的短期盈利能力。

（二）服务

蔚来在消费者心智中最显著的特征可能是其提供的极致服务。蔚来的服务被誉为“汽车界海底捞式服务”。蔚来通过“一键呼叫，服务无忧”（见图3－3）与“一键加电，能量无忧”（见图3－4）两大特色方案提供与用车有关的全程服务，如维修、保养、加电和救援。

服务无忧2022版

1.保险

- 交强险
- 三者险(200万保额)
- 车损险
- 驾乘意外险(15万/座)

2.免费维修

全年车辆维修全包（优先保险赔付存在免费范围*）漆面维修累计多至6个面,可用于轮圈修复

含外部电网故障损失、自用充电桩损失和自用充电桩责任对应的保障内容

ET7车型含激光雷达的检查、清洁和维修

3.免费增强保养

每年6万公里内车辆保养全包（每行驶2万公里提供1次，多至3次）

4.维保代步出行服务

质量、配件短缺、维保产能不足等蔚来原因导致的超24小时维修，不限天数;

事故或其他免费维保超24小时，累计多至7天。可选择如下方式:

- 代步车：蔚来车型或同级别，或
- 出行礼券：350元/天，或
- 积分礼偿：3500分/天

5.维保取送车服务

不限次数，专人上门取送车

6.事故安心服务

重大事故现场代客值守

事故维修使用原厂配件专修

7.上门补胎服务

不限次数

8.增值服务

35张增值服务券，可按需兑换：

- 洗车：普洗1次/1张；精洗1次/2张；当天至多洗2次
- 代驾：10公里/张，3公里内免零头（单次10公里以上）；单次服务可使用多张；单次服务免费等待30分钟
- 机场代泊：1天/张
- 到期未用完，按照500积分/券回购

9.爱车积分

全年多至9000分：当月如果未使用免费维修，次月奖励750积分

10.年检代办服务

对当年需要年检的车辆提供，不含工本费

11.增强流量服务

每月免费流量升级至15GB

图3－3 蔚来“一键呼叫，服务无忧”

资料来源：蔚来官网。

图3－4 蔚来“一键加电，能量无忧”

资料来源：蔚来官网。

为了解决用户使用电动汽车的痛点，蔚来提供换电服务（Battery as a Service，BaaS），是行业内的先行者与领导者之一。蔚来 BaaS 服务通过车电分离和可充、可换、可升级的电池技术，为用户带来全新的拥车体验。选择 BaaS 服务，用户可购买不带电池的蔚来车型，按需租用特定电池包，如图 3－5 所示。

电池更无忧

依托端云融合电池监控和换电技术，确保你所使用的电池始终处于健康和安全状态。

BaaS用户无需承担电池衰减成本，车辆更保值。

换电更灵活

BaaS用户将可以轻松实现电池升级，并持续享受电池技术迭代带来的红利。未来，用户还可按需灵活选用不同规格的电池，满足多种灵活升级需求。

生命周期可持续

BaaS让用车体验更加可持续。

通过换电模式实现电池统一管理，有效延长电池寿命。

通过集中电池所有权、统一电池设计，实现更环境友好的电池二次回收利用。

图 3－5　蔚来 BaaS 换电服务

资料来源：蔚来官网。

截至 2023 年 12 月，蔚来在全球已布局换电站 2350 座，充电站 3608 座，目前还没有其他品牌能达到这一规模。[641]

用最新的移动互联网技术给用户超越期待的体验。[307]（李斌）

谈到汽车服务，现在整个汽车行业的主要做法是先卖车，之后车辆的服务就转交给别人来做，包括汽车经销商、服务商、加油站、保险公司等，或者说车辆的服务交给了社会，没有一家整车企业能够对汽车品牌的总体体验全程负责。蔚来跳出了原有的框架，我们不只是在用户买车的时候提供服务，而且负责在用户用车的过程中提供良好的体验。这两种做法的出发点完全不同。蔚来是把服务用户当成了自己的责任，而现在汽车行业的分工并不是这样，因此蔚来就成了特例。这就像通过电商平台将产品卖给用户，与自己直接将产品卖给用户，这两种销售方式在逻辑上有着本质的区别。从根本上讲，**蔚来要成为用户企业，就必须对用户使用产品的全程体验负责**，高度重视建立用户与蔚来的长期关系。我是发自内心地认为，这是蔚来的责任。为什么蔚来产品有终身免费质保？原因就在于此。蔚来提出的服务无忧、能量无忧服务，就是希望为使用蔚来产品的用户提供良好的全程体验，这是整

个公司运营的根本所在。[393]（李斌）

我觉得电动车的核心竞争力除硬件外，更重要的是软件和服务，**蔚来的服务应该说是所有车企里面最好的**……蔚来车主有很多的（服务）可以选择，比如说一键维保、免费维修、免费洗车、免费机场泊车等，服务多到很夸张的地步。（用户丙）

在汽车服务上，我们不以盈利为目标。蔚来的长期愿景是，我们提供的服务能够真正让用户省心，如果用户遇到问题，都愿意交给蔚来处理。我们希望通过可移动的连接对服务资源进行高效的重新布局，同时将用户交互界面简化，用较低的服务成本为用户提供更好的服务体验。在整个服务业里面，能源公司、金融保险公司以及经销服务商等无不依托汽车开展服务。假如蔚来能够用更高效的方式把这些服务资源组合起来，为用户提供更简单、更方便的服务界面，那用户的体验肯定会很好。同时，**我们不在服务上赚钱，最终用一种只要不赔钱就可以的模式去提供服务，那用户的体验自然会更好**。[393]（李斌）

在蔚来，用户顾问的职责是服务，并且我们不会要求用户顾问的服务必须赚多少钱……在汽车售后服务方面，比如蔚来推出的服务无忧、保险无忧等，目前已经赔进去不少钱。以用户可接受的成本为其提供无忧的服务，我认为，这是蔚来的责任。[392]（李斌）

第二个（目前还未盈利的原因）在于**基础建设**，除我刚刚提到的一些蔚来中心、蔚来空间这些我们选择搭建的核心商圈外，还有**蔚来的换电站**（见图 3-6）。蔚来换电站，现在全国已经有超过 1100 多座。（蔚来某城市经理 H）

图 3-6　蔚来换电站

资料来源：蔚来官网。

对于汽车产品而言，产品支持性服务必不可少。在服务过程中，用户与品牌、员工有很多交互，因此服务不仅会影响用户的功能体验，还会影响用户的情感体验。例如，在维修服务中，维修人员的技能可能影响用户的功能体验，而维修人员的态度则可能影响用户的情感体验。在访谈过程中，我们不断发现蔚来服务人员很多让用户感动的小故事：一位用户去外地自驾游时车胎坏了，蔚来维修人员驱车 200 公里赶到，免费把胎补好；一位用户晚上 11 点多呼叫"一键加电"服务，蔚来加电小哥深夜 12 点半上门把车开走，2 点左右完成加电把车送还。总而言之，蔚来提供与用户拥车相关的全程服务，保障了用户的全程体验。然而，这样做成本较高，与特斯拉、理想等造车新势力相比，蔚来的销售支出、一般性支出和管理支出（包括服务费用）更高；更重要的是，蔚来在换电站等服务基础设施上投入巨大（蔚来的城市经理、管理者和核心车主都提到这一点）。与此同时，蔚来的现有用户数量相对有限，因此蔚来在短期内较难在服务上实现规模经济。总而言之，蔚来提供极致服务的高昂成本对其短期盈利有负面影响。

（三）数字触点

蔚来成立于 2014 年 11 月，是一家在移动互联网时代诞生的企业。蔚来的创业团队有互联网行业创业及从业经历，具有互联网思维，所以蔚来主要围绕蔚来 App 提供用户旅程中的大量数字触点。与其他车企不同，与拥车相关的所有操作（购车、用车、服务、生活和社交等）几乎都能在蔚来 App 中完成。与其他汽车品牌的 App 相比，蔚来 App 的最大特色是强调社区功能，与用户进行大量互动（主要在蔚来 App 首页中的“朋友”“此刻”板块）。

数字触点是我们创造价值的重要关注点之一。数字触点是一个大概念，按照我们的理解，未来汽车体验的很多方面都将集成在数字触点中，即通过数字化的方式为用户直接提供各种增值服务。以自动驾驶为例，这其实意味着给用户提供一个买车送司机的服务，只要自动驾驶技术做得足够好，这种服务就能带来价值创造的空间，就能帮助用户节省时间、解放自己，还能减少车辆的事故率。所以，数字触点为用户创造更好体验的前景是巨大的。[393]（李斌）

在每一个数字触点都做到**在功能上既方便使用，又在情感上代表品位追求**。这包括现在业内都在讲的汽车智能、车联网这些东西，也包括连接用户的 App。[307]（李斌）

与用户社区理念同时被提出的，还有蔚来 App 基于它所服务的人群打造的三大创新体验，叫作**内容与社交的创新体验、生活方式的体验以及购车、用车的体验**。[489]（蔚来用户数字产品部高级总监张羿迪）

其实作为现代互联网 3.0 企业，蔚来的互联网基因还是非常明显的，所以我们除给用户带来更高的驾驶体验和线下服务外，线上的体验也是非常丰富的，包括车主的用车体验，以及与朋友圈类似的“此刻”功能。同时，我们的 App 还可以实现远程的车辆控制，比如我现在需要下楼，就可以通过 App 提前打开车内的空调。甚至如果我现在发现数据显示续航从 317 km 变成 17 km，我也可以在上面点击“一键加电”，就会有人帮我把车开走，等我做完这个分享以后，我的车已经满电回来了。这就是我们 App 的强大功

能。（蔚来广州区域总经理 CQ）

很多朋友都知道蔚来特别重视和用户的沟通，从李斌、秦力洪两位创始人一直到一线每位员工，每年会花大量的时间跟用户进行互动，倾听他们对产品服务的各种建议、反馈，不管是好的还是不好的声音，都对我们非常重要……这使得蔚来与用户建立了很好的联系，使用户形成了极致体验。[553]（蔚来用户关系部高级总监沈泓）

数字触点为产品、服务设计和创造想要的生活方式提供支持。产品（如购车）、服务（如“一键加电，能量无忧”“一键呼叫，服务无忧”、BaaS 换电服务）和生活方式（分享、社交、NIO Life 商城）都能通过蔚来 App 完成。数字触点使用户同时形成功能体验与情感体验。用户通过数字平台在购买前、购买中和购买后整个用户旅程中的无数触点与品牌的所有交互都会影响用户的功能体验与情感体验。例如，用户通过蔚来 App 呼叫加电服务可能影响功能体验；而用户通过蔚来 App 报名、参加和分享品牌发起的线下亲子活动则可能影响用户的情感体验。

（四）生活方式

蔚来的愿景是“为用户创造愉悦的生活方式”。蔚来区别于传统车企与其他造车新势力的最主要特色是蔚来强调自己不仅是一家汽车公司，也是一家生活方式公司，蔚来设有专门的生活方式部门。蔚来通过蔚来 App、蔚来中心、NIO Life、积分与蔚来值构建“超越汽车的生活方式”。

1. 蔚来 App

蔚来 App 具有虚拟品牌社区、即时通信（类似微信）和 NIO Life 在线商城等功能，与其他汽车品牌 App 最大的不同是其极强的社交属性，蔚来 App 是以生活方式而不是以单纯购车为底层逻辑设计的。

2. 蔚来中心

蔚来中心（也被用户亲切地称为“牛屋”）不是传统的汽车 4S 店，也不是简单的汽车展厅，而是蔚来用户分享欢乐、共同成长的生活方式社区，如图 3－7 所示。蔚来中心有七大核心功能，如图 3 - 8 所示。蔚来车主可在线上报名，然后带着亲朋好友在线下蔚来中心参加非常丰富的车主活动，再回到线上分享与传播。

图 3 - 7 蔚来中心

资料来源：蔚来官网。

图 3 - 8 蔚来中心的七大核心功能

资料来源：蔚来官网。

3. NIO Life

NIO Life 是蔚来自有品牌商品，可以理解为蔚来版的“网易严选”，目前已发展到美食研究所、微醺俱乐部、服装配饰、NIO Life Home、OUTDOOR、鞋履箱包、科技出行、运动潮玩等品类，其产品定价较高，已经实现盈利。

4. 积分与蔚来值

积分在蔚来 App、蔚来中心和蔚来现场活动中都能使用，具有货币属性，如用户可购买 NIO Life 商品。蔚来值（被称为“牛值”）的作用是社区大事件投票加成（蔚来值与用户在社区大事件中的投票权挂钩，用于决定重大事件的走向）、热门活动参与资格（对于一些热门活动，蔚来值越高，获邀参与的概率越高），具有精神属性，体现了用户企业是“用户拥有的企业”的特色。

> 用户买了我们的车，就加入了一个愉快俱乐部。[590]（李斌）

> 蔚来作为一家用户企业，要打造一个以车为起点的社区，与用户一起分享欢乐、共同成长，给用户创造愉悦的生活方式。[393]（李斌）

> 汽车之外的生活也是非常重要的关注点……今天企业**通过移动的社交方式与用户连接在一起，可以创造出很多情感体验**。这种体验已经超越了汽车产品本身，也就是我们所说的 Beyond the car。[393]（李斌）

> 我们的价值观是，给用户创造很好的东西，大家都是愉悦的。[489]（蔚来 NIO Life 负责人、高级总监刘婕）

> 蔚来中心是蔚来用户分享快乐、共同成长的生活方式社区。（蔚来管理者甲）

> 2017 年北京东方广场租金为 3000～5000 元/月/平方米不等，蔚来承租的单店面积大，在享受一定折扣后的年租金为 7000 万～8000 万元，目前蔚来已签约 6 年。（蔚来管理者乙）

生活方式象征着某种品牌价值观，高端市场的用户越来越重视拥有品牌所体现的价值观是否与自己的价值观一致，生活方式是使用户形成差异化情感体验的关键。与此同时，为用户创造愉悦生活方式的代价是高昂的，对短期盈利有负向影响。例如，蔚来中心主要开在一二线城市的中心地带，如北京东方广场、上海兴业太古汇和杭州西湖等，建筑面积大，运营成本非常高，对短期盈利有负向影响。

图 3－9 是蔚来的用户体验变革模型。如图 3－9 所示，产品（车本身）主要影响用户形成功能体验；服务与数字触点同时影响用户形成功能体验与情感体验；（超越汽车的）生活方式影响用户形成情感体验。这与前文的分析结果能够相互印证，提高了本研究的信度。

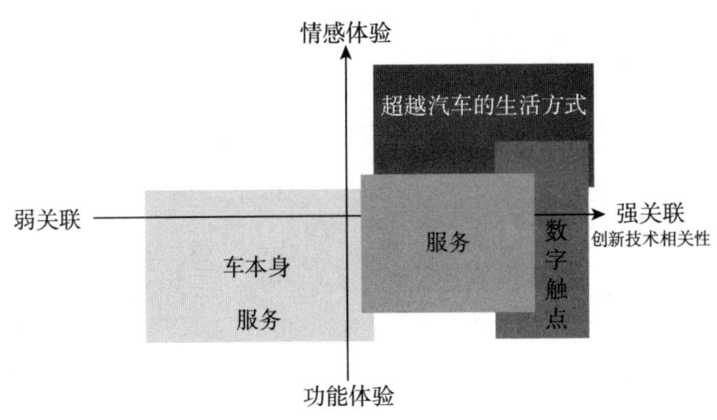

图 3－9 用户体验变革模型

资料来源：根据蔚来创始人李斌的演讲《重新定义用户体验》与蔚来总裁秦力洪的演讲《重新定义用户体验》整理而成。

三、极致用户体验（用户输出）

（一）功能体验

传统的用户体验多指功能体验，虽然用户企业更强调用户的情感体验，但是汽车是一种功能性很强的产品，用户的功能体验依旧重要。

过去，我们常讲用户体验就是用户痛点。这个痛点通常指的是功能体验，也就是没有被很好满足的用户刚性需求。但实际上，满足用户痛点只是**你必须要做到的必要条件**，从来不足以形成对一个行业的变革。[307]（李斌）

我们以“建筑”来做比喻。**与技术创新没有太大关系的功能体验，相当于房子的地基，搭牢是必须的**。与技术创新有强关联的功能体验，相当于楼体，要有高强度的钢筋和新的建筑技术，去把楼盖高。[307]（李斌）

技术研发最终都是要服务于用户……蔚来的长远竞争优势还是在于用户满意度。对于用户来说，辅助领航功能体验是非常必要的，蔚来在自动驾驶研发早期就在做规划。[640]（秦力洪）

汽车是一类功能性非常强的产品，用户的功能体验对用户满意度的影响依旧重要。根据赫茨伯格的双因素理论，功能体验是基础，如果功能体验不佳，用户可能不满意；但功能体验容易被复制，如果想要用户极度满意，仅靠日趋同质化的功能体验是不够的，更重要的是差异化的情感体验。如前所述，企业的产品、服务和数字触点设计影响功能体验。

（二）情感体验

由于功能体验日趋同质化，差异化的情感体验更容易形成竞争优势。相比于功能体验，蔚来更着力于情感体验。蔚来也是我们研究的 11 个案例品牌中唯一一个更强调情感体验的高端汽车品牌。蔚来重新定义用户体验就是用强关联的创新技术带给用户差异化的极致情感体验。

技术创新带来强关联的情感体验，这是我们需要对用户体验重点重构的部分。[307]（李斌）

用户体验，更需要关注的是功能体验以上的情感需求。变革体验，就是在创新技术对行业带来重大变革的方面，着力于情感体验的部分。[307]（李斌）

所谓用户体验的创新，应该在痛点以外跟感性体验相关的细枝末节上着力。痛点是每个人都很容易想到的，但这种情感体验的细节，其想象力难以穷尽，这就是真正的变革机会。[694]（李斌）

伟大的商业模式变革在于创新技术和用户体验。所有具有变革意义的商业实践，都是既迎合创新技术的趋势变化，又在情感体验方面触动用户的内心。[721]（李斌）

你要感动用户，让用户觉得你的产品好，这是什么？情感体验。用户体验，简单来说就是用户的主观感受，从马斯洛需求层次理论来说，它是靠近上层的东西。不物理、不具象，非常具有感受性。[307]（李斌）

产品力这个事情……大多数车企制造出来的**产品都会大差不差的**，大家的质量、大家的产品都很优秀，但有的时候我们现代人确实会缺少一种**情感陪伴**。（蔚来某城市经理 H）

为了创造成功的用户体验，你必须持续进化、与时俱进，永远超越用户期望，在整个生命周期积累用户认可，并最终升华为高水平的用户对品牌的满意度。（汽车行业资深专家甲）

我为什么把特斯拉换成蔚来？国内造车新势力的提升非常快，单以驾驶性能和感受来说，我觉得已经和特斯拉没有很大差别了，但蔚来在情感体验上要好得多。（用户丁）

蔚来通过海底捞式服务，能完成与拥车相关的几乎所有操作的数字触点和超越汽车的生活方式，带给用户对于一家车企超越预期的极致情感体验，真正感动了用户，从而赢得极高的用户满意度。如前所述，企业的服务、数字触点设计和创造的生活方式影响情感体验。

四、极高用户满意度

用户满意度是一种情感性品牌资产。用户满意度是用户企业追求的最终目标，是用户企业的护城河。因此，对用户企业来说，一般的用户满意度或在行业处于中游的用户满意度是没有意义的，用户企业的用户满意度必须在行业内数一数二，极度满意的用户是用户企业进行品牌与用户运营的核心。

我希望我们成为用户满意度最高的品牌，不只是在汽车里，而且是在所有的品牌里。[604]（李斌）

为用户提供极致的体验、创造愉悦的生活方式是蔚来存在的意义，用户的支持和信任一直是我们前进的动力。我们相信，蔚来一定会成为用户满意度最高的用户企业，成为一个以车为起点、分享欢乐、共同成长的社区。[361]（李斌）

先围住最核心的用户，让他们的体验变得更好，让他们极度满意，他们就会自发传播，由里向外形成一种口碑效应。[425]（蔚来前副总裁朱江）

蔚来网络并没有具体的销售指标，用户满意度反而是其最为看重的。用户满意度的提升对企业的发展有所助益，如蔚来网络许多活动由用户自发组织参与……用户满意度做到极致，往往会转化为销售层面上的增长。[605]（蔚来网络发展与管理部总监聂星华）

蔚来会有五个驱动力：第一个就是从用户利益出发；第二个就是**超越期待的全程体验**；第三个是**持续创新**；第四个是体系化效率；第五个是设计驱动。（蔚来某城市经理 H）

斌哥一直跟我们说一句话："没有满意度带来不了的销量。"对于一家汽车销售公司来说，销量固然是非常重要的，但对于我们来说，只要带来了高的满意度，销量也会随之而来。不管是内部考核，还是说公司更看重什么，肯定是满意度高于销量，但不是说我们对销量不重视。(蔚来某城市经理 H)

极致用户体验带来极高的用户满意度。同时，由于用户预期的提高或者用户的“审美疲劳”，为了长期、持续让用户满意，蔚来把“持续创新”作为五个核心驱动力之一。极度满意的用户积极主动地向亲朋好友推荐蔚来汽车，使蔚来有很高的净推荐值，带来销量的增长。虽然用户企业不以盈利为目标，但企业最终还是要盈利的，从长期来看，持续的销量增长与盈利是极高用户满意度的自然结果。

五、口碑推荐

口碑推荐体现了品牌忠诚度，是一种行为性品牌资产。蔚来以极度满意的用户为核心，使用涟漪模式进行品牌与用户运营。涟漪模式的逻辑为：极度满意的核心车主主动成为蔚来的品牌代言人，通过自己的各种朋友圈积极传播正面口碑，就像一滴水落到湖里面，不断地扩散到第二圈、第三圈、第四圈，正面口碑会逐圈“波及”蔚来汽车的车主、向往者和关注者。向往者与关注者成为蔚来的销售线索，其中一部分通过传统的漏斗模式逐步转化为蔚来的新用户。蔚来通过提供极致用户体验，使这些新用户也成为极度满意的用户，从而开始新一轮的良性循环（见图 3－10）。

与忠诚顾客分享利益，我们要对老用户好而不是取悦新客户，这一点在移动互联网时代非常重要。因为对老用户好，口碑可以“现世报”“立刻报”。[310] (李斌)

得益于忠实的用户社区和良好的用户口碑，近期（疫情期间）来自老用户推荐的订单比例达到了 69%，远高于 2019 年 45% 的平均水平。[443] (李斌)

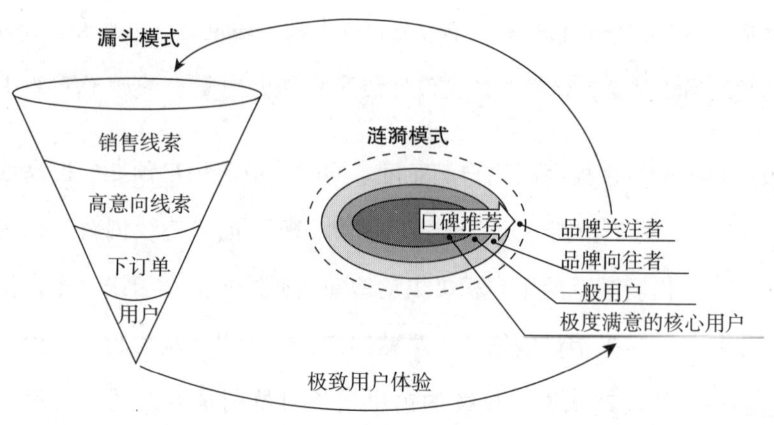

图 3－10　涟漪模式

资料来源：根据蔚来总裁秦力洪的演讲《蔚来用户运营：涟漪模式与品牌共鸣》[681] 与对蔚来用户数字产品部高级总监张羿迪的访谈[489] 整理而成。

（蔚来的老用户转介绍率）我现在拿到的数据，老用户带新用户（的比率），已经基本上到了 63%。从去年到今年我的朋友已经提了 24 辆车，目前还有 6 辆订单在路上，**总共 30 辆，这是我一个人的数据。蔚来是靠老用户的口碑，然后再去推新用户**。而传统车企，之前我拿到过宝马的一个数据，宝马一个店老带新能做到 20%，已经是极限了，而蔚来达到 63%，这是多么惊人的一个数据。我自己是做互联网运营的，我知道 63% 这个数据有多惊人，之前我做的那种 App，老带新的数据最多 40%，而且要在福利给得相当好的情况下，他们才会来。(蔚来核心车主 Z)

蔚来相信，只有先做好服务，才能赢得用户的信赖，才能形成良好的口碑，也才能得到用户的选择和推荐，从而促进销量不断提升。(汽车行业专家甲)

从图 3－10 蔚来用户运营的涟漪模式，可以看出“极致用户体验→用户极度满意”的影响逻辑，这与前文的观点能够相互印证，提高了本研究的信度。

结合应用涟漪模式与漏斗模式，蔚来扩大了用户数量，在短期提升了销量；同时通过用户口碑来传播品牌，也节省了广告等营销传播费用，这对短期盈利也有积极影响；蔚来还建立起广泛的品牌知名度，形成了高端的、差异化的品牌联想，随着越来越多的品牌向往者转化为实际用户，长期财务绩效也得以提升。在访谈过程中，我们发现蔚来的核心车主都非常热情地担任蔚来品牌的“传教士”。一个大致的数据是，蔚来的核心车主平均会成功推荐身边的亲朋好友购买20~30辆蔚来汽车，这是一个惊人的数据。为什么蔚来的用户愿意这么去做？蔚来的城市经理与核心用户不约而同地提出，这是因为用户和蔚来之间是一种类似家人的“情感性关系”，用户把蔚来当成“自家企业”，真心希望蔚来越来越好。

六、品牌知名度与联想

品牌资产包括认知性品牌资产、情感性品牌资产和行为性品牌资产三种类型。其中，认知性品牌资产为品牌知名度与联想；情感性品牌资产为用户满意度；行为性品牌资产为口碑推荐。

基于这种归属感，蔚来用户引发的涟漪模式也助推了品牌持续走高。据官方统计，超过50%的销售结果来自现有用户的推荐，这股力量非常强大。[657]（秦力洪）

我们的商业模式、运营策略也不太一样，传统车企大概都是一个漏斗模式，所有人都在看这个“漏斗”。蔚来是“漏斗+涟漪”模式，在一般的车企里，用户“漏”到车卖完了就结束了，咱俩一拍两散，后面都是第三方的事情（如经销商或总代理）。在蔚来是到了一个池子里面，这个人会产生一个涟漪，就像一滴水落到湖里面，不断地扩散到第二圈、第三圈、第四圈，以后又会回到漏斗模式，形成一个涟漪。[489]（蔚来用户数字产品部高级总监张羿迪）

蔚来讲究“涟漪制”。“涟漪”的意思是说最中心的环节是我们的核心用户，核心用户可能是我们2018年的车主。这些车主愿意帮我们主动发声，主动邀请身边的亲朋好友体验。核心车主的后面就是我们的用户；再外围就是我们的支持者；支持者的外围就是我们的粉丝……蔚来从一个点状发射性地连接到外面的市场，在这点上我觉得蔚来做得还是比较成功的。因为在蔚来，我们的用户有60%以上都是通过用户的转介绍而形成的，比例是相当高的。一般的车企可能只能通过筛选（漏斗式），但是蔚来一直因为满意度比较高，所以我们通过用户联系这件事情做得比较成功。（蔚来某城市经理H）

李斌说："要对老用户好，而不是取悦新的。"[668] 相比于发展新用户，蔚来更关注老用户。在访谈过程中，很多核心车主表示，由于盈利的压力，蔚来给新车主的福利政策正在慢慢变少，但老车主原有福利不会跟着减少，能终身享用，还能传给直系亲属；如果新车主有了新的福利，老车主也能同样享受。总之，越晚买蔚来，越吃亏。这让蔚来的老用户有一种尊贵感，而蔚来的政策都是透明的，因此想要选择蔚来的新用户也不会不满这种待遇的差别。此外，蔚来宣布永不降价，绝不割老用户韭菜，从不"背刺"用户（核心车主Z特别提到）。以上让老用户极度满意。蔚来以这些极度满意的核心用户作为品牌/用户运营的核心，激发他们主动进行口碑推荐，从而建立广泛的品牌知名度，形成高端的、差异化的品牌联想。用户企业创建高端品牌的路径为：情感性品牌资产（用户满意度）→行为性品牌资产（口碑推荐）→认知性品牌资产（品牌知名度与联想）。用户满意度对长期财务绩效有积极作用；口碑推荐提升了短期绩效，并通过品牌知名度与联想进一步影响长期财务绩效。

七、短期盈利

根据专业机构的研究报告和对蔚来高管的访谈，我们将"短期"界定为：公司创业后的十年左右。盈利是指净利润（而不是毛利润）为正值。2023年，蔚来的销量为160 038辆；总营收为556.2亿元；毛利率为5.5%，净利润为-207.2亿元，还未实现盈利。[659]

蔚来作为一家年轻的汽车公司，不可能说一上来就挣很多钱。这是不现实的……我们才（创业）四年多……这就和你不可能要求一个四岁多的小孩养家一样。[654]（李斌）

我想，（蔚来）总有一天会盈利的。像亚马逊，十几年以后才盈利。我相信蔚来不用那么长的时间。[401]（李斌）

企业最终当然都需要盈利，这是肯定的，长期不盈利的公司肯定是不行的，哪怕特斯拉亏损了十几年，最后仍然是要盈利的。我们不会亏损十几年，我们效率会更高一些……我有信心，**不需要超过十年我们就能盈利**。[540]（李斌）

初心很重要，我们创立这家公司的初心就是这个（指用户满意度）。盈利晚来那么半年一年，我们觉得不是最本质的事，我们觉得用户是不是拥戴我们这个社区，这个事非常非常重要。[674]（秦力洪）

我们短期卖车是不挣钱的……汽车就是一场马拉松，刚跑了二百米就来判断胜负，我觉得早了一点。随着规模的变化、盈利能力的变化，一个汽车品牌从无到有，小几年的时间在高端立住脚，技术领先、用户拥戴，还立马就赚钱了，这样的生意是不是太美好了？[674]（秦力洪）

从用户体验的输入端来看，一方面，为了使用户形成极致的功能体验与情感体验，用户企业在提供高端产品（如研发费用）、极致服务（如换电站等基础设施建设）和创造理想的生活方式（如蔚来中心）上的成本非常高，使短期盈利十分困难。但另一方面，用户企业主要用涟漪模式进行用户运营，节省了广告等传播费用，并通过用户的口碑推荐促进了销量的提升，以上对改善短期财务绩效有积极作用。

八、长期绩效

蔚来奉行的是长期主义。根据专业机构的研究报告，我们选择销量、营收、净利润和毛利率作为长期绩效的测量指标。

我创业就是要把企业做成功，我不是空想家，蔚来也不是乌托邦公司，因此一方面我会全力以赴把自己的理念落地，另一方面**企业最终还是要盈利的**，这也是企业成功的标志之一。[393]（李斌）

对我们这么一家初创公司来说，有没有盈利能力是重要的，短期赚多少钱是次要的。因为不管今年干得再好，今年也还是需要融资来养活这家公司。所以，再往下说，就谈到另外一个问题，我们的融资形势怎么样。我们肯定是在寒冬里面，但和别家相比，我们受到的关注还是相对更高一些。[448]（秦力洪）

蔚来现在的用户推荐占我们整个销量的比例还是非常高的，差不多一半左右的销量是用户推荐的，帮我们推荐过一百多辆车的用户已经有几十个了，比我自己卖得还多。其实，做用户运营这件事情没有多复杂，你要真心做、用心做。我们公司把用户满意当成目的，不是手段，不是说为了卖车要让用户满意，而是公司活得好是为了让用户满意，车卖得多是为了让用户满意。逻辑还不太一样，一个是"术"，一个是"道"。用户企业对我们是"道"，并不是我把用户放在嘴上，说用户第一，所以我的车会卖得好，我们不是这么看这个问题。[456]（李斌）

2020年二季度的毛利率为什么能够转正？道理很简单，就是因为销量上来了……汽车服务也是一样的道理……如果明年蔚来的保有量继续增加，在服务上我们赔的钱就会更少。最终的目标是实现持平。[393]（李斌）

依托于“以研发、制造、数字化管理、商业模式等为核心，以车、全生命周期的服务、数字体验和超越汽车的生活方式为触点”的体系竞争力，公司产品、技术持续创新，不断提升用户满意度，保持全天候营销优势，因而交付量整体攀升。[638]（蔚来某高管）

从长期来看，用户企业最终也是要实现盈利的。用户满意度对长期财务绩效有积极影响；用户的口碑推荐建立了广泛的、深厚的品牌知名度，形成了高端的、差异化的品牌联想，从长期来看，也对财务绩效有积极影响。

第四节　以用户体验为核心创建高端汽车品牌的路径

综上所述，我们提出以用户体验为核心创建高端汽车品牌的路径，如图3－11所示。

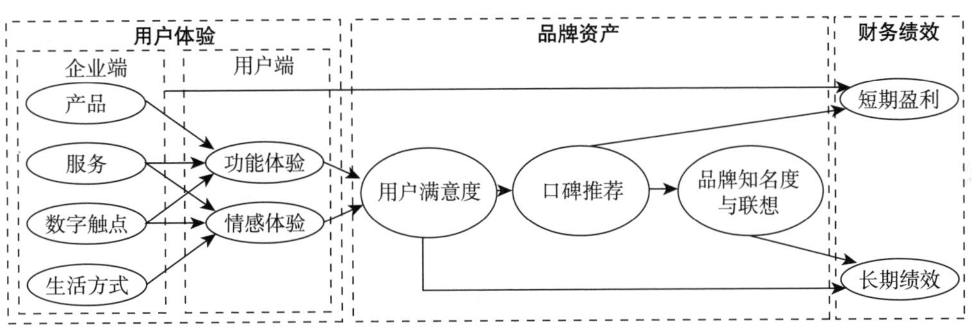

图3－11　以用户体验为核心创建高端汽车品牌

用户体验可从企业视角与用户视角两种视角来看，从企业视角出发是用户体验的输入端——产品、服务、数字触点和生活方式设计；从用户视角出发是用户体验的输出端——用户的功能体验与情感体验。用户企业通过高端产品、极致服务和负责用户全程体验的数字触点使用户形成好的功能体验；通过服务、数字触点和为用户创造匹配用户价值观的生活方式使用户形成差异化的极致情感体验。

用户企业通过极致的功能体验与情感体验来赢得极高用户满意度。用户企业以极度满意的用户为核心，使用涟漪模式进行品牌与用户运营，极度满意的核心用户通过积极主动的口碑推荐行为，使品牌影响力逐层波及一般用户、向往用户和关注用户，使品牌知名度不断提高，形成高端的、差异化的品牌联想。可见，用户企业创建高端品牌的过程为：

情感性品牌资产（用户满意度）→行为性品牌资产（口碑推荐）→认知性品牌资产（品牌知名度与联想）

由于追求极致的用户体验与极高的用户满意度，用户企业在提供高端产品、极致服务和创造理想生活方式上的成本非常高，这使得用户企业在短期难以盈利。在短期，用户企业虽然能够运用涟漪模式，通过用户口碑推荐提升销量，但由于刚开始核心用户规模较小，销量达到能够盈利的临界值需要较长的时间。用户企业奉行的是长期主义，从长期来看，在核心用户口碑推荐的影响下，越来越多的消费者对品牌建立起认知，形成高端的、差异化的品牌联想，其中一部分转化为实际用户，用户企业通过极致用户体验努力使这些用户也成为极度满意的用户，从而形成良性循环，在长期提升财务绩效。此外，成为用户满意度最高的企业是用户企业追求的最高目标，从长期来看，好的财务绩效也是极高用户满意度的自然结果。

第五节　小　结

一、研究结论与理论贡献

（一）界定了什么是用户企业

本章提出“用户企业是与用户共创极致体验来赢得极高用户满意度的企业”。现代市场营销观念讲究以顾客为中心，但以顾客为中心的企业的最终目的是盈利，顾客满意度只是实现盈利的手段（Kotler，Keller，2016）；而用户企业的最高目标是用户满意度，最终盈利是用户满意的自然结果。此外，在西方学者提出的顾客关系管理思想中，企业进行顾客关系管理的目的是功利性的，企业并非真心对顾客好，只想建立与维持有利可图的顾客关系（Kotler，Armstrong，2020）；而用户企业是真心对用户好，尤其是“傻傻地对老用户好”，很多时候甚至不惜成本。在顾客关系管理思想中，企业与顾客的关系是工具性关系（黄光国，2010），双方都斤斤计较以尽量作出理性的决策；而用户企业与用户的关系更接近情感性关系（黄光国，2010），双方就像密友甚至家人，主要满足情感方面的需求。很多用户把蔚来当成“自家企业”，愿意尽自己努力让蔚来变得越来越好；蔚来也一切从用户利益出发，把赚钱放在了靠后的位置。

蔚来的用户企业实践表明，用户企业并不是一纸理想化的空谈，而是切实可行的。本章提出的以用户体验为核心创建高端汽车品牌的路径分析了用户企业在短期盈利困难的原因（由于追求极致用户体验而导致提供产品、服务和创造生活方式的成本过高），同时提出用户企业通过涟漪模式在长期是可能最终实现盈利的。本章明确界定了什么是用户企业，对西方学者提出的以顾客为中心的企业与顾客关系管理思想是一种拓展。

（二）提出了以用户体验为核心创建高端品牌的新路径

基于阿卡（Aaker，2013）的品牌资产五维度理论与凯勒和斯瓦米纳坦（Keller，Swaminathan，2020）的品牌资产金字塔模型，很多学者认同品牌资产包括品牌知名度、感知质量、品牌形象和品牌忠诚度等维度（Kim et al.，2018）。有学者进一步提出，品牌资产可分为认知性品牌资产（品牌知名度、感知质量和品牌联想等）与行为性品牌资产（品牌忠诚度等）（Foroudi et al.，2018）。借鉴ABC态度模型（Solomon，2018），这一提法还缺少情感性品牌资产。因此，综合上述理论与品牌资产维度的相关研究，本书提出品牌资产可划分为：认知性品牌资产（品牌知名度、品牌联想、感知质量、品牌形象）、情感性品牌资产（品牌满意度、品牌信任、品牌依恋、情感性品牌承诺、品牌至爱）和行为性品牌资产（品牌忠诚度、购买意向、溢价支付意向、口碑推荐）。

凯勒和斯瓦米纳坦（Keller，Swaminathan，2020）提出了创建强势品牌的三部曲，得到了广泛的认同，这三部曲可以总结为：认知性品牌资产→情感性品牌资产→行为性品牌资产。本章提出用户企业创建高端品牌的步骤为：首先，通过极致用户体验赢得极高的用户满意度；接着，以极度满意的用户为核心，采用涟漪模式运营品牌，这些忠诚的核心用户积极主动地向亲朋好友进行口碑推荐；最后，正面口碑逐层波及品牌的一般用户、向往用户和关注用户，从而建立广泛的品牌知名度，形成高端的、差异化的品牌联想。小结以上，用户企业以用户体验为核心创建高端品牌的路径可以归纳为：情感性品牌资产（用户满意度）→行为性品牌资产（口碑推荐）→认知性品牌资产（品牌知名度与联想）。之前关于创建品牌资产的路径大多是从认知性品牌资产出发，而本书提出的以用户体验为核心创建高端品牌资产的路径是从情感性品牌资产出发，这丰富了创建品牌资产的路径。

（三）探明了用户企业的盈利问题

当前，各界对用户企业最关心的话题之一是：用户企业到底能不能盈利？本章分析了用户企业在短期（如十年之内）难以盈利的原因：由于追求极致用户体验，用户企业在用户体验的输入端（产品、服务、生活方式）投入非常高；同时，用户企业主要通过用户口碑提升销量，由于用户企业实施的是一种新的商业实践，且创立时间并不长，核心用户的规模有限，依靠口碑推荐来扩大用户数量，需要一段较长的时间才能使销量提升到实现盈利的临界值（规模经济）。以上原因使得用户企业在短期实现盈利比较困难。从长期来看，当涟漪模式形成良性循环，品牌资产不断提升，用户数量不断扩大，销量不断提升，各项成本与费用不断摊薄，则用户企业有望实现盈利。当前已有少量文献研究用户体验对品牌资产的影响（Hsu，Chen，2018；Lee et al.，2018；Mishra，Dash，2014），也有不少文献研究品牌资产对财务绩效的影响（Lee，Park，2021；Mizik，2014；Verbeeten，Vijn，2010），但尚未发现综合分析用户体验、品牌资产和财务绩效三者之间关系的文献。本章提出了一个理论框架，归纳出三者的总体逻辑关系为用户体验→品牌资产→财务绩效，这对用户体验与品牌资产的理论研究是一种补充。

（四）厘清了功能体验与情感体验分别是如何形成的

关于用户体验的研究大多数来自计算机科学与技术、信息与通信工程研究领域（Tullis，Albert，2020；Garrett，2019），来自市场营销领域的研究很少。由于功能体验容易被复制，业界越来越重视打造差异化的情感体验；学界根据用户对体验中的功能性与情感性成分重视程度的不同，将用户体验划分为用户的功能体验与情感体验两种类型（Chang et al.，2014；Pinochet et al.，2018；陈晔等，2014）。少量文献探索了信息系统平台的属性特征对用户的功能与情感体验的影响（Chang et al.，2014；Pinochet et al.，2018）。然而，用户对某个具体品牌的体验与对信息系统平台的体验毕竟是不同的，目前还没有文献研究用户对某个具体品牌的功能体验与情感体验是如何形成的。本书发现：使用户形成功能体验的主要因素是产品、服务和数字触点；使用户形成情感体验的主要因素为服务、数字触点和生活方式。研究结论同时考虑了企业视角与用户视角，将用户体验的输入端（产品、服务、数字触点和生活方式）与输出端（用户的功能体验与情感体验）联系起来，进一步丰富了用户体验的内涵。总体来看，本书突出了情感体验的重要性。一是对用户企业的界定，用户企业的最终目标是用户满意度，而满意度是一种情感（Matthews et al.，2014），用户企业与用户之间的关系更接近情感性关系（黄光国，2010）；二是用户企业创建高端品牌资产的模式，一开始就是要赢得极高的用户满意度（情感性品牌资产）；三是由于用户的功能体验日趋同质化，差异化的情感体验正成为企业的竞争优势。本书提出创造与用户价值观相匹配的生活方式来形成极致情感体验，这是之前文献没有提出过的观点，也验证了科特勒等（Kotler et al.，2018）提出的以价值观为基础的“营销 4.0”思想。上述研究结论推进了用户体验的理论研究。

二、管理启示

第一，中国品牌可以通过用户企业商业模式，以用户体验为核心创建全新高端品牌。

第二，企业能够通过与用户共创极致体验赢得极高的用户满意度。用户满意度是用户企业的最高目标。因此**对用户企业而言，赢得行业平均的用户满意度是没有意义的，它必须赢得行业内数一数二的用户满意度，而打造极致用户体验（而不是过得去的用户体验，当然，这也势必伴随着很高的成本）是实现这一目标的关键。**

第三，究竟如何打造极致用户体验？中国品牌可以通过产品、服务、数字触点和生活方式设计来打造极致的功能体验与情感体验。高质量的产品（需要长期持续的高研发投入）与服务（需要大量的基础设施建设投入）仍然是基础。在当前移动互联网时代，数字触点可以为提供高质量的产品（如买车与用车）、服务（如维修、保养）和创造一种理想的生活方式（如在线品牌社区、在线自有品牌商城）提供坚实的支撑。当前功能体验正变得越来越同质化，因此创造一种匹配目标用户价值观的理想生活方式（社交体验）成为使用户形成差异化情感体验的关键。

第四，在赢得一定数量极度满意的用户之后，企业该做些什么呢？企业可以以这些极度满意的用户为核心，使用涟漪模式进行品牌/用户运营，不断提升品牌知名度，树立高端品牌形象。当用户规模持续增长并超过临界值之后，用户企业将在长期实现盈利。

第五，在上述过程中，虽然用户企业奉行的是长期主义，但是如果创业企业在短期不能实现盈利而面临较大压力时，又该如何应对呢？首先，如果企业想要创建用户企业，最好一开始就瞄准并进入高端市场（“天生高端化”），因为追求性价比的中低端市场无法承担打造极致用户体验的高昂成本，所以用户企业是一种更适合创建高端品牌的商业模式；其次，在赢得极高用户满意度与获取利润之间无法实现平衡时，创业企业的融资能力与赢得投资者的高度信任就显得至关重要。

三、研究展望

第一，当前，越来越多的企业强调用户体验，如其他造车新势力（理想、高合等）以及传统车企（东风、吉利、长城等），当然还包括最早强调用户体验之一的小米（黎万强，2014）。本章以蔚来为例进行研究，研究结论的外部效度存在局限性。未来建议学者们进行多案例研究。

第二，本章研究的蔚来一开始就从高端切入市场，这使得蔚来具有提供高端产品、极致服务，花费巨资为用户创造愉悦的生活方式从而带给用户极致体验的资本；同样，蔚来的用户大多为高收入、高学历、年轻（心态年轻）的群体，他们看重拥有品牌的生活方式带来的差异化情感体验。因此，本书提出的以用户体验为核心的用户企业商业模式可能更适合创建高端品牌。相对地，中低端的品牌如何以用户体验为核心来创建品牌资产呢？中低端品牌的用户更重视性价比，这些品牌又如何以情动人呢？未来的研究可继续探索这些问题。

第三，本书提出的逻辑框架始终强调情感元素。用户企业与用户的关系不是西方学者提出的顾客关系管理中的那种功利性关系（Kotler，Armstrong，2020），而接近中国学者提出的中国文化背景下人际关系中的情感性关系（黄光国，2010），即家人之间的关系。用户企业以核心用户为中心的涟漪模式也类似费孝通先生在《乡土中国》中提出的“差序格局”。诚如费孝通先生（2013）所言，西方人的人际关系就像一捆一捆木柴，条理清楚、泾渭分明；而中国人的人际关系则像一滴水滴入湖面，泛起一圈一圈涟漪，同时不同的圈子还相互交错重叠。现在，蔚来正在开拓西方市场（如挪威、德国、荷兰、丹麦、瑞典），在西方文化背景下，蔚来是否能成功复制涟漪模式的商业实践？西方用户是否愿意和企业结成情感性关系？是否愿意像对待家人一样积极努力为了蔚来的发展而尽自己的力量？这些还有待考证。

| 第四章 |

“奶爸车”理想汽车

——从定位战略出发创建高端汽车品牌

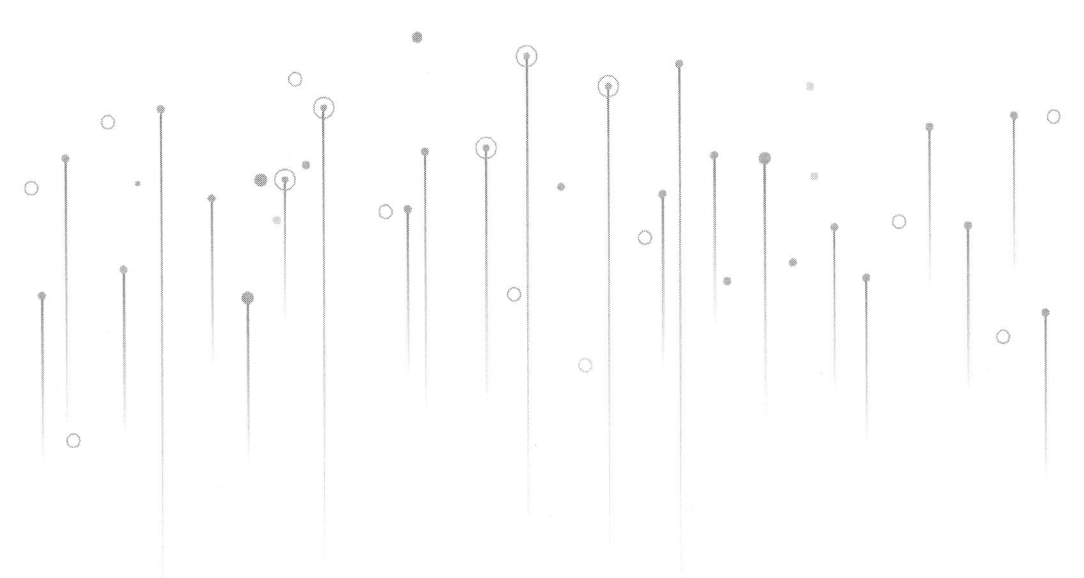

理想

"我认为性能、配置、功能、体验这些事情是第二位的……第一重要的其实是（定位）战略。"[729]

——理想创始人、董事长兼首席执行官李想

第一节 理想汽车

理想汽车（以下简称理想）创立于 2015 年 7 月，创始人是被誉为“超级产品经理”的李想。在创立理想之前，李想还先后创立了泡泡网、汽车之家。理想是继蔚来之后，第二家成功创建高端新能源汽车品牌的中国造车新势力。根据理想 2023 年财报，2023 年理想销量为 376 030 辆，营收为 1238. 5 亿元，2023 年全年净利润为 118. 1 亿元，实现了自交付以来的健康盈利。[635] 2023 年年底，理想市值为 2812. 80 亿元。[683]

根据理想官网及相关新闻报导，2018 年 10 月，理想发布首款产品——理想 ONE；2019 年 12 月，理想 ONE 开始交付用户。2020 年 6 月，理想累计交付 1 万辆，仅用时半年，创造中国造车新势力最快交付破万辆纪录。理想在 2021 年 6 月的销量达到 7 827 辆，超过蔚来，首次成为中国造车新势力月销量冠军。2021 年 10 月，第 10 万辆理想 ONE 下线，创造中国造车新势力单车型最快破 10 万辆纪录。2021 年 11 月，理想月交付量达到 13 485 辆，首度破万辆。在销量不断增长的同时，理想 2020 年第四季度净利润达 1. 1 亿元，首次实现盈利，成为第一个实现季度盈利的中国造车新势力。

自 2019 年 12 月理想开启交付，此后每个季度销量如图 4 – 1 所示。由图 4 – 1 可知，理想每季度销量从整体趋势看是增长的，2023 年第四季度达到 131 805 辆。2023 年理想全年销量为 376 030 辆，同比增长 182. 2% 。

与蔚来不同，虽然理想也强调用户体验，但把定位战略放在了最重要的位置，认为定位战略是创建高端品牌的出发点。因此，本章首先梳理关于定位的相关理论研究，然后对理想进行案例研究，使用定位地图理论工具研究理想是如何创建高端新能源汽车品牌的。

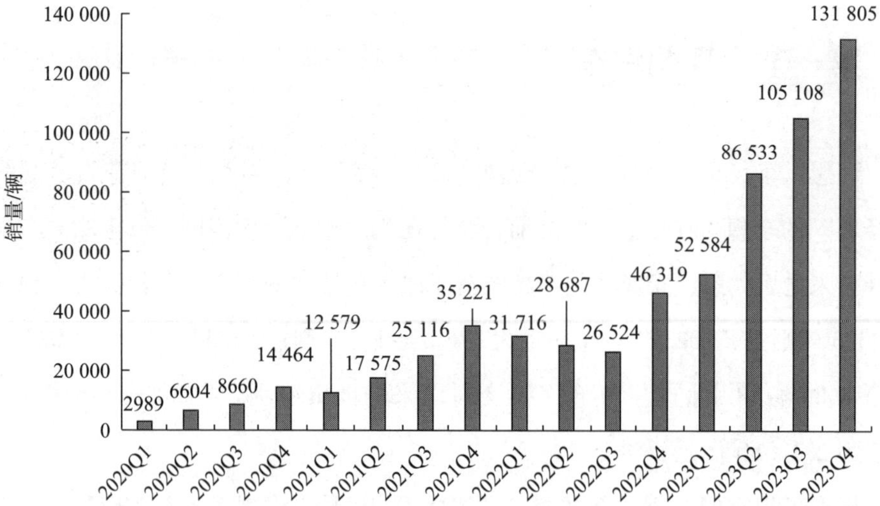

季度	销量/辆
2020Q1	2989
2020Q2	6604
2020Q3	8660
2020Q4	14 464
2021Q1	12 579
2021Q2	17 575
2021Q3	25 116
2021Q4	35 221
2022Q1	31 716
2022Q2	28 687
2022Q3	26 524
2022Q4	46 319
2023Q1	52 584
2023Q2	86 533
2023Q3	105 108
2023Q4	131 805

图 4-1 理想 2020—2023 年每季度销量

资料来源：理想官网等。

第二节 定 位

一、里斯和特劳特的定位观念

被誉为“定位之父”的艾·里斯（Al Ries）和杰克·特劳特（Jack Trout）1972 年于《广告时代》发表了系列文章，提出定位（positioning）的概念，一开始主要指广告定位。1981—2009 年，这两位美国营销专家陆续出版了《定位》和《重新定位》等专著，将定位的概念扩展到品牌定位（brand positioning）。品牌定位指：设计公司的产品服务以及形象，从而在目标顾客心智中占据独特的、有价值的位置（Keller，Swaminathan，2020）。2001 年，美国营销协会评选“有史以来对美国营销影响最大的观念”，“定位”高票当选。定位理论认为，营销是一场关于顾客心智的竞争，其竞争的终极战场是顾客心智而非市场，强调在顾客心智中抢占独一无二的位置（Ries，Trout，2017）。

二、李飞的营销定位系列研究

基于定位理论，清华大学李飞教授研究团队就营销定位进行了系列研究，先后提出定位钻石图、定位地图和营销定位管理瓶等模型，成为定位案例研究的重要理论工具（李飞等，2009；李飞，2013；李飞等，2013；李飞等，2015）。李飞和刘茜（2004）构建了定位钻石模型，提出“找位”“选位”和“到位”定位三部曲，并提出利益定位点、价值定位点和属性定位点的选择方法。李飞等（2009）提出定位地图，给定位钻石模型安上“基座”，补充了流程与资源保障两大实现定位的基础。李飞（2013）依据营销管理框架，建立了营销定位管理瓶框架，该框架更加全面，强调营销管理的核心就是营销定位，也就是营销定位点的选择与实现。李飞（2021）进一步将利益定位点细分为工具与心理利益定位点，突出了给顾客带来幸福感的心理利益点。李飞（2022）基于营销定位管理瓶模型，构建了生活者营销管理的理论框架。

三、定位、品牌资产和绩效

从创建品牌的视角来看，品牌定位是创建品牌资产的第一步（Keller，Swaminathan，2020）。有学者实证检验了品牌定位战略类型对品牌资产（Gilal et al.，2021；Heinberg et al.，2020；Rodríguez - Molina et al.，2019）的影响机制；也有学者通过案例研究法，构建了从战略定位出发，通过不同类型的互动与用户共创体验，从而提升用户数量、口碑和销量等创业绩效的理论模型（周文辉等，2017）。

四、对现有研究的评价

里斯与特劳特两位美国营销专家提出的定位观念是定位案例研究的理论基础。定位是创建品牌资产的出发点。李飞研究团队提出了一系列营销定位的有效理论工具；也有学者构建了从定位出发，与用户共创体验，从而提升创业绩效的理论模型。然而从品牌管理视角看，很少有研究基于定位地图等理论工具，探索如何从定位出发与用户共创品牌资产。由于李飞（2013）提出的营销定位管理瓶模型十分全面，涉及营销管理的方方面面，不适合进行单案例研究，因此本章选择李飞等（2009）提出的定位地图作为理论工具开展理想的案例研究，探讨理想是如何从定位出发创建高端新能源汽车品牌的。

第三节　创新与实践

李想指出：2015 年到 2020 年是理想汽车从 0 到 1 的阶段，在该阶段，理想从定位战略出发创建了一个高端汽车品牌；2021 年到 2025 年是理想从 1 到 10 的阶段，即高速发展的阶段，这一阶段理想的目标是快速扩大规模，成为中国智能电动汽车品牌市场的领导者，获取 20% 以上市场份额。截至 2024 年年初，理想一共推出过 5 款车型，其中理想 L8 是理想 ONE 的换代车型，如表 4－1 所示。

表 4－1　理想旗下车型　　单位：万元

对比项	车型				
	理想 L8	理想 L7	理想 L9	理想 ONE	理想 MEGA
产品定位	家庭六座豪华 SUV	家庭五座旗舰 SUV	家庭六座旗舰 SUV	豪华六座智能电动 SUV（“奶爸车”）	家庭科技旗舰 MPV
起售价	32. 18	30. 18	40. 98	34. 98	55. 98

资料来源：理想官网。

本书研究的是理想如何从定位战略出发创建高端新能源汽车品牌，也就是理想从 0 到 1 阶段发生的故事，该阶段理想只有理想 ONE 一款车型，因此**本章主要分析理想 ONE 的定位**。

本章采用单案例研究法对理想进行案例研究，资料收集参考案例研究的三角验证法（Eisenhardt，1989；Yin，2017）。其中，访谈资料来自在理想北京华熙 LIVE 零售中心、龙湖熙悦天街零售中心、荟聚零售中心等地对 4 位理想的管理者与员工进行的访谈，以及在线上对 6 位理想车主的访谈（半结构化的访谈提纲见本书附录2)；在第一阶段访谈结束之后，一些疑问尚未厘清，因此又在第二阶段对理想的1位员工与6位车主进行了访谈。其他资料的收集类似蔚来的研究部分所述。数据分析使用主题分析法（Braun，Clarke，2006；Braun，Clarke，2012；Mbama et al.，2018），与本书第三章第三节所述类似，此处不再重复。

一、定位战略是创建高端汽车品牌的出发点

定位战略是创建品牌资产的第一步，也是理想创建高端汽车品牌的出发点。

我认为性能、配置、功能、体验这些事情是第二位的，还有一个更重要的事情。作为一个汽车而言，其实你最后所有的东西，都会以一个产品的方式呈现在消费者那里……消费者最看重的是买的这个产品，其次可能有10%是与服务相关的……我做任何一个产品，无论在做汽车之家的时候，还是在做理想汽车的时候，**第一重要的其实是（定位）战略**。[729]（理想创始人、董事长兼首席执行官李想）

我们能不能把销售的环节、基本的成本“变”到整个车的配置上去，给出更好的功能，把车的级别提升上去，这是我们思考的，从而形成了我们整个公司的战略。**有了这个（定位）战略以后，大家看到的东西是一样的，我们再来做这个产品**。[729]（李想）

由此可见，定位是理想创建高端汽车品牌的出发点，理想具体是如何做的？本章将基于定位地图理论工具研究理想的定位战略。

二、找位：确定目标市场

（一）市场细分

全球新能源汽车产业整体呈现出“电动加速+智能开启”的双重特征，传统车企积极转型，造车新势力、科技互联网企业（华为、百度和小米等）加速

入局，共促产业繁荣发展。在行业快速发展过程中，以蔚来、理想等为代表的造车新势力品牌充分运用互联网思维、精选赛道实现了突围。新能源汽车与智能网联汽车的加速发展，给自主品牌高端化带来了机会。2023 年，在自主品牌以及造车新势力中，有十余个高端新能源汽车品牌正在进行激烈厮杀，包括蔚来、理想、高合、极氪、领克、岚图、极狐、星途、智己、阿维塔等。

以下按照地理区域细分、人口细分、心理细分和行为细分四种类型（Kotler et al.，2022）分别展开论述。

1. 地理区域细分

根据城市发展研究院发布的“2021 年全国城市综合实力排行榜”，全国城市划分为“一线、新一线、二线、三线、四线、五线”。截至 2021 年 1 月，中国共有一线城市 4 个、新一线城市 15 个、二线城市 30 个、三线城市 70 个、四线城市 90 个、五线城市 128 个。2021 年，理想销量为 90 491 辆，其中理想 ONE 终端销量前十的城市为上海市、杭州市、深圳市、郑州市、广州市、成都市、重庆市、北京市、西安市、石家庄市，均属于一线和二线城市。小结以上，**从地理区域细分来看，理想的目标细分市场是一二线城市**。

2. 人口细分

理想的用户价值强调的是用户需求，李想曾说理想 ONE 的目标用户是那些看重“城市纯电动，长途更自由”的用户群体，理想 ONE 的用户画像可以理解为“一二线城市、绿牌、低成本的全家出行需求、低频次长途出游、有固定居所和充电桩”。理想 ONE 2021 款全系三排六座，定位家庭 5 ~ 6 人出行。二孩和三孩政策相继出台，扩大了对大型家用 SUV 的需求，越来越多的消费者愿意考虑六座车型。根据汽车之家统计，[484]理想 ONE 车主的年龄主要分布在 30 ~ 40 岁，占比达 76%，而 20 ~ 30 岁占比为 18%；性别占比方面，男、女分别为 87% 和 13%，理想 ONE 的车主以男性居多，理想 ONE 也被称为“奶爸车”。汽车之家车智云分析显示，理想 ONE 的 UVN 战略分群排名第一的用户群占比为 21.6%，其成员为一线城市年收入 50 万元以上且偏好 50 万元以上车型的用户。小结以上，**从人口细分来看，理想的用户画像为：一线城市中以二孩为主的多孩家庭，男性车主居多，30～40岁居多，年收入50万元以上。**

3. 心理细分

理想ONE自发布之日起，奶爸奶妈成了用户群的主力军，在理想App中，经常能看到车主们分享的家庭旅行等类型的文章。作为家庭的顶梁柱，他们喜欢和家人一同旅行，与另一半、孩子和老人欢度周末，或是几家人一起带着孩子和宠物去露营。这表现出家人对于理想车主的重要性。也可看出，选择理想的车主是热爱生活，对家庭充满责任感的人。增程式汽车强大的续航能力满足了家庭出游的需要，是理想ONE车主重要的购车因素，体现了车主对于家人的关爱和购车过程中理性的思考，除尝试智能汽车带来的独特体验以外，更注重车辆的实用性。小结以上，**理想目标细分市场的心理特征为：有责任、敢担当、喜欢尝鲜，爱生活、爱旅行、爱家人。**

4. 行为细分

根据招商证券2021年12月的统计分析，[718]空间大、可油可电、方便获取牌照、性价比高是触动上下班、自驾游、接送孩子的理想ONE车主的主要使用场景。这与理想发布会上理想创始人李想所描述的用户画像相符：88%的车主是家庭用户；75%的用户家庭有多辆车，但88%的用户以理想ONE作为家庭主要用车；60%的用户安装了充电桩，94%的用户拥有稳定充电条件；在城市使用中80%的里程使用纯电行驶；理想ONE的车主喜欢自驾游。2020年12月21日，据李想在个人微博上公开发表的理想ONE用户来源，排名前三的用户来自前BBA（奔驰、宝马、奥迪）车主，紧随其后的是前VTH（大众、丰田、本田）车主，BBA用户以增购为主，VTH用户以换购为主。理想ONE更多的用户以豪华汽车品牌为主，不少用户拥有法拉利、兰博基尼、劳斯莱斯、宾利。在实际调查中发现，理想车主均至少拥有1辆家用车，而拥有2辆、4辆甚至5辆以上的用户分别占比33%、24%以及10%。小结以上，**从行为细分来看，理想的目标顾客追求高性价比，且以增购、换购为主。**

（二）目标市场选择

在市场细分的基础上，理想选择的目标市场是：**“中国二孩奶爸奶妈的家庭用车”**。

目标市场的有效性主要有八个评估标准：可测量性、可接近性、规模和增长潜力、差异性、可操作性、目标市场的结构和吸引力、公司的目标和资源、清晰性和一致性。以下分别基于这八个评估标准对理想选择的目标市场进行评价。

1. 可测量性

可测量性指目标市场的规模、购买力和基本情况等可以被测量。自 2016 年 1 月“全面二孩”实施之后，二孩出生人口呈现出增长趋势，据国家统计局数据，2019 年中国二孩出生人数达到 835 万，出生人口中二孩占比已上升至 57%，相较 2015 年分别高出 183 万和 18 个百分点。愿意生二孩的家庭往往拥有更高的家庭收入。根据贝壳研究院在 2020 年的调研，月收入在 5000 元以下家庭愿意生二孩占比不足 20%，而月收入 20 000 元及以上家庭生二孩的意愿提高至 42%。[303] **从可测量性来评价，理想的目标顾客“二孩家庭”的规模与购买力等可以被测量。**

2. 可接近性

可接近性指公司可以有效地影响和服务目标市场。从可接近性来评价，快速增长的零售中心及展厅等可以保证理想有效地影响和服务目标市场。根据盖世汽车研究院发布的数据，2022 年 1—3 月，理想销量排名前 20 的城市依次为杭州市、成都市、上海市、郑州市、重庆市、深圳市、佛山市、广州市、西安市、北京市、武汉市、石家庄市、长沙市、太原市、常州市、宁波市、济南市、苏州市、海口市和天津市，大多是一二线城市。据理想官网数据，截至 2022 年 2 月底，理想在中国共有零售中心及展厅 469 家，覆盖 105 座城市。其中，一二线城市 320 家，占比接近 70%，与其主要用户的城市分布匹配。

3. 规模和增长潜力

规模和增长潜力指目标市场规模要足够大，同时有利可图，且这个用户群的市场必须是增长的。据贝壳研究院数据，中国新生二孩数量持续增长，从2013年的511万增长至2019年的835万；新生人口中二孩占比也持续提升，从2013年的31.2%增长至2019年的57.0%。贝壳研究院发现，“80后”、高收入人群二孩生育意愿更强。[303] 30～40岁的高收入人群正好是理想的目标顾客群。随着2021年5月三孩政策的发布以及配套支持措施的完善，预计中国多孩家庭数量将继续增长。因此，**从规模和增长潜力来评价，理想的目标市场规模足够大，正在增长，有利可图**。

4. 差异性

差异性指目标市场在理念上应该容易区分，并对不同的市场营销组合要素和计划有不同的反应。“二孩奶爸奶妈的家庭用车”之前没有汽车企业提过，显得与众不同，“奶爸车”容易进入并占据顾客心智。此外，2018年10月发布的理想ONE是中国第一款增程式电动车，直到现在也只有理想ONE、岚图FREE和赛力斯SF5等寥寥几款增程式电动汽车。**从差异性来评价，理想从目标市场到产品都具有差异性**。

5. 可操作性

可操作性指企业必须能够设计有效的营销方案吸引并服务于目标市场。一方面，理想的目标顾客大多生活在一二线城市，年龄为30～40岁，受过良好的教育，对新鲜事物的接受度较高，对互联网营销的接受度较高。另一方面，理想的创始人李想之前先后创立过泡泡网、汽车之家，均是互联网企业。之前的创业经历使李想的造车思想起源于互联网、落脚在用户体验，具有较强的互联网思维与用户思维。雷军提出：“互联网思维就是口碑为王。”[452]因此，**从可操作性来评价，理想以口碑推荐为核心的营销方案的可操作性较强**。

6. 目标市场的结构和吸引力

根据迈克尔·波特的“五力模型”，做如下分析。第一，现有竞争者。理想是蔚来之后的第二家中国造车新势力，在2015年的中国高端新能源汽车市场，也只有特斯拉、蔚来和理想三个品牌，而增程式电动汽车只有理想一家，竞争不算激烈。第二，替代品威胁。电动汽车与传统燃油汽车互为替代品，但预计未来电动汽车将逐渐取代传统燃油汽车，传统燃油汽车的威胁将逐渐减小；而氢能汽车还难以普及，威胁较小。第三，潜在进入者威胁。2015 年，中国高端新能源汽车品牌较少，以“二孩奶爸奶妈的家庭用车”为目标市场的只有理想一家。然而，如果传统燃油车企看到造车新势力的成功，也可能效仿推出高端新品牌。后来行业的发展也证实了这一威胁，极氪、岚图、极狐和高合等纷纷涌入高端新能源汽车市场，但专注“家庭用户”的高端新能源汽车品牌仍只有理想一家。综合评估，潜在进入者威胁较小。第四，供应商议价能力。理想一开始就选择自建工厂。此外，理想在当时依定位进行的产品规划是打造理想 ONE 这个统一配置的唯一“爆品”。随着产能的持续扩大，单一“爆品”销量稳定提升，受益于规模经济效应，再加上理想“高效做事”的企业文化，理想对供应商的议价能力逐步增强。第五，购买者议价能力。当时高端新能源家庭用车很少，专门针对“二孩奶爸奶妈”的家庭用车只有理想；且理想 ONE 是统一配置、统一售价。购买者议价能力提高的威胁较小。综合来看，**理想的目标市场结构合理、吸引力强**。

7. 公司的目标和资源

理想的目标是在 2025 年拿到中国智能电动车 20% 以上的市场份额，成为中国排名第一的智能电动车企业。第一，人力资源。理想的核心高管团队兼具互联网思维、用户思维、汽车行业从业经历、智能设备技术背景和全球供应链运营管理能力，搭配均衡。第二，资金资源。截至 2021 年年底，理想共完成了十多轮融资，融资金额超过 500 亿元，融资能力强，具有较强的资金资源。因此，**从公司的目标和资源来评价，理想拥有实现目标的资金、人才等资源**。

8. 清晰性和一致性

一提到中国的“二孩奶爸奶妈”，每个人都会想到：年龄在 30 ~ 40 岁，受过良好的教育，收入较高，生活在一二线城市，家里已经有了一辆车，两个小孩自己看不过来，所以双方父母帮着照顾小孩，要么男方的父母、要么女方的父母、要么男女方的父母各来一个帮着照顾孩子。因此，**从清晰性和一致性来评价，理想的目标顾客“中国二孩奶爸奶妈”在每个人脑海中浮现出的形象基本是一样的**。

综上所述，从可测量性、可接近性、规模和增长潜力、差异性、可操作性、目标市场的结构和吸引力、公司的目标和资源、清晰性和一致性八个标准来评价，**理想的目标市场“中国二孩奶爸奶妈的家庭用车”十分有效**。

三、选位：营销定位点选择

找到目标市场后，企业面临确定定位点的问题。**定位包括属性定位、利益定位和价值定位**。属性定位是指实现利益定位的属性特征。利益定位指满足目标顾客的效用需求。价值定位指利益与属性定位给顾客带来的精神感受。

企业首先需要选择差异化的利益定位点，因此利益定位点必须存在，但属性定位点与价值定位点不一定存在。如果利益定位点无法实现差异化，价值定位点就必须存在。当利益定位点不足以让消费者相信，属性定位点就必须存在。

太多的定位点会让消费者感到困惑，搞不清楚品牌独一无二的特点到底是什么，这有违定位的精髓。因此，一般而言，每个层面的定位点选择 1 ~ 2 个，1 个作为主要定位点，当主要定位点无法实现差异化时，可以根据需要再补充 1 个定位点，如表 4 - 2 所示。

表 4 - 2 定位点数量选择方法 单位：个

选择层次	属性定位点数量	利益定位点数量	价值定位点数量
仅为属性层次	1 ~ 2	0	0
属性和利益层次	1 ~ 3	1 ~ 3	0
仅为价值层次	0	0	1 ~ 2
利益和价值层次	0	1 ~ 3	1 ~ 2
涉及三个层次	1 ~ 3	1 ~ 3	1 ~ 2

资料来源：李飞. 营销定位 [M]. 北京：经济科学出版社，2013：123.

属性定位点、利益定位点和价值定位点选择有三个标准：独特性、必要性和

可信性。一是独特性。是否与竞争对手形成差异化即独特性，是选择定位点的第一标准。**二是必要性。**独特性要有意义，必须是顾客比较关注的属性点、利益点和价值点，而不是过分追求与竞争对手相区别，即具有必要性。**三是可信性。**定位不能只是一种宣传或一句口号，而应该使顾客真正相信。

根据前述观点，首先确定利益定位点。

（一）利益定位点

在同品类产品品牌众多、竞争激烈的情形下，利益定位点提供消费者感兴趣或者关心的功能，可以突出品牌的特点和优势，让消费者按自身的偏好和对品牌利益的重视程度更快速地选择商品。利益定位点可以从四个营销组合要素各个维度所带来的个体利益或组合利益来确定，主要表现为增加顾客获得的利益或减少顾客支出的成本（见表4－3）。

表4－3　四个营销组合要素的利益内容

组合要素	增加顾客获得的利益	减少顾客支出的成本
产品	提供功能利益：便利、止疼（止痛药）、时尚、舒适、解渴、保暖等	减少货币、时间、体力和精力成本
价格	高价和促销感受更多的利益	低价省钱
渠道	提供便利利益：便利、舒适、美感等	减少货币、时间、体力和精力成本
沟通	提供形象利益：便利、心情好、有面子、有身份等	减少货币、时间、体力和精力成本

资料来源：李飞．营销定位［M］．北京：经济科学出版社，2013：119.

下面以理想 ONE 汽车为例，分析理想选择的三个利益定位点。

1. 同时满足三代人的出行需求

理想的目标顾客是中国二孩奶爸奶妈，带给目标顾客的最大利益是同时满足奶爸奶妈、孩子和老人三代人的家庭出行需求。家庭出行的主要场景为上下班、接送孩子和家庭出游等；二孩家庭用户希望一辆车能同时坐下夫妻两人、两个小孩和双方老人，空间大到能放下婴儿车、行李、帐篷等大件装备，续航长到不用半途充电等。

从理想的角度，**我们一直想造一辆好的新能源家庭用车**。每一家企业分析用户的角度不一样，多数企业分析的时候都会分析个人，小镇青年、小城大叔，多是从个人的角度分析。我们分析的维度不太一样，今天进到我们店里买车的人到底是什么人？我们看到的都是家庭。并不是说要为某一个人、某一种人造车，而是**为家庭造车**。中国人买车，我买车的时候起码不会说买这个车为了一个人开，除上下班之外，主要考虑是能不能日常照顾全家，这是我们的出发点。理想 ONE 现在卖得不错，主要的原因也是面向家庭用户。[526]（理想前总裁沈亚楠）

理想 ONE 平均每个用户月均行驶里程为 2000 公里，这辆车绝大多数是**家庭主力用车**，城市行驶时，约 60% 使用纯电，40% 使用燃油发电。从销量分布上来看，理想也是非常难得的，看不出是所谓“核心城市”“非核心城市”这样区分的新势力品牌。在我看来，这种全国销量都很均衡的表现，也正是基于理想的愿景“创造移动的家，创造幸福的家”。[490]（理想销售服务副总裁刘杰）

大六座，迎合国家二孩、三孩政策，孩子比较小，客户会注重空间性，六座可以完全覆盖这一点。家里四人出行加上老人，覆盖抓得比较准。（理想零售中心某门店主管）

根据定位点选择的标准，理想所选择的这一定位点：在独特性方面，之前其他高端新能源汽车品牌还未提出，独特性强；在必要性方面，这一利益定位点无疑对于中国二孩奶爸奶妈十分必要；在可信性方面，为了实现这一利益定位点，理想具有的产品属性——三排六座大空间，六座满座时后备箱也能放婴儿车、大件行李，使该利益定位点可信性强。

2. 享受电动汽车的各种好处，同时消除纯电动汽车的里程焦虑

与传统燃油汽车相比，纯电动汽车使用成本更低、驾驶体验更好、更加智能，但普遍的问题是充电基础设施不足和充电等待时间过长给用户带来的里程焦虑，增程式电动汽车理想 ONE 使用户“鱼与熊掌兼得”。

一家企业的经营核心是我们要解决最本质的问题，比如**我们在做的，通过增程电动解决电动车消费最头疼，甚至是致命的里程焦虑问题……我觉得电驱动的体验非常好，也为真正的智能化、数据化、自动驾驶奠定了基础**，这是电动车的车主们很容易能达成的共识。但是，电池的成本、充电的环境如何解决，这是一个负责任的企业应该想得更长远、更全面的重要问题。特斯拉和蔚来选择通过建立庞大的充电设施（快充、换电、充电车等）来解决这个问题，我们选择在车这个产品本身，用技术来更便捷地解决里程焦虑的问题。[418]（李想）

我们一定是跟燃油车去竞争，怎么去抢燃油车的市场，这是最重要的……从竞争的关系而言，我们满足了用户三个需求。第一个是他的核心需求，我们选择了这样一个用户群；第二个是他的使用需求；第三个**是他在价格和经济方面的需求**……我们的所有技术与创新一定是为了满足用户需求、消除竞争和面对竞争的，以及让我们有很好的成本优势……[729]如果我们要去抢燃油车的市场，我们的唯一选择就是增程。[730]（李想）

今天大家都能造一辆电动车，但怎么能够解决更深层次的问题，这是卓越企业和普通企业最大的差异。特斯拉选择去建超级充电桩，**我们选择更适合中国市场的增程电动汽车**，因为我们的起点和最大的市场是中国。[418]（李想）

实现大空间、消除纯电动汽车的里程焦虑，理想的性价比非常高。纵观整个车市，在这个价位能拥有这样配置、这样空间、这样性能的车，除我们之外可以说是没有的。（理想零售中心员工 C）

根据定位点选择的标准，理想选择的这一定位点：在独特性方面，理想 ONE

是中国第一款增程式电动车，非常独特；在必要性方面，家庭出行的典型场景为家庭出游，去较远的地方时，家庭用户肯定不希望一家三代人半途等着充电，这一利益定位点十分必要；在可信性方面，理想是增程式电动车，可油可电，续航里程可达 800 公里左右，这使得该利益定位点很可信。

3. 智能汽车提供更优的驾驶和乘坐体验

中国新能源汽车市场已经进入智慧汽车的新阶段，新能源汽车具备模块化的车身结构、高电动化程度和高可控性，因而是智慧技术的最佳载体。理想 ONE 采用全栈自研的理想 AD 辅助驾驶系统。

> 我们一定要做**智能电动车**，我们的使命是用科技改变出行，让更多人受益。整个车智能化和电动化肯定是必然的趋势。[418]（李想）

> 我们会在智能自动驾驶以及自动驾驶相匹配的智能座舱花很多很多的精力，把整个车作为智能空间来设计。[431]（沈亚楠）

与燃油车相比，新能源汽车的结构更简单（包括电池组、电机和电控器），因此大大减少了部件数量和电路复杂性，可以快速响应指令，实现精确控制，更容易在互联网公司的改造下成为智慧汽车。智慧汽车可以提高车辆安全，缓解交通拥堵，并实现更多的车内娱乐功能。因此，市场对智能汽车的需求激增。

根据招商证券国际于 2021 年 12 月 2 日发布的《理想汽车：组织效率取胜，供给创造需求的典范》研究报告[718]和东吴证券研究所于 2021 年 11 月 22 日发布的《理想汽车：家庭用户的自主豪华品牌》研究报告，[376]**消费者购买理想汽车的三个主要理由为：六座空间大、消除里程焦虑、智能**。正好对应到理想汽车定位地图中的三个利益定位点，分别是：**同时满足三代人的出行需求；享受电动汽车的各种好处，同时消除纯电动汽车的里程焦虑；智能汽车提供更优的驾驶和乘坐体验**。可见，理想选择的利益定位点切中消费者的痛点。

（二）价值定位点

在选择利益定位点之后，选择价值定位点。心理学家米尔顿·罗克奇

（Milton Rokeach）将个人价值分为终极价值和工具价值。终极价值用以表示存在的理想化终极状态和结果，是一个人希望奋斗一生而实现的目标。工具价值指的是为达到理想化终极状态所采用的行为方式或手段。二者分别包含 18 项内容，如表 4－4 所示。

表 4－4 终级价值和工具价值

终级价值	工具价值
1. 舒适的生活；2. 刺激的生活；3. 成就感；4. 和平的世界；5. 美丽的世界；6. 平等；7. 家庭安全；8. 自由；9. 幸福；10. 无内心冲突；11. 成熟的爱；12. 国家安全；13. 快乐；14. 互相帮助；15. 自尊；16. 社会认同；17. 真正的友谊；18. 智慧	1. 雄心勃勃；2. 心胸开阔；3. 有能力；4. 愉快的；5. 整洁的；6. 努力的；7. 宽恕的；8. 乐于助人；9. 诚实的；10. 创造力、想象力；11. 独立的；12. 理智的；13. 逻辑性；14. 有感情；15. 孝顺；16. 懂礼节；17. 责任感；18. 自制力

资料来源：李飞．营销定位［M］．北京：经济科学出版社，2013：119.

根据点位点的选择顺序与数量，依据两个利益定位点，并参考终级价值与工具价值，理想第二步选择一个**价值定位点："移动的家、幸福的家。"**理想原来叫"车和家"，理想的核心用户是家庭用户，品牌使命"创造移动的家，创造幸福的家"表明理想不只是一辆车，而是移动的、幸福的家，带给消费者精神上的享受，"家庭幸福"也是消费者的终极追求。

在未来的日子里，**理想将始终不渝地坚守我们的使命，"创造移动的家，创造幸福的家"**，持续地创造超越用户需求，超越用户预期，提供更安全、更便捷、更精致的产品和服务。[429]（李想）

举几个场景，第一个，这辆车不只是一个工具，早就超越一个工具了。因为车的原始作用是将你从 A 点带到 B 点，但是**我们的车远超这个**。我们的车可以带娃，在车上我们有专属的副驾娱乐屏，可看动画片……这辆车有对外放电功能。现在人们生活越来越好了，很多人选择户外，以前需要带上烤炉和炭去烤火，需要看风向怎么样，会不会造成污染等。最不污染的是电器。到了户外，您接上转接头就可以用电器，如电烤箱、电炉等，可以说不只是一辆车

了，也为生活增添了许多色彩。（理想零售中心员工C）

理想以“创造移动的家，创造幸福的家”为使命，“移动的家”“幸福的家”主要是根据“幸福”这一终极价值来选择的，以“家”的理念为用户人性化设计智能座舱，汽车座舱是汽车对用户接触面最大、时长最久的部分，智能座舱已成为汽车用户体验的基本载体。根据我们调查，理想车主平均每周待在车内，但不行驶的时长达4.4小时。在智能化发展、“第三空间”升级的大趋势下，理想以“移动的家、幸福的家”为产品打造逻辑。

根据定位点的选择标准，在独特性方面，虽然人类的价值追求存在共性，但在汽车行业，以“移动的家、幸福的家”作为定位的汽车品牌却很少，理想ONE具有差异性；在必要性方面，目标顾客的最终目标是实现“家庭幸福”的价值追求，因此理想的这个价值定位点必要性强；在可信性方面，理想的价值定位点有三个利益定位点与三个属性定位点作为支撑，可信性较高。

（三）属性定位点

属性定位点可从四个营销组合要素的属性内容中进行选择，如表4－5所示。其中，产品属性包括产品所用材料、制作工艺等内部属性和品牌、包装、服务等外部属性。价格属性包括价格水平高低、价格调整、促销等。渠道属性包括渠道长度、宽度、广度、系统等。沟通属性包括信息内容、信息形式、沟通时间、沟通媒体等。

表4－5 四个营销组合要素的属性内容

产品属性	价格属性	渠道属性	沟通属性
1. 材料；2. 工艺；3. 形态；4. 品牌；5. 包装；6. 服务；等等	1. 水平高低；2. 高低调整；3. 促销酬宾；等等	1. 长度；2. 宽度；3. 广度；4. 系统；等等	1. 信息内容；2. 信息形式；3. 沟通时间；4. 沟通媒体；等等

资料来源：李飞．营销定位［M］．北京：经济科学出版社，2013：118.

属性定位点与利益定位点有较明显的因果关系，为了实现三个利益定位点，理想选择了以下三个属性定位点。

1. 三排六座大空间，六座满座时后备箱也能放婴儿车、大件行李

属性是保证实现产品利益的基础。理想瞄准家庭用车需求，尤其是二孩家庭或三代同堂家庭的需求，集中资源打造爆款理想 ONE，为了实现同时满足三代人出行需求的利益定位，理想 ONE 具有三排六座大空间设计，六座满座时后备箱也可以放婴儿车、大件行李等物品，充分满足家庭需求。

> 能够消费这种25 万、30 万元以上车的用户群，我不说是什么富贵阶层，这里边 90% 以上都是父母在帮着照顾孩子，要么男方的父母，要么女方的父母，要么男女方各派一个过来帮着照顾孩子。如果这个人群对安全非常看重，在车里只要装一个儿童安全座椅，一家人一起坐在第二排是非常痛苦的。所以，无论是一孩家庭还是二孩家庭，只要他们有非常好的安全意识，**很快就会发现有三排座椅的需求**。[311]（李想）

> **六座**最大的好处是第二排中间有一个通道，坐最后排的人也能方便地上下车，理想 ONE 还把第二排座椅设计成了电动式，方便调整前后空间。[627]（李想）

> 我们在设计这款车的时候，出发点并不单纯是新能源车或者是增程式车，我们考虑的是客户到底需要什么样的车。我们瞄准中国中高收入家庭用户，有了孩子、夫妻双方都在上班、父母帮着照看孩子，一般来讲家里可能只有一个车位。这样的用户群需要什么呢？实际上**他们需要六座车、七座车**，需要一个能带着全家出行的车。而按照中国传统的审美观点，大家不太会买 MPV，因为 MPV 开起来感觉自己像司机。所以，**市场呼唤价格能够被接受的 SUV，既能满足全家出行，又有很好的性能，最好是新能源车**，这样无论在北京、上海还是其他城市，都有号牌和路权优势。瞄准这个市场之后，我们做了理想 ONE，提供让客户觉得好用、省钱的方案，这是我们的出发点。[684]（沈亚楠）

根据我们调查，在理想车主的购车理由中，空间大这一因素占比超过55%，是促成购车的最重要因素，反映出理想的第一个属性定位点得到市场的认可。根据定位点的选择标准，在独特性方面，理想对顾客需求与竞争对手（如奔驰GLE、宝马X5、奥迪Q7等）进行了调研，发现几乎没有车型同时具备三排、六座、大空间三个属性，因此这一属性定位点比较独特；在必要性方面，为了实现“同时满足三代人的出行需求”的利益定位点，这一属性定位点是非常必要的；在可信性方面，消费者在试乘试驾时能够亲自体验到这个属性定位点，因此十分可信。

2. 增程式电动车，价格比同等配置的奔驰、宝马、奥迪和特斯拉等豪华汽车品牌便宜

为了让用户在享受电动汽车各种好处的同时消除对纯电动汽车的里程焦虑，理想ONE采用增程技术，且具有较高的性价比。

> **我们为什么做增程**？这是典型地要掌握自己的命运。因为如果你做纯电，目前来讲你的命运就掌握在你的客户能不能装充电桩和到底有多少基础设施。[656]（沈亚楠）

> 我们选择增程式并不是从技术路线去考虑，更多是从客户实际使用体验来考虑的。[367]（沈亚楠）

> 大家都做纯电动车，但理想做的是增程式，这体现出李想对中国用户的深刻洞见。因为美国75%的有车用户有固定的充电桩，但中国75%的有车用户连固定的车位都没有，而且以现在的电池技术，没法解决用户的续航里程焦虑。理想选择通过增程技术解决这个最难的问题，让用户没有里程焦虑。[439]（理想投资人明势资本创始人黄明明）

> 当初选择这样的技术路线，理想就是从产品出发，思考如何为用户提供最大的价值，而在充电桩并不普及、续航里程仍不够的情况下，选择增程式是自然而然的事情。[426]（某投资人）

根据定位点的选择标准，在独特性方面，理想 ONE 是中国第一款增程式电动车，理想坚持增程技术，非常独特；在必要性方面，为了实现“享受电动汽车的各种好处，同时消除纯电动汽车的里程焦虑”的利益定位点，这一属性定位点是非常必要的；在可信性方面，消费者在试乘试驾时能体验到理想 ONE 的加速平顺性、安全性和智能交互性等；同时深度体验后也能确信理想 ONE 可油可电，续航里程可达 800 公里左右；且能直观地与奔驰 GLE、宝马 X5、奥迪 Q7 等竞品车型进行价格对比——以上使得该属性定位点可信性高。

3. 自动驾驶、OTA、互动配置

除此之外，为了满足用户对智能汽车的期待，实现更优的驾驶和乘坐体验，理想选择的第三个属性定位点为自动驾驶、OTA（空中下载技术）、互动配置。

智能电动车赛场刚刚开始，理想优势基础包括选择乘用车市场竞争，关注为家庭造价位 20 万～50 万元的**高端豪华智能电动车；提供智能自动驾驶**以及将与自动驾驶相匹配的智能座舱作为一个智能空间来设计。核心竞争力在于产品能力，以及组织能力。[345]（沈亚楠）

自成立以来，我们一直利用科技为用户创造价值。我们已对车内技术进行投资以为家庭提供愉悦的驾乘体验。我们已开发特有的四屏交互系统、全车语音交互系统及自动驾驶技术。此外，**我们利用 OTA 升级使我们能够在汽车整个生命周期内持续推出额外功能并改进汽车性能**。（理想招股书）

理想 ONE 的成功是我们对用户需求的洞察能力及产品能力的有力证明。在推出理想 ONE 之前，我们发现了中国家庭对多功能 SUV 的需求。我们卓越的产品力使我们能够设计理想 ONE，以在平衡性能、配置、成本及技术的同时满足家庭对多功能 SUV 的需求。我们对理想 ONE 的设计旨在满足每个家庭成员的需求。例如，理想 ONE 为家庭带来高安全性能；理想 ONE 设计**四屏交互系统**以确保司机及乘客各自可拥有方便且愉悦的驾乘体验；理想

ONE 为第二排所有乘客提供更加舒适的电动座椅；理想 ONE 的第三排座椅可以使用或者折叠以为家庭旅行提供额外储存空间。通过推出引领潮流的汽车设计及功能，我们的创新大大提升了用户体验，达到甚至超出了用户的期待，获得用户高度的认可。根据灼识咨询报告，这也使理想 ONE 成为 2020 年中国最畅销的新能源 SUV 车型。（理想招股书）

理想配备自动驾驶、OTA 使软件快速迭代更新，深耕智能座舱和辅助驾驶领域，四屏交互系统为长途提供消遣娱乐，引领智能电动汽车的产品和技术创新，精准的属性定位令其成为造车新势力龙头。从定位点的选择标准来看，现在大多数高端新能源车型都宣传拥有自动驾驶、OTA、互动配置，这个定位点的独特性一般，但必要性、可信性强。

四、到位：营销组合

（一）依定位进行产品规划

根据利益、价值和属性定位，理想的产品规划如下。

1. 唯一爆款车型：理想 ONE 中大型豪华智能增程式电动 SUV

根据中国汽车技术研究中心终端零售数据，理想曾仅靠唯一爆款车型理想 ONE 于 2021 年成为中国造车新势力销量第一，年销量超过 9 万辆。

我要跟世界上顶级的汽车品牌去竞争，我只有一个办法，**就是把所有的资源、所有的精力都投入一款产品上，去做出一个极致的爆品**。通过这款极致的爆品，去撕开一个市场的缺口，理想才能快速成为新能源智能电动车里面的一个头号玩家或者顶级玩家。[648]（李想）

我们定位于**中大型的豪华电动车**，并让这个级别的产品回归应有的价位，打破不合理的常规，迎接更大的消费升级。[734]（李想）

我们考虑驱动形式选择的时候，主要还是要思考用户为什么选择，或者用户对新能源汽车的要求是什么。用户的要求非常简单，非常朴素。第一个要求，用户非常喜欢纯电驱动的优势，因为纯电驱动的加速平顺性、安全性以及智能交互是用户想要的。第二个要求，是客户不想要什么。充电的焦虑，里程的焦虑。第三个要求，这车要物有所值，不能太贵。我们从增程的角度来讲，首先，**增程式是一辆纯电车**，在上面追加了增程系统，所以驱动形式是完全纯电的驱动，驾驶体验、乘车体验都是非常好的。其次，**因为有增程器，显然也没有里程的焦虑**。最后，**增程技术特点，使电池相对会小一些，省下来很多整车成本**。同时，因为整车比较容易控制，所以车身结构需要的昂贵、轻量化的材料比较少，总体来讲，理想 ONE 跟同级别燃油车的成本相比只高不到 10%。虽然我们是没有补贴的，但是考虑到购置税的减免，客户买到这辆车的时候价格还是比同级别、同性能的燃油车便宜。从这个角度讲，客户愿意拥有这样的车，这也就是刚刚我们讲的如何找到一条路，在没有政策驱动的情况下，做出让用户真正愿意买的新能源汽车。[367]（沈亚楠）

我们认为，**增程最好的车身形态是 SUV**。当我们开始制造增程车辆时，我们意识到，最好的车身类型是 SUV，因为从包装的角度看，轿车、MPV 都不适合增程车辆。[601]（李想）

2. 标配即顶配

理想 ONE 只有一个配置，标配即顶配。老款理想 ONE 还有六座版、七座版两个版本，2021 款理想 ONE 连七座版都取消了，只有六座版。

理想认为**自动驾驶就应该是标配**，而不是所谓的订阅模式。从技术发展的角度讲，标配也有非常大的好处。我们不想让精心研发的功能，由于需要用户加钱购买，导致使用率很低。从发展的角度讲，我们认为使用辅助驾驶系统的人越来越多，对用户的体验提升很有帮助。[649]（沈亚楠）

取消七座版仅保留六座版，我觉得挺好的。目前96%的理想ONE车主选择了六座版，所以取消七座版也就顺理成章了。[594]（李想）

（二）依定位进行价格规划

性价比也是吸引用户购车的重要因素，理想ONE为用户提供了中大型豪华SUV的性能、功能及座舱空间，而价格却仅接近于紧凑型豪华SUV，**唯一车型理想ONE统一标配、统一定价**32.8万元。这一全国统一售价经过了两次上调：2021年5月，2021款理想ONE上市，随着配置的升级，价格提升至33.8万元；2022年4月，受上游原材料持续大幅上涨的影响，价格上调至34.98万元。

理想现在进一步明确了产品的定位，就是为家庭来造车，服务更多的家庭用户。价格区间调整为20万~50万元，主要是看到这个市场是一个快速增长的市场。2016年当我们策划理想ONE的时候，这个区间的市场销量大概是每年300万辆，到了今年应该会超过500万辆，到2025年预计这个市场每年会超过800万辆。在乘用车整体市场几乎不增长或者说平缓增长的背景之下，这个市场增长是比较快的，所以我们更愿意专注于这样一个价格区间。另外，这个价格区间也跟我们豪华智能电动车比较高端的定位相符合，所以我们会把价格定为20万~50万元。[316]（沈亚楠）

理想的定位是我们既然要做到最安全、最舒适，那肯定走高端豪华的路线，性能、空间、舒适性、配置这几个方面都要做到最好，**与BBA豪华品牌去抗衡对比，同时我们价格还较低**。（理想汽车产品专家）

理想ONE的定价30万~40万元属于紧凑型豪华SUV的价格区间（随着理想车型的增多，价格区间将扩大到20万~50万元），但理想ONE却为用户提供了大中型豪华SUV的配置与体验，比奔驰GLE、宝马X5、奥迪Q7等竞品车型便宜一半，具有较高的性价比。

（三）依定位进行渠道规划

根据利益、价值和属性定位，**理想的渠道规划为：线下高端商超直营店、线上下单**。由于一直倡导“高效做事”的企业文化，理想并没有建立像蔚来那样的大型线下零售中心，而是选择主要依附高端商超建立直营零售中心及展厅。

> 确实，**理想单店效率是比较高的**。6 月单店是 80 辆，7 月是 79 辆，每月的销量确实是比同行要高。从营销渠道的模式来讲，**在商超开店实际上总体的成本是比较有竞争力的**，比打广告有竞争力。商超本身是自带人流的，这样也会对销售线索产生帮助。我们一方面会加大商超的覆盖，另一方面当我们的品牌影响力进一步扩大，不需要借助商超人流的时候，我们可能也会考虑中心店的方式，但是我觉得这还是一个长期发展的过程。[312]（沈亚楠）

> 另一方面是渠道变革，传统车企走的经销商渠道需要留利润，而理想是**直营体验店**的模式，省了大量的渠道利润。[304]（黄明明）

> （理想直营店）基本都开设在商场一层，很大程度上提高了曝光率，也能加深在大众视野中的品牌印象。（理想汽车用户 Y）

> 我们建立了自己的直营及服务网络。与中国现有的汽车经销商模式相比，由于我们缩短决策过程并减少潜在的利益冲突，**我们的销售及服务网络更加高效**。根据灼识咨询报告，2020 年 12 月，我们每家零售门店交付的车辆超过 100 辆，而我们的中国同行则平均约为 50 辆。（理想招股书）

> 我们认为，**我们的直营模式不仅显著提高经济和运营效率，并且为我们的用户提供符合我们价值观和品牌形象的优越购车体验**。（理想招股书）

2021 年下半年，理想直营零售体系建设将全面加速，以便更多用户可以就近体验理想 ONE。到 2021 年年底，理想计划将建成 200 家直营零售中心，覆盖全国超过 100 个城市。营销渠道的扩张，可以覆盖更多的潜在消费人群，助力销量持续走高。[678]（兴业证券研究报告）

理想开发了在线和离线平台直接与用户互动。零售商店、媒体平台、用户口碑三个渠道带来稳定的销售线索，将潜在客户转换为理想汽车系统（官网、理想 App、微信公众号）注册用户。通过**线下商超直营体验店与线上下单相融合的直营模式**，理想提高了经济与运营效率，并保障了用户的全程优质体验。

（四）依定位进行传播规划

理想采取商超直营店的模式，线下运用**商超自带的流量**带动自身的宣传，同时发挥直营店优势，更为直接地收集用户意见。通过全数字化流程及持续的数据驱动优化，提升销售和营销效率。公司将营销重点放在产生口碑推荐，及新媒体和短视频平台的内容创造上，直接与用户进行互动。线上营销工作包括：制作视频介绍产品规格和科技，发布用户自主推荐，通过抖音、快手等社交媒体平台进行营销传播等。

我们的主要营销目标是建立品牌知名度和忠诚度，产生潜在的销售机会，并将用户的意见纳入产品开发流程。**我们营销工作的重点是产生口碑推荐以及在新媒体和短视频社交媒体平台上创造营销内容**，目标是增加我们产品的曝光度和建立我们的声誉。**我们的营销内容包括内部制作的高质量视频，详细介绍我们的产品规格和技术。我们还发布用户自主推荐以及科技、旅游、母婴产品等领域重要意见领袖制作的视频，这些均代表真实的用户体验，提高了我们车辆的知名度。**此外，**我们还利用短视频社交媒体平台的数据驱动功能，通过在抖音、快手等领先平台进行营销，精准锁定用户。**短视频的普及性、高效性和互动性，使我们的内容营销在短时间内实现广泛覆盖。我们认为，**优质的内容与营销渠道优化相结合，加上用户的良好口碑推荐和数字化直营体系，形成了从内容营销到潜在销售机会，再到口碑推荐的**

良性循环，使我们能够以相对较低的营销支出实现持续的品牌曝光，并吸引优质的潜在用户。（理想招股书）

凭借出色的产品体验和服务，理想ONE在早期用户中形成了**良好口碑**。在已交付用户用车满意度调查中，**超过98%的用户表示对车辆使用满意并愿意推荐身边的朋友购买理想ONE。**（某汽车媒体人）

90%的用户反馈，在车辆实验和质量验证的过程中，其实都已经发现了……90%以上都是已知的问题。还有不到10%是用户真正反馈出来跟我们有差异性的问题，但**我们非常在意用户的反馈**，只不过我们对用户的反馈可能和别的企业不太一样。我们并不会直接告诉用户我们要做什么东西、我们会反馈什么东西，而是我们的运营部门会在我们的App上、微博上、论坛上、每个车主群里收集信息，每天进行同步。对于媒体给我们的反馈，专业用户给我们的反馈，我们整个团队都是一起来研究的，不止市场团队研究，而且整个研发团队、质量团队、制造团队一起参与研究……我们把市场的声音和我们内部的工作打通了，每一个市场的声音都会有解决方案，都会进入一个计划，然后进入我们整个自动化流程里，确认什么时候解决，根据它的重要级别进行跟踪。[311]（李想）

（传播策略）方方面面都有，不管是客户的转推荐或者营销裂变的模式，包括理想的直营体系能够直接告诉客户我们没有中间商溢价的过程，也是厂家给的非常真诚的模式。先是**让客户线下体验，直营模式在商场里面，客流量会大引流。（抖音、快手）直播方面**，尤其现在是疫情期间，希望能够在安全的情况下合理地传播我们的品牌和价值观，可以做一些娱乐的视频让大家在关注的时候更轻松一些，因为有些小伙伴在家里面被封控。（理想汽车产品专家）

理想的品牌塑造可以归为三步。**第一步是使消费者认可：**充分满足用户需求，在消费者全部的使用场景和整车全生命周期做到品牌使用体验的高享受。**第二步是借消费者传播**：借由社交关系网络的渠道，将品牌形象更快地传播开。社群关系的构建是品牌粉丝网的基础，当粉丝通过社群将自身对品牌的认知传播出去后，收获的正反馈对粉丝自身和品牌是双向的正向作用。**第三步是与消费者共创**：随着更多的消费者认可理想品牌，通过与消费者的交流才能更好地把握市场需求的动向，了解用户之所想，并通过软件OTA的方式更好地将需求信息传达给用户，共同进步。(某汽车行业专家)

理想通过商超自带人流、理想App（口碑、问答界面、用户反馈及时响应）、短视频等社交媒体平台进行营销传播，使定位深入消费者心智。公司主要的营销目标是建立品牌知名度和品牌形象，最终形成品牌忠诚，产生销售线索并将用户意见整合到产品开发过程中。在发布官方制作的高质量视频的同时，也会发布用户自愿推荐的内容，以及由关键意见领袖（Key Opion Leader，KOL）在技术、旅行以及母婴产品领域创建的视频。通过用户真实体验的表达传播提升品牌知名度。

五、构建关键流程

（一）研发

上汽与华为的“灵魂”之争，引发了智能驾驶话语权的广泛讨论。很多车企都想通过自研的方式把核心技术掌握在自己手中。**理想自研的核心技术主要有自动驾驶与增程系统**。理想智能化领域发展布局包括：L4级别ADAS（高级驾驶辅助系统）硬件标配，软件全栈自研，OTA持续升级，功能高效迭代。

理想正在开发自研的自动驾驶数据平台，通过影子模式手机驾驶数据，人员在不同场景的驾驶决策即模式将被加密，通过人工智能算法及数据挖掘技术优化自动驾驶系统。[593]（天风证券研究报告）

我们拥有专门的自动驾驶研发团队，我们已实施一项自研的自动驾驶技术的全面计划。利用我们在系统开发、算法、模拟、解决方案开发和系统集成方面的能力，我们计划从L2级自动驾驶能力逐步发展至L4级自动驾驶能力。（理想招股书）

凭借我们**自研的全栈软件开发能力**，我们引入闭环数据驱动的自动驾驶解决方案，并优先进行基于高频场景的自动驾驶开发。（理想招股书）

通过我们的研发计划和大量性能测试，我们**自研的增程式电动汽车**控制策略得到优化，以平衡我们车辆的动态性能和噪声、振动、声振粗糙度表现。**我们正在开发第二代增程式电动汽车平台**，该平台将利用新技术并提高集成度，以进一步实现性能优化。（理想招股书）

2020年以来，自动驾驶软件赋能的汽车行业呈现出与之前近百年完全不同的迭代速度，汽车作为耐用消费品，硬件的生命周期相对更长。因此，汽车新车销售时硬件标配高级别自动驾驶算力需求，软件则通过OTA不断迭代升级将成为未来的主流方式，也是理想的道路选择。理想对于底层操作系统、智能驾驶算法包括感知融合、决策控制以及执行和多种应用层功能算法均坚持自研自主可控，保证掌握软件迭代升级的核心能力。

（二）采购

供应链选择方面，理想按照APQP（高级产品质量计划）和PPAP（生产零件批准流程）程序高标准执行，**已与190多家零部件供应商建立紧密合作伙伴关系**，如宁德时代（电池）、高通（芯片）、德州仪器（半导体产品）和英伟达（计算机技术等）等，采购1900多个零部件。理想运用供应商关系管理系统，与供应商合作确保所需供应的可行性。

我们成功的业务模式体现在我们自身的制造能力及有效的质量控制能力，以及我们较高的销售及营销效率。我们在自有的常州生产设施进行自有生产并**与行业领先的供应商合作**，以确保汽车的高品质。我们的工程及制造团队彼此无缝合作，并简化反馈环路以快速进行产品优化及质量提升。我们在车辆开发和校验过程中应用严格标准，并对标传统高端汽车制造商的最佳质控实践，以加强测试和校验。（理想招股书）

我们与具有高质量标准的世界一流供应商合作。我们的主要供应商包括博世、宁德时代和高通等全球领先企业。我们还实施严格的质量控制方案及措施，以选择和管理供应商。（理想招股书）

理想与优秀的供应商合作，同时公司开发了自己的质量管理体系，覆盖了从产品设计到售后服务的车辆完整生命周期，涵盖硬件、软件和服务。在理想 ONE 正式交付前，公司完成了 291 项测试优化、合计超过 300 万公里的道路试验，以保证生产工艺和质量，杜绝质量问题的反复出现。

（三）生产

理想于 2016 年 8 月在常州自建生产基地。该基地占地 50 公顷，建筑面积约 185 000 平方米，由冲压、焊接、涂漆、组装四个车间组成。工厂进行高度自动化生产，实现混合生产钢和铝零件、100% 车身尺寸检查、焊接点 100% 自动化、车身涂料一致。同时，生产管理相关的 IT 系统和自动化生产设备协同工作，进行监控，大大提高运营效率和做工精准。

我们不是什么互联网造车，也不玩什么互联网概念，我们就是标准的新生代汽车品牌。[305]（李想）

我们自己研发（研发与制造工程师团队平均在汽车行业从业 15 年以上）；**我们自己生产**（自建常州武进 750 亩 30 万辆产能的工厂，以及配套的 BMS 与电池厂）；**我们自己提供销售与服务**，打破 4S 店高价、低质、效率低的现状。[315]（李想）

用户的交互、体验一直是理想非常重要的一个优势。因为从一开始，理想就决定将软件、硬件等所有东西都抓在自己手中，这样才能像苹果一样，为用户打造出一个极致的体验。这是基因上的优势，因为**李想从一开始就想得很明白，工厂都是自建的，所以越到后期，这个优势会越明显**。（理想投资人）

质量对我们的业务至关重要。**我们在常州建立了自有的生产基地**，这使我们能够在整个制造过程中实施严格的质量控制方案及措施。我们的工程和制造团队彼此无缝协作，能够结合用户的反馈，快速改进产品和提升质量。（理想招股书）

我们在自有常州工厂制造理想 ONE。常州制造基地占地 50 公顷，已建设车间面积约 185 000 平方米。基地由冲压、焊装、涂装、总装四个车间和一栋办公楼组成。目前的生产能力为每年 100 000 辆，2020 年的利用率约为 36%。如果增加机械和生产线安装，则 2022 年我们的生产能力可扩大到每年 200 000 辆。我们正计划重新配置常州工厂，以适应我们的新车型，尤其是将于 2022 年推出的基于 X 平台的全尺寸豪华 SUV。（理想招股书）

为提升产能、保障交付能力，2021 年 10 月，理想北京绿色智慧工厂在顺义开工建设，这是理想第二个自建工厂，预计 2024 年正式投产。2022 年 2 月，理想宣布在重庆自建第三个生产基地。

（四）配送

在线上提交订单后，**用户可前往理想汽车交付中心自提车辆**。根据理想官网，截至 2022 年 2 月底，理想已有 85 家直营交付中心，覆盖全国 79 个城市。

潜在用户可以通过我们的理想 App 或网站支付人民币5000元定金（24 小时后不可退还）下单，其订单也在支付定金 24 小时后自动成为确认订单，交付前无须用户再支付定金。届时，我们的交付专员会与用户跟进交车前事项，如金融方案、家用充电桩安装等。**车辆到达物流中心后，我们的交付专员会联系用户安排交付。对于没有理想汽车交付及服务中心的城市，我们也可以为用户提供远程交付服务。**（理想招股书）

用户下单后，我们通过销售和服务网络为用户提供交付、金融和售后服务。通过在闭环过程中积累的汽车营运洞见，我们提高服务质量和效率，减少人员相关开支和门店、交付中心的投入，最终降低线下服务成本。（理想招股书）

2020年年中至2021年10月，理想全国零售中心扩建速度明显加快，单店效能（阶段月均销量/阶段前全国零售店数量）涨幅随之降低。2020年7—8月理想单店效能达到最高值123辆/店，2021年10月单店效能为50辆/店。结合理想零售店现有数目，随单店效能逐步恢复至较高水平，理想ONE月销有望持续爬升，突破万辆。根据理想自身规划，2021年理想将完成全国200家零售店的建设，助力全国的普及进程。（东吴证券研究报告）

车辆到达物流中心后，理想交付专员会与用户跟进服务，并在交付中心完成车辆交付或进行远程交付。完善的交付流程能够大大提高服务质量和效率，减少人员相关开支、门店和配送的投入，最终降低线下服务成本。

（五）销售

理想打造线上线下一体化平台，用户可以在线下营销中心和展厅体验，在线上理想App或网站下单。根据理想官网，截至2022年2月底，理想在全国共有零售中心与展厅469家，覆盖105座城市，其中一线城市210家，占比44.78%；二线城市110家，占比23.45%，三四五线城市149家，占比31.77%。交付中心85家，服务中心253家，授权钣喷中心230家。2020年12月，每家零售门店交付车辆超过100辆。

在销售网络建设方面，目前公司已经进入第二个战略周期。随着用户对理想的品牌接受度越来越高，我们的开店策略也做了相应调整。今年，我们的目标是年底总门店数量达到200家，覆盖100个城市。可以看到，这是一个雄心勃勃的计划。**销售网络的扩张无疑会带来销量的增加和品牌的提升**。同时，该计划也为我们2022年之后新增的多款车型做好准备。[369]（沈亚楠）

直接的客户关系是最重要的资产。对于一家企业来讲，采用**直营**的方式服务客户，包括卖车、售后等服务，这样才能积累客户资源、关系。[626]（沈亚楠）

我们开发了自有的**线上线下一体化平台**，可以直接与用户进行互动。通过全数字化流程及持续的数据驱动优化，与依赖第三方经销商来接触客户的汽车制造商相比，我们在销售及营销方面更加高效。我们建立了自己的直营及服务网络，高效的销售及营销使我们在较早阶段实现了盈利。（理想招股书）

通过打造线上线下一体化平台，理想构建了销售的全新渠道，实现与用户直接沟通，可有效缩短营销决策过程，并减少潜在的利益冲突，提高销售及服务网络效率。公司正计划扩展到更多地区，以获得新的潜在用户，也将开设新的零售门店和售后维修中心作为实体门店，授权第三方钣喷中心并与其合作，以有效地扩大公司的服务范围。

六、整合重要资源

一般认为，企业包括有形资源和无形资源两类，有形资源包括财务资源和物化资源，无形资源包括知识产权、商誉资源、人力资源、组织资源和基础结构等，如表4－6所示。

表 4－6 企业资源的类型

资源类型	分 类	具体内容
有形资源	财务资源	现金、股票、融资能力
	物化资源	厂房、机器设备、场地、原料等
无形资源	知识产权	技术诀窍、经营方式
	商誉资源	企业形象、信用、品牌、渠道、顾客忠诚
	人力资源	员工素质、企业家素质、工作士气
	组织资源	组织结构及其计划、控制、协调系统
	基础结构	企业文化、管理制度等

资料来源：李飞．营销定位［M］．北京：经济科学出版社，2013：267－268.

无形资源是企业的重要资源，可以重点归纳为人力资本、信息资本和组织资本三类，如表 4－7 所示。

表 4－7 无形资源的类别

种 类	内 容
人力资本	员工技能、才干和知识
信息资本	数据库、信息系统、网络和技术基础设施
组织资本	文化、领导力、员工协调一致、团队工作和知识分享

资料来源：李飞．营销定位［M］．北京：经济科学出版社，2013：269.

蔚来创始人李斌曾说过：“造车需要储备的资金门槛，几年前我说的是 200 亿元，现在没有 400 亿元可能都干不了了。”[582] 资金支持决定造车新势力的生存与否，因此**融资能力**是考量造车新势力企业的重要有形资源。强大充裕的**人力资本、组织资本**，一个端到端信息透明、充分信任和授权的组织文化是企业的核心竞争力。因此，理想根据定位需要的关键流程来整合企业的重要资源，主要包括融资能力、人力资本和组织资本。

（一）融资能力

2014 年成立以来，理想获得了美团、字节跳动和明势资本等多方投资者的支持。截至 2021 年 8 月，**理想公开披露累计融资十多次，累计融资额超 500 亿元**（按融资时的汇率转换成人民币后计算得出）。

理想的融资能力是较强的。用李想自己的话说：“自 IPO 后，理想在现金储备上确实有所提升，而融资的最核心目的是研发。身处造车行业，钱肯定是多多益善的。理想不介意以任何一种方式获得资金储备，包含从二级市场融资、银行贷款和发债等。"[413]

（二）人力资本

作为高端智能电动车品牌，理想汇集各方人才。管理团队成员拥有丰富的创办及管理互联网科技公司的经验，深耕汽车研发多年，悉知全球供应链运营管理，涉及领域广泛、经验丰富。

1. 公司创始人、董事长兼首席执行官李想

李想负责公司的整体策略、产品设计、业务发展及管理，被誉为**“超级产品经理”**。李想在中国创立和管理互联网科技公司超过 20 年，其中包括超过 15 年专注于汽车行业的经验。李想曾两次创业，先后创立泡泡网和汽车之家。2015 年 7 月，李想创办理想汽车。在第三次以理想为主体的创业过程中，李想更注重公司管理的组织架构。可以说理想的思想起于互联网、落脚在用户，**具有较强的互联网基因和用户思维**。

2. 前总裁沈亚楠

沈亚楠毕业于上海交通大学，英国爱丁堡大学供应链管理硕士，回国后先后任职于中兴通讯、埃森哲、联想和摩托罗拉，具有出色供应链运营管理能力。2015 年 10 月，成为“车和家”（后更名为“理想汽车”）的联合创始人，正式进入新能源车市场。

3. 前总工程师、总裁马东辉

马东辉拥有 20 年汽车研发经验，**自理想成立以来一直担任其总工程师，负责理想汽车的研发工作**。2022 年 12 月，马东辉接替沈亚楠担任理想总裁并进入董事会。

4. 首席财务官李铁

李铁曾就职普华永道，曾任汽车之家副总裁，**帮助理想成功上市，并首次实现季度盈利**。造车新势力中唯一能赚钱的是理想。李想评价李铁：“对于理想，

无论是核算成本，还是在和大家谈条款时，都需要他。李铁是最好的首席财务官，完成了中国造车史上最好的 IPO。"[572]

5. 首席技术官王凯

王凯全面负责智能汽车相关技术的研发和量产工作，包括电子电气架构、智能座舱、自动驾驶、平台化开发和 Li OS 实时操作系统等。王凯拥有 18 年汽车和手机行业核心技术研发与管理经验，是汽车电子电气架构、域控制器领域、汽车智能网联与自动驾驶领域的全球知名专家。王凯是全球第一个量产车规级座舱中心域控制器 SmartCore™的核心创始设计人，也是开放式可扩展自动驾驶平台 DriveCore™的核心创始设计人。李想评价王凯"对智能汽车前沿技术的发展具有前瞻性的判断和思考"。[663]

由以上可见，**理想核心团队兼具互联网基因，用户思维，汽车、智能设备从业经历和全球供应链运营管理能力**，是理想核心竞争力的来源。

（三）组织资本

组织资本主要包括愿景和文化。

1. 愿景

根据美国管理学家吉姆·柯林斯和杰里·波拉斯所著的畅销书《基业长青》，一个构思良好的愿景包括两个主要方面——核心理念与未来前景。其中，核心理念需要两个明确的组成部分——核心使命与核心价值观；未来前景也包括两点——一个 10～30 年的"胆大包天"的目标，和对公司完成"胆大包天"目标后的生动描述。基于此，绘制理想的愿景图，如图 4－2 所示。

核心使命：创造移动的家，创造幸福的家
核心价值观：把用户的利益放在第一位；创造用户价值，追求极致效率；用光明正大和透明的方式解决所有问题

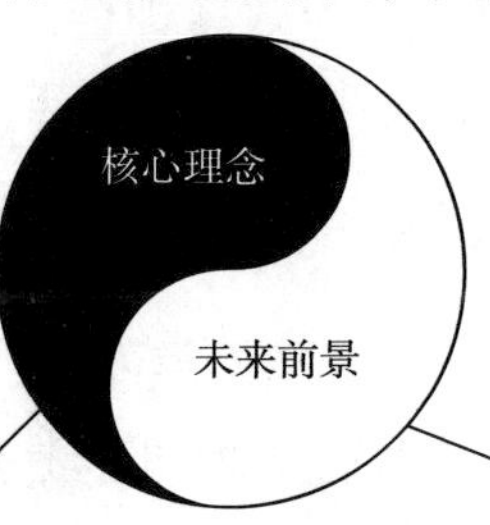

2025年，成为中国第一的智能电动车企业，全球大型SUV和MPV的销量第一
2030年，成为全球第一的智能电动车企业，全球最大的自动驾驶交通运营商

图 4－2 理想的愿景

去年12月，理想向所有的理想ONE车主推送了OTA 3.0车机软件，让每一位用户的用车体验再次提升。其中，全栈自研的导航辅助驾驶系统，让超过60 000位用户享受到更安全、更便捷的驾驶体验。2022年理想将持续为大家提供更安全、更便捷、更精致的产品和服务。希望新的一年中理想伴随更多家庭一起成长，**"创造移动的家，创造幸福的家"**。[573]（沈亚楠）

在未来的日子里，**理想将始终不渝地坚守我们的使命，"创造移动的家，创造幸福的家"**，持续地创造超越用户需求，超越用户预期，更安全、更便捷、更精致的产品和服务。[655]（李想）

只有在2025年拿到中国智能电动车20%以上的市场份额，成为公认的头部企业，理想才有足够的人才、技术和资金的储备，参与到2030年更激烈的全球市场竞争中去。到2030年，只有获得25%以上的全球市场份额，（理想）才有机会成为全球智能电动车行业的头部企业。所以，**理想2025年的战略目标是"20%的市场份额，成为中国第一的智能电动车企业"。2030年的愿景是"创造移动的家，成为全球第一的智能电动车企业"**。[453]（李想）

理想的核心价值观是：把用户的利益放在第一位；创造用户价值，追求极致效率；用光明正大和透明的方式解决所有问题。（理想公司内部标语）

理想始终坚持最初的理念，致力于打造家庭用车，让车成为第二个家，创造移动的家和幸福的家。相较于其他新能源车企，理想突出表现为，更加注重追求极致的用户价值，其价值观认为效率即能力，始终把用户利益放在首位，致力于提供安全、便捷、超值的产品和服务。面对所有问题，用光明正大和透明的方式解决，杜绝一切潜规则。理想定下的目标是：2025年，全球大型SUV和MPV的销量第一；2030年，全球最大的自动驾驶交通运营商。为了实现此目标，除了产品本身的技术迭代，理想注重组织管理高效化，统一员工眼光长远，落地清晰。李想认为，未来的智能组织管理不同于已有的丰田（组织可控，业务收敛）、典型互联网企业如汽车之家（组织可控，业务开放）、华为（组织复杂，业务收敛），而是一种组织复杂并且业务开放的管理模式，难度更高，因而其员工管理和绩效考核模式均有很大不同。[375]在信息庞杂的互联网时代，高层管理者应该注重企业内部知识管理。随着知识和数据的不断累积，规模性扩张加剧，变化不断提速，员工需要与管理层保持思维高度上的一致性，而非仅关注眼前的工作任务，以更长远的目光看待工作；同时还需要明确长远的目标下自己下一步的落脚点应在何处，才能保证组织管理的有效性和不断迭代升级的能力。

2. 文化

根据美国管理学者特伦斯·迪尔和艾伦·肯尼迪的畅销书《企业文化：企业生活中的礼仪与仪式》，文化可归纳为两个子维度：核心价值观与行为规范。其中，核心价值观与前述愿景中的核心价值观是重叠的。理想企业文化中的核心价值观参见前述愿景部分；行为规范是高效做事，如图4－3所示。

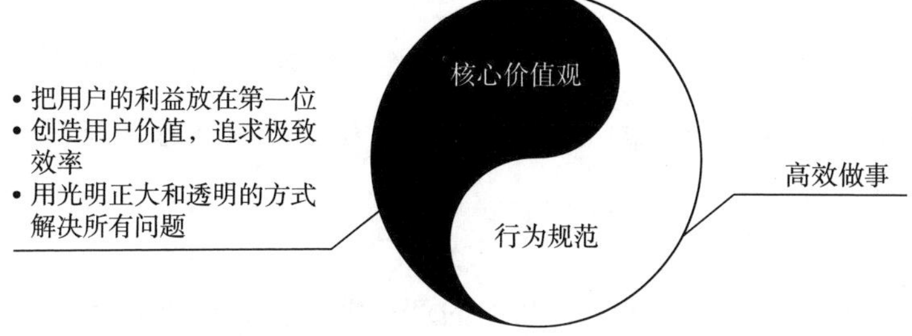

图4－3 理想的企业文化

李想一直提倡的企业文化是高效做事，他们的差旅标准并不比一线互联网创业公司低，但员工真实差旅费用比标准低30%。员工认同以效率为优先、不盲目攀比的价值观。李想自己出差也坐经济舱……李想想打造的是一个端到端信息透明、充分信任和授权的组织文化，要对团队足够信任。[304]（黄明明）

我觉得理想做得比较好的一点是，**成本各方面控制得非常好**，它是有正向毛利的产品，所以未来这个公司靠卖车能盈利。[308]（理想投资人牛晓毅）

还有一个逻辑，是我们从战略目标到业务架构、到组织和整个财务资源的分配，都有一点共识：**所有“滚雪球”式的钱我们是一定要花的，“滚雪球”是高质量的扩张**。[309]（李想）

比如，品牌变得更好是值得花钱的，更多渠道和用户服务是值得花钱的，产品和技术的研发是值得花钱的。[581]（李想）

其他什么短期的促销、降价那些，我们一分钱都不花了，这是属于“撒雪片”的，有一单没一单。有一些第三方快速导入的流量，我们也不花钱了，这都是短期效应。扩张并不意味着多花钱，而是更有效地花钱。[661]（李想）

我们在大幅增加研发投入和销售网络扩张加速的前提下，第四季度仍然实现了盈利，经营现金流达到 38 亿元，充分反映**理想拥有出众的经营效率**。[442]（李想）

两个核心竞争力：第一，**我们的产品能力**。从理想 ONE 的热销可以看到，一款车一个配置就吸引了大批的用户，证明我们定义产品的能力是比较突出的。第二，**我们的组织能力**。内部不断的迭代、体系的建设、组织的文化、组织的效能，我们认为这是我们的核心竞争力。[312]（沈亚楠）

为什么理想花最多时间在组织和文化上，从最根本上来讲其他的产品都可以演进，技术都可以演进，核心竞争力就是组织。因为我们跟这些传统车企比技术，他们有强的地方，我们也有强的地方；过去说他们有很强的资本实力，我们现在的资本实力也不弱。剩下来比的就是人才，还不是单个人才，说挖了多少大牛，而是人才的密度，以及如何把人才凝合在一起以合适的方式工作，这才是最难的。文化的部分真的是核心竞争力。[656]（沈亚楠）

理想企业文化强调高效做事的行为规范。公司的人员组织多样化并充分授权，以科技公司方式来管理公司，使团队思维模式能够独立，并且快速迭代。理想创业团队具有卓越管理能力、强大的互联网思维和用户思维、追求极致效率的风格、追求极致产品的创新导向，这些独有的基因是理想区别于其他竞争对手的竞争优势。

第四节　创建高端汽车品牌的定位地图

综上所述，我们构建了理想创建高端新能源汽车品牌的定位地图，如图4－4所示。由图4－4可知，该定位地图包括五部分：

- 找位：确定目标市场，理想的目标市场是“中国二孩奶爸奶妈的家庭用车”；
- 选位：营销定位点选择，包括三个利益定位点、二个价值定位点和三个属性定位点；
- 到位：营销组合，分别从产品、价格、渠道和传播来保证定位到达消费者心智；
- 构建关键流程，包括研发、采购、生产、配送和销售五个保障定位实现的核心流程；
- 整合重要资源，依据定位关键流程整合融资能力、人力资本和组织资本三方面的重要资源。

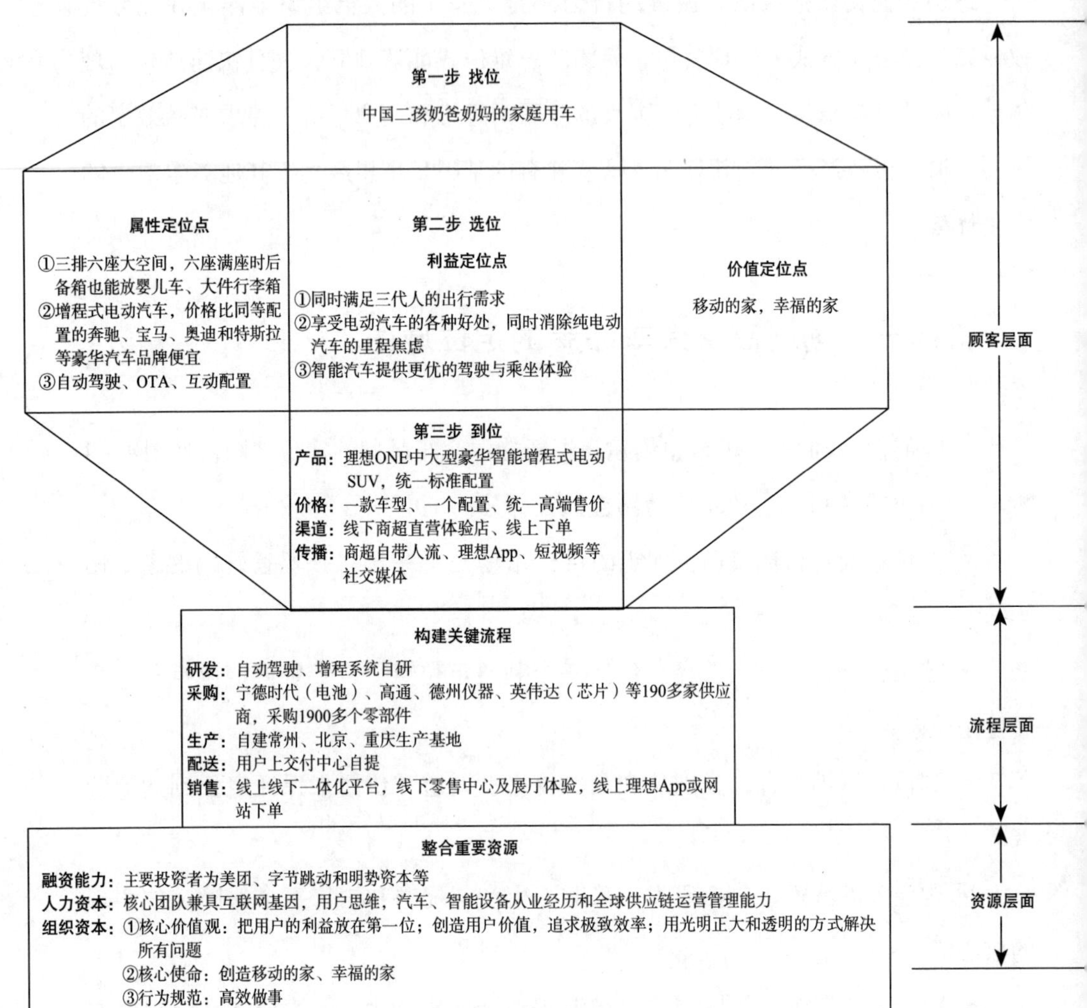

图4-4 理想汽车的定位地图

资料来源：由笔者绘制，参考了李飞（2009；2013）的定位地图。

第五节 小 结

本章基于定位观念，应用定位地图理论工具构建了理想的定位地图，探明了理想是如何从定位战略出发创建高端新能源汽车品牌的，丰富了品牌定位理论研究。基于定位地图，本章提出了理想“找位—选位—到位—构建关键流程—整合重要资源”这五个创建高端新能源汽车品牌的步骤。

| 第五章 |

“第三赛道”极氪汽车

——与用户共创高端汽车品牌

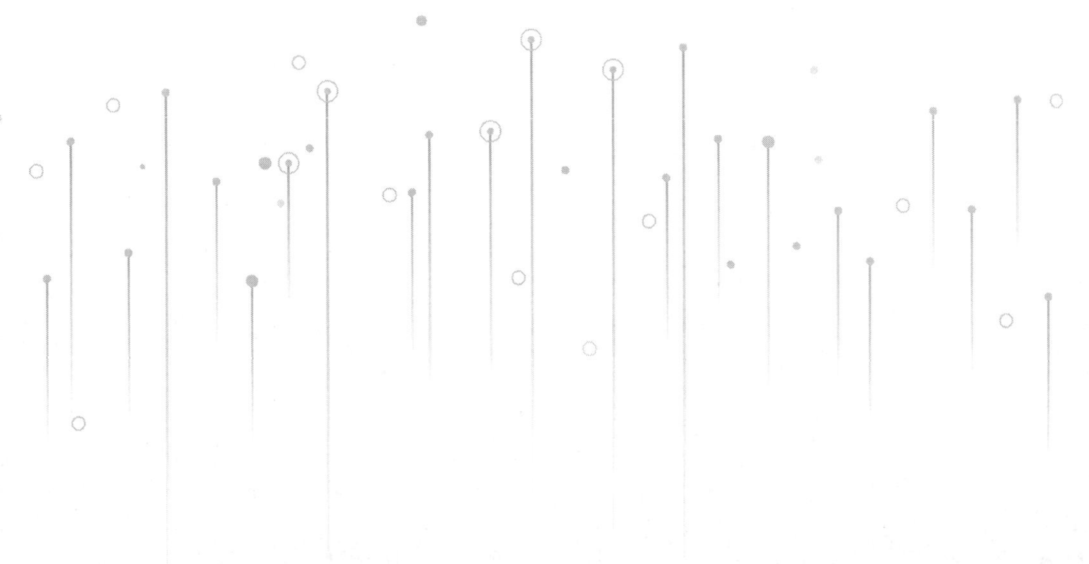

ZEEKR

“极氪愿景使命是我们要共创极致体验的出行生活。”[360]

——吉利控股集团总裁、吉利汽车集团董事长、极氪首席执行官安聪慧

第一节 极氪汽车

吉利控股集团总裁、吉利汽车集团董事长、极氪首席执行官安聪慧指出：“目前进入智能电动车行业的企业可以分为三个赛道：第一赛道是传统车企转型进入智能电动领域，在品牌、组织架构方面并没有变化；第二赛道是此前没有造车经验的企业，跨界切入智能电动车领域，主要包括造车新势力、科技公司、家电企业等；第三赛道则是从传统车企独立出来，拥有全新品牌和商业模式的公司。第一赛道上的企业拥有丰富的造车经验、工业基础、技术储备和体系能力；第二赛道上的企业敢于创新突破、组织更加灵活、对新型用户关系的建立与运维见解超前；第三赛道上的企业则兼具了两者的优势。所以极氪坚定地选择了‘第三赛道’。”[362]

极氪，英文名 ZEEKR，定位为潮流科技品牌。极，意为极致，代表对产品极致性能、用户极致体验毫不妥协；氪，化学元素 Kr，是放电时发光的稀有气体，代表电驱智能时代的科技符号。ZE 代表 ZERO，以零为始，既是起点，亦是无限可能的终点；E，意为 Electric（电）、Evolution（进化）、Era（时代），代表了电驱动的时代进化。由零开始，汇聚希望，极氪将与用户“共创超越期待的潮流生活”为品牌使命，从产品创新、用户体验创新到商业模式创新，为用户带来全新的出行生活。

2021 年 3 月，吉利宣布成立极氪品牌。2021 年 4 月 15 日，极氪首款车型“豪华猎装轿跑”ZEEKR 001 正式上市，综合补贴后售价 28.10 万 ~ 36.00 万元。

2021 年 10 月 23 日，首批 ZEEKR 001 正式开启交付，之后销量基本呈稳定上涨趋势，如图 5 - 1 所示。

作为一家由传统汽车企业吉利全新推出的高端新能源汽车品牌，极氪在正式交付后的短短一年多时间里，月销量已经突破 1 万辆，与造车新势力的两个先行者蔚来、理想的差距不太大；2023 年，极氪全年销量为 118 685 辆。2022 年 11

月，极氪发布第二款车型“全球首款原生纯电豪华 MPV” ZEEKR 009，起售价 49.90 万元，并于 2023 年 1 月开启交付。

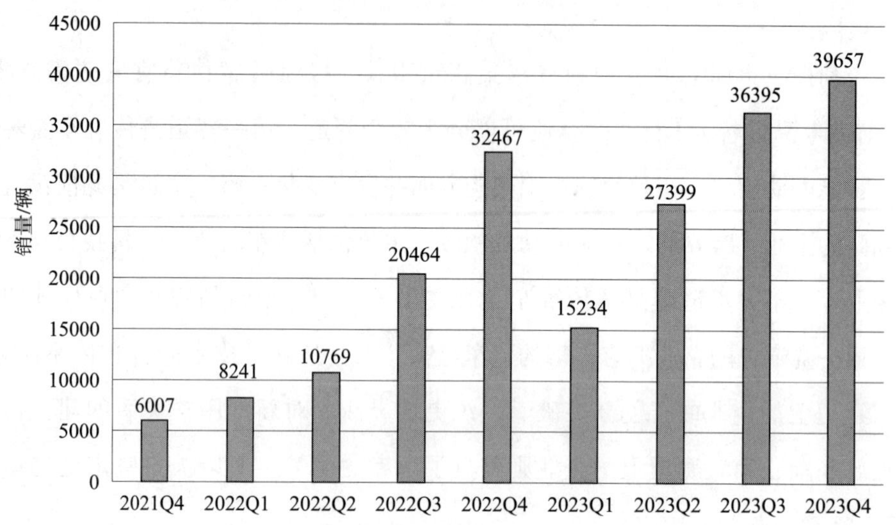

图 5－1　极氪 2021 年 10 月至 2023 年 12 月的季度销量

资料来源：极氪官网等。

与蔚来号称“用户企业”类似，极氪也自称“用户型企业”。极氪的特色是强调与用户“共创”极致体验，与用户“共创”品牌。因此，本章首先梳理品牌共创的相关理论研究，然后对极氪进行案例研究，使用主题分析法进行数据分析，提炼出一个极氪与用户共创高端品牌的路径。

第二节　品牌共创

21 世纪的消费者不再只是产品的接受者，越来越多的消费者开始参与到产品和服务的设计、生产和销售等过程中，成为产品生产过程中的参与者、主导者，甚至有些消费者开始通过各种方式与企业一起共同创造品牌。学界对于这种现象的研究从价值共创（value co-creation）开始，逐渐走向品牌领域，提出品牌共创（brand co-creation）的概念，并成为一种新的品牌化范式。

一、价值共创理论的演化

（一）商品主导逻辑

传统的价值理论认为，价值是由生产者创造，然后通过交换转移到消费者手中的，以此完成价值的传递，这就是早期的商品主导逻辑。在商品主导逻辑下，生产和消费是两个独立的过程，企业和顾客只在市场交换中进行交互（武文珍，陈启杰，2012）。

随着市场的不断完善和竞争的愈加激烈，消费者通过提出自己的诉求和期望，逐渐参与到生产过程中，使得价值的创造者不再只有生产者，即开始“共同创造”。价值共创的内涵最早由拉米雷斯（Ramirez，1999）提出，他认为价值可以由企业将消费者引入生产领域而创造，即消费者在生产过程中能够扮演生产者的角色，是一种生产力的来源。他认为价值是由企业和消费者共同创造的，强调价值共创的关键在于企业与消费者之间的交互。普拉哈拉德和拉马斯瓦米（Prahalad，Ramaswamy，2000）也提出价值不再是由企业单独创造，而是企业与消费者互动共同创造。早期的价值共创理论一方面突出了消费者在生产过程中的作用，另一方面也强调了生产过程是由企业主导，消费者是配合着企业参与进来的（Vargo，Lusch，2008）。

（二）服务主导逻辑

服务主导逻辑从新视角理解经济交换和价值创造，进一步深化和丰富了价值共创理论。瓦戈和卢施（Vargo，Lusch，2004）将商品主导逻辑下分开的产品和服务统一起来，认为一切经济都是服务经济，顾客积极参与价值交换和共同生产，价值由顾客与企业共同创造。服务主导逻辑大大丰富了共创的内涵，体现了共创过程的交互性。瓦戈和卢施（Vargo，Lusch，2008）指出，服务主导逻辑为共创提供了交互发展和网络式发展的动力。也就是说，我们使用自身资源为别人提供服务也是为了从别人那里获取资源，这为品牌共创过程中各主体的交互奠定了理论基础。在服务主导逻辑的发展早期，价值共创理论研究主要聚焦于生产者与消费者二元关系的讨论（杨硕，周显信，2022）。

（三）服务生态系统

在服务主导逻辑后来的发展中，瓦戈等（Vargo et al.，2008）指出服务系统的资源包括私有资源、市场资源和公共资源，通过整合现有服务系统和其他服务系统的资源，实现服务系统内部和服务系统之间的资源互动而共创价值。即在价值共创的过程中，融入了更多的主体。这使得对于价值共创的认识进入了新时期。学者们不再局限于企业和顾客的双向互动，而开始关注更多的利益相关者。服务主导逻辑是服务生态系统的理论基础（楼芸等，2020）。网络关系视角超越了学界长久以来对于有形和无形、生产者和消费者的争论，强调价值共创发生在多个参与者的网络合作过程中，最终形成了服务生态系统。

瓦戈和卢施（Vargo，Lusch，2010）将服务生态系统定义为：不同的社会和经济行动主体基于自发感知和响应，根据各自的价值主张，通过制度、技术和语言为共同生产、提供服务和共同创造价值而互动的松散耦合的时空结构。两位学者还提出服务生态系统是依托资源整合和相互服务创造价值的网络关系，在此关系下，不再刻意区分生产者和消费者，而是强调网络中的所有参与者都是提供者和受益人，生产者和消费者之间的区别消失。早期服务主导逻辑视角的价值共创指企业和顾客之间的二元关系，服务生态系统则是多元的、更为松散耦合的关系，服务生态系统在更宏观的层面上认为一切经济社会的参与者都是价值创造的重要部分；在整个系统中，资源是流动的，通过服务交换和资源整合，可以实现价值共创。制度和社会规范在其中起关键作用（Chandler，Vargo，2011；Vargo，Lusch，2016）。随着人工智能等新技术的引入，数字服务化的兴起意味着服务交换和体验不仅限于人与人之间的互动（Caridá et al.，2019），还可能涉及消费者与人工智能技术支持的参与者（移动银行应用程序、虚拟助理、聊天机器人等）的互动。佩恩（Payne et al.，2021）在金融服务的背景下，为人工智能服务提供了一个多角色数字服务化价值共创的框架。人工智能技术为金融科技公司等多个参与者创造了参与服务生态系统的机会，创造了一个既有竞争力又有协作性的环境。人工智能的引入打破了消费者和金融机构之间的二元服务关系，扩展了价值共同创造过程。关辉国等（2021）也提出，目前大多数学者已逐渐认识到数字化经济背景下社会经济网络系统中多方参与者之间价值共创的重要性，未来对企业的商业模式创新和服务生态系统中价值共创的作用机制探究将成为新的研究热点。

（四）顾客主导逻辑

海诺宁（Heinonen et al.，2010）提出顾客主导逻辑，提出在共创过程中更加注重顾客的贡献以及顾客独创价值，即价值创造已经脱离企业的生产过程，发生在顾客的消费过程中，提供者主导逻辑逐渐被顾客主导逻辑所取代。相较于企业通过设计、研发、制造和传递等过程提供可供顾客进行价值创造的潜在价值，并通过市场与顾客进行交换实现其交换价值，顾客则是通过认知、思考和加工等过程，将潜在价值转化为顾客期望的价值（Grönroos，2008；Grönroos，Voima，2013）。顾客主导逻辑认为，顾客处于价值创造的核心地位，企业以顾客如何利用产品达到预期目的为目标，其考虑问题的视角不再是产品/服务能为顾客带来什么，而是顾客使用产品/服务能做什么，其关注的重点是顾客的消费过程（李耀，2014）。顾客主导逻辑的顾客自主价值创造（customer independent value creation）则认为价值产生于顾客的日常生活中，即顾客通过企业提供的产品/服务，并结合自身可利用的其他资源，通过日常生活实践改变产品/服务的固有功能和用途，满足特定情境下的需求，从而自主创造价值（Grönroos，2013）。李耀等（2016）认为顾客单独创造价值是以顾客为主导者，通过顾客设计、顾客生产、顾客分享等过程完成价值的创造，其创造结果包括享乐价值或功能价值。在顾客主导逻辑下，顾客单独创造价值产生于消费过程中，并且具有较高的资源开放性和个性化程度（李震，2019）。

由以上价值共创理论的演化过程可以看出，价值创造的主导权越来越多地移交到顾客手中，从企业主导的价值共创，发展到企业与顾客共同主导的双元价值共创，以及企业、顾客和其他利益相关者共同主导的多元价值共创，再到顾客也可单独主导价值共创（包括顾客与顾客之间的价值共创）。

（五）价值共毁

"一枚硬币有两面"，学者们也注意到价值共创的反面：价值共毁。价值共毁指在价值创造的互动过程中，由于参与者滥用资源而造成的参与者中至少一方福祉的减少（Plé，Chumpitaz，2010）。史密斯（Smith，2013）、瓦费斯（Vafeas，2016）等学者随后将价值减少、分配不均、次优价值感知的情况纳入其中（马婕等，2021）。由于滥用资源（Plé，2016），缺乏信任、地位不对（陈伟等，2018），负面情绪（Baker，2019）等原因会造成参与者主观福祉减少，也就是价值共毁。其中，滥用资源被认为是导致价值共毁的主要原因（Plé，2010）。

史密斯（Smith，2013）从顾客的角度探究组织对顾客资源的滥用所造成的价值共毁，认为在共创价值失败的情况下，顾客会损失物质资源、自尊、自我效能感、社会方面的支持和关系利益、时间、金钱、知识、生理和情绪的付出、闲暇、希望等。

价值共同破坏会导致企业成本增加、顾客流失、顾客不满意和负面的企业口碑（Smith，2013）。服务接触中通过不当行为事件导致的价值共同破坏如果得不到处理，将会对服务提供者的声誉造成负面影响（Kashif，2015）。失败的交互过程导致福祉下降，福祉下降可以表现为失败挫折感或资源损失，其严重程度可能会导致双方不愿意再次合作（Jrvi，2018）。

价值共毁概念的提出涉及价值共创的一个核心问题，即：**如果价值共创主要是对企业有利，那么用户凭什么付出时间、精力和情感与企业/品牌进行共创呢？**如果共创的过程与结果达不到用户预期，最终可能是两败俱伤（共毁）的局面。

二、品牌共创与价值共创

当价值共创理论发展到服务主导逻辑阶段时就开始被很多学者引入自己的研

究领域，为不少研究领域提供了全新的理论框架和重要的思维方式，如经营模式、战略、消费行为和品牌管理等（Payne et al.，2009；刘林青等，2010；Merz et al.，2009）。古梅松等（Gummesson et al.，2010）指出，服务主导逻辑仍处于理论形成和完善阶段，它提供了一种思维方式，很多领域的学者都能以其为视角，提出、检验、改变和发展相关理论。

与此相对应，品牌研究领域也出现了类似价值共创的思想，如凯勒（Keller，1993）提出的品牌资产理论就认为创建品牌资产应该以顾客为基础。而利益相关者视角的核心观点是：品牌价值在利益相关者生态系统中被共同创造（侯立松，2010）。卫海英等（2010）提出了一个涉及企业、顾客和其他利益相关者之间互动的服务品牌资产框架，品牌三方主体不断从互动中更新品牌知识，从而共同创造并输出品牌价值。

品牌研究领域尝试引入共同创造和服务主导逻辑的思想，这些研究的发展促进了其在品牌领域的发展和推进（Merz，2009）。例如，佩恩等（Payne et al.，2009）基于共同创造和服务主导逻辑理论，提出了顾客体验管理的概念模型，模型包括四个部分：顾客的价值创造过程、企业的价值创造过程、品牌关系体验的持续互动接触、其他品牌知识来源。巴兰坦和艾特肯（Ballantyne，Aitken，2007）认为，服务主导逻辑为品牌管理提供了新的研究视角，并把该逻辑融合到产业品牌管理的研究框架，认为品牌价值取决于利益相关者之间过去、现在和将来的互动。默茨（Merz，2009）也主张品牌研究应该使用服务主导逻辑作为理论基础。

在服务主导逻辑和价值共创理论的基础上，学者们提出品牌共创的概念并视其为一种新的品牌化范式（Merz et al.，2009）。服务主导逻辑和价值共创理论不仅颠覆了盛行数十年的商品主导逻辑的营销范式，也将品牌管理从工业时代的品牌化范式中解放出来（Christodoulides，2008）。这种品牌化范式转变的关键特征包括：从结果导向到过程导向转化，内部和外部顾客在品牌价值创造过程中的角色从外生向内生转化（从参与者到主导者），从顾客被视为对象性资源到所有利益相关者被视为操作性资源转化，品牌价值的驱动因素从单向的企业行为到复杂动态的社会过程转化（张婧，邓卉，2013）。朱丽叶等（2018）提出品牌由企业（品牌管理者）与利益相关者共同创建，而关系互动是品牌创建的基本方式，企业与利益相关者的互动形成了品牌的意义和价值，最终创建和提升了品牌资产。

默茨等（Merz et al.，2009）将品牌共创定义为由利益相关者参与，通过基于社会关系的互动，提升品牌价值的合作过程。哈奇和舒尔茨（Hatch，Schultz，2010）认为品牌共创是动态变化的利益相关者构成的关系网络互动的结果，利益相关者之间的互动共同创造了品牌的意义和价值。杨硕等（2021）提出，品牌价值共创是品牌利益相关者利用数字技术在复杂网络生态系统中进行品牌价值共同创造的动态过程。

小结以上，品牌共创作为一种根植于价值共创理论的、新的品牌化范式，为品牌资产的创建与提升提供了新的思路。在此基础上，本书提出品牌共创的定义：**利益相关者与企业共同创建、提升和维系品牌资产的过程**。

三、品牌共创的模式

对于品牌共创的模式，不同的学者有过不同的探讨。博伊尔（Boyle，2007）提出品牌共创的五阶段过程模型，其中第一阶段为开发具有独特感知产品属性的新产品；第二阶段为通过市场营销和其他传播活动来建立品牌知名度，由企业主导；第三阶段为消费者解读各种传播活动，形成消费前的品牌联想；第四阶段为进行产品消费和形成消费后的品牌联想；第五阶段为重复购买，加强独特利益感知并形成品牌忠诚，由消费者主导。佩恩等（Payne et al.，2009）认为企业与顾客之间的品牌共创，实际上是在双方互动学习基础上的品牌关系体验的设计和管理过程。

后来有学者提出一个清晰的模式分类："企业发起的品牌共创"与"顾客自发的品牌共创"（Zwass，2010；何建民，2011；李朝辉，2014；朱丽叶等，2018）。**顾客参与企业发起的品牌共创**是指顾客参与企业或社区发起的新产品开发活动方面的互动交流，如参与新产品创意、设计、评测或推广活动；**顾客参与自发的品牌共创**是指顾客自发地与其他顾客就产品使用经验进行的互动交流（李朝辉等，2019）。企业发起的品牌共创由企业主导，更多发生在生产领域；而顾客自发的品牌共创由消费者主导，更多发生在消费领域（李震，2019）。

顾客参与自发的品牌共创和企业发起的品牌共创都对顾客价值的各个维度有显著的正向影响（霍春辉等，2019）。但两种不同模式的共创效果有所差异。一些学者认为，顾客参与自发的品牌共创比参与企业发起的品牌共创更能有效提高顾客的品牌忠诚（朱丽叶等，2018）与品牌承诺（朱丽叶等，2018）。但在品牌共创的不同阶段，品牌共创的主要模式不同，具体共创活动不同，效果也可能不同（李震，2019）。

四、品牌共创的影响因素

（一）顾客视角的影响因素

顾客能力在共创过程中是非常重要的，只有当顾客有能力参与共创时，顾客参与才是有价值的（Grönroos，2008）。在共创的过程中，顾客体验也是非常重要的因素（Prahalad，2000；Ramaswamy，2004；Vargo，Lusch，2006），其中消费者的创意表达（Lloyd，Woodside，2013）会影响顾客参与品牌共创的积极性，只有当消费者真正享受与品牌共创的过程时，才更加乐意参与其中，这比消费者与品牌的关系更重要（Berthon et al.，2008）。当顾客在参与品牌共创的过程中获得了积极的体验时，顾客就会更加重视品牌共创，从而更加积极地参与品牌共创（Ind，2012；Mina et al.，2020）。

（二）企业视角的影响因素

除消费者自身因素的影响外，企业提供的外部环境对于顾客参与共创的积极性和共创的效果也有影响。例如，在互动频繁的服务消费情境下，顾客有较高的积极性参与共创，并且在共创过程中获得的自我效能感能够增强互动环境对顾客参与价值共创的正向影响（杨一翁等，2020）。在共创过程中能否满足消费者的审美诉求、功能布局和财务安全的需求（陈文军，黄颖，2020）也影响着品牌共创过程中顾客的体验感，而愉悦的体验是消费者参与品牌共创积极性的重要影响因素（Chapman，Dilmperi，2022）。另外，企业并不总是想要促成品牌共创，由于企业对保密、知识产权、信息过载以及生产可行性的担心，有时甚至会拒绝与其他利益相关者进行共创（Hoyer et al.，2010）。

（三）顾客—品牌关系视角的影响因素

高质量的双方关系会增加积极顾客互动的可能性，并促进品牌忠诚度的形成（Fournier，1998；Yoon et al.，2008）。例如，塔吉威迪等（Tajvidi et al.，2017）构建了品牌价值共创模型，通过实证研究得出结论：互动，特别是消费者—消费者互动和消费者—企业互动，正向影响社会支持，进而增强消费者共同创造品牌价值的意愿，即品牌和消费者之间的关系对于消费者是否积极参与品牌共创有重要的影响。塔吉威迪等（Tajvidi et al.，2020）通过实证研究发现，社交商务信息共享对社会支持和关系质量具有积极影响，其研究结果强调了社会支持和人际关系质量对品牌共同创造的积极影响。

（四）虚拟品牌社区视角的影响因素

在互联网时代，虚拟品牌社区成为品牌共创的主要平台。虚拟品牌社区是通过社交媒体技术，激发消费者交流与互动，以讨论产品及品牌相关信息，分享消费者体验的平台（Abrahams et al.，2012）。虚拟品牌社区能提供共享、共同创建、讨论和修改用户生成的内容等功能（Kietzmann et al.，2011），为品牌提供多元化服务，使得品牌与平台共同促进品牌共创（陈文军，黄颖，2020；赖晓娜，2020）。通过虚拟品牌社区，顾客能够分享他们的经验（Muniz，O'guinn，2000）、参与新产品设计与推广，以及互动交流产品使用体验（李朝辉，2014），从而参与共创。虚拟品牌社区不仅为顾客提供了参与共创的平台，也逐渐成为企业塑造和推广品牌的平台（唐方成，蒋沂桐，2018），帮助企业了解顾客需求，使其为顾客提供合适的产品/服务，并提升企业的产品创新（Casalo et al.，2013）。张莹（2020）以小米社区为例研究了虚拟社区对于品牌的影响，发现企业做好一个合格的社区管理者和倡导者，就能帮助顾客高质量地共创以改善企业的品牌形象。虚拟品牌社区在提升品牌共创效果的过程中发挥了重要作用。通过虚拟品牌社区，消费透明度推动利益感知水平、社群交互度增强顾客的活跃度、技术易得性鼓励产品创新，通过提高消费者的自我成就需求推进顾客公民行为，进而提升共创的效果（曾芷萱，2022）。虚拟品牌社区可以提升消费者的购买意愿（柴成，2020），增强品牌—消费者关系（Christodoulide，2009），让顾客对品牌产生欣赏、喜爱与依赖（李朝辉等，2019）等。

五、品牌共创的影响结果

（一）对品牌形象的影响

李悦（2022）发现，顾客参与共创对于全渠道零售体验的效果对企业品牌形象塑造的影响关系起显著的中介作用。顾客参与价值共创（产品价值共创、品牌价值共创）对品牌形象塑造具有积极作用，也受到口碑效应的中介作用（杨楠，2021）。张晓东（2019）通过对跨境电商领域内价值共创的实证研究，发现共创行为对于品牌形象有显著影响，并通过品牌形象和品牌识别的中介作用影响品牌偏好。

（二）对品牌喜爱度的影响

在共创过程中，顾客能够在与志趣相投圈子里的成员交流爱好、浏览他人发布的趣味段子等过程中获得乐趣和愉悦感，满足自身的娱乐需求，从而对品牌产生积极态度以及依恋、喜爱的情感，进而提升品牌资产（钟帅，章启宇，2015）。顾客在使用优质产品/服务过程中能够感受到便利、安全、易用和人性化；而当顾客设置或分享个人偏好时，产品/服务会变得更加便利、易用，从而提升顾客获取的功能价值（张洪，2022）；较高的功能价值能够满足顾客的实用与个性化需求，从而使顾客更加喜欢该品牌的产品/服务，进而对品牌产生较强的依赖和喜爱（邱晔等，2017）。在虚拟品牌社区内，相互理解与支持的互动行为，能够让顾客享受到情感关怀，从而促进顾客进一步地积极互动，而持续的良性互动会让顾客对品牌产生欣赏、喜爱与依赖的情感，进而深化顾客与品牌的互动关系（李朝辉等，2019）。顾客与品牌围绕价值创造的互动行为促进了顾客对品牌的信任和喜爱，当顾客付出努力与企业进行联合和协作时，能提升品牌价值创造（孙永波等，2018）。

（三）对品牌忠诚度的影响

进行品牌共创有利于消费者产生自我—品牌联结（王婷婷，刘惠瑾，2020），影响顾客的品牌信任和品牌忠诚（Mukta，Sreeram，2020；万文海，2012；朱丽叶等，2018）。在共创过程中，顾客之间的相互联系也会正向影响共创体验，并有效提升顾客的品牌忠诚度（Gauze et al.，2019）。赖元薇（2017）引入顾客—品牌参与的概念，揭示了全球品牌内容营销对品牌忠诚的影响机制，证明了顾客参与品牌共创对于内容营销对品牌忠诚的影响关系具有中介作用。李耀（2014）基于顾客主导逻辑提出，通过帮助顾客构建以顾客为中心的价值创造网络体系实现企业自身价值增值，同时提出从“活动忠诚”到“品牌忠诚”的顾客忠诚培养模式。品牌共创对于品牌忠诚的影响也受到共创模式的影响（朱丽叶等，2018），由顾客自发的品牌共创比企业发起的品牌共创对于品牌忠诚的正向影响效果更为明显。在虚拟品牌社区中，顾客参与品牌共创能够形成品牌对抗忠诚（陈文军，2020），即顾客通过不购买竞争品牌、向他人负面推荐甚至与竞争品牌爱好者产生对立来展现对所选品牌的忠诚度（杨爽，2017）。

（四）对品牌关系的影响

赫里斯托都里迪（Christodoulide，2009）提出，顾客参与企业发起的新产品开发活动、为产品或品牌提供意见或建议的活动、虚拟品牌社区中的企业与顾客的在线互动等，可以帮助企业在消费者心目中建立品牌，改善顾客与品牌之间的关系。陈文军等（2020）发现，顾客参与企业发起的品牌共创、顾客自发的品牌共创都能促进品牌信任、品牌承诺及自我品牌联结的提升，推动顾客与品牌之间形成良好关系。消费者参与品牌共创可能通过提高其满意度（Chan，2010）、忠诚、信任、承诺、授权以及情感联系或联结（Brodie，2013），来改善消费者与品牌的关系。参与共创的顾客群体在品牌社区内处于核心地位，并受到品牌企业的高度重视，因而这类顾客与品牌社群联系更加紧密，进而对品牌更容易产生较强的情感依赖并构建良好的顾客—品牌关系（靳代平等，2016）。薛云建和吴长新（2018）也认为顾客在社区中向品牌企业咨询产品问题或参加企业营销互动，能够影响顾客对品牌的认知、态度，进而影响与品牌之间的关系。

（五）对购买意愿的影响

柴成（2020）认为，虚拟品牌社群内的共创行为丰富了消费者获取产品信息的途径，在社群交往过程中，社群成员同时获得了功能价值、享乐价值、社会价值与心理价值，增强了顾客的购买意愿。王婷婷等（2020）通过实证研究得出结论：基于价值共创为目的的社群互动行为，能够刺激消费者进行重复购买。

六、对现有研究的评价

目前，关于品牌共创的研究主要集中在品牌共创的模式、前因和结果等方面，对于品牌共创的动因基本是从顾客与企业视角进行探索，对于除顾客之外的其他利益相关者是否积极参与品牌共创尚缺乏系统讨论。由于各方利益相关者的目标可能与企业的目标不一致，如何调动其他利益相关者参与品牌共创？品牌共创过程中，其他利益相关者扮演什么样的角色？其影响如何？这些问题可能成为未来研究的新方向。

在品牌共创的过程中，受到多种因素的影响。其中，品牌—消费者关系不仅影响消费者参与品牌共创的积极性，也是品牌共创可能产生积极结果的关键驱动因素。然而，当前关于顾客—品牌关系对品牌共创的影响机制的研究较少。企业如何进行用户运营，与用户结成紧密的品牌关系，使用户心甘情愿付出时间、精力、情感和品牌共创？通过品牌共创又如何进一步提升品牌资产？这些问题还需要进一步探讨。

关于品牌共创的积极结果，学者们探讨了品牌共创对品牌忠诚、品牌形象和品牌喜爱等的积极影响；然而，关于品牌共创的消极结果探索较少，目前学者们已经开始探讨价值共创的“黑暗面”：价值共毁（陈伟等，2018；关新华，谢礼珊，2019）。但品牌共毁的研究还较少，未来可以进一步深入研究。

综上所述，本章研究与用户共创高端品牌的路径。当前学者们把价值共创理论引入品牌研究领域，提出品牌共创的概念，使品牌共创成为品牌化的一种新范式。当前得到普遍认可与应用的品牌化范式是凯勒的品牌共鸣模型，包括创建强势品牌的三部曲（Keller，Swaminathan，2020），然而这种品牌化范式主要是企业主导的，企业如何与顾客共同创建、提升和维系品牌资产？其模式是怎样的？这些问题还需要进一步探索。

第三节　创新与实践

本章采用单案例研究法对极氪进行案例研究，资料收集参考案例研究的三角验证法（Eisenhardt，1989；Yin，2017）。其中，访谈法收集到的数据主要来自对 1 位极氪空间店主管、1 位极氪生活管家、2 位极氪员工以及 6 位极氪车主的深度访谈（半结构化的访谈提纲见本书附录 3）与追踪访谈。数据分析使用主题分析法（Braun，Clarke，2006；Braun，Clarke，2012；Mbama et al.，2018），与第三章第三节所述类似，此处不再重复。

一、用户型企业：重点在共创

用户型企业是和用户共创极致体验的企业。与蔚来对用户企业的界定相比，极氪想要创建的用户型企业同样也强调“共创”，但没有特别强调“用户满意度”。

极氪**愿景使命是我们要共创极致体验的出行生活。**[360]（极氪首席执行官安聪慧）

我们选择先把门打开，不要闭门造车。我们对用户型企业的理解就是，通过共创和大家共同探讨和实践，找到真正正确的用户型企业做法。[716]（安聪慧）

传统车企强调的用户型企业与极氪不一样，产品端、用户端、资本端都是不一样的。**产品端，智能电动车和传统汽车有区别**，它的研发、流程体系也是有区别的。比如说研发，我们原来的产品，交付那一刻是最完美的。交付之后，买车的人都知道新车开起来之后，产品力是一定往下走的。但智能电动汽车交付那一刻是新的阶段开始，可以通过不断迭代升级，实现更好的体验。这种更好的体验，对应的产品开发是不一样的。比如说座椅，原来供应商开发 12 向的调节座椅，装上后是不可能改变的，除非把车拿回来单独再刷软件。但智能电动车现在可能给你的是 12 向调节，以后随着整个策略、软件的改进，明天可能变成 14 向调节，体验更好了；空调今天可能有 5 种模式，未来空调可以自定义，有更多模式可以选。所以，产品的研发、制造、供应链、工艺等都有一定的区别。现在智能软件方面的研发，软件人员更多了，流程也不一样，研发体系也有区别。**对于用户端，原来是 B 端到 C 端，现在是 C 端直营。**用户端场景发生了大的变化，在极氪叫产品全生命周期管理，用户全场景覆盖。现在大家看到，极氪会有极氪中心店、空间店、交付中心、服务站点，未来我们也不排除还有订阅、二手车等其他更多的商业模式。**资本端更加不一样**，传统汽车企业，Pre－A 轮融资能有近 90 亿美元的估值吗？不可能的。对于智能电动车企来说，当然用科技型企业来评价。你是传统汽车企业，就是以传统的方式来估值。投资结构也是不一样的。简单来说，无论是产品端、用户端和资本端，都是不一样的。[564]（安聪慧）

什么叫用户型企业？我认为现在还没有最终定义，直营是朝用户型企业转型的一部分，极氪还在不断探索和实践。**我相信最终还是用户说了算，由用户评价**。我从事传统汽车行业20余年，现在做极氪，极氪前期的风波对传统汽车来说是不可想象的。但我们坚定极氪就是要转型，要朝用户型企业发展，在过程中不断改进。[591]（安聪慧）

什么是真正的用户型企业？我认为**最终还是用户说了算，是我们的共创伙伴说了算**。极氪在企业文化、核心价值观、品牌使命、组织架构、团队建设等方方面面都发生了根本性的变化，坚定地朝着用户型企业去发展。[356]（安聪慧）

股东愿意拿出4.9%股权权益与用户共创共享，这体现出彻底转型的决心，我们将真正打造用户型企业。但4.9%的部分具体怎么运营现在还不到发布的时候，但前提一定是合法合规的。[400]（安聪慧）

怎么更好地实现用户型企业呢？我们提出了共创，这也是极氪的使命，**极氪的使命就是共创极致体验的出行生活**。[372]（极氪副总裁赵昱辉）

极氪将自己定位为一个用户型企业，**从用户体验着手，从用户价值着眼**。[321]（赵昱辉）

我们对用户型企业的理解是，我们不止简简单单做好用户服务就好了，最重要的还是要深刻洞察用户，**能够了解用户价值在哪里**，而且同时要通过和用户共创的方式，让我们能够更深刻地理解用户，然后给用户呈现更有价值的产品或服务。所以说，**用户共创是我们做用户型企业最核心的一个理念**。[625]（赵昱辉）

为了跟客户真正融合到一块，极氪是真正想做用户型企业的，决心也非常大，传统车企里能这样大刀阔斧改革的企业我还找不到。（极氪用户阿旺）

极氪想要创建"用户型企业"，但仍处于探索阶段，在很多方面学习蔚来，如：同样强调"共创"；同样强调"极致体验"；李斌拿出个人持股的三分之一（5000 万股）成立了蔚来用户信托基金，极氪也拿出 4.9% 股权权益与用户共创共享。在我们的访谈过程中，很多专家也提到极氪是在学习蔚来。同时我们在访谈中也发现，极氪的基层员工甚至中层管理者对极氪的愿景、使命和价值观比较模糊，对极氪想要创建什么样的"用户型企业"不太清楚，这表明极氪想要成为真正的用户型企业还有较大的进步空间。

二、生态系统：SEA 浩瀚架构

服务生态系统是价值共创研究发展的一个新阶段。极氪进行品牌共创的第一个基础是以 SEA 浩瀚架构为载体的生态系统。有吉利控股集团提供的 SEA 浩瀚架构支持，这是极氪相比蔚来、理想等造车新势力的竞争优势。

> 我们在七年前开始搭建整个**产业链生态圈**，四年前开始开发 **SEA 浩瀚架构**，三年前我们开始开发 ZEEKR 001，这些工作都是基础性的工作。[356]（安聪慧）

> **我们开发的 SEA 浩瀚架构，是企业的核心竞争力之一。**丰田、大众的成功得益于运用架构造车的模式，智能电动车时代更要考虑架构，架构的开发需要长时间投入，三年前我们就开始建设工厂，四年前成立了电动车研究院，有了整个智能电动车产业链的布局和规划。所以，去年 9 月，我们正式推出 SEA 浩瀚架构，今年推出极氪品牌，产品开始预定，这些都是水到渠成的。[362]（安聪慧）

> 通过 SEA 浩瀚架构的强大载体，极氪不仅打通了科技生态和用户生态，更凭借庞大的产业集群、创新的组织形式，从根本上形成了**以用户为中心的广泛创新联盟**，让进化因多元的创造力持续发生。[317]（安聪慧）

自诞生开始，极氪便将“共创”理念根植于品牌基因。我们不仅坚持和用户共创，**还要与全球优质的生态伙伴共创**。这五家战略投资企业，他们都是各自领域的杰出代表，是极氪志同道合的伙伴。[602]（安聪慧）

作为全球高效的智能电动汽车解决方案，目前SEA浩瀚架构已经和八个品牌展开合作。**不仅研发费用可以共担，甚至制造工厂都可以共享**，可以迅速提升产能的利用率。这样一来，就可以解决困扰电动车企的盈利难问题。[356]（安聪慧）

极氪在实现盈利上没有确切时间表，但极氪对盈利很有信心。极氪的信心来自三点：**首先是架构造车形成规模效应**，吉利汽车集团其他品牌和合作品牌也可接入SEA浩瀚架构；**其次是吉利汽车集团的研发支持**；最后是**对极氪智慧工厂的产能利用率有信心**，这点可参考CMA架构对领克和沃尔沃车型的并行制造。[548]（安聪慧）

共创也体现了极氪向用户型企业发展的决心，**共创不是简单地与用户共创，而是和行业同行、上下游产业链一起来进行共创**。当然，极氪也在探索，最终这条道路怎么样，现在还不好下结论，所以我们正在不断地实践。[470]（安聪慧）

前两天我们刚刚发布的Pre－A轮投资，有五个非常有特点的伙伴，在各个领域都是佼佼者的投资机构来与我们共创共投。**我们希望跟用户共创，和一些生态伙伴共创**，在各自的领域优势互补，一起把整个新能源领域打造出更大的发展空间。[476]（极氪副总裁陈小飞）

与以往新势力品牌相对封闭的生态概念不同，**极氪的生态是一个开放式的生态**。秉持平等、多元、可持续的核心价值，极氪区别于传统造车与新势力模式，不仅有能力高效整合庞大产业生态中最有价值的资源，又能够以用户企业的形式保证最纯粹的用户思维。而通过 SEA 浩瀚架构的强大载体，极氪不仅打通了科技生态和用户生态，更凭借庞大的产业集群、创新的组织形式，彻底打破了企业与用户之间的界线，让进化因多元的创造力持续发生。(极氪高管团队)

与蔚来、理想等造车新势力从零开始创建高端品牌不同，极氪背后有吉利汽车集团强大的资源支持；然而，这是一把“双刃剑”，极氪也可能因此受到诸多约束。与蔚来主要是与用户共创不同，依托于与吉利、沃尔沃和领克（均为吉利汽车集团旗下汽车品牌）共享的 SEA 浩瀚架构，极氪不仅与用户共创，还和生态伙伴共创，体现了价值共创理论发展的新思想。

三、用户思维和互联网精神

自从蔚来强调“用户”以后，现在汽车行业都在提“用户”（更像家人），而不是之前的“客户”（更像客人）。极氪进行品牌共创的第二个基础是学习互联网企业的用户思维。

智能电动车交付的那一刻才是一个开始，和用户之间的互动、交流、沟通多了。[496] (安聪慧)

我理解新能源造车有三条赛道：**一是保持传统的汽车品牌不变，在此基础上布局新能源**，比如说丰田和大众；**二是一些新势力，跳过了传统燃油车，直接就布局纯电动车；三是极氪，也就是独立分拆成立一个新品牌**。我认为这是把两者的优势结合在一起。吉利是大象，大象转型挺难的。在彻底分拆后，极氪既能直接获得传统基础和优势，又能通过新设公司吸引大量的跨界人才，我觉得从体制上，可以真正让极氪成为互联网科技企业、用户导向企业。[360] (安聪慧)

用户型企业既包括特斯拉这样基于第一性原理将产品做到极致的企业，

> **也有像蔚来等将用户运营服务做得满意度超出用户预期的企业**，但是极氪不会走这两个极端的方向，而是选择成为二者的综合体，也就是此前提出的**“第三赛道”**……极氪已经处于“第三赛道”，形成一个独立的公司、一个全新的品牌。**基于吉利汽车集团30多年的技术积累，并结合用户思维，**极氪想把品质、安全等做到最好，并与用户共创，来赢得更多用户的青睐。[398]（陈小飞）

> 其实我挺看好**这些具有互联网精神和用户思维的传统汽车人**，他们对汽车二三十年来所形成的理解能力、制造工艺能力，在今天仍然具有很大的价值。同时，他们如果给自己插上两个翅膀，**一个互联网翅膀，一个用户翅膀**，那么他们会成为有着伟大基因的新物种。[633]（著名财经作家吴晓波）

> 在汽车赛道上转变时，我们看到**互联网思维的理念**被带进了新造车浪潮中，包括以此延伸出来的OTA升级、用户服务以及新销售渠道的变革，而品牌与用户之间的强关系则成为下一阶段的核心竞争力。（某汽车行业专家）

传统的汽车企业具备强大的资源基础，但缺少用户思维和互联网思维；造车新势力具有互联网精神与用户思维，但一开始缺乏资源。背靠吉利汽车集团，同时又是新创品牌的极氪则兼具两者，既有吉利汽车集团以SEA浩瀚架构为载体的生态系统支撑，又有用户思维，这成为极氪的竞争优势，正如其号称的“第三赛道”。然而，学习互联网思维与天生带有互联网基因、凡事都以互联网思维来思考还是有区别的，极氪是否真的能够做到“一切从用户利益出发”，这还有待观察。

四、交付前的用户运营

极氪首席执行官安聪慧提到蔚来的用户运营做得特别出色，现在很多车企都在学习。蔚来的用户运营的特色是与用户共创。然而，用户为什么愿意付出时间、精力和情感与品牌共创？进行品牌/用户运营，不断升温品牌与用户的关系，这可能是用户愿意与企业进行品牌共创的关键。

现在很多企业都在谈用户共创、用户参与以及给用户带来更好的体验。但我觉得很多企业对于用户层级、用户成长和用户行为缺乏一个深入的洞察。我做用户工作已经将近 20 年，有自己的理解。首先用户有成长路径，就像金字塔一样。**最底层、最基础的部分，我们称为关注者。**关注者对于一个品牌而言，**主要行为是消费，**无论你是生产内容还是生产产品，彼此的关系就是我关注你，我消费。**再往上走就是信任者。**信任者开始和品牌建立信任关系后，**最重要的一个行为就是支持，**愿意给品牌投票。**再往上的层级就是粉丝和拥趸。**这时用户已经是品牌的深度使用者，对产品深度认可，并且对品牌价值观完全接受，**这类用户的核心行为是参与。这个用户金字塔的最高级，我叫作利益共同体，**你中有我，我中有你。品牌已经是用户生活的一部分，用户把品牌当作自己的孩子一样看待，**这个时候用户的主要行为是什么？是共创。**因此极氪从创立第一天起，就一直在强调用户共创。这表明了我们要做一个用户型企业的决心，我们的目标不只是做一个很成功的企业。**从用户的角度出发，用户凭什么花时间、花精力、付出情感与品牌共创？品牌又如何能够与用户达成深层羁绊？**企业只有通过非常有价值的耕耘，让用户从最初的关注者变成利益共同体，才有可能做有品质的共创。很多企业在只有关注者时，就想让用户参与、用户共创，让用户提供宝贵的意见，其实这就是空中楼阁。你和用户之间没有共创的基础，就像你在一楼看不到五楼的风景，这是我对用户型企业大体的认知。[511]（赵昱辉）

极氪一直提“共创”的概念，**其核心是一定要有一群真的认同我们理念、喜欢我们产品、认可我们这群人的坚定用户群体**成为极氪中的一分子，最终能够跟极氪一同共创，这也是极氪的核心价值观。[555]（赵昱辉）

ZEEKR 001 的用户近乎百分之百的盲订都是出于对极氪的信任，**这种信任绝不可以被辜负。**[364]（安聪慧）

我们为什么一定要和用户共创呢？一个好的用户需求解决方案，一定有两个前提，第一是用户视角，第二是用户场景。只有站在用户视角和进入用户场景才能真真正正洞悉用户表面需求背后的用意。我们坚定地用这样的视角要求我们自己，但还是不那么彻底。用户不是只有一类人，是很广谱的群体，所以我们一定要让广谱的用户都进来，这样能够丰富对用户场景的想象，丰富对用户视角的洞察。为什么我们**从用户运营角度一定要求自己和用户共创**……怎么才能真真正正识别用户的诉求，带给用户真正有价值的东西？我们认为有两点。第一点，我们**深度洞察用户，理解用户**，真真正正了解用户所有的诉求以及背后真实的用意，这是很考验功力的。第二点也非常重要，是**技术启发**，大家都知道那句话，就是亨利·福特说的，如果让顾客来选，他一定会挑一匹更快的马而不是汽车。只有真真正正对这个行业有深刻的洞察，对技术有深刻的洞察才能通过技术启发的方式带给整个市场一个完全不同的东西，所以说这是我们对创新的理解……怎么排除噪声？我们跟聪聪（安聪慧）都有一个共识，就是真正的用户型企业不是一人一票的平等，一人一票的民主不能带来真真正正的用户价值，永远都是声音大的能够获得回应，这是不对的。我们还是用刚才那两个维度去排除噪声，我们真的是要提炼出价值回馈给用户，无论是技术启发还是对用户真正洞察，我们提炼出来的一定是有价值的点。（极氪高管团队）

极氪通过金字塔模式进行品牌运营，使顾客—品牌关系不断升温，使用户完成“关注者→信任者→拥趸者→共创者”的升级，从而愿意花时间、花精力、付出情感和品牌共创。这也回答了过往文献尚不能清晰解答的关于品牌共创的一个关键问题。

五、产品共创：以交付前为主

当用户成为共创者之后，极氪与用户共创产品，如 ZEEKR 001 汽车。产品共创主要发生在交付之前，但如果将车机系统等软件共创也包括在内，那么在交付之后也能进行共创。

通过与用户交流需求后，极氪做了三大决定：新增钢琴漆黑色运动套件；新增副驾座椅通风；新增固态 EC 光感天幕。[563]（安聪慧）

在过去的 40 多个小时，产品、研发、制造、供应链等团队对多种方案进行了反复论证和评估，最终决定首先要尊重用户的选择权，对所有用户开放三项新配置选装，由此产生的额外投入由极氪承担。[631]（安聪慧）

在共创中，用户和用户之间、用户和主机厂之间一定会有冲突。**虽然有冲突，但总体上共创一定会推动企业发展**，这取决于企业的水平，如何解决和协调好矛盾。在这个过程中，我们也有自己的底线，就是安全。[548]（安聪慧）

我们从去年概念车的亮相，一直到前几天量产车发布，收集了大量用户反馈，他们来自粉丝群、网络上的新闻评论、官方账号下的留言，而所有这些用户最真实的关注与期待，也为我们的进化指明了方向。总体来说，ZEEKR 001 全车共实现 342 项进化，其中包括加速、制动、操控、续航，甚至补能效率的提升，这在传统汽车企业的组织架构中，几乎是不可想象的。而这种进化能力，正是它的核心竞争力所在。[569]（极氪副总裁徐云）

ZEEKR 001 从概念到产品，有很多来自用户的声音，甚至包括定价。所以，很多用户在 ZEEKR 001 上总是能找到似曾相识的感觉，这就是大家想要的一款产品。[569]（徐云）

从4月发布到7月底的几个月里，极氪几乎每周都会进行线下的用户见面会，差不多做了十几场，每一场都会收到修改意见，**其中很多建议都反馈到了产品上**。而极氪也在不影响交付、不影响安全和品质的前提下，对产品进行了60多项的提升，包括自动门场景、座椅舒适感、内部氛围灯、造型设计细节以及音响功能等。[630]（陈小飞）

极氪是全新的品牌，也有全新的商业模式，可能是整个吉利汽车集团里面第一个去做真正面向用户全直营商业模式的品牌。我们跟用户之间是零距离的关系，能够更好地倾听用户的声音，**将用户的反馈落实到我们的产品开发和设计中**，这也是极氪品牌非常与众不同的一点。[415]（极氪副总裁赵春林）

传统的汽车产品开发过程中，会在几个关键的里程碑节点开展用户调研，这种标准化操作的核心目的是让用户对已有的产品规划提供反馈。流程设计是理想的、合乎逻辑的，现实执行的时候很容易踩坑。反馈的用户数量会不会太少？反馈的声音会不会太模糊？到底是从用户嘴中找到推动项目向下走的证据，还是真的要和用户沟通、聆听他们的声音？又想对创新的独特性保密，又想对创新泄密的风险进行管控，左右互搏，非常为难产品工作者。这种状态在过去长期持续，最重要的还是因为大型车企一直缺乏与用户直接对话的渠道、体系和心态……以前不能做的，现在可以了。因为**直面用户**，极氪品牌现在拥有无数的用户"外脑"。极氪的许多用户十分理性，在各自的专业领域有许多知识储备，非常懂产品。与这些用户共创，不是简单地收集整理用户需求，不是点菜式的引导性交流，而是**在产品团队与用户的双向互动中，潜移默化地看到了新场景的定义机会，挖掘到了理性背后的感性需求**。用户不是为已有的生活购买一个工具，而是因为拥有极氪获得了一种全新的未来生活，这是我们产品和用户共创的目标。[693]（极氪产品总监郭欣）

用户在社群的吐槽、分享和闲聊其实都是有很大作用的，因为无论是交付还是售后，北京的极氪大领导都会在这个群里，他们每天的任务也都是看一下这些群里车主的聊天、提出的意见或者吐槽，他们的这些问题都会反馈上去，然后周会的时候会去聊这些问题，也会每周进行汇报、总结。（某极氪空间主管）

你跟极氪反映这个车机不行，车机慢、卡顿，让它赶紧修，它搞得很慢。还有就是这个车要换骁龙 8155 的芯片，这个车主呼声很大，它也说会给换，至于什么时候，也不知道。（极氪车主甲）

极氪会在车主群里根据用户住址做一些调查，然后选择充电桩的地址。但是，解决的效率比较低，而且给予的回复也比较模糊。（极氪车主乙）

相比于交付后消费领域的品牌共创，极氪更关注的是交付前生产领域的品牌共创，主要是产品共创。然而，我们调研发现，在交付之后，一些车主反映，极氪在汽车交付之后，会和用户进行产品、软件共创，但反馈较慢，不知道是否能落实，何时能落实。

六、数字触点：以自营 App 为主

极氪主要通过自营 App 等数字触点与用户共创品牌，尤其是交付前的产品共创。

我现在花比较多的时间看手机，**看手机 80% 的时间是看极氪 App**。我们所有的用户、准用户，喜欢或热爱极氪品牌的粉丝都在里面。[716]（安聪慧）

我现在也频繁地与用户互动，其中，**极氪 App 是一个很重要的用户和企业沟通交流、共创的平台**。极氪对用户始终是坦诚的、开放的，如果这一关都过不了，那未来想打造用户型企业都是空谈。[362]（安聪慧）

2021 年 6 月 30 日，极氪 App 上线，快速成为极氪与用户连接的重要纽

带。通过App端的专属伙伴（极氪伙伴）和用户之间一键触达功能，实现了极氪和用户点对点沟通，建立了**快速响应机制**。极氪App上有很多官方账号，可以对用户的问题进行非常专业、高效的沟通。另外，经过与用户密集、高频的沟通互动，极氪建立了很多线下社群、用户组织。很多用户的提问，可以很快速地获得其他用户的正确回答。（某汽车行业专家）

面对用户，我们需要保持谦卑心态，因为用户的要求非常高。所以到现在为止，我们每一天都在很认真地对待用户在App里提出的反馈和意见，尤其是负面的。我自己也会直接在App与用户互动，获得了大量用户需求信息。[511]（赵昱辉）

我是负责用户工作的。刚才聪聪谈到我们是不是能做成真真正正被用户认可的用户型企业，这也是我们品牌非常重要的特点。**真要做用户型企业，真要做用户共创就必须与用户在一起，倾听用户所有诉求**。所以说我们现在的共创不只在于共创的结果，更在于共创的过程。用户到底喜欢什么样的方式，我们也在探索，我们从品牌发布到今天正好两个月的时间，刚才聪聪介绍做了6场用户见面会，每一场用户提到的不足，我们会在下一场里面做调整。当然，线下和用户在一起的次数是有限的，所以不仅是有微信小程序，在6月底我们的App就会上线，会有更多用户的声音涌进来，那个时候对我们来说是一个非常重大的考验。做用户工作，我们真的是要做用户喜欢的用户工作，而不是想象用户应该喜欢这个，用户应该喜欢那个。我们会把大量的时间用来倾听用户，与用户互动，以及让用户给我们一些大家认为非常重要的反馈。**快速行动和快速迭代**，是我们团队重要的基因。其实现在，我们就已经与两个月之前很不一样了。刚才听到一个声音，就是刚才聪聪上台的时候，一个用户跟我讲，聪聪与两个月之前不太一样了。对，我们每个人都不太一样了，确实是这样，因为用户帮助我们成长，我们让用户有更好体验的同时，自己也会更强大。[642]（极氪用户发展中心高级总监刘展术）

作为诞生于移动互联网时代的电动汽车新创品牌，极氪和蔚来、理想一样，在线上通过自营 App 与用户共创品牌，极氪尤为重视交付前的产品共创，主要也是通过数字触点进行。

七、交付后的用户运营

极氪与用户在生产阶段进行产品共创。当产品交付之后，这些参与共创的用户成为种子用户，此时进入消费者阶段的品牌共创。类似于蔚来的品牌运营模式，极氪也是通过“用户满意度→口碑推荐→品牌知名度与联想”的路径与用户共创高端品牌，极氪宇宙是品牌共创的保障。

（一）用户满意度

用户满意度指用户将一种产品的可感知效果（或结果）与其期望值相比较后，所形成的愉悦或失望的感觉。只有满足甚至超越用户的期望，用户才会满意。

大家都说电动车不赚钱，为什么电动车不赚钱？为什么一定要亏本呢？我相信 SEA 浩瀚架构的开发，就是基于对这些问题的思考。极氪是个新生的品牌，**我觉得现在赚不赚钱是第二位的，第一位还是我们的用户是否满意**，这是我们的战略方向。**产品有竞争力，用户满意，只要这两个条件具备了，我想赚钱是迟早的**。[643]（安聪慧）

真正的用户型车企，唯一的检验标准就是**要满足用户的期待**。[711]（安聪慧）

没有企业不希望有更多的销量，但更重要的是，极氪认为**要对用户的期待负责**。[318]（安聪慧）

相较于此前品牌之间的对标，极氪对标的是用户需求。（极氪）**将一直持续提供用户价值，超越用户期待**作为努力的方向。[321]（赵昱辉）

产品从下定到交付的**每个触点都能让用户满意，超越用户的预期**。[321]（赵昱辉）

极氪通过与用户共创的方式满足甚至超越用户的期望，使用户满意。

（二）口碑推荐

极氪通过与种子用户一起共创体验，使他们高度满意，从而主动进行口碑推荐。

对于种子用户，我们有一系列计划，尤其是对于种子用户会有更多的、特别的互动支持，以后计划都会得到体现。例如，这次我们给所有的首批预订用户赠送5000积分，老用户带新用户，**粉丝用户推荐新用户**，都是私域流量的销量带动，我们非常重视。[550]（安聪慧）

真诚是一切的起点，用户型企业的确要诚实；还有共创，与用户共创，升级产品及服务，跟投资人、合作伙伴共创，将各家的产业优势和生态优势逐步糅合在一起，这是再进一步的状态。其实现在大家都在探索用户型企业，用户有时候是盲目的，有时也会被误导，需要慢慢磨合与培养，需要付出成本与代价。管理层要有一定的定力和忍耐力，要看清楚两类人：**一类是真正对企业有期待的好用户，一类是利用用户推波助澜的人，要过滤清楚**。对用户不要面面俱到，怎样做用户型企业，极氪要用用户联谊的方式来做，**抓住最核心的种子用户，这类用户宣传能力特别强，运营这些人进行宣传，比主动去宣传效果更好**。值得注意的是，如果没有让人眼前一亮的东西，（当然不是恶俗的）就会沉寂。[301]（奥纬咨询董事合伙人张君毅）

对于一个新品牌来讲，首批次产品的口碑要稳住，在不出现重大问题的前提下，形成尽可能多的正向传播……极氪差异化的优势能否转化为胜势，问题的关键在于两方面：**首款车的交付以及口碑**。（某汽车行业专家）

极氪最重视的“核心种子用户”类似于蔚来涟漪模式中的“极度满意的核心用户”，主要依靠他们积极主动的口碑推荐来传播品牌。

（三）品牌知名度与联想

极氪主要依靠满意的核心种子用户的口碑推荐来提升品牌知名度、建立差异化的品牌联想。

任何品牌利益共同体的比例都不会特别大。但我想说的是，用户运营一定不是一人一票的民主，（利益共同体）这一个小群体会释放出巨大的能量。一家企业最困难的时候，能够真正陪伴这家企业，甚至带着这个品牌走出困境的就是这一小群人。虽然他们的数量也会随着品牌成长而慢慢长大，但在整个用户池里面永远不会是大多数。对于极氪而言，我们的目标就是**成为拥有最大比例利益共同体的企业**。这背后依靠的是我们的真诚和耕耘，在此也希望用户继续关注我们。[511]（赵昱辉）

极氪的愿景使命是我们要共创极致体验的出行生活，从品牌定位来讲我们就是要做潮流科技品牌，从品牌的人群画像来讲也是吸引更多关注科技和潮流的人群。品牌本身也在这样的目标中不断地成长。……在这个过程当中，用户也给我们很多好的建议和输入，我们也很期待能够跟在场各位在品牌建设方面进行共创，把这个品牌打造得更加具有它的犀利感，更加有它的标签。ZEEKR 001 这个产品，目前还没有太多短板，它在设计、造型、三电、性能、操控以及智能方面，各方面都是优等生。所以，从这个角度来讲，确实还有很大的空间大家一起来共创。（极氪高管团队）

诞生仅仅四个多月，**极氪就通过口碑迅速积累了相当的知名度**……作为一个全新的新能源品牌，极氪用四个月时间走过了许多品牌用数十年走过的历程。如今，这个新生的品牌正得到年青一代消费者特别的青睐。（某汽车行业专家）

在交付后的品牌共创阶段，极氪通过与用户共创体验使核心种子用户满意，通过他们积极主动的口碑推荐来不断提升品牌知名度、树立差异化的品牌联想，从而提升品牌资产。

八、极氪宇宙

极氪宇宙是极氪与用户共创品牌的保障，实现产品的全生命周期管理，以及用户旅程的全场景覆盖。

无疑，极氪宇宙的出现，实现了**“一切与用户共创，一切与用户共享”，让用户成了极氪的朋友、同事、共创伙伴。**[321]（赵昱辉）

极氪将打造极氪宇宙，通过构建品牌直营体系，自建全场景补能体系，推出线上社区、订阅出行、OTA 商城、极物生活等，实现**产品的全生命周期管理，以及用户旅程的全场景覆盖。**[400]（安聪慧）

第一，要做到**产品的整个生命周期管理，**从产品设计，到规划，到工程，到交付，以及交付以后持续的 OTA 升级，再到产品的二手车，最后到电池的梯次利用等，这个完整的产品生命周期都要管理起来。这也是智能电动时代，用户对于汽车产品的全新需求，是极氪区别于传统汽车价值理念的差异之一。第二，**对于用户端所有的使用场景实现全面覆盖，**无论是软件定义汽车，还是场景定义汽车，并不是靠嘴说的，需要落到实处。我们的极氪宇宙就围绕着这两点，无论是产品的整个生命周期管理，还是服务的全场景覆盖，形成了一个可持续的完整生态。今天展示了极氪宇宙中的用户场景，比如说订阅模式，极物定制，包括我们的直营和补能网络，未来还会有更多的场景加入极氪宇宙中，不断让用户的体验更便捷、更有趣、更潮流。当然，这个极氪宇宙讲起来容易，要做好涉及方方面面的工作。现在大家看得到的、能够体验得到的、听得到的，包括未来还有大家没想到的，我们全部

都要做起来。当然，不仅是极氪本身去做，很多用户也会加入共创，这样极氪才能有一个很好的未来。[643]（安聪慧）

产品的全生命周期管理和服务的全场景覆盖，一直是极氪所坚持的理念。极氪会始终如一，在打造用户企业的道路上不断探索，与广大用户走得更近，共创极致体验，共享极氪生活。[591]（安聪慧）

用户体验不是说说而已，只有真正站在用户身边，以最直接的方式沟通，才是大家共创极氪宇宙的根本。[359]（安聪慧）

打造用户的五大触点，除了**极氪中心、极氪空间、交付中心、服务中心，还会加上线上依托于 App 的社群。**[555]（赵昱辉）

我们也会持续搭建更多的用户触点，拉近跟用户的距离，这里面既有社交平台，也离不开媒体的助力，甚至还有我们的直营体系，所有这些都让我们和用户靠得更近。[569]（徐云）

我经常参与极氪的共创活动，比如自驾游、露营，都是官方组织的，我们只需要报名参加。这些活动，我们也不白参与，参与了之后官方也会给予一定的积分奖励。（极氪车主丁）

我是一个外地人，来到武汉之后，自己在这里朋友很少，通过这个共创，认识了很多新的朋友。（极氪车主戊）

售后服务目前还不够完善，售后人员也不太够。有时候一些售后问题解决不及时，完全是因为人手不足，所以造成解决的时间很长，让用户等待的时间也比较长。极氪目前是线上解答平台，实用性不是很强。（极氪员工甲）

蔚来有个岗位叫用户运营专员，就是专门处理用户共创这方面的，因为这个圈层文化和用户群体的不同，虽然本质上是一样的，但是极氪这边并不

怎么专门化，也只有一个社群岗位，创新的话真的没有太多。（极氪员工甲）

极氪现在很多的共创模式和其他的新能源车企感觉很像，都是举办一些线下活动让用户参与，还有拉票、兑换积分之类的线上活动。（极氪车主丙）

我选择极氪是因为它的猎装造型，以及背靠的大山——吉利和领克。因为发布会的时候，他们是以领克 ZERO 这个概念车发布的。对于共创，还是不太满意，毕竟很多都没有落实到位。（极氪车主丙）

能不能实现，你总要有一些反馈给到我们共创的用户。为什么做不了，也给出一个答复。（极氪车主丁）

我觉得下一步它应该把想法与用户更透明地交流，主要是这个透明化、公开化这一块儿再多做一些工作吧。（极氪车主己）

以极氪宇宙为核心的触点体系是极氪与用户共创品牌的保障。极氪通过极氪中心、极氪空间、交付中心、服务中心、依托于 App 的社群这五大触点与用户进行交付后的品牌共创，实现产品的全生命周期管理与服务的全场景覆盖；同时极氪也会和用户进行生活方式共创，从而满足乃至超越用户的预期，提高用户满意度，促使用户积极主动地进行口碑推荐，从而建立广泛的品牌知名度，树立高端的品牌形象。然而，我们调研发现：有一些用户反映，极氪在与用户进行服务共创时，响应与解决问题的时间较长。同时，一些用户认为极氪在与用户共创时不够透明、公开，这在一定程度上降低了用户与极氪共创的热情。此外，一些极氪员工自己也提出，极氪目前的共创主要是学习蔚来，真正的创新不多。因此，很多车主表示主要因为 ZEEKR 001 本身车好才购买，而不是因为共创与社交。

第四节　与用户共创高端汽车品牌的路径

综上所述，我们提炼了极氪与用户共创高端品牌的路径，如图 5－2 所示。

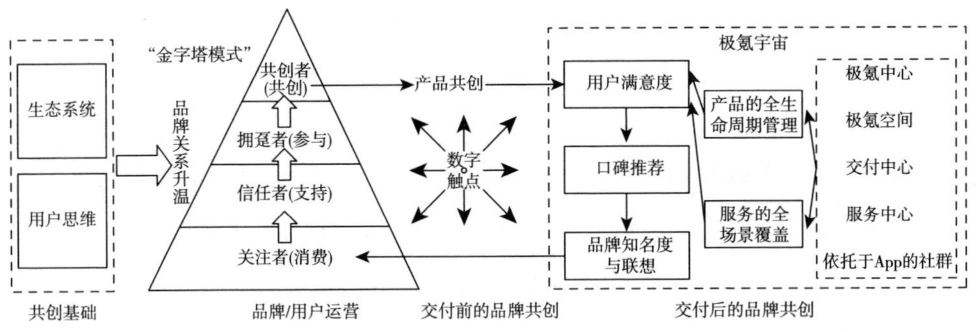

图 5－2 极氪与用户共创高端品牌

极氪提出要成为“用户型企业”，即“和用户共创极致体验的企业”。生态系统（“硬”基础）与用户思维（“软”基础）是极氪与用户共创高端品牌的基础。极氪依托于吉利汽车集团的 SEA 浩瀚架构，不仅与用户进行品牌共创，还与生态伙伴进行品牌共创，这是极氪的创新；同时，极氪基于互联网企业的用户思维，与用户共创极致体验。由于兼具传统汽车企业的强大资源以及用户思维，极氪自称开创了新能源造车的“第三赛道”。极氪运用金字塔模式进行品牌运营，使用户逐步完成品牌“关注者→信任者→拥趸者→共创者”的升级，使得品牌关系不断升温。当用户成为“共创者”之后，就会愿意付出时间、精力和情感与极氪进行品牌共创，这回答了过往文献未完全解决的品牌共创的关键问题。根据品牌共创理论研究，品牌共创可以分为生产阶段的品牌共创和消费阶段的品牌共创。相对而言，极氪更重视在产品交付前与用户共创产品。交付前的产品共创主要是通过以极氪 App 为核心的数字触点进行的。在交付之后，极氪通过极氪中心、极氪空间、交付中心、服务中心、依托于 App 的社群这五大触点与用户进行交付后的品牌共创，实现产品的全生命周期管理与服务的全场景覆盖。通过交付前与交付后和用户共创极致体验，极氪满足乃至超越用户的预期，使用户满意，促使这些满意的用户积极主动地进行口碑推荐，从而提升品牌知名度、树立差异化的品牌联想，再结合其品牌运营的金字塔模式，形成良性循环，不断提升品牌资产。

第五节 小 结

现有研究将品牌共创分为企业发起的品牌共创与顾客自发的品牌共创（朱丽叶等，2018）；前者属于生产领域的共创体验，后者属于消费领域的共创体验（李震，2019）。然而，企业如何与用户共创高端品牌仍无明确的答案。此外，现有研究提出的创建品牌资产的步骤主要是由企业主导的。本章提炼了极氪与用户共创高端品牌的路径，指出：在交付前的生产阶段，企业的主要任务是与用户共创高端产品；而在交付后的消费阶段，企业的主要任务则是通过用户口碑推荐传播高端品牌。企业与用户共创品牌资产的过程是一个双方互动、良性循环的过程，而不是过往研究提出的由企业主导、单向提升的过程。以上研究结论进一步发展了品牌共创与品牌资产理论。此外，本章还用极氪的品牌/用户运营金字塔模式解决了过往文献尚不能清晰回答的关于品牌共创的一个关键问题：用户为什么愿意付出时间、精力和情感与品牌共创？

其他汽车企业，尤其是和极氪一样处于“第三赛道”（由传统汽车企业创建的全新品牌）的汽车品牌，可以借鉴本章提炼出的路径来与用户共创高端新能源汽车品牌。其他行业（如手机、服装）行业的企业，也可参考极氪“共创”的思想打造高端品牌。

| 第六章 |

中国企业创建新能源汽车高端品牌

——核心命题与理论模型

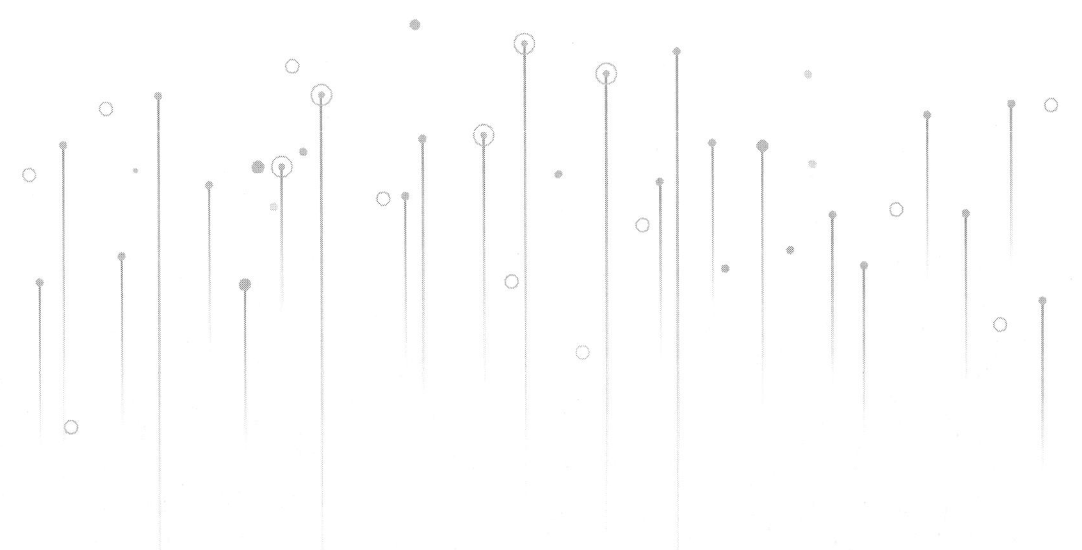

理想
HONGQI
EXEED
星途
ZEEKR
VOYAH
NIO
HiPhi
高合
TANK
WEY
ARCFOX
极狐
LYNK&CO

第一节 蔚来、理想和极氪全方位对比

前文分别对蔚来、理想和极氪进行了案例研究，下面对这三个品牌进行对比，以期得出进一步的总体结论，如表6－1所示。

表6－1 蔚来、理想和极氪全方位对比

对比项	品牌		
	蔚来	理想	极氪
创立时间	2014年11月	2015年7月	2021年3月
首款车交付时间	2018年5月	2019年12月	2021年10月
上市时间	2018年9月12日，美国纽约证券交易所；2022年3月10日，香港证券交易所	2020年7月30日，美国纳斯达克证券市场；2021年8月12日，香港证券交易所	隶属吉利汽车集团，未独立上市，拟独立上市
创业/高管团队背景	互联网基因＋强人工智能技术背景＋汽车主机厂背景，搭配均衡	互联网基因＋强人工智能技术背景＋汽车主机厂背景，搭配均衡	互联网用户运营从业经历＋传统汽车人
累计融资	截至2021年11月超900亿元人民币❶	截至2021年8月超500亿元人民币❷	5亿美元，背后有吉利汽车集团大力支持
主要投资者	合肥市政府、腾讯	美团、字节跳动、明势资本	背靠吉利汽车集团，英特尔资本、宁德时代、鸿商集团、哔哩哔哩、博裕投资
愿景与企业文化	使命：创造愉悦的生活方式 愿景：成为用户企业 价值观：真诚、关爱、远见、行动 目标：成为全世界用户满意度最高的公司	核心使命：创造移动的家，创造幸福的家 核心价值观：把用户的利益放在第一位；创造用户价值，追求极致效率；用光明正大和透明的方式解决所有问题 企业文化：高效做事	核心理念：与用户共创 核心使命：共创极致体验的出行生活

❶ 兴业证券2021年10月《蔚来：未来未至，蔚来已来》研究报告；2021年11月，蔚来完成新一轮增发，融资20亿美元。

❷ 天风证券2021年9月《理想汽车：精准定位，打造智能化爆款车型》研究报告。另据理想招股书，截至2020年12月底，理想汽车累计融资315亿元。

续表

对比项	品牌		
	蔚来	理想	极氪
定位	主流高端市场	中国二孩奶爸奶妈的家庭用车	高端智能纯电品牌，同时还体现性能
自研核心技术	全栈自研“三电”❶“三智”❷	自动驾驶、增程系统	“三电”、自动驾驶
生产模式	一开始由江淮代工，2023年12月收购江淮工厂	自建常州、北京、重庆生产基地	自建宁波杭州湾极氪智慧工厂
渠道模式	直营：蔚来中心、蔚来空间	直营：商超零售中心及展厅	直营：极氪中心、极氪空间
用户（型）企业	与用户共创极致体验来赢得极高用户满意度的企业	强调用户价值	和用户共创极致体验的企业
品牌共创	更关注交付后的品牌共创	较强调	更关注交付前的品牌共创
品牌/用户运营	涟漪模式，侧重交付后	强调效率	金字塔模式，侧重交付前
产品	豪华智能纯电动汽车	增程式豪华智能电动汽车	高端智能纯电动汽车
平均售价	46.6万元	35.0万元	33.5万元
服务	与用车相关的全程服务	未着意强调服务	服务的全场景覆盖（极氪宇宙）
触点	强调数字触点（蔚来App），购车、用车、服务、生活和社交	商超零售中心及展厅、理想App、短视频社交媒体平台	五大触点：极氪中心、极氪空间、交付中心、服务中心、极氪App
生活方式	创造一种愉悦的生活方式	未强调生活方式	共创潮流生活
用户体验	与用户共创极致体验，相比于功能体验，更重视情感体验	不追求极致体验，追求有价值的体验（性价比），未强调情感体验，未强调共创体验	强调与用户共创体验，未强调情感体验
用户满意度	追求最高用户满意度	强调用户价值	比较强调
口碑推荐、品牌知名度与联想	涟漪模式	未强调，但实际做法与蔚来相似	未强调，但实际做法学习蔚来

❶ “三电”指电动汽车配置的电池、电机、电控系统。
❷ “三智”指座舱、辅助驾驶、数字网关。

续表

对比项	品　牌		
	蔚来	理想	极氪
绩效	奉行长期主义，追求极致用户体验，成本较高，短期尚未实现盈利，长期有望盈利	强调效率，2020 年第四季度已实现盈利	未独立公布盈利数据，吉利背书，SEA 浩瀚架构支持，有望短期就盈利

从表 6－1 可以得出如下结论。

1. 创立时间、首款车交付时间和上市时间

蔚来与理想创立时间与交付时间相近，极氪是吉利汽车集团于 2021 年全新推出的独立品牌。蔚来与理想从成立到交付都经历了四年左右的较长周期，而极氪由于背靠吉利汽车集团，周期仅有短短七个月。目前，蔚来与理想都已经上市，而极氪没有独立上市，正在谋划独立上市。

2. 创业/高管团队背景

蔚来与理想的创业团队兼具互联网基因、强人工智能背景和汽车主机厂背景，搭配均衡；而极氪的高管团队主要是来自吉利汽车集团内部的传统汽车人，缺少互联网基因，正在学习互联网思维与用户思维。

3. 融资和投资者

蔚来与理想的融资能力较强，而极氪背后有吉利汽车集团的大力支持，无须融资，其象征性融资的目的是构建“朋友圈”。

4. 愿景与企业文化

在愿景与企业文化方面，蔚来强调自己不仅是一家汽车公司，同时也是一家生活方式公司，其终极目标是成为世界上满意度最高的公司，没有强调具体销量目标；而理想与极氪都提出了具体销量目标，理想强调高效做事，极氪强调与用户共创。

5. 定位

蔚来的定位是主流高端市场，竞争对手包括奥迪、奔驰、宝马、特斯拉；理想把定位战略放在最重要的位置，认为定位是创建高端品牌的出发点，理想的定位是中国二孩奶爸奶妈的家庭用车；极氪的定位是高端智能纯电品牌，同时还体现性能。

6. 研发、生产和渠道模式

三家企业都积极进行自主研发，力争掌握核心技术。理想与极氪都自建生产基地，而蔚来一开始采取江淮代工的生产模式，后来收购了江淮工厂。三家企业都采取直营的渠道模式，极氪主要是模仿蔚来，都有独立的大型体验中心，以及规模相对较小的体验空间；而理想主要是商超体验中心及展厅，强调单店效率。

7. 用户（型）企业、品牌共创和品牌/用户运营

蔚来与极氪都号称要成为用户（型）企业，前者以满意度为最终目标，后者以与用户共创为手段；而理想没有提用户企业的概念。在品牌共创方面，极氪通过金字塔模式进行品牌/用户运营，使品牌关系完成“关注者→信任者→拥趸者→共创者”的升级，主要是在交付前与用户共创产品；蔚来依靠极度满意用户的口碑推荐来传播品牌的涟漪模式（极度满意的核心用户→一般用户→品牌向往者→品牌关注者），重点在交付后与用户进行品牌共创；理想没有着意强调共创，其品牌/用户运营重在效率。

8. 形成用户体验的因素（产品、价格、服务、触点和生活方式）

三者的产品都是豪华智能电动汽车，不同的是蔚来与极氪旗下产品都是纯电动汽车，而理想在创建高端新能源汽车品牌的0－1阶段只有唯一车型理想ONE，是增程式电动车。蔚来平均售价最高，为46.6万元，理想和极氪在涨价前为35万元左右。蔚来最重视服务，其服务在汽车行业享有盛誉，通过“一键呼叫，服务无忧”“一键加电，能量无忧”和BaaS换电服务来保障与用车相关的全程服务；极氪通过极氪宇宙来保障服务的全场景覆盖；理想虽然服务也不差，但没有着意强调服务。在触点方面，蔚来最强调数字触点，用户购车、用车、服务、生活和社交都能在蔚来App中完成。蔚来App也被业界评为最好用的汽车品牌自营 App，很多后来者都是模仿蔚来 App。理想的触点为：商超零售中心及展厅、理想 App、短视频社交媒体平台。极氪提出五大触点——极氪中心、极氪空间、交付中心、服务中心、极氪 App，主要是模仿蔚来。蔚来通过蔚来 App、蔚来中心、NIO Life、积分（物质奖励）与蔚来值（精神奖励）来为用户创造一种愉悦的生活方式，强调自己不仅是一家汽车企业，还是一家生活方式企业，这在汽车企业中极为罕见；极氪提出“共创潮流生活”；理想没有强调生活方式。

9. 用户体验

蔚来强调与用户共创极致体验，除功能体验之外，更重视情感体验；理想不追求“极致”体验，而强调“有价值”的体验；极氪强调与用户“共创”体验；理想与极氪都没有提情感体验。

10. 用户满意度、口碑推荐、品牌知名度与联想

用户满意度是蔚来追求的最高目标；极氪虽也看重用户满意度，但满意度只是其实现盈利目标的手段；理想的用户满意度也较高，但没有特别强调用户满意度。蔚来使用涟漪模式，主要通过口碑推荐树立差异化的品牌联想、提高品牌知名度，更重视交付后的品牌共创；理想虽未强调通过口碑推荐来树立品牌联想、提高品牌知名度，但其实际做法与蔚来相似；极氪虽未强调通过口碑推荐来树立品牌联想、提高品牌知名度，但其实际做法主要是模仿蔚来。

11. 绩效

极氪隶属吉利汽车集团，未独立公布财务数据，2022 年其销量增长较快，全年超过 7 万辆。蔚来与理想 2022 年销量已分别超过 12 万辆、13 万辆，蔚来平均售价更高。极氪的月销量稳步提升，正在追赶蔚来与理想。虽然蔚来与理想近几年的销量与营收都持续大幅增长，毛利率也都已转正并持续提高，但两者 2022 年仍处于亏损状态。2023 年，理想实现了盈利，其市值也超越了蔚来。

第二节 创建高端汽车品牌的理论模型与四个核心命题

根据前文第三章至第五章关于蔚来、理想和极氪创建高端新能源汽车品牌的案例研究，以及以上对三家企业的对比分析，提炼出如下创建高端汽车品牌的理论模型，如图 6－1 所示。

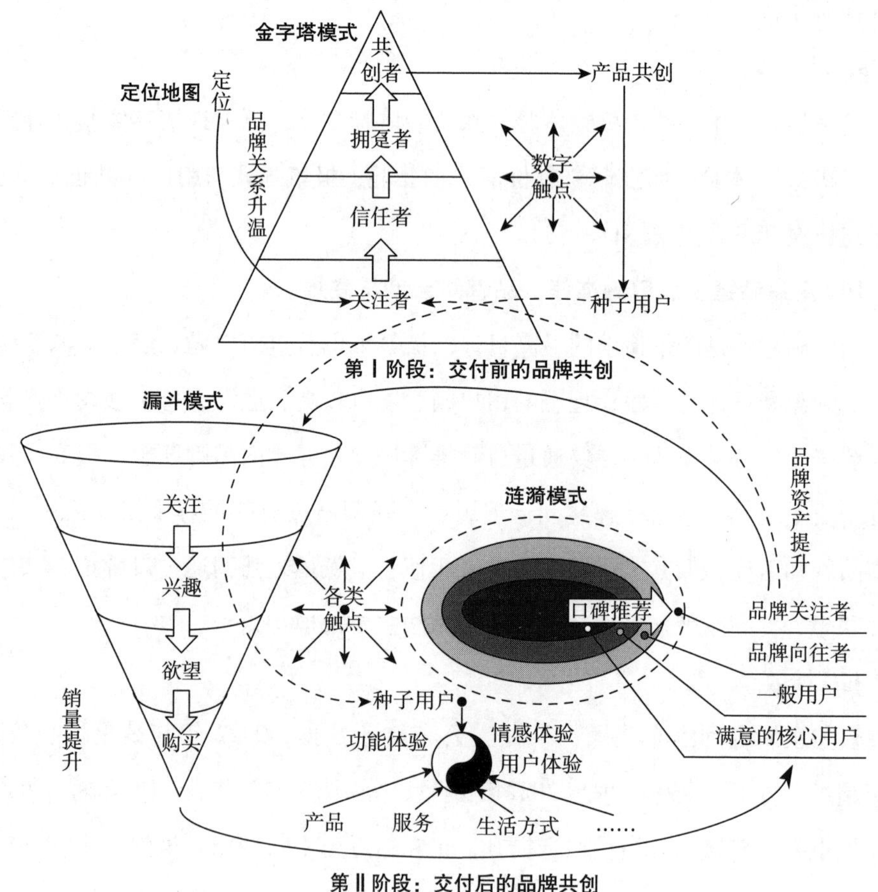

图 6－1 创建高端汽车品牌的理论模型

根据以上理论模型，我们提出创建高端汽车品牌的四个核心命题，具体如下。

（一）核心命题一：创建高端汽车品牌要有成为用户企业的坚定信念

我们将“用户企业”定义为：“与用户共创极致体验来赢得极高用户满意度的企业。”这一定义得到了蔚来的多位管理者、员工和核心车主的确认。主要可从以下几个方面来理解。

1. 共创

与之前企业单独创造体验相比，用户企业强调与用户共创极致体验，无论是交付之前的共创（产品共创为主），还是交付之后的共创（软件、服务、生活方式等共创）。企业通过线上依托自营 App 的社群（搭配使用微信等），以及线下直营店（中心店、空间店）、服务中心、交付中心等触点来实现产品全生命周期覆盖（“时间”）与用户旅程的全场景覆盖（“空间”），从而与用户共创极致的产品、服务和生活方式等体验。

2. 用户满意度是最高目标

用户满意度是目的，而不是手段；是“道”，而不是“术”。用户企业奉行长期主义，长期用户满意度是最重要的事情，盈利是用户满意的自然结果，而不是一开始的目标。可见，用户企业与传统的“以顾客为中心的企业”（最终目的仍是盈利）是有本质区别的。

3. 用户企业与用户之间的关系就像家人之间的情感性关系

用户企业“傻傻地对用户好”，把用户当作“家人”，而不是“客人”（以前叫“客户”）；用户把企业当成“自家企业”，真心希望企业越来越好，在企业困难时主动伸出援手帮助企业。用户与企业“各尽所能，各取所需”，而不是像工具性关系那样仔细衡量利害得失。

4. 与用户一起成长

用户企业是一种新的商业模式，还有很多不完善的地方，还有较大提升的空间。但要创建高端汽车品牌，就要有成为用户企业的坚定信念，“一切从用户利益出发”的初心不能变，面对问题与解决问题时虽难以做到尽善尽美，但绝对真诚。用户企业和志同道合的用户一起共创、一起共享、一起成长。

（二）核心命题二：定位是创建高端汽车品牌的出发点

蔚来、理想和极氪都定位为高端智能电动汽车。蔚来与理想一开始就定位于高端，这在中国汽车品牌甚至所有中国品牌中都是罕见的。极氪是吉利汽车集团全新推出的高端纯电动汽车品牌。理想认为创建高端品牌最重要的是定位战略。在三家企业中，理想的目标市场“中国二孩奶爸奶妈的家庭用车”也是最清晰、独特的，通过定位战略成功打造爆款产品是理想成功创建高端品牌的最大秘密。定位也是创建高端品牌的出发点。企业可以使用定位地图理论工具（李飞等，2009；李飞，2013），依据本书第四章所述的“找位—选位—到位—保障”四部曲，绘制详细的定位地图。

成功的定位吸引了目标市场的顾客，使他们成为关注者。然而仅仅关注品牌不足以使顾客付出时间、精力和情感与企业进行品牌共创。此时企业可以使用金字塔模式进行品牌/用户关系运营，使品牌关系不断升温，使顾客完成“关注者→信任者→拥趸者→共创者”的升级。顾客升级为与企业志同道合的共创者之后，就会积极主动地与企业进行品牌共创。在产品交付之前的阶段，顾客主要通过以品牌自营App为主的各类数字触点与企业共创产品。如本书第五章所述，共创的基础包括软硬“两只翅膀”，软件为互联网企业的“用户思维”，硬件为企业构建的生态系统。在“用户思维”上，以蔚来、理想为代表的造车新势力天生具有互联网基因与用户思维，更具优势；而在“生态系统”上，像极氪这样由传统车企全新推出的独立品牌依托集团强大的资源（如吉利控股集团已建设好的SEA浩瀚架构）更占优势。当产品交付之后，顾客就成为“种子用户”，进入品牌共创的第二阶段：交付后的品牌共创。

（三）核心命题三：与用户共创极致体验是创建高端汽车品牌的核心

通过交付前的产品共创，企业聚集起一批核心种子用户，通过与这些用户共创极致体验带给他们极高的满意度，从而借助他们的口碑推荐来传播品牌，形成良性循环，不断提升品牌资产。在创建高端品牌的过程中，用户体验是核心。蔚来与用户共创极致体验，甚至不惜成本；理想不谈“极致”用户体验，追求“有价值”的体验，讲究性价比；极氪通过“极氪宇宙”与用户“共创”极致体验。只有极致用户体验（而不是较好的用户体验）才能带给用户极高的满意度（“惊喜”）。工业和信息化部资助的2021年（第七届）中国顾客满意度指数报告发现，“非常满意”的用户中推荐者比例是“较满意”与“满意”用户的2.1倍。因此，一般的满意水平不足以让用户进行口碑推荐，只有极度满意才行。如何让用户极度满意呢？极致用户体验是核心。

那么，如何与用户共创极致体验呢？企业通过直营店（中心店、空间店）、服务中心、交付中心、自营App等各类触点，从产品、服务和生活方式入手。

1. 共创产品体验

在交付前的品牌共创阶段，企业主要是与用户共创产品，即汽车本身；而在交付后的品牌共创阶段，企业更多地是与用户共创软件（如车机系统），不断进行软件的迭代升级。案例企业的产品都是智能汽车，“预埋硬件+软件收费”已经成为智能汽车的盈利模式。自动驾驶软件包是汽车应用商店中的主要盈利形式，蔚来自动驾驶完整功能采用“按月开通，按月付费”的订阅模式。汽车应用商店中还有不断更新的个性化订阅服务，如音乐娱乐功能、流量服务，甚至于座椅靠背加热服务等。这一切，将通过OTA远程升级技术不断迭代升级呈现。这个过程是企业通过不断与用户互动、共创价值实现的。

2. 共创服务体验

服务主导逻辑是价值共创研究的一个主要视角，现在已经拓展到服务生态系统阶段（简兆权等，2016）。想要创建高端品牌，覆盖产品使用全场景的极致服务十分重要，如蔚来的“一键呼叫，服务无忧”“一键加电，能量无忧”和BaaS换电服务，以及极氪由极氪宇宙保障的全场景服务。在各种服务场景中，用户与企业之间有很多互动，共创服务体验。

3. 共创生活方式

当前，功能体验越来越同质化，差异化的情感体验或许才是形成竞争优势的关键。同时，根据赫茨伯格的双因素理论，功能体验更接近“保健因素”，而情感体验才是“激励因素”。功能体验可能只能使用户的实际体验达到其预期（只是没有不满，而不会感到满意），而差异化的情感体验才会使用户的实际体验超过其预期。按照期望—确定理论（Oliver et al.，1994；Oliver，1980；Oliver，1977），用户在后一种状况下才会“非常满意”。相比于功能体验，蔚来更重视情感体验。那么，如何与用户共创极致情感体验呢？作为高端品牌的用户，用户非常看重品牌象征与传递的价值观是否与其个人看重的价值观契合，拥有与使用该品牌是否能帮助其实现追求的生活方式。如蔚来强调自己不仅是一家汽车企业，还是一家生活方式企业，通过蔚来 App、蔚来中心、NIO Life、积分（物质奖励）与蔚来值（精神奖励）和用户共创一种愉悦的生活方式。

（四）核心命题四：基于互联网的用户运营是持续提高绩效的方法论

通过以上提到的各类触点，用户企业可以实现产品的全生命周期覆盖与用户旅程的全场景覆盖，与用户共创产品、服务和生活方式等体验，带给用户极致的功能体验与情感体验，从而使用户极度满意。对于用户企业而言，一般水平的满意度是不够的，必须赢得行业内数一数二的用户满意度。然后以这些极度满意的种子用户作为用户运营的核心，依靠他们积极主动的口碑推荐不断提升品牌知名度、树立高端的品牌形象（品牌绩效），提升销量，形成良性循环，在长期形成规模经济，从而最终实现盈利（财务绩效）。具体可借鉴蔚来的用户运营模式，即结合涟漪模式（满意的核心用户→一般用户→品牌向往者→品牌关注者）与漏斗模式（关注→兴趣→欲望→购买）。一部分关注者成为销售线索，通过漏斗模式直接购买，成为车主；另一部分关注者可能先通过金字塔模式成为共创者，在产品交付之前主要通过数字触点与企业进行产品共创。

接下来，我们将对本项研究开始时中国市场上所有符合标准的自主品牌进行多案例研究，对上面四个核心命题进行验证。选择标准为：**一是自主品牌；二是已量产并交付；三是平均售价接近 20 万元或以上，且主力车型售价不能低于 20 万元。**一些热门高端新能源汽车品牌由于没有满足以上三个标准而没能成为我们的研究案例，例如：特斯拉不是自主品牌，故没有入围；与蔚来、理想并称“蔚小理”的小鹏，由于销量占比较大的主力车型小鹏 G3、小鹏 P5 的起售价在 20 万元以下，故没有入围；本研究开始于 2021 年，因此 2021 年年底之前没能实现量产并交付的高端新能源汽车品牌也没有入围，如智己、阿维塔、仰望等。以上选择标准和入围本书的 11 个品牌（蔚来、理想、极氪、极狐、岚图、星途、坦克、魏牌、领克、高合、红旗）经过了项目组、汽车行业专家的多次讨论，得到了各方的一致认可。

第三节　七个验证性品牌案例——极狐、岚图、星途、坦克、魏牌、领克、高合

作为第一个验证性案例，在极狐案例研究中，我们将列表对比 11 个案例品牌的销量、最高管理层变动情况、核心高管团队互联网基因、目标顾客和定位、研发情况、渠道模式这六个方面的情况，以期对前文提出的四个核心命题进行验证，并将提出一些辅助变量。

一、极狐：跨界营销带来的流量如何转化为销量

“5 年前，我们预见到中国新生代消费者的登场，必将加速汽车的智能化和高端化进程，由此策划了全新的极狐品牌。”[614]

——北汽蓝谷董事长刘宇

（一）北汽蓝谷与极狐品牌发展概况

1. 北汽蓝谷发展概况

北京汽车集团有限公司所属北汽蓝谷新能源科技股份有限公司（以下简称北汽蓝谷）子公司北京新能源汽车股份有限公司创立于2009年，是我国首家独立运营、首个获得新能源汽车生产资质的企业。2018年9月27日，北汽蓝谷通过重大资产重组成为中国新能源汽车第一股。北汽蓝谷主营业务包括纯电动乘用车研发设计、生产制造与销售服务，目前全力打造极狐、北京汽车两大品牌。

虽然近几年蔚来、小鹏、理想等造车新势力创建的新能源汽车品牌风光无限，但中国新能源汽车的先行者却是比亚迪与北汽新能源。相比于曾经并驾齐驱的竞争对手比亚迪，北汽新能源如今远远落后了。北汽新能源自成立以来，累计为社会提供了超过50万辆新能源汽车。2013—2019年，**北汽新能源曾经连续七年夺得国内纯电动汽车产销冠军**[658]，最高年销量超过15万辆，如图6－2所示。

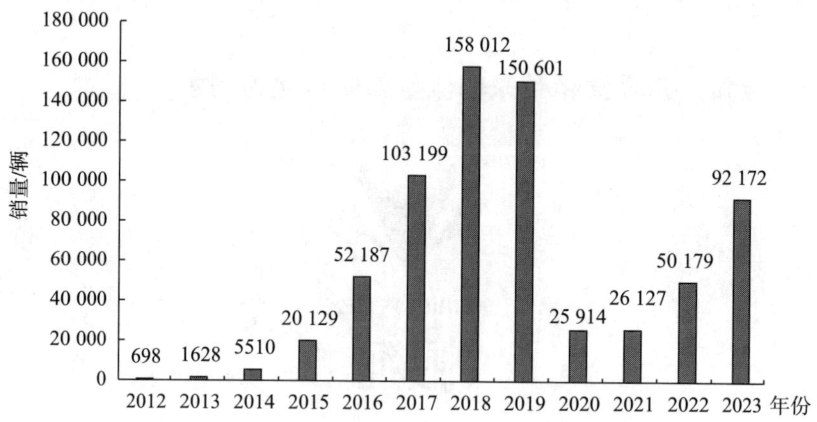

图6－2　北汽新能源2012—2023年销量

数据来源：北汽蓝谷历年年报等。

由图 6－2 可知，自 2012 年开始北汽新能源的销量持续增长，在 2018—2019 年达到顶峰，连续两年销量突破 15 万辆。但 2019 年以来伴随新能源汽车补贴政策急剧退坡，北汽新能源畅销车型销售情况急转直下，陷入价格不能升、成本不能抵销的困局，导致乘用车市场最庞大的中档车型新能源车竞争力减弱。同时突如其来的、前所未有的新冠疫情导致经济和社会运行迟滞，又迫使公司具有优势的网约车、出租车等对公销售业务陷于停滞。与此同时，蔚来、理想、小鹏等造车新势力开始崛起，使北汽新能源的竞争力进一步减弱。以上因素导致 2020 年北汽蓝谷的新能源汽车销量断崖式下滑至 25 914 万辆，同比大降 82.79%；营收同比暴跌 77.65% 至 52.72 亿元；同时由盈转亏，净亏损额度达到 64.82 亿元，亏损甚至超过了营收。2021 年销量也未见好转，销量微增至 26 127 辆。2022 年形势有所好转，北汽蓝谷累计实现汽车销量总计 50 179 辆（年度销量目标为 10 万辆），同比增加 92.06%；被寄予厚望的极狐品牌 2022 年销量为 13 919 辆（年度销量目标为 4 万辆）；销量虽有所反弹，但仍未达预期。

北汽蓝谷分析了亏损的三个原因："第一，虽然公司 2022 年上半年新能源汽车销量较上年同期有所增长，但尚属于爬坡阶段，规模效应尚未显现；第二，随着原材料价格持续上涨，加之新冠肺炎疫情反复，现有毛利无法覆盖固有成本费用；第三，为提高产品竞争力和市场占有率，公司在品牌与渠道建设、研发投入上的成本持续增加。"[561]

面临种种不利局面，在中国汽车品牌高端化的浪潮下，作为中国新能源汽车行业的先行者，北汽蓝谷于 2019 年 3 月推出极狐品牌，希望借此来打一个翻身仗。

公司将全面践行品牌向上策略，重点打造极狐品牌，从营销网络能力建设、品牌运营提升、售后服务体系保障、产品力提升等方面，持续强化品牌竞争力。**(1) 营销网络能力构建。**公司将加速营销数字化转型，构建"线上＋线下"一体化的营销模式。线上打通用户平台、数据中台、业务中台体系的数据接口，建立合作达人和车辆用户的精细化运营体系，精准识别与推送营销活动；线下构建“直销 + 分销”双驱动的商业模式，围绕目标城市全力推进城市体验中心、工厂直营店和经销商店铺的开发运营。此外，面向个人开展全民合伙人计划，鼓励以老带新推荐购车，面向组织开发 VIP 组织客户。**（2）品牌运营提升**。公司将借助冬奥测试赛、试驾之旅、上海车展等充分展示高端车辆性能，同时依托线上媒体、广告投放、社交平台，塑造极狐品牌智能科技的高端品牌形象。**（3）售后服务体系保障**。公司将强化以用户为中心的服务保障能力建设，积极推进主动型、数字化、智能化的服务模式转变，打造渠道多元化、服务直属化、场景数字化的极致服务体验。**（4）产品力提升**。公司将以用户体验为核心的差异化产品策略为出发点，持续推进用户体验场景、用户感知价值、用户车型偏好、差异化用户需求的研究分析，从而支持后续产品的开发及上市工作，着力提升特定场景下的用户感知价值，丰富产品谱系，满足用户全周期需求。（北汽蓝谷 2020 年年报）

公司加快极狐品牌高端智能纯电动汽车首款车型 αT 的验证量产工程准备，保证了 αT 在疫情严重等各种限制的情况下上市销售，**公司产品矩阵中弥补了高端车型缺失的关键一环，进入高端产品的赛道**……新品牌和新产品被市场广泛接受尚需时日，公司在增加有效投入和提升用户服务方面不断加大工作力度。（北汽蓝谷 2020 年年报）

那么，被北汽蓝谷寄予厚望的全新高端汽车品牌极狐的发展状况如何呢？

2. 极狐品牌发展概况

极狐是北汽蓝谷极力打造的高端智能新能源汽车品牌。世界知名汽车设计师沃尔特 · 德 · 席尔瓦担任极狐品牌设计师，为极狐制定了“无边界”家族化设计理念，从设计层面助推品牌实现高端化。2019 年 3 月，极狐在日内瓦车展进行全球首次品牌发布，产品由北汽蓝谷与全球知名豪华车制造商麦格纳在华合资公司蓝谷麦格纳生产。

极狐品牌三款高端新能源汽车如表 6-2 所示。

表 6-2　极狐品牌三款高端新能源汽车

车型	产品定位	上市时间	售价	竞争对手
极狐阿尔法 T	全地形性能纯电 SUV	2020 年 10 月	24.19 万~31.99 万元	特斯拉 Model Y、蔚来 ES6 等
极狐阿尔法 S	新一代智能豪华纯电轿车	2021 年 4 月	25.19 万~34.49 万元	比亚迪汉、极氪 001 等
极狐阿尔法 S HI 版	高阶智能驾驶纯电轿车	2021 年 11 月	38.89 万~42.99 万元	蔚来 ET7 等

资料来源：极狐官网，数据截至 2022 年年底。

截至 2022 年上半年，极狐阿尔法 T 和极狐阿尔法 S 两款车型已经交付，极狐阿尔法 S HI 版于 2022 年 7 月开始交付。

极狐阿尔法 T 从 2020 年 8 月开始有销量数据，截至 2022 年 6 月，累计销量 6739 辆，月均销量为 293 辆。极狐阿尔法 S 从 2021 年 3 月开始有销量数据，截至 2022 年 6 月，累计销量 6699 辆，月均销量为 419 辆。❶

总体而言，截至 2022 年年底，极狐汽车累计销量 20 634 辆，其中 2020 年销量 709 辆，2021 年销量 6006 辆，2022 年销量 13 919 辆，虽然呈较快增长趋势，但仍未达到预期。❷ 北汽蓝谷为极狐定下的 2021 年销量目标为 1.2 万辆，但实际销量为 6006 辆，仅完成一半的销量目标；2022 年的销量目标为 4 万辆，但实际销量为 13 919 辆，❸ 仅完成目标销量的 34.8%。[502]

作为对比，我们梳理了中国新能源汽车高端品牌中 11 个案例品牌 2021 年与 2022 年的销量数据，如表 6-3 所示。

---

❶ 该数据为作者使用汽车新媒体“车主指南”等公开渠道数据整理而成。
❷ 该数据为作者使用汽车新媒体“车主指南”等公开渠道数据整理而成。
❸ 该数据为作者使用汽车新媒体“车主指南”等公开渠道数据整理而成。

表 6－3　案例品牌 2021 年与 2022 年销量

指标	品牌										
	红旗	领克	理想	坦克	蔚来	魏牌	星途	极氪	岚图	极狐	高合
2021 年销量/辆	300 000	220 516	90 491	84 588	91 429	58 363	37 155	6007	6791	6006	4237
2022 年销量/辆	310 000	180 127	133 246	123 881	122 486	36 400	51 142	71 941	19 409	13 919	4349
2022 年销量排名	1	2	3	4	5	8	7	6	9	10	11
车型	燃油＋纯电	燃油、混动	增程式电动车	燃油	纯电	燃油＋混动	燃油为主	纯电	纯电/增程	纯电	纯电

资料来源：根据各品牌公开资料整理。

由表 6－3 可知，从 2022 年销量来看，极狐除比在“50 万元以上豪华电动车”细分市场中竞争的高合销量更高以外，在所有 11 个案例品牌中排名倒数第二。根据本书提出的创建高端汽车品牌的理论模型及四个核心命题，从销量这个绩效指标来看，极狐属于绩效不佳的**差别复制**。

极狐为什么绩效不佳呢？根据前文提出的理论模型及四个核心命题，以及极狐的实际情况，我们从高管团队、用户驱动型企业、定位、共创、基于互联网的用户运营、核心技术、跨界营销、渠道八个方面来进行分析。研究方法类似蔚来、理想和极氪案例的研究方法，其中访谈法主要是在极狐中心、极狐空间、极狐快闪等地对极狐的管理者、员工和车主进行深度访谈；同时对某媒体汽车主编、汽车行业专家进行深度访谈，对未厘清的疑问进行追踪访谈（半结构化的访谈提纲见本书附录 4）。

（二）高管团队

1. 最高管理层变动频繁

一个品牌的创始人或掌门人对品牌创建有至关重要的作用，维持最高管理层的稳定非常重要。我们梳理了案例品牌最高管理层的变动情况，如表 6－4 所示。

表 6-4　案例品牌最高管理层变动情况

指标	品牌										
	红旗	领克	理想	坦克	蔚来	魏牌	星途	极氪	岚图	极狐	高合
最高管理层稳定与否	稳定	稳定	稳定	稳定	稳定	不稳定（有离任）	不稳定（有离任）	稳定	不稳定（有离任）	不稳定（有离任）	稳定
绩效	较优	较优	较优	较优	较优	较差	较差	较优	较差	较差	较差

资料来源：根据公开资料整理。

由表 6-4 可知，除高合以外，以表 6-3 的销量数据作为绩效指标，最高管理层保持相对稳定的品牌（红旗、领克、理想、坦克、蔚来、极氪）均取得了较优的绩效；与之相对，最高管理层不稳定的品牌（魏牌、星途、岚图、极狐）的绩效较差。因此可以推论：最高管理层的稳定性对品牌绩效具有重要的影响，当最高管理层保持稳定时，品牌绩效较佳。

极狐的最高管理层很不稳定，北汽蓝谷董事长、总经理和极狐总裁三个关键职位均是如此。

2. 核心高管团队互联网基因

根据前文提出的四个核心命题，与用户共创极致体验是创建高端汽车品牌的核心。在当前移动互联网时代下，如何基于移动互联网进行用户运营、与用户共创极致体验十分关键。绩效较高的品牌在一开始搭建核心高管团队时，就十分注重团队成员的互联网基因。例如，蔚来创始人李斌、理想创始人李想之前都有互联网企业创业经历。我们梳理了各个案例品牌核心高管团队互联网基因的情况，如表 6-5 所示。

表 6-5　案例品牌核心高管团队互联网基因

指标	品牌										
	红旗	领克	理想	坦克	蔚来	魏牌	星途	极氪	岚图	极狐	高合
互联网用户运营经验	不详	不详	较丰富	较丰富	较丰富	较少	较少	较丰富	较少	较少	较少
绩效	较优	较优	较优	较优	较优	较差	较差	较优	较差	较差	较差

资料来源：根据各品牌公开资料整理。

从表 6-5 可知，除红旗与领克两个品牌（难查明）之外，核心高管团队带有互联网基因的品牌（理想、坦克、蔚来、极氪）取得了高绩效，核心高管团队缺少互联网基因的品牌（魏牌、星途、极狐、高合）绩效较差。领克的高管团队之前有无互联网从业经历较难查明，但领克创立之初就明确提出“互联网基因”是领克品牌的关键词之一，十分注重基于互联网的用户运营，也取得了高绩效。而红旗品牌比较特殊，因为红旗是一个在中国家喻户晓的汽车品牌（无须通过极度满意的核心用户的口碑推荐来提升品牌知名度），而其他案例品牌都是新创品牌，因此红旗的品牌管理逻辑与本书其他案例有所不同，属于“高端品牌重塑”。

由以上可以推论：在移动互联网时代，想要创建一个全新高端汽车品牌，核心高管团队是否带有互联网基因，是否具有互联网思维、用户思维非常重要，这可能决定了基于移动互联网的用户运营绩效，从而影响销量等品牌绩效。

然而，极狐的核心高管团队缺乏互联网基因，除王秋凤之外，极狐的最高管理层都是老北汽人，显得不够多元化；而“空降兵”王秋凤虽然在搜狐汽车、腾讯汽车工作过，但却是汽车媒体人，也缺乏实际互联网用户运营经历。

小结以上，我们推论：从高管团队来看，最高管理层不稳定与核心高管团队缺乏互联网基因是极狐绩效不佳的原因。

（三）用户驱动型企业

在蔚来之后，很多案例品牌也提出要成为用户企业/用户型企业，如：极氪、岚图、坦克、高合等。极狐通过学习、模仿蔚来，也提出要做用户驱动型企业。

我对蔚来的用户服务有深度观察，个人也很欣赏。我认为**蔚来的“护城河”在于用户本身和用户型企业的信念。**[710]（于立国）

你刚才问的第一个问题是用户型企业，很多人说 Model Y 降价之后蔚来的用户退定，还有人晒。那天李斌自己讲，不知道消息是哪儿来的。我是一个深度观察过蔚来的人，我也很喜欢他们。我觉得如果你并不是蔚来的深度用户，或者没有深度观察过，你甚至不知道蔚来的“护城河”是什么。蔚来的“护城河”不在于好的技术，也不在于他们的服务，我觉得**蔚来真正的“护城河”就是蔚来的这些人，以及用户型企业的信念。**我不太相信蔚来用户大规模退定，蔚来的用户群体就是一个社会，一个高活跃性的社群，我非常推崇蔚来这样的理念。[521]（于立国）

本书将用户企业定义为与用户共创极致体验来赢得极高用户满意度的企业。然而，关于什么是“用户驱动型企业”，极狐不同高管人员的说法不明确、不一致。

今年我将从三个层面着手。第一，把全员以用户为中心的企业文化扎牢，**做一个用户驱动型的公司，一如既往地亲自去“跪”用户。**第二，持续地做更新更好的产品创造，保持产品稳定的高端品质。第三，解决一些基础的问题。比如引进更多的有创业精神、互联网文化的人，优化合作伙伴政策、提供市场化薪酬体系等。[302]（于立国）

用户运营的理想状态是：第一，企业真正做到以用户为中心、为驱动力的管理体系的变化；第二，真正跟用户做到共赢共创，实现从客户到用户的转变。客户是什么？客户是上帝，所以要去“跪”。用户是什么？用户是朋友，**要用心跟他交朋友**。用户运营真做好了，一定会成就一家企业。[567]（王秋凤）

极狐自诞生的第一天起，就是一个**以用户驱动的品牌**。我们真心地希望

与用户**交朋友**，聆听来自用户的声音，希望通过与用户“共创”，一起推动极狐品牌的成长。[344]（王秋凤）

极狐事业部前总裁于立国说，做一个用户驱动型企业要去“跪”用户（用户比企业地位更高）；而极狐总裁王秋凤却说，要用心跟用户“交朋友”（企业与用户地位平等）。两任领导人的说法并不一致。

此外，作为一家传统国有汽车企业独立出来的品牌，极狐在向用户驱动型企业转型的过程中遇到了造车新势力不曾遭遇的困难。

一个传统汽车企业向用户型企业转型最大的困难是什么？首先是**文化和理念**，以用户为中心，以奋斗者为本，说说容易，做起来并不是那么容易。其次是**制度与流程**，拿直销这件事来说，原来整个流程走下来需要签六七十次字，过程非常漫长，这些我们都要彻底改掉。[302]（于立国）

对于传统车企，有一定量积累的车企来说，真正构建一个以用户为驱动的企业管理体系，我觉得是一个巨大的考验。**以用户为驱动的企业管理体系**，对内部的挑战非常大，对**后台**，对**流程**，对公司上下，从领导到员工，整个**思维逻辑**都是巨大的颠覆。[381]（王秋凤）

由以上可见，传统车企，尤其是国有体制下的传统车企在向用户型企业转型的过程中，面临文化、理念、制度、后台、流程、管理体系、思维逻辑等诸多方面的困难。

那么，是否国有体制下就做不成用户型企业呢？极狐并不这么认为，目前正在积极探索转型之路。

我认为塑造好的品牌需要拥有三个特质：第一，是否能始终如一地保持良好的产品品质。第二，是否敢“革自己的命”，保持技术的持续更新和先进。第三，是否能坚持真诚地为用户服务，做用户驱动型的企业。我从进入极狐品牌的第一天起，就给团队灌输**以用户为中心的企业文化**。当所有的员工都有**用户思维**的时候，企业就改变了，从被动变为主动。这段时间公司也安排了行政部门的同事都走出去见用户，给用户交车。如果他们不亲自出去，就不知道某个政策应该怎么批，更不会知道用户会给我们什么反馈……现在我发现做用户型企业会上瘾，这种引力的背后是真诚，现在我每天都会安排时间专门在极狐的 App 中与用户互动。通过与用户更深层次的交流互动，会让极狐的用户生态更加接地气、更加有奋斗者和共创者精神，**破除国有企业的一些束缚和机制**，建设用户驱动型企业，让整个品牌变得越来越好。[568]（于立国）

能否始终如一地站在用户立场思考如何服务，用时髦的话讲，叫能否成为一个用户驱动型企业。华为一直讲以用户为中心，以奋斗者为本，所有伟大的道理都是朴素的，但做起来真的还是很不容易的。李斌和秦力洪在这方面付出很大努力，也得到了用户的巨大回报，我们看到了用户型企业的伟大魅力。要成为这样的企业，**文化和信念**是根本，不在于企业性质。四年来，**我坚持天天跟我的团队灌输我们的价值观**，像祥林嫂一样，逢人就说。我甚至都不惜动用王阳明的哲学，王阳明哲学的核心叫致良知，什么是良知，对用户好就是良知……在给用户真诚服务这件事上，一定坚持用力过猛。**我亲自参与，我要求我们所有的管理者必须每两周参加一次对用户的交付，每两周必须亲自去给用户做一次上门试驾**。为了能真正地管理好这些事，我们重新开发了 IT 系统，过去的所有系统都不足以支撑干这样的事情。我们全面引入了 OKR 管理，让每个员工眼睛不盯着领导而去盯着用户。坦诚地讲，在我们这种转型中的企业做这些并不容易，需要极大的情怀，但好情绪会传染好情绪，用户的转变给了我们莫大的鼓励……**用户型企业真的会让人上瘾，一旦这个文化形成了，就会越来越好**，我会非常坚定地把这件事情做下去。[491]（于立国）

要持续做出一些改变，为用户提供真诚的服务，做一家用户驱动型企业。一个品牌，**如果创始人不能把主要的精力、钱和时间花在用户身上，这个品牌永远不是伟大的。**我坚信面向未来无论你是新势力，还是老势力，只要坚持做好面向未来的产品，做好服务的质量，做好产品的品质，哪怕今天只是一棵小草，总有一天也会是参天大树！[424]（于立国）

我要求员工告诉我，这件事用户是怎么体验的，要把困难留给自己，把方便留给用户。**当所有的员工都有用户思维的时候，企业就改变了。**所以，这段时间公司的很多人从被动变主动了，**都出去见用户**，给用户交车。包括后台的党群、审计、纪检、财务这些部门，甚至包括办公室主任，都要亲自出去。如果你不亲自出去，就不知道某个政策应该怎么批，更不会知道用户会对我们怎么反馈。很多同事回来跟我讲，破解国有企业改革的难题，就是得出去。这帮人只要出去了，转变都很大，自己主动反映哪个地方做得不好，应该改善。[521]（于立国）

由以上可见，极狐主要通过树立“以用户为中心”的企业文化，培养所有员工的用户思维，以及改变束缚性的流程机制等来向用户驱动型企业转型。极狐的高管也学习蔚来的李斌、秦力洪，以及极氪的安聪慧等，同样想成为“用户企业”的最高管理者，把主要的精力、钱和时间花在用户身上，每天在自营 App 上与用户积极互动，并亲自走出去接触用户。以上都是值得肯定的积极尝试。

但极狐不同领导人对用户驱动型企业有不同的理解，可能导致从整体思路到具体打法都不一样。同时，传统国有汽车企业在向用户驱动型企业转型的过程中遇到很多特殊困难与新的挑战。以上使得极狐仍处于向蔚来等先行者学习的阶段，目前还称不上一家真正的“用户企业”。

（四）定位

根据本书前面提出的四个核心命题，定位是创建高端汽车品牌的出发点。根据前文的定位钻石地图，找到目标顾客是定位的第一步。我们梳理了各个案例品牌的目标顾客和定位，如表 6 – 6 所示。

表 6－6 案例品牌的目标顾客和定位

指标	品牌										
	红旗	领克	理想	坦克	蔚来	魏牌	星途	极氪	岚图	极狐	高合
目标顾客	中国式新高尚情怀人士	心态年轻、个性开放的都市人群	中国二孩奶爸奶妈	铁汉柔情的人	年轻爸爸、35岁左右（以“80后”“90后”为主力）、家庭条件不错、素养高	一二线城市的互联网从业者、科技行业从业者、Z世代年轻人、先锋自信的年青一代	热爱生活、怀抱着强烈民族自豪感的“探享家”	30岁左右、爱潮流、爱科技、爱运动的人群	中国“新中坚”社会力量	严肃的冒险家、时代的先行者、高科技从业者、互联网原住民	破晓者
一开始目标顾客是否好界定	是	是	是	是	是	否（不同高管说法不一致）	否（2021年才提出）	是	否	否（变化较多）	较好界定
定位	中国第一、世界著名的新高尚品牌	汽车界的潮牌	奶爸车	潮玩越野SUV	第一个定位于高端的自主电动汽车品牌	中国豪华SUV领导者、新一代智能汽车（重新定位）	极智新国创（2021年重新定位）	高端智能纯电品牌	零焦虑的高端智慧电动品牌	追求极致性能与创新设计的高端智能新能源汽车品牌	可进化的豪华纯电动汽车
一开始定位是否清晰独特	较清晰	是	是	是	是	否	否	是	否（“贪多贪全”）	否	较清晰，但不够独特
绩效	较优	较优	较优	较优	较优	较差	较差	较优	较差	较差	较差

资料来源：根据各品牌公开资料整理。

从表6-6可知，一开始就选择清晰、好界定的目标顾客，同时一开始就提出清晰、独特定位的案例品牌都取得了较高绩效（红旗、领克、理想、坦克、蔚来、极氪）；而那些一开始目标顾客较模糊/发展不顺才想到要找目标顾客/不同高管说法不一致，同时一开始定位不够清晰独特/贪多贪全/因为发展不顺而重新定位的案例品牌的绩效较差（魏牌、星途、岚图、极狐、高合）。各个案例品牌的具体定位分析详见相关案例部分。因此，我们推论：一开始目标顾客清晰、好界定，同时一开始就提出清晰、独特定位的高端汽车品牌的绩效较佳。

然而，极狐的目标顾客模糊，定位不够清晰、独特，发现绩效不佳后再重新进行定位。下面我们逐一梳理。

1. 目标顾客模糊

极狐的不同高管人员提出的极狐目标顾客不一致，甚至同一高管人员在不同时间、不同场合提出的目标顾客也不一致。

> 极狐的用户是**时代的先行者**，他们拥有前瞻视野，乐于接受新鲜事物，不断开拓自己的边界。比如我们有位成都的用户，他名下拥有宾利等豪车，是开惯了豪华品牌的车主。但是，豪华品牌无法满足他对智能的需求，而这刚好是极狐阿尔法S全新HI版的优势，这位车主选择HI版，说明了HI版在智能方面的绝对领先。另外，在深圳有位自媒体博主，浸染在深圳这个科技氛围浓厚的环境中，他对智能驾驶很感兴趣，在看到HI版上市后，希望第一时间体验到，就购买了HI版。[687]（王秋凤）

> 极狐汽车的用户都是**高科技从业者**，收入偏高的人群，对新事物接受度比较高。[322]（王秋凤）

> 为什么到了现在不管是新势力，还是传统汽车，包括吉利、长城各个企业都在提用户运营，核心的原因是互联网原住民他们长大了，有消费能力了，他们是我们主要的目标群体。**互联网原住民**，不管是对产品的体验，对

> 沟通交流的体验，甚至对于互动，不管是建议、意见，他们的要求更高。我们造车卖车就是为了给这些人服务，他们有需求，他们的需求在转变，我们一定围绕用户的角度做。[669]（王秋凤）

> 极狐是公司聚合全球优质资源打造的高端智能新能源汽车品牌，目标客户群体为勇于探索、拥抱挑战的**"严肃的冒险家"**。（北汽蓝谷2022年半年度报告）

> **"严肃的冒险家"**，这一词看起来有点矛盾，实际是我们通过已有的用户画像以及新的目标用户群体，一遍一遍观察、分析之后，发现的跟我们的目标用户最匹配的形容。为什么是严肃的？买车不是感性的事情，选极狐汽车的人都是非常严谨的，一定要经过各种比对，是非常认真、严肃的。勇于冒险，则体现在生活中，他们愿意突破偏见，也愿意率先尝试电动车。极狐骨子里有非常强的科技感，也能够支撑大家去冒险。时代已经变了，我们应该用新的方式、方法做事。我们没有时间像传统车企那样做长时间的品牌积累，所以在电动汽车这一块，我们做得更多的是圈层击穿。下半年，极狐还将与**科技领域、医护领域、教师行业、金融领域**等不同领域的用户群体开展一系列破圈活动。[628]（王秋凤）

由以上可见，极狐提出的目标顾客至少有四个群体：时代的先行者、高科技从业者、互联网原住民、严肃的冒险家。这让我们产生了疑问：极狐的目标顾客到底是谁？为什么极狐的目标顾客一直在变化？极狐可能一开始并没有想好自己的目标顾客是谁，当把车造出来却发现销量不佳之后，才通过比对已有用户画像与实际目标用户群体，重新找到"严肃的冒险家"这个目标顾客群。以上过程违背了首先就要找到目标市场，并按可测量性、差异性、清晰性和一致性等指标对目标市场进行评估，从而一开始就确定目标市场有效性的定位逻辑。

2. 定位不够清晰、独特

极狐一开始提出的定位比较模糊。

新能源汽车发展到今天，高端化、智能化是必然的趋势，极狐品牌从诞生的一刻起，就是毫不动摇的**高端品牌定位**。因此，北汽集团内部一定是举全部力量推动极狐走向成功。极狐作为一个急先锋，将带领北汽新能源进入更高端、更国际化的市场。以徐和谊董事长的话来说，希望极狐能成为北汽60年发展历史上一个改革的里程碑，成为北汽新能源二次混合所有制改革的典范。[522]（于立国）

作为在蔚来、理想等新能源汽车高端品牌之后诞生的高端品牌，极狐的“高端品牌定位”比较模糊，不够清晰、不够差异化。极狐的高管也意识到了这点。

极狐亟须在用户面前建立起一个更为**清晰的品牌形象和更具差异化的品牌DNA**，让极狐与其他品牌明显区隔开。[451]（王秋凤）

于是极狐进行了重新定位，新提出的定位为：“**追求极致性能与创新设计的高端智能新能源汽车品牌**。”但如前所述，定位是创建高端汽车品牌的第一步，不能一开始没有想好，等产品已经做出来发现销量不佳之后，再根据实际用户画像与用户反馈找到实际目标顾客，被动进行重新定位。

电动车不再只是一个基础代步工具，也不会再有里程焦虑……它可以给我们带来驾控乐趣，甚至带给用户的驾控乐趣会比我们想象的更进一步……**我们对阿尔法T这款SUV进行了重新定位，现在将它定位为全地形性能SUV**……这一定位调整，是来自用户的启发……对于品牌非常宝贵的前期用户，我们一直在跟他们进行深层互动，他们也会提出很多建议和意见，包括阿尔法T搭载全地形四驱系统。大家在日常使用时体验到这些乐趣，持续跟我们沟通反馈，我们之间进行的互动也得到了很多数据验证。[350]（王秋凤）

当前，极狐重新定位为：“追求极致性能与创新设计的高端智能新能源汽车品牌。”由于极狐品牌创立于2019年3月，此时市面上已经有蔚来、理想、岚图等高端智能新能源汽车品牌，因此“高端智能新能源汽车”并不新鲜；“创新设计”也是泛泛而谈，因为新创新能源汽车品牌没有不强调创新的。那么，**可能形成差异化的只有“追求极致性能”**了。极狐如何实现这一差异化的定位呢？

差异化定位对品牌来说至关重要，极狐品牌吸引人的点之一，是**与麦格纳及华为的合作**，跨界协同。[499]（北京大学新闻与传播学院副院长刘德寰）

极狐品牌有三个非常重要的**核心基因**，也来自三个合作方：**一是北汽蓝谷**。北汽蓝谷过去十年深耕新能源汽车发展，有中国唯一一个国家级新能源汽车创新中心。北汽蓝谷过去十年给了我们全面电动化的基因。**二是麦格纳有的基因**。麦格纳有一百多年的历史，生产了370万辆豪华车，这给了我们豪华品质的基因。**三是遇见了华为**。我们跟华为的合作涉及通信、自动驾驶、芯片、软件、云计算、人工智能、智能座舱、人机交互等众多领域。华为的赋能让我们能够重新定义汽车，并拥有全球领先水平的自动驾驶能力。[616]（于立国）

北汽新能源高端子品牌极狐和其他高端品牌相比存在哪些优势？**第一，产品品质**。产品品质是决定生存的关键要素。很多品牌因为追求效益或速度，忽视了品质。极狐从品牌诞生至今，用了四年时间打磨产品，对品质的重视度极高。**北汽和麦格纳合作，**以最严苛的百年豪车制造标准合资打造生产基地，从制造工艺、质量核验到对细节的把控，都使极狐成为高品质的新能源车，品质就是极狐产品的最大亮点。**第二，诸多领先技术集于一身。极狐与华为深度合作**，通过华为的5G技术解决了智能化、数字化、自动驾驶等方面的很多问题，使极狐的首款SUV成为同类产品中的佼佼者。**第三，更好的供应链体系**，保证了极狐的纯粹高端血统。**品牌背后有在汽车领域耕耘60年的北汽集团做支撑，尤其是北汽与奔驰的合资**，使极狐获得了奔驰体系供应链支持，对产品性能、品质的提升起到了重要作用。[522]（于立国）

> 极狐是智能汽车时代里的领先者，更多的车本质上是电动车，不能称为智能汽车，而极狐是智能汽车的领军者。电动是智能的载体，智能汽车的核心要素，智能座舱、智能驾驶、电子电气架构等，这些东西需要我们大力拥抱互联网企业。所以**我们品牌的差异化，第一就是智能**。另外，在具体的策略上，我们希望**标准版的阿尔法 S 是同级的性能标杆，而 HI 版 S 是自动驾驶阵营的标杆**。[682]（王秋凤）

如上所述，极狐主要通过与华为和麦格纳合作来实现“追求极致性能”与“智能汽车”的定位。然而，智能驾驶需要依靠华为来实现，制造需要依靠麦格纳来完成。这就使人产生了一个疑问，作为一个高端汽车品牌，极狐自己到底有什么核心竞争力？到底掌握了什么核心技术？我们将在后面就这个问题进行探讨。

（五）共创

本书研究的大部分案例都重视与用户共创，极狐也与用户进行产品、服务、生活方式等共创。

1. 产品共创

极狐主要是与用户进行产品共创，如让用户参与产品定义、产品迭代更新等。

> 一辆车型的交付不是一个产品的终结，交到消费者面前才是激活它的开始。我们的运营团队跟消费者会做很多积极交流，结合消费者的需求以及使用过程中的一些建议进行改善，**这些都会帮助衍生产品的改进款以及升级款**。[726]（北汽蓝谷总经理代康伟）

> 新能源品牌的用户运营更多地要把用户拉进来，**跟我们共同来推动产品的更新迭代**，来完善我们的产品，而这也是极狐特别重要的发展方向和机会。[417]（极狐用户运营中心副主任赵志楠）

2. 服务共创

极狐事业部前总裁于立国曾说过："在给用户真诚服务这件事上，一定坚持用力过猛。"通过与用户共创服务的方式，用户体验可能更好，如根据用户投票选出在北京哪里建设超充站等。

> 极狐对于消费者的真实声音还是很在意的，甚至会**让消费者直接参与到售后过程中**。例如，去年冬天有车主提出车辆在冬天电量消耗大，极狐收到反馈后就提出了在顶配车型上配备发热台加热的解决方案。极狐希望通过与车主的交流，从而找到解决方案以改造下一代产品，尤其是在软件方面，体现得更为深刻。最近，**极狐在北京建设的超充站就是通过北京车主投票选出来的。**[592]（刘宇）

> 无论是生产制造，还是跨界合作，目的就是要实现和用户充分、有效的互动交流，真正实现与用户共创品牌。**包括极狐在内，越来越多的品牌都在尝试通过与用户共创的方式，做好用户体验和用户服务。**[746]（中国汽车报社社长辛宁）

3. 生活方式共创

要想让汽车与用户的生活真正连接起来，与用户共创生活方式十分重要，蔚来早已在做，极狐虽无创新，但也在努力尝试。

> 极狐不会做传统的模式，而是**引导用户参与社交般的互动，让他们有更多的参与感，与车主共建圈层**。让车主们知道，买了极狐之后，才是美好生活的开始，它不只是一个交通工具，而是**生活中非常重要的伙伴。**[323]（极狐用户发展部高级经理马腾）

本书前文提及，与品牌进行共创需要用户付出时间、精力、情感，用户凭什么这么做？极狐又是如何驱动用户进行共创的呢？**极狐主要通过圈层运**

营与会员体系来驱动用户进行共创。这可能是极狐频繁开展跨界营销活动的原因。

> 用户运营，下半年用户运营的核心是两个字——开放，更多的触点像滚雪球一样，希望更多粉丝更多地转化，把陆续增加的车主运营好了，大家成为大家庭。我们会开放更多的触点，官网、App 也会跟用户互动，媒体的 KOC，包括 KOL 的各种运营，**包括很多跨界的合作**。用户运营是一个体系，要做很多工作，现在有两个项目比较期待，一是 IP 合作。二是**破圈的圈层运营**，我们希望不同的圈子来我们这边做圈层运营，接下来我们也会推出一个共创计划，马上下周阿尔法 S 媒体试驾开始，连续四天的大规模试驾也会跟媒体的朋友们开放一个共创计划。[669]（王秋凤）

> 自我们的首款车型上市以来，极狐的用户运营已经度过了最初的探索期，我们已经初步拥有了活跃的 App 线上社群、饱受用户关注和期待的周边衍生精品商城、"一票难求"的线上线下活动矩阵，用户在我们的**会员体系**里也玩得很开心。同时，在众多关心、爱护极狐品牌的车主支持下，我们在多个城市的车友会也初具规模。因此，在新的阶段，极狐的用户运营会有两个重点动作：第一，**我们已经针对周边衍生品发布用户众创项目**。由用户提出衍生品品类、设计及功能方案，经过用户评审委员会的票选，由我们对接成熟的开发资源保障产品最终落地，并在极狐愉悦商城上架销售，销售收入以会员积分形式与用户共享。在更快速、精准满足用户需求的同时，**把用户运营的主动权还给用户**。第二，随着我们交付量的上升，用户群体不断扩大，用户对于内容、活动的需求也更加丰富。所以我们适时地**推出了基于品牌体验、户外探索、场景沙龙三个核心方向的圈层运营矩阵**，覆盖了时尚、格调、财经、知识、节日、竞技、科技等十余种元素，塑造极狐用户的群体形象与生活方式，引导用户结合自己的爱好享受极狐车生活的乐趣，进而发现和探索车以外的世界……我们为什么做这些事？两个目的，

一是希望我们的用户、车主有更多的参与感。咱们平时可能加微信群、QQ群聊车，但在群里聊车的只占到10%，剩下90%是聊自己的兴趣爱好。所以我们会更加关注车主的兴趣爱好，让他们有更多的参与感，**我们与车主共建形成圈层**。通过这个圈层，让大家知道，你买了极狐之后才是美好生活的开始，不是一个A点到B点的交通工具，而是你生活中一个非常重要的伙伴。[629]（马腾）

如何驱动用户进行共创？一个关键点是：一开始就找到一群认同品牌价值观、志同道合的核心用户。如前所述，极狐由于目标顾客、定位不够清晰难以实现这一点，这可能导致极狐与用户共创的效果一般。虽然如此，但极狐提出的通过圈层运营和会员体系驱动用户进行共创的方法仍然值得学习。

（六）基于互联网的用户运营

本书研究的案例品牌几乎都强调用户体验，极狐也不例外。2021年5月，极狐的销售部门改名为“用户运营中心”，核心工作是提升用户体验，可见极狐对用户体验日益重视。

用户运营是我们特别重要的一个板块，我们的销售公司已经改名叫**用户运营中心**，其中还专门有一个大部门，几十人的团队，叫用户运营组，**核心是整个用户体验提升，包括了粉丝运营、保客运营**，会从这两个维度，跟用户进行不同的沟通互动。[525]（王秋凤）

1. 用户体验

作为一个高端汽车品牌，极狐关注的用户体验不仅是产品体验，还包括售前体验、出行体验、沉浸式场景体验、补能体验等，甚至到每个触点上的用户体验。

电动车的售后逻辑和油车有很大区别，油车主要是售后和保养，电动车不会有很大频次的售后和保养工作。因此让用户有一个很好的体验和感受，打造好与用户的触点是很重要的。这一点上我们做得还可以，建议大家到我们的 App 里去看一下，大家的点评和口碑还是很不错的。另外**对于售前，我们还是十分强调体验**。因为电动车现在最大的“焦虑”就是“里程焦虑”，我们一定要通过体验，让消费者打消掉这个“焦虑”。[483]（刘宇）

成为用户驱动型企业，光有出色的产品还不够，主机厂、经销商与消费者传统的关系同样需要变革，用户运营也起着重要的作用。对于主机厂来说，不应该只是在车辆出现故障或是车友会的时候才想到用户运营，而是**应该扩展更多的触点，与消费者无限链接**。尤其是对没有高频次售后和保养工作的电动车来说，让用户有一个很好的体验和感受，打造好与用户的**触点**就更为重要。[592]（刘宇）

极狐品牌设立的初期，我们想如果围绕用户，围绕消费者，怎么让他接受智能电动汽车的**出行体验**，我们下了很多的功夫在痛点的解决方案上，包括 4 月 17 日发布的 HI 高定版里会有高压快充的解决方案……极狐要给消费者带来出行的愉悦感……我觉得这种需求不是用户定义出来的，是基于我们对未来的一种消费趋势（包括什么叫愉悦）创造出来的需求，而且技术能够满足，我们结合方方面面的技术为消费者创造这样的技术。[528]（代康伟）

我们发现光靠试驾体验一下其实还不够，想让用户真正喜欢产品，对品牌及产品特性记忆犹新，我们还应该更深一步到实际场景中去体验，所以现在我们就把它变成了**沉浸式的场景**……让消费者沉浸其中体验我们的产品。[350]（王秋凤）

未来新能源领域靠的是与用户不断地互动来带动整个企业、品牌和产品不断地迭代和更新，因此，希望用户在使用极狐车时，不管是维修保养方面还是**能源补给**方面都不必过于操心与焦虑，我们会给用户带来真正无忧的用车新体验。[599]（王秋凤）

虽然极狐重视用户体验，但对用户满意度提及较少，没有在用户体验与用户满意度之间建立紧密的联系。

2. 用户满意度

根据本书对用户企业的研究结论，用户满意度是用户企业的最高目标，但极狐的高管对用户满意度的探讨较少，没有将极度满意的用户作为品牌运营的核心。

> 所以我们现在要做好车，做好服务，做好跟车接触的所有事务。让把钱交给你的人不后悔、高兴、**满意**，时间长了，一年两年、三年五年、十年，随着时间的推移，这个品牌一定会立得住。[491]（刘宇）

> 毫无疑问应该是交付的品质以及对待消费者的态度，我们就抓这件事。同时我们要**抓满意人群的扩散**，滚雪球，把雪球滚起来。[515]（刘宇）

极狐的高管对用户满意度的重视程度不够，也没有在用户满意度与口碑推荐之间建立联系。

3. 口碑推荐

极狐的高管一开始并没有想过要以极度满意用户的口碑推荐为主要力量来进行品牌传播，只是在“做用户驱动型企业上瘾”之后才开始相信口碑推荐的巨大力量。

> 不得不承认，北汽以往出的车有时候过于着急扩大市场，导致**初期口碑不好**，售后服务质量也没跟上。但是在极狐这个品牌上面，我们没那么在乎销量目标，也没那么在乎时间节点，更多以产品及服务的成熟度、品质、**用户满意度**来衡量，如果做不到，就会暂时压着节奏，这也是我们一个很大的转变。[552]（极狐高管群访）

> 每一位真实存在的用户才是数字营销的主角。比如说大家最常提到的内

容种草与拔草，无论是在抖音短视频还是在其他社交媒体上，它的作用反而要更强大……这是一种思维的变革。光靠自己单一地投广告在抖音这个生态里效果是有限的，要靠**用户体验、口碑传播**来驱动。[746]（刘宇）

在极狐 αT 交付的700多位用户中，有很多新用户是由购车用户推荐的。其中，最多的一次有20辆交付，20位用户全部都带着朋友参加交付活动，又让 αT 获得了新的订单，体现出**用户推荐的巨大力量**。[568]（于立国）

现在已经有越来越多的**新用户推荐新用户**，越来越多的原北汽的“黑粉”变成了我们的铁杆粉丝，越来越多的用户在我们 App 上留言，表达看到了一个全新的北汽，看到了我们的认真与真诚。[491]（于立国）

我每天晚上几乎用一个半小时的时间在 App 上跟用户互动，给他们回答各种问题，聊聊天。我发现原来北汽的“黑粉”发生了变化，其实企业的变化用户是能感知到的。有用户发帖子说，好像北汽这次做高端品牌是认真的。我们现在请用户参与更多决策，已经开始出现大量的**新用户推荐新用户**。上周六我们一天交付了20辆车，是我们今年的最高纪录，并且这些用户都是带着朋友来的，当天他们的朋友又有3位下了大定，我为我的团队感到欣慰。[302]（于立国）

目前，高端智能电动汽车还是一个狭窄的市场，要一点一点通过我们的努力感染消费者形成圈层、用真诚的服务铸造**口碑**去驱动市场，“用力过猛”地服务好用户的点点滴滴。[302]（于立国）

4. 品牌知名度

本书前文提出的创建高端汽车品牌的路径为：从定位出发，找到一群认同品牌价值观、志同道合的目标用户，通过与用户共创极致体验使用户极度满意，以极度满意的用户为核心进行品牌运营，通过他们的口碑推荐树立差异化的品牌形象、提高品牌知名度，进而形成良性循环。然而，极狐的高管认为当前消费者不太接受极狐的主要原因是品牌知名度不够，因此仍然走传统的创建品牌资产的路径：通过跨界营销迅速提升品牌知名度，然后提升品牌美誉度，最后想办法兑现销量。

> 消费者不太接受的原因在哪里？这个**知名度**还是需要一步一步地去达到的。传统制造业，基于消费者需求，或者基于场景做产品定义的能力，在一定程度上讲，就是不如互联网企业，这是一个客观事实。第一步没做好，没问题，你持续地迭代，就可以追上。[697]（刘宇）

> 今年要通过一系列的营销大事件迅速建立极狐品牌的**知名度**。[611]（王秋凤）

> 今年极狐的重点不是销量，作为一个新品牌，一个核心是**品牌认知度**，另一个核心是产品认知度和美誉度。[326]（王秋凤）

> 其实一个品牌真正的成长是从终端销量兑现的，是一个互相推动往前走的过程。极狐还处在早期，在品牌这块儿，今年做了一些创新尝试，我们看到**越来越多人知道极狐**，也有越来越多的人认可极狐是一个高端电动车品牌，这是一个非常好的趋势和苗头。在终端销量兑现方面，我们也正在努力提升兑现的能力。[406]（刘宇）

> 极狐品牌以“零差评”的过硬实力取得用户认可，围绕“顶级自动驾驶”标签和系列爆点营销活动迅速提升**知名度**。（北汽蓝谷2022年半年度报告）

小结以上，极狐一开始并没有设计好以用户体验为核心创建高端汽车品牌的路径，即“用户体验→用户满意→口碑推荐→品牌/财务绩效”的、基于互联网的用户运营并没有打通。

（七）核心技术

极狐与华为的合作采用 HI（Huawei Inside）模式，即整合华为与车企的资源，整车开发制造由车企负责，并使用华为的全栈智能汽车解决方案，两者合作推出极狐阿尔法 S HI 版。同时，极狐由麦格纳代工生产制造，如图 6 - 3 所示。

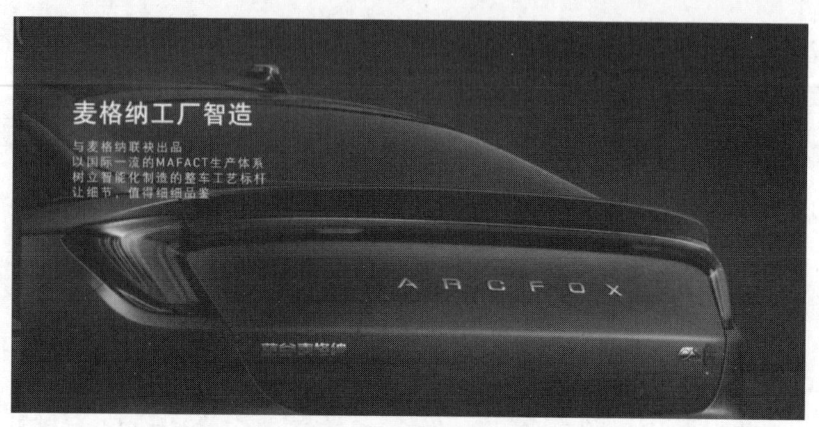

图 6 - 3　极狐汽车由麦格纳工厂代工制造

资料来源：极狐官网。

极狐为什么不通过自主研发来掌握核心技术呢？极狐高管解释如下。

> 上一次发布会跟大家阐释了一个想法，越来越觉得**我们自己不能够独立做好一款智能车**，所以我们找朋友（合作），麦格纳、华为、宁德、SK，已经不叫供应链了，这个叫朋友圈。[483]（刘宇）

> 我们不会建所谓两三千人团队做系统甚至芯片开发，会消耗大量精力。我们最重要的是**做好产品定义，做好用户需求洞察、用户服务**。[576]（刘宇）

> 苹果不做制造，但是所有的定义是苹果做的。大量的企业以成为苹果的供应商为荣，我们极狐品牌也要这样做，**把洞察和定义这两者牢牢抓在我们自己的手里**，品牌才能领先于竞争对手。技术迭代不用担心，有需求就会有技术迭代。我希望品牌能够持续实现自我更新，产品定义和用户洞察持续震

荡，让极狐这个品牌常青。[515]（刘宇）

北汽蓝谷走的是第三条道路，即保持自身在**硬件和产品定义**方面的优势，同时与合作伙伴一起跨越数字鸿沟。对我们而言，这是最合适的路径。我们在思考智能化解决方案时，基于三个目标。首先，以软件驱动的产品智能化解决方案；其次，以场景驱动的产品应用生态构建；最后，是以自动驾驶汽车为端点的V2X世界。**无论从经济性、时效性还是有效性来考量，我们认为跨产业协同创新最具可行性**……通过与ICT领域最顶尖的技术服务商华为的合作，快速、高效构建行业领先的智能化能力，在学中干，在干中学。[433]（刘宇）

此次极狐与华为的合作，在汽车行业中具有很强的创新性，这种合作模式能够将主机厂的工作进一步简化，而产品水平却能够得到有效提升。这种模式下，主机厂的真正核心能力在于**用户研究和产品定义**，在于造型、产品功能组合，同样高等级自动驾驶也是不可或缺的。华为目前在做更多底层的技术和对极狐需求的响应，一颗芯片的研发可能会花费两亿美元左右。[592]（刘宇）

我们作为先行者确实付出了一定的代价，但我们的转型速度比其他企业都快，不管你是国家队还是造车新势力，最初都没有发现**华为**这块璞玉，没有洞察到**华为的芯片能力**。而与**麦格纳**的合作中，我们看中的是其超过百年的高端汽车制造经验和历史，麦格纳看中的是我们在新能源赛道和在智能化方面的野心，所以我们觉得叫吃亏也行，叫占便宜也行，我们跟消费者承诺的东西越来越清晰，越来越坚守。[365]（刘宇）

人和则指的是极狐的合作伙伴和供应链都是行业内的顶级企业。**极狐的产品是北汽蓝谷和麦格纳携手打造，在智能化方面则有华为加持**。除此之外，极狐的电芯来自韩国SK、高性能电机出自西门子法雷奥、底盘为博世和麦格纳开发，就连座椅、玻璃这些细节都是由安道拓、福耀、圣戈班等行业知名企业提供，这让极狐在整个产品方面达到了世界级水准。[568]（于立国）

车归根结底是一个复杂的大件商品，极狐的品质一定要做到没有遗憾，所以我们与麦格纳合作建立整车工厂。这个工厂是麦格纳在亚洲建的第一个纯电车量产工厂。另外，**我们与华为合作，打造智能驾驶、智能化的体验，成了用户关注极狐的又一个重要点。**[571]（极狐用户发展部副部长陈靖）

极狐的高管人员指出**极狐的核心能力是产品定义与用户洞察**，极狐没有能力、精力独自做好一款智能车，因此把智能驾驶、车机系统的研发托付给华为，把生产制造托付给麦格纳。然而，作为高端智能新能源汽车品牌，智能驾驶是核心技术。如果不自己研发而选择走捷径，别的车企也可以和华为合作（目前华为也在和赛力斯等企业合作），到时极狐可能会很被动。此外，极狐高管人员举了苹果公司的例子，虽然苹果不做制造，但智能手机（相当于汽车的智能驾驶）时代就是苹果开创的，智能手机是苹果最早定义的，苹果手机的芯片也是自己设计的；苹果的 iOS 操作系统（相当于汽车的车机系统）是自己开发的。苹果把核心技术牢牢掌握在自己手中，富士康等只能为苹果代工，这和极狐还是有区别。

2021 年 6 月，在上汽与华为著名的“灵魂之争”中，上汽集团董事长陈虹指出：“这好比一家公司为我们提供整体的解决方案，如此一来，它成了灵魂，上汽成了躯体。对于这样的结果，上汽是不能接受的，要把灵魂掌握在自己手中。”[755]上汽集团副总裁、总工程师祖似杰也表示：“下一代汽车的大脑是完整的电子电气架构和控制整辆车的软件架构，这点是不能假手于人的。”[403]

在传统燃油汽车领域，自主品牌在核心技术方面处于劣势，而在新能源汽车赛道，却存在“弯道超车”的机会；且相比传统燃油汽车，智能驾驶与新能源汽车联系更加紧密，新能源汽车是汽车智能化的更佳载体。能否把智能驾驶、车机系统等核心技术掌握在自己手里，可能是一个新能源汽车品牌能否成为消费者心智中真正的“高端”品牌的实力象征。我们对 11 个案例品牌中 6 个以销售新能源汽车为主的品牌的研发情况进行了梳理，如表 6 –7 所示。

表 6 –7　高端新能源汽车品牌研发情况

指标	品牌					
	理想	蔚来	极氪	岚图	极狐	高合
核心技术	智能驾驶、操作系统、增程系统自研	“三电”“三智”全栈自研	智能纯电汽车需要的核心技术都要实现自研	ESSA 原生高端智能电动架构，华为 HiCar 车机系统，百度智能驾驶	华为智能驾驶，麦格纳制造	自主研发 H – SOA 超体电子电气架构、HiPhi Pilot 高合自动驾驶辅助系统
是否自主研发	是	是	是	非全部自研	否	是
研发费用/亿元	32.9 亿元	45.9 亿元	55.1 亿元（吉利汽车集团）	55.2 亿元（东风集团）	12.1 亿元（北汽蓝谷）	未透露
研发费用占比/%	12.2	12.7	5.5	5.2	13.7	未透露
绩效	较优	较优	较优	较差	较差	较差

资料来源：根据相关公司年报、公开资料整理。

注：研发费用与研发费用占比均为 2021 年全年数据。

由表 6 –7 可知，除高合之外，通过自主研发来掌握智能驾驶、车机系统等核心技术的案例品牌（理想、蔚来、极氪）取得了较好的绩效；而通过合作研发进行关键核心技术攻关的案例品牌（岚图、极狐）的绩效较差。因此，我们推论：通过自主研发来掌握智能驾驶、车机系统等核心技术的高端新能源汽车品牌的绩效更佳。

此外，从表 6 –7 可看出，蔚来与理想两家造车新势力的研发费用与研发费用占比均较高；而传统车企（吉利汽车集团、东风集团）的研发费用虽高（规模大、营收高），但研发费用占比却不高；北汽蓝谷的研发费用占比虽高，但这可能与其营收本来就不高有关，研发费用仅为 12.1 亿元，在几个案例品牌中最低。

（八）跨界营销

自极狐总裁王秋凤上任之后，极狐策划了多场跨界营销活动，如冠名崔健演唱会、冠名罗大佑演唱会、携手北京国安足球队开展用户体验活动。2022 年 4 月 15 日，极狐独家冠名崔健“继续撒点野”线上演唱会，累计观看量 6370 万次，累计观看人数 4603 万，获得 1.2 亿点赞和 243 万次分享，极狐礼物赠送次数超 100 万。

2022 年 5 月 27 日，极狐独家冠名罗大佑“童年”线上演唱会，观看人数接近 4200 万，直播热度超过 550 万，点赞数超过 8500 万，直播间分享次数超过 260 万。

由以上数据可知，演唱会本身的效果是很好的。

2022 年 4 月 9 日，极狐与北京国安开始品牌合作，联合发布“绿茵充能计划”，开展“共热爱 极京彩”用户体验活动；2022 年 8 月 4 日，极狐阿尔法 S 和阿尔法 T 的国安版车型发布。

> 近年来，**极狐通过涵盖文化、音乐和体育等不同领域的营销活动**，扩充全网极狐内容声量……未来极狐将会和更多新生代音乐人以及时尚、环保等**多领域多圈层跨界合作**，打破地域、年龄等固有圈层，与用户产生更多共鸣，延续线上品牌热度。同时，将通过 IP 创新、形式创新、内容创新、技术创新等，持续打造具有独特极狐印记的品牌营销活动。[739]（王秋凤）

> **崔健**项目一出来我们就意识到，视频号商业化首秀是为数不多还有互联网流量红利的地方。所以，大家看到了我们在互联网的全链路营销：优质内容＋视频号顶流平台＋破圈及社交裂变＋利用微信生态和平台工具的线索转化……崔健演唱会收获了全网 16 亿＋的曝光量，演唱会带来的高意向留资信息破千，转化率达到 50% 以上。[709]（王秋凤）

> 独家冠名**罗大佑**腾讯视频号演唱会，是极狐诠释“破界”理念、持续

发力创新营销战略的一次具象体现和行动。[709]（王秋凤）

我们会跟用户共创**国安**联名版的车型。让用户参与设计，我们去挑大家海选最高的车型，做成联名的限量版推出来。我们希望租一个专门做联名版的店铺，去年规划了很多的联名店铺，包括国安都是我们想做的。如果不是因为疫情，现在已经建起来了。[518]（王秋凤）

上半年，极狐围绕“释放科技的包容心”品牌核心及“生而破界 有何不可”品牌主张，聚焦品牌形象与产品力传播，以“强音量、精音准”为基准持续输出高质量传播内容。通过崔健、罗大佑视频号演唱会及与北京国安进行品牌合作等大事件进行全媒体矩阵传播，集中声量增强曝光，扩大品牌知名度，深入挖掘品牌价值，强化技术标签与“先行者”品牌形象认知。同时延续“极狐行动”IP，以用户沉浸式体验营销为主要形式，选择头部平台、生活类媒体等渠道，**通过线上线下进行种草导流，促进实际销量转化。**（北汽蓝谷 2022 年半年度报告）

然而，极狐策划的几次跨界营销活动带来的巨大流量似乎没有明显转化为销量。

目前虽然销量没有完全兑现到流量那么高，但在行业里极狐的做法是超前的。**不能期待大曝光流量马上转化成销量，**品牌培育是一个长期过程。[450]（王秋凤）

据统计，在以上三场跨界营销活动前后（2022 年 3—6 月），极狐的销量分别为：1623 辆、**601 辆、1043 辆**、2079 辆。❶ 极狐在 4 月、5 月赞助演唱会的这两个月销量反而相比 3 月出现较大幅度下降，一直到 6 月销量才有所好转。极狐 2022 年上半年累计销售 6723 辆，与 2022 年 4 万辆的销量目标差距很大。[696]

---

❶ 该数据为作者使用汽车新媒体“车主指南”等公开渠道数据整理而成。

专家接受访谈时指出："单看演唱会的数据，那是演唱会的成功以及举办方的成功……在演唱会的前中后，应该有连贯的营销行为，对不同的传播渠道、消费者接触点，有多方面的交互、转化引导，以及市场衔接。"同时，由于极狐并没有从定位出发创建高端汽车品牌，其跨界营销活动的受众可能并不是其目标顾客（时代的先行者、高科技从业者、互联网原住民、严肃的冒险家）。正如一位汽车营销专家所指出的："崔健、罗大佑的粉丝群体，大概率不是买极狐汽车的那拨人。"[733]

据搜狐财经报道，2021 年北汽蓝谷极狐品牌营销费用 4 亿元，全年共交付 6006 台极狐汽车。[441]据此计算，极狐品牌单车营销费用高达 6.7 万元。据北汽蓝谷 2022 年半年度报告，北汽蓝谷 2022 年上半年营销费用 8.91 亿元，同比大增 67.54%；而研发费用只有 3.74 亿元，同比下降 8.35%。可见，相比于研发，当前极狐更重视营销，虽然在营销上投入极大，但效果并不尽如人意。

（九）渠道

当前，传统燃油汽车仍然采取以 4S 店为主的经销商渠道模式，盈利主要靠售后；与之相对，新能源汽车（尤其是电动汽车）售后的维保项目较少，盈利点较少，没有必要采取传统高成本的 4S 店模式。本书研究的案例品牌的渠道模式如表 6－8 所示。

表 6－8 案例品牌渠道模式

对比项	品牌										
	红旗	领克	理想	坦克	蔚来	魏牌	星途	极氪	岚图	极狐	高合
车型	燃油＋纯电	燃油、混动	增程式电动车	燃油	纯电	燃油＋混动	燃油为主	纯电	增程版、纯电版	纯电	纯电
渠道模式	经销商＋直营	经销商	直营	经销商＋合伙直营	直营	经销商＋合伙直营	经销商＋直营＋二级网络	直营	自营＋伙伴	直营＋经销商	直营
绩效	较优	较优	较优	较优	较优	较差	较差	较优	较差	较差	较差

资料来源：根据各品牌公开资料整理。

由表 6－8 可知，极狐只销售纯电动汽车，却采取"直营＋经销商"的复合渠道模式；无独有偶，岚图也只销售新能源汽车，却采取“自营+伙伴（加盟商）”的渠道模式——两个特例品牌绩效都较差，这很能说明问题。极狐称其目的是：直达用户、更好地服务用户、提升用户体验，同时也加快渠道拓展速度。极狐在北京、广州、深圳、成都、重庆、杭州等一线大城市开设直营店，在其他城市以经销商为主实现快速拓展。

针对极狐品牌高端车型的市场营销：建立独立的用户运营中心组织体系、加快**直营与分销相结合**的市场渠道布局和开发。（北汽蓝谷2020年年报）

为给予用户更好的服务，以及跟经销商伙伴更好发展，**极狐在每一个城市采用了城市共创高级合伙人的全新形式与经销商合作**。极狐在每一个城市优选一到两家经销商，以更好地为用户服务为前提，正式开展城市共创。[592]（刘宇）

直销模式可以解决传统制造业面向消费端路径不畅的问题，直接服务消费者，了解他们的需求偏好。而新品牌在规模化方面有着特定的需求，所以需要找到优秀的合作伙伴共同努力。**两种销售模式相结合**的方式，才是适合北汽极狐的模式。[433]（刘宇）

未来两年之内我们相信一定是**“直营+经销商”共同运营的模式**，而且针对城市发展特点要有针对性地去做运营和管理，在某些城市重点做经销商，一些城市会“直营+经销商”双运营，一些城市也会以直营为主，对不同的城市做不同的定义。像北京，主要是以直营为主。[629]（极狐全国直销总经理赵志楠）

继续推行**“直营+经销商”模式**，做好服务标准的一致性，为用户提供更好更周全的服务，经销商会在全国快速拓展，直营会在重点城市布局，未来两年之内会整体地快速发展起来。[449]（赵志楠）

在经销商渠道上不再进行大量压货，让经销商主动跟客户产生互动，提高积极性，进而提升运营质量，保障盈利能力。**而直销则主要聚焦于北京、广州、深圳、成都、重庆、杭州等一线大城市**重点布局。未来可能会将北京和深圳打造成我们特别重要的战略型城市。[407]（赵志楠）

在直销和分销模式选择上，是根据我们现实情况来做的一个选择。一方面是因为我们体系目前的情况，另一方面也是因为对行业发展趋势的一些洞察。**在体系方面，直营在同步发展，分销会有更多的投资人一起来做，速度更快一些**。从行业模式上来看，直销是典型的代表，但是分销也不少；从未来更长远地来说，在整个产业链上还是要孵化更多的投资人跟我们一起去完善这个产业链，来更多、更好地服务用户。从整个渠道数量上，我们是分销为主；从整个战略规划上，我们是以直销为主阵地。同时，我们也希望**直销在核心城市里面能够有标准化的服务输出，一方面我们自己做样板，再作为整个的标准流程向经销商输出**；另一方面也是希望通过跟用户第一触点的接触，能够真正地把用户体验、用户服务流程走通。不管直销还是分销，对用户的服务都一定是直营化的服务。整个行业渠道模式未来两年还会有非常大的变化，大家对于未来的渠道模式是有一个共识的，那就是不是完全直营，也不是完全分销，未来可能会是类似于酒店这样的管理服务模式。酒店负责输出品牌，输出标准化的服务流程，由第三方服务公司来进行标准化的服务和管理，同时还会有投资人来买地建楼。当然这样的演变需要一个过程，但核心是给用户提供越来越好的服务体验。[473]（王秋凤）

谁符合在某一个城市的建店标准谁就能开店，原则上如果分销店在这个城市做得很好，我们不会再开设直营店。如果做得不好，那我们会开设直营店，形成竞争模式，其实我们做**直营店的核心是探索新的模式、新的管理方式**，包括协助经销商解决困难。[408]（于立国）

采用分销模式拓展渠道会比较快，有大量投资合作伙伴的力量，我们要的是：第一，合作能盈利才能长期合作；第二，要把用户服务好。[408]（于立国）

关于直销和分销，我们决定坚持用**“两条腿”走路**，移动互联网给经销模式带来重大变化，让我们可以穿越商业模式，一、品牌今天可以非常方便与用户实时沟通，用户的所有问题都能得到及时反馈。二、IT技术的提高，使得服务方对用户的每一步服务都在系统中，跟我们自己的直营和我们自己的员工没有两样。因此**在信息技术赋能的情况下，今天的分销模式一点不影响我们对用户的服务**，我们决定用分销和直营服务更多消费者。[302]（于立国）

我们已经下定决心**直营模式和经销商模式都做**。之前很多人都讲经销商和我们的理念不一样，经销商不一定能像品牌方一样服务好用户，但这个问题放在今天来看，已经不存在了。移动互联网给我们带来亮点和重大变化，让我们可以穿越商业模式，**一是品牌今天可以非常方便地与用户实时沟通**，用户的所有问题都能得到及时反馈。**二是IT技术的提高**，服务方对用户每一步服务都在系统中，跟我们自己的直营和我们自己的员工没有两样。在信息技术赋能的情况下，今天的分销模式一点不影响我们对用户的服务。所以，分销和直营我们都要做。[302]（于立国）

我们的渠道模式整体称为**复合型的渠道模式，直营的渠道形式和分销的渠道形式都存在**。从覆盖性来讲，我们是差异化优势。我们的打法首先是聚焦北京，然后把我们在北京摸索出来的经验、重要的模式和差异化的特点推广到全国，达到极狐产品营销的差异化。[494]（极狐事业部营销中心总经理俞晨）

从以上可知，极狐之所以没有采取全部直营的渠道模式，主要是想加快在非重点城市的渠道拓展速度，认为在信息技术赋能的情况下，分销模式不会影响用户服务。因此，想先在北京等核心城市摸索出标准化的服务与管理模式，再通过经销商迅速复制到非重点城市。此外，虽然极狐号称采取“直营+经销商”的渠道模式，但根据极狐官网，截至2022年上半年，**直营店只有18家**，明显偏少，经销商店127家，绝大多数是经销商店。

据我们调查，极狐并没有做到服务标准统一化，“直营店服务会比经销商店服务好很多，如果你去看车，两个类型店会给你一种两个品牌的感觉”（某媒体汽车主编）。此外，由于北汽监管不力，一些北汽的经销商擅自在北汽的店里销售极狐汽车。当“北汽”与“极狐”划分不开时，要想在消费者心智中树立极狐的高端品牌形象更加困难。

本书提出的创建高端汽车品牌的路径是以与用户共创极致体验为核心（核心命题三）。像蔚来这样的直营体验中心不仅是销售汽车、服务用户的场所，也是与用户共创体验的场所，使拥有蔚来汽车成为一种生活方式，带给用户较强的归属感。而经销商则可能没有动力也没有能力与用户共创极致体验。另外，汽车厂商为了实现销量目标，对经销商常常有“压库”行为，导致渠道冲突（纪雪洪，杨一翁，2021），这使得经销商很难认同“以用户满意度为最高目标”（而不是销量）的用户企业商业模式（核心命题一）。总而言之，通过经销商可能能够在短期实现快速拓展、提升销量，但很难实现“与用户共创极致体验，从而赢得极高用户满意度，再通过极度满意用户的口碑推荐在长期提升品牌资产与销量，形成良性循环”。采用全部直营的渠道模式可能才是依据本书提出的核心框架来创建高端新能源汽车品牌的更好选择。

（十）总结

根据本书的研究结论以及极狐的案例研究（包括与其他案例品牌进行各方面的对比），我们提出极狐绩效不佳的主要原因为：

第一，从高管团队来看，最高管理层变动频繁（辅助变量一）[1]，核心高管

---

[1] 辅助变量一至辅助变量四的解释详见本书第八章第一节。

团队缺少互联网基因（辅助变量二）。

第二，对“用户型企业”的理解不够透彻，领导层动荡导致打造用户型企业的整体思路与具体打法经常发生变化，同时作为传统国有企业在向用户型企业转型的过程中遇到很多新的困难（不符合核心命题一）。

第三，从定位来看，目标顾客模糊，定位不够清晰、独特（不符合核心命题二）。

第四，一开始没有找到一群认同品牌价值观、志同道合的用户，导致后期较难驱动用户付出时间、精力、情感与品牌共创体验。

第五，从品牌创建来看，花费巨大费用进行跨界营销，但流量没有明显转化为销量；仍然走传统的品牌资产创建路径，即首先提高品牌知名度，再想办法兑现销量。没有打通“用户体验→用户满意度→口碑推荐→品牌/财务绩效”的基于互联网的品牌/用户运营链路（不符合核心命题四）。

第六，从核心技术来看，没有通过自主研发的方式掌握智能驾驶、车机系统等核心技术（辅助变量四）。

第七，没有采用全部直营的渠道模式，而是采取“直营 + 经销商”的复合渠道模式，难以与用户共创极致体验，难以保证以用户满意度作为最高目标（辅助变量三）。

极狐案例至少不符合本书提出的四个核心命题中的三个（核心命题一、核心命题二、核心命题四），同时还存在核心高管团队不稳定（辅助变量一）、缺少互联网基因（辅助变量二）、没有通过自主研发掌握核心技术（辅助变量四）、未全部采用直营（辅助变量三）的渠道模式等原因，以上原因可能相互依赖共同作用导致极狐绩效不佳（Ragin et al.，2019）。例如，一开始高管团队搭建不合理，导致定位不清晰、变化无常；一开始没有找到认同品牌价值观、志同道合的目标用户，导致后期较难驱动用户共创体验；创业团队缺少互联网基因，导致走的还是传统的品牌资产路径，而没有以用户体验为核心，以极度满意的用户为品牌/用户运营核心来创建高端汽车品牌。

二、岚图：中国“造车新实力”

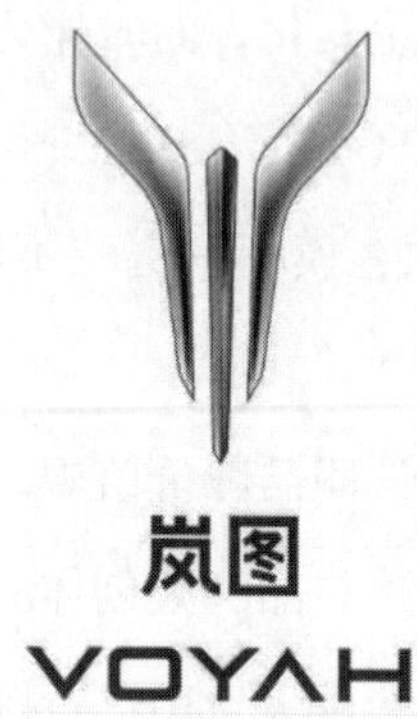

“岚图从创业开始就定义为‘造车新实力’，既有东风公司过去52年的造车历史积淀，也有创新体制。”[533]

——岚图首席执行官卢放

岚图是东风汽车集团新推出的高端智能电动汽车品牌，成立于2018年。岚图董事长为尤峥，首席执行官为卢放。岚图旗下已经交付的两款车型主要有“性能级智能电动SUV”岚图FREE（见图6-4）和“电动豪华旗舰MPV”岚图梦想家（见图6-5）。

图6-4 岚图FREE

资料来源：岚图汽车官网。

图6-5 岚图梦想家

资料来源：岚图汽车官网。

岚图 FREE 在 2021 年 6 月正式上市，2021 年 7 月开启交付，纯电版起售价为33.36万元；岚图梦想家在 2022 年 5 月正式上市，于 2022 年 8 月开启交付，起售价为 36.99 万元；2023 年 4 月 18 日，岚图追光正式上市，售价 32.29 万元（见图 6－6）。[495]这样，岚图已覆盖 SUV、MPV 和轿车三大品类。

图 6－6　岚图追光

资料来源：岚图官网。

岚图自 2021 年 8 月正式交付以来销量虽一度不稳定，但整体上是增长的。岚图 2021 年销量为 6791 辆；[481]2022 年销量为 19 409 辆，仅完成其 4.6 万辆目标销量的 42.2%，[374]在所有案例品牌中排名倒数第三，仅高于高合与极狐，属于绩效较差的**差别复制**。另据报道，2021 年岚图营收约为 18 亿元，净亏损 7.06 亿元。[523]

资料收集与前面案例类似，其中访谈资料来自对岚图空间北京合生汇店、岚图空间北京清河万象汇店、岚图空间北京凯德 MALL 太阳宫店等门店的 5 位管理者与员工的访谈；同时对岚图的 5 位车主进行访谈（半结构化的访谈提纲见本书附录 5）。下面按照四个核心命题的逻辑对岚图案例进行分析。

（一）提出要成为用户型科技企业

蔚来是第一家提出要成为“用户企业”的公司。随后，高合、极氪和极狐等公司也纷纷提出要成为“用户型企业”。岚图的提法稍有不同，是成为“用户型科技企业”。

作为用户型科技企业，用户的需求是岚图科技探索前行的方向和动力，我们想把好的科技和技术带入用户的生活，为用户创造更美好的用车体验。[651]（卢放）

（对用户型企业的理解）我们希望我们的产品和服务能够给用户提供一个**全生命周期的用车体验**。用户从认知、了解、使用到热爱、忠于我们的品牌。在全部过程中，我们都要为用户提供更好的服务。**与用户共同成长，共创共享**。用户和岚图，不是一个简单的买卖关系，而是共同成长的伙伴。比如在开发和试验岚图 FREE 的过程中，我们就把用户请了进来，收集反馈和意见，最终这款车很多功能、性能的提升，都有我们用户的智慧。未来我们在为用户提供更多服务的时候，希望能够让他们的生活变得更便捷、更美好。所以说，**我们和用户之间是共同成长的关系，是朋友，是志同道合的伙伴**。[737]（卢放）

以用户为中心从打造好产品开始：2019 年我们在定义第一款产品的时候，岚图用户型企业这个关键词就有一种不一样的展现形式，就是**将用户前置融入产品从 0 到 1 的整个过程，换句话说，汽车还没生产之前，选择权就交给了用户**。[343]（卢放）

我们还改变了与用户的另一个关系，传统汽车品牌与用户只是买方与卖方的关系，在售卖达成那一刻，关系也就结束了；而对于岚图这样的用户型企业，**在订单达成那一刻，与用户的关系才刚刚开始**。[343]（卢放）

虽然岚图号称“用户型科技企业”，但我们未发现加上“科技”两字的原因，所以我们同样把岚图称为“用户型企业”。比较有特色的是，岚图要成为的

“用户型企业”，是**与用户共创共享、共同成长的企业**，这样就把用户型企业与品牌共创两个核心概念联系起来。同时，岚图提出**信任是与用户共创的关键驱动因素**，而**共享、共同成长是与用户共创的积极结果**，这也拓展了对用户型企业的认知。

（二）目标顾客

1. 找位：确定目标顾客

岚图的目标顾客是中国“新中坚”。

> **岚图为中国“新中坚”力量而来**。作为这个时代的“新中坚”，他们伴随着改革开放的伟大历史进程成长而来，见证并经历了中国汽车社会的建立，深知汽车在现代日常生活中是不可或缺的必需品；在中国步入成熟汽车社会过程中，他们追求更有品质、更有品位的汽车生活；他们拥有良好的教育背景，富有创新精神，渴望自由随心、不断探索、实现自我价值，期望汽车不仅是驾乘工具，还是承载着他们创新成果的科技平台，还是自由随心布置的移动生活空间；他们对社会负有责任感和使命感，他们注重生态环境保护，在倡导低碳出行方式的同时，对出行的方式和质量又有着独到的理解和要求。岚图正是为满足这一群体的个性化需求量身打造，将努力诠释东风公司对中国“新中坚”力量美好汽车生活的深邃思考。[434]（卢放）

> **岚图的目标人群是稳健进取、探索尝新的“新中坚”力量**。岚图的目标用户是“新中坚”力量，他们是新时代的中流砥柱、国家精英，坚守使命，与时代共创想。比如，**芯片、疫苗、航天、军工、基因等国家前沿科技的探索者和突破者，对教育、医疗有巨大贡献者**。我们希望跟这样的一个“新中坚”群体，来共同地开创和创想一个美好的岚图，这是我们品牌的使命。“新中坚”力量是伴随我们中国改革开放进程成长起来的，他们对中国的发展和未来充满自信，而且稳健、进取、睿智、儒雅。这个群体拥有良好的教育背景，富有创新精神，渴望自由随心、不断探索实现自我价值，这个

群体也对社会负有责任感和使命感，他们注重生态环境保护，在倡导低碳出行方式的同时，对出行的方式和质量又有着独到的理解和要求。在谈及品牌风格和“新中坚”人群之间的关联时，竺董事长用到三个字“淡、静、雅”：**“淡”**指格局，因为“新中坚”力量，是追求心灵自由和人格平等的一个群体；**“静”**是胸怀，“新中坚”力量是内敛沉稳的进取群体，有个性但不张扬，安静但不浮躁，希望在生活的喧嚣中得到一方平和、恬静、心旷神怡；**“雅”**是品位，“新中坚”力量是富有知识和智慧的群体。[557]（卢放）

“新中坚”的特点是自由随心、不断探索、乐于尝“先”、睿智进取、儒雅品位……**中坚力量并不一定是收入水平中等的人群，更是由他们在中国社会所处的行业、岗位所确定的。**[600]（雷新）

下面从可测量性、规模和增长潜力、细分市场的结构和吸引力、清晰性和一致性几个方面来评估岚图找出的中国“新中坚”这一目标市场的有效性。谁是中国“新中坚”？从岚图高管与员工的讲话中，可以看出中国“新中坚”社会力量的年龄在35～40岁，性别主要为男性，受教育程度较高，职业主要为医生、教师、医生、城市建设者、公务员、所有企事业单位的人员，甚至包括芯片、疫苗、航天、军工和基因等国家前沿科技的探索者和突破者等。然而，正如我们访谈的车主W所言，“岚图的定位比较模糊，或者说它想通吃”。“新中坚”包括的人群职业非常宽泛、比较模糊。是中国的中产阶级吗？似乎也不尽然。这群人的规模难以测量，其增长潜力、细分市场的结构和吸引力等难以评估。当提到岚图的目标顾客“新中坚”时，每个人的看法可能各不相同，清晰性与一致性较差。

小结以上，岚图的目标顾客——中国“新中坚”的市场规模与增长潜力，细分市场的结构与吸引力难以评估，用户画像不够清晰、一致。因此，这一目标顾客群体找得不太理想，这导致后续选位、到位等一系列问题。

2. 选位

（1）利益定位：零焦虑。岚图的定位为：真正零焦虑高端智慧电动品牌，其利益定位为“零焦虑”。

> 岚图将自身定位为**“真正零焦虑高端智慧电动品牌”**。[679]（卢放）

> 岚图要将焦虑留给自己，将“零焦虑”带给用户。[728]（卢放）

一款电动车定位为“零焦虑”，确实击中了消费者的痛点，但消费者购买一款高端智能电动车，不只是为了消除焦虑，还有更高层次的积极追求。此外，“零焦虑”也难以体现差异化。

（2）价值定位：舒适、温暖的“第三空间”。

> “梦想家”寓意这个时代的中坚人群，他们是中国梦的构建者，也寓意**可移动的第三空间，是移动会客厅，也是可移动的温暖的家**。作为全球首款大型豪华电动 MPV，岚图梦想家的推出，丰富了岚图高端产品矩阵、赋能高端品牌形象。[644]（卢放）

星巴克之父霍华德·舒尔茨提出家与公司之外的“第三空间”概念。**一是从独特性来看，**当前以小鹏为代表的众多车企都在打造移动的“第三空间”。作为后来者，岚图以“第三空间”作为价值定位点并不新鲜。**二是从优越性来看，**先行者理想已经将“移动的家、幸福的家”作为价值定位点，岚图再以“可移动的、温暖的家”作为价值定位点也不新鲜。**三是从简洁性来看，**岚图梦想家兼顾商务与家庭：在商务中，岚图梦想家是舒适的头等舱、专属的会客厅；在家庭里，岚图梦想家是可移动的、温暖的家。然而，商务与家庭是两个不同的空间，两者的用车场景差异较大，两者兼顾容易造成消费者心智的混乱。总而言之，我们对岚图的舒适、温暖的“第三空间”的价值定位在独特性、优越性和简洁性等方面的评价不高。

(3) 属性定位：解决用户对于电动车产品品质、安全、里程、产品交付、服务和品牌可持续发展的六大焦虑。

作为中国“造车新实力”，**岚图致力于解决用户对于电动车产品品质、安全、里程、产品交付、服务和品牌可持续发展的六大焦虑**。五十年造车积淀，并始终对品质充满敬畏，有效降低用户**品质焦虑**；乘员健康和出行保障等安全完美匹配，减轻乘员**安全焦虑**；创新采用 MVP 多场景新能源动力解决方案，更兼覆盖全国的充电网络，大幅降低用户**里程焦虑**；全流程可视化掌握车辆生产、质检、运输到交车的所有动态，且终端构建全透明化销售模式，完美破解车辆**交付焦虑**；通过整合联动东风旗下全价值链资源，岚图以数字化智能技术让用户畅行无忧，化解**服务焦虑**；在世界 500 强东风公司的强力支撑下，岚图致力于打造**可持续发展的高端民族汽车品牌**。[724]（卢放）

每个品牌在诞生的时候，都会去制定自己的初心，为什么出发？电动汽车的消费者有什么样的需求没有被满足？有什么样的焦虑正在困扰着他们？基于这样的思考，我们做过大量的调查和研究，包括为什么选择传统燃油车而放弃电动车，当下的电动车使用者有什么样的焦虑，结果发现：**第一是安全焦虑；第二是品质焦虑；第三才是里程焦虑，当然也有对品牌可持续性发展的焦虑**，这个品牌在将来的两到三年内还会不会存在，也包括交付和服务，有一些品牌交付一直在推迟。以用户没有满足的需求为导向，岚图来构建一个“零焦虑”的基础。[621]（黄伟冲）

小结以上，岚图将“零焦虑”的利益定位进一步具体细分为六大零焦虑：电动车产品品质零焦虑、安全零焦虑、里程零焦虑、产品交付零焦虑、服务零焦虑和品牌可持续发展零焦虑。从独特性与优越性来看，岚图在品质零焦虑、安全零焦虑、产品交付零焦虑和服务零焦虑四个方面相比于其他新能源汽车品牌并无显著优势，几乎所有案例品牌均强调新能源汽车产品品质、安全、交付和服务的重要性与各自品牌的优越性。在品牌可持续发展零焦虑方面，岚图给出的背靠东风集团的理由并不新鲜，案例品牌极氪（吉利）、领克（吉利）、极狐（北汽）、星途（奇瑞）、魏牌（长城）、坦克（长城）也有汽车大集团的背书，北汽、奇瑞也是“国家队成员”。在里程零焦虑方面，当前增程式电动汽车有理想 ONE、别克微蓝 5、雪佛兰沃蓝达、广汽传祺 GA5 以及宝马 i3 等竞品，作为后来者，岚图 FREE 与岚图梦想家两款车型在“增程式电动汽车”品类上竞争不过理想 ONE 在消费者心智中根深蒂固的第一印象；同时，岚图 FREE 与岚图梦想家都有增程版与纯电版，容易造成消费者心智的混乱。在谈到岚图 FREE 相较于理想 ONE 的区别时，岚图首席执行官卢放并没有正面回答，而是说：“相较于理想 ONE 的差异性，新能源市场还是小众市场，需要和更多品牌携手推动。我们和理想是一个战壕里的队友，**希望一起做大增程市场，把传统燃油车不断地向新能源车消费转化**。”[438] 岚图前品牌运营高级总监黄伟冲也避免谈岚图与蔚来、理想的差异性，而是说：“目前新能源汽车在整个汽车市场占比大概 14%，还处于逐步爬升的阶段，新能源细分市场还没有形成高度竞争关系。因此我认为**岚图和蔚来、理想不是竞争关系，而是竞赛关系，目标都是抢夺燃油车用户**。从技术路线来看，蔚来是纯电，理想是增程，岚图是‘纯电 + 增程’；同时在产品定义上，理想如果是奶爸车，岚图 FREE 就是驾驶者之车。”[512] 可见，岚图 FREE 相比于理想 ONE、蔚来 ES6 等竞品并无明显独特性与优越性，作为后来者没有特别的优势。

3. 到位

（1）产品策略。目前，岚图旗下发布了三款产品：岚图 FREE、岚图梦想家、岚图追光。岚图 FREE 为性能级智能电动 SUV；岚图梦想家为电动豪华旗舰 MPV；岚图追光为中大型纯电动轿车。岚图的产品已经涵盖 SUV、MPV、轿车三大品类（见图 6－7）。岚图 FREE 与岚图梦想家均同时提供纯电版和增程版；岚图追光目前只有纯电版，未来有可能推出增程版。

图6-7 岚图旗下三款车型

资料来源：岚图汽车官网。

岚图希望打造一款能够与国外豪华品牌竞争的MPV，无论是岚图FREE，还是岚图梦想家，都希望能够代表中国品牌向上突破。[717]（卢放）

当下市场上还没有一款**真正兼顾家庭出行和商务出行需求的MPV**，没有一款真正符合家庭经济出行，又能让人享受高端品质的MPV，没有一款符合当下发展趋势的高端电动MPV。今天，中国人终于迎来了一辆属于自己的高端电动MPV。它为梦想而来，为用户而来。**它是可移动的会客厅，是可移动的温暖的家，它可油可电、宜家宜商、可城市可远方，是大家都想拥有的移动第三空间。**[717]（卢放）

如果要用一个标签来形容岚图FREE，我认为是“**最好开的智能电动车**”，因为这款车在安全性、驾控性能、电驱动性能等方面非常好，另外也有用户把岚图FREE称为“电动车界的大沙发”，其实深层次也包含了舒服好开的含义。[512]（黄伟冲）

自己选购一款中大型SUV是为了方便携带一家人出行，车辆可以承载的人数才是我最为关心的。生了二孩后，五座岚图FREE显然不够家人坐的。（顾客甲）

> 虽然配置拉满，但和公认的“奶爸车”理想 ONE 不同，我在岚图 FREE 身上**看不出它的品牌特性**。OTA 整车升级以及高级智能驾驶辅助系统确实不错，可它有的别人大多也有。这就让岚图 FREE 在“蔚小理”产品面前**显得没有区分度、市场定位模糊，给人感觉就像是一个没有短板、但缺乏特色的“平庸之辈”**。（汽车行业专家甲）

> 岚图 FREE 最大的问题并不是噪声、L2 驾驶辅助不够完善，这些问题可以从工程层面和技术层面解决，但是这辆车的产品定义暂时解决不了……**整个产品力的核心不够突出**……如果你要做一个性能化的 SUV，对不起，4 秒多的加速你也不算多强的性能；如果你又要做家用，对不起，在中大型 SUV 家用这个领域里面，性能好、动力强是排在最后一位的……在新能源汽车领域，一个新的品牌，你想一击必中的前提是“新鲜”……**事事求全无所全……岚图 FREE 面向的目标人群是谁？这其实总领了后面的营销和产品开发**。（汽车行业专家乙）

找位是制定定位战略的第一步，由于岚图找到的目标顾客群体中国“新中坚”不够清晰、不够一致、差异性不强、不好测量、不好界定，也就是说不清楚岚图的核心顾客到底是谁，这导致**岚图的产品策略犯了“贪多贪全”的毛病**。岚图 SUV、MPV、轿车品类全有，既有纯电版，又有增程版；既适合商务出行，又适合家庭出行；既可以在城市内代步，又可以去远方旅行；既注重驾驶性，又关注舒适性……这样犯了定位的大忌（定位要求简单、清晰、独特），造成了消费者心智的混乱，不知道岚图独一无二的特色到底是什么。正如两位汽车行业专家所言，“事事求全无所全”“没有短板，但也缺乏特色的‘平庸之辈’”。作为一个入局新能源汽车赛道较晚的后来者，核心产品“不新鲜”或许是致命的。

（2）服务策略。一是六位一体充电服务矩阵。在 2021 年岚图用户之夜，岚图首席执行官卢放公布了 VOYAH POWER 六位一体充电服务矩阵，涵盖岚图专属充电桩、公共充电桩、岚图网点充电站、岚图目的地充电站、代客充电、便携式充电，覆盖98%用车场景，较好地解决了用户补能焦虑问题。**二是OTA升级**。“基于对约1500位用户使用体验的跟踪收集与反馈，岚图FREE首次整车功能OTA将升级项目50项，新增功能8项，体验优化42项，后续将至少每季度进行一次OTA升级。”**三是加速服务网络建设**。“岚图永远会把用户的信任放在第一位，随着用户规模的不断扩大，岚图会在产品和服务上加大创新，并加快服务网络建设，为用户带来更好的智能电动汽车出行体验。”[497]（卢放）小结以上，岚图的服务做得不错，但相对于竞争对手也没有明显的差异性与优势，很多案例品牌也强调“服务全场景覆盖”、OTA持续升级和快速的服务网络建设。

（3）价格策略。2021年，岚图FREE标准增程版定价是31.36万元起，标准纯电版定价为33.36万元起；2022年，岚图梦想家低碳版（增程式）与0碳版（纯电）定价均是36.99万元起，岚图梦想家私人定制低碳版与0碳版定价均高达63.99万元起；2022年，岚图追光发布，预售价格为标准版32.29万元起。岚图的产品定价，体现了其豪华的定位。

> 岚图不仅提供一款车，而且还提供优质的服务体验。为什么是30万元级别？三个层面：**首先是市场层面**。在售价30万元级SUV市场中，新能源汽车特别是增程电动车在这一区间增长迅猛，存在较大市场空白。**其次是产品层面**。岚图FREE包括性能、配置（如前双叉臂后多连杆）、一体式可升降三联屏、20项L2+高级智能驾驶辅助、AR导航、整车OTA远程升级等，也树立了同级价值新标杆。**最后是品牌层面**。基于东风的50年雄厚造车积淀以及20年三电技术积累，我们对岚图FREE的产品品质、安全、续航里程、性能充满信心，岚图FREE的产品实力更值得消费者信赖。[438]（雷新）

岚图的主力车型岚图FREE的平均售价33.8万元与理想之前的平均售价

33.8 万元一样，同时 30 万元级别纯电动 SUV 车型还有蔚来 ES6 和特斯拉 Model Y。在同样的价格区间，与竞品相比，岚图并不具备明显的竞争优势。

（4）渠道策略。岚图的线下渠道主要有两类：**一是岚图全功能用户中心，**指位于城市主流汽车商圈，具有整车销售、备件销售、售后服务（车辆维修、钣喷等）、新车交付及信息反馈等多功能的岚图汽车经销店；**二是岚图空间，**指具有整车销售、信息反馈等多功能的岚图汽车合作门店，以位于城市主流商业商圈为主。根据岚图官网数据，截至 2021 年年底，岚图在全国建立 63 家直营销售服务渠道，覆盖 24 个核心城市；2022 年，岚图空间增加到 105 家，覆盖 48 座城市，交付服务中心则是增至 40 家，覆盖 40 座城市。

岚图做直营的初衷，一是为了**直达用户**，二是想给用户带来**统一的体验**，不管用户在哪里，享受的服务都是一致的、便捷的，才能有更好的体验。[363]（卢放）

我们希望这里能成为用户和朋友们的专属生活社区，以及为大家创造愉悦与温暖、车与家之外的**第三生活空间**……我们还构建了一支产品专家团队，在店端倾听用户声音，全力满足用户品牌体验、看车、买车、用车的全功能需求。[373]（卢放）

作为汽车**央企中首个采用直营模式的品牌，**岚图围绕**用户全生命周期拥车旅程，**打造线上线下无缝链接的直达用户体验，建立与用户更持久更深层次的联系。用户线上可以通过岚图 App 和官方小程序，线下可以通过岚图空间与我们时刻建立联系，岚图有专人负责收集和处理用户意见和建议，并在后续的 OTA 升级中体现出来。交车的那一天如果把车比喻成一个刚出生的婴儿，随着不断的升级，它会不断长大，越来越温暖，越来越懂你。[343]（卢放）

通过打造**数字化平台**，全面连接**用户拥车全生命周期的各个触点**；通过建立线上线下无缝连接的创新营销服务模式，重构岚图、用户与渠道之间的关系，增进岚图与用户的情感互联；通过搭建岚图与用户共创的开放平台，实现真正意义上的用户场景定义汽车，真正满足用户的个性化需求。[724]（卢放）

在**直营店选址**方面，在充分洞察消费者需求的基础上，岚图遵循“**离用户家庭生活圈比较近、离用户娱乐商圈比较近、离用户工作圈比较近**”的三要素。[463]（雷新）

以前买燃油车的时候，消费者要一个城市跑三四家店问服务和政策，每家的服务、政策，包括价格还不一样，用户心里是没底的，是不透明的。岚图作为国家队中首个采用直营模式的品牌，**核心还是给用户提供一种直接、便捷、高效的信息产品和服务**，我们构建一体化渠道模式，今年我们会建成超过40家渠道，整个渠道有四种模式，**空间、品牌体验中心、全功能中心与交付服务中心**。同时线上也联合一些头部的互联网企业来构建**岚图小程序和App社区**。现在岚图FREE预定的渠道，只有岚图App，高效透明，用户心里是没有焦虑感的，是很温暖的。无论商业模式或是线上、线下的触点，都只是其中一环，**核心还是要围绕用户的整个拥车生命周期**，岚图协同像网易这样有很多好的资源，包括文创、严选、音乐，植入我们的生态里面，我们一起联合共创。[621]（黄伟冲）

与很多案例品牌一样，岚图一开始的渠道策略主要借鉴了先行者特斯拉和蔚来，采用“线上App+线下直营”的模式。岚图全功能用户中心数量不多，在招募合作伙伴之后有所增加；其主要的线下渠道是依附于高端商超的岚图空间。岚图空间的整体设计风格偏温暖，体现了其舒适、温暖的“第三空间”价值定位。融合线上App与线下直营店，岚图实现了直达用户的目标。然而，由于销量未达预期目标，且线下直营店成本较高，据报道，岚图已允许线下加盟店加入渠道系统；岚图官网正在招募合作伙伴，其渠道模式变更为“自营 + 伙伴（加盟商）”。这可能违背岚图“用户型企业”的哲学，违背岚图直达用户的初衷，违背岚图与用户共创一致体验的理念。

（5）传播策略。岚图的传播策略主要是借鉴蔚来，即借助忠诚的核心用户的口碑传播来不断提高品牌知名度，岚图的用户之夜也是在借鉴蔚来的 NIO Day。与蔚来、理想等案例品牌不同，岚图是“国家队成员”，岚图的核心高管团队几乎都是传统汽车人，较欠缺互联网思维，在互联网营销传播上比较低调。不像其他案例品牌，岚图除首席执行官卢放与品牌运营高级总监黄伟冲之外，其他高管人员很少出来公开讲话、接受访谈，使得岚图的品牌“音量”较小。另外，可能受到东风集团的约束，以及岚图本身“淡、静、雅”品牌风格的局限，岚图的营销传播不敢太“出位”，吸睛效果不强。

4. 实现定位的保障

（1）“造车新实力”。与极氪、领克、极狐、星途、魏牌和坦克这些案例品牌类似，岚图背后既有东风汽车集团的大力支持，同时也积极学习互联网思维与用户思维，“造车新实力”与极氪提到的造车“第三赛道”是类似的。

> 岚图从创业开始就定义为“造车新实力”，**既有东风公司过去 52 年的造车历史积淀，也有创新体制。**[533]（卢放）

> 我们是“造车新实力”。我们从不避讳岚图来自传统车企，包括我自己在汽车行业干了 20 多年，也是在传统车企里长大的。但**传统不等于保守，我们传承传统车企的优良基因，对品质的执着，对整车开发理念的坚守，给用户提供更安全的、更可靠的、更高品质的产品**。同时，**我们拥有全新战略、全新组织机制、全新商业模式和全新模式，以一个开放的思维去接纳新事物、新鲜思想，了解年轻消费者**，并将不同年龄构成、学历构成、认知构成的团队凝聚在一起。所以，我们是中国“造车新实力”。[474]（卢放）

与其他案例品牌有所不同，岚图背靠的东风汽车集团是一家央企，虽然具有强大的资源，但不像吉利、长城等民企那样相对灵活，岚图能否真正摆脱东风集团的影响？能否真正独立运作？岚图采用全新战略、全新组织机制、全新商业模式和全新思维模式的难度较大。

（2）人力资本。岚图核心高管团队简介如下：

- **首席执行官卢放：**曾先后就职于一汽大众、一汽轿车，主导开发过红旗和奔腾的多款车型，2018 年后加入东风体系，之前一直做产品技术方面工作，是典型的技术型首席执行官，曾兼任岚图首席技术官。
- **首席技术官汪俊君：**毕业于清华大学动力工程及工程热物理专业，毕业后一直在东风集团工作，接任卢放任岚图首席技术官之前曾任东风公司技术中心副主任。
- **前首席品牌官雷新：**清华大学汽车工程系本科、硕士，毕业后一直在东风集团工作，此前是东风英菲尼迪执行副总经理，有着丰富的豪华品牌运营经验，目前已离职。
- **首席财务官沈军女士：**之前就职于东风集团总部财务部。
- **首席运营官蒋焘：**毕业于清华大学，之前就职于东风日产，是一位年轻的“80 后”。
- **前品牌运营高级总监、新闻发言人黄伟冲：**之前任一汽大众销售公司公关部公关经理，后调往一汽红旗担任高级经理，负责部分媒体传播工作，目前已离职。

> **不要用公司履历来判断一个人传统与否，没有传统的公司，只有传统的思想和传统的人。**岚图有许多创新的人、富有创业者精神的人，我们打造了一支来自五湖四海的高水平人才队伍，其中既有大量曾经在奔驰、奥迪、大众等中高端品牌工作多年的高端人才，也有来自机械制造、能源、航空航天、建筑、教育、传媒、互联网等其他行业的精英，多种背景、多种思维的

人聚在一起碰撞，产生全新的思维逻辑。同时，为实现**全员思维的转变**，我们进行了一系列可能大家觉得不可思议的行动，比如岚图所有管理岗都要定期参加用户电话回访，并且追踪至闭环；公司中层以上必须花一定比例的时间在终端门店值班；近期我们更是把管理岗下沉到终端门店与我们的 Mate 一起为用户服务。通过这些行动，我们把过去来自各个行业、公司的价值观和习惯不断趋同，与用户真诚互动，与用户交朋友，使岚图和用户的生态越来越好。[653]（卢放）

小结以上，岚图的高管团队全部是传统汽车人，缺少互联网基因，虽然在产品与技术创新上没有问题，但是在品牌营销创新上并不出彩，显得比较“低调”。不像其他案例品牌，除首席执行官卢放与品牌运营高级总监黄伟冲之外，岚图的高管很少接受访谈与公开讲话。此外，除黄伟冲之外，其他高管均来自东风集团内部，思维模式、价值观和人际关系等无疑受到东风集团整体战略、文化和组织机制等诸多方面的影响，缺少多元化的碰撞。岚图的核心高管团队不稳定，负责品牌管理的两位高管雷新、黄伟冲都已离职。

（3）融资能力。背靠央企东风集团，岚图是不缺资金的。岚图首席执行官卢放表示：“在岚图的发展过程中，东风集团在战略、技术、人才和资金上，给予了岚图非常大的支持。”[530]据报道，东风集团投资于岚图的资金至少有 147 亿元。[504]2022 年 11 月，岚图宣布完成 A 轮引战融资（引进战略投资者），融资额近 50 亿元，市场估值近 300 亿元。[680]

（4）组织资本。组织资本主要包括**愿景**与**企业文化**（李飞，2013）。

①愿景：“成为高端新能源乘用车的领先者。”（岚图工厂内部标语）愿景由核心理念与未来前景两个维度构成（Collins，Porras，2002）。

一是核心理念。

岚图空间秉承**“现代豪华、温暖科技、简约不简单”的设计理念和“淡、静、雅”的品牌理念**，以简约、高端、科技、温暖设计主张，从“五觉”

(视、听、触、嗅、味)和“五感”(品位感、安全感、舒适感、愉悦感、尊重感)出发,全方位为用户创造美好体验。[544]

> 以绿色出行方式,为用户创造零焦虑美妙出行、现代格调美好生活蓝图的理念。[475](黄伟冲)

核心理念又包括核心价值观与核心使命两个子维度。

- **核心价值观:**“用户安全至上。”(卢放)据卢放进一步解释:“作为新能源‘国家队’,岚图更为务实,**秉持用户安全至上的价值观,**将‘用户理念’作为企业的战略级选择,从用户安全、用户价值、用户体验、用户共创四个维度出发,成为可持续的用户型科技企业。”[667]
- **核心使命:**“让汽车驱动梦想,为美好生活赋能。”[498](岚图工厂内部标语)同时,岚图也“承载着东风公司品牌向上和探索自主品牌发展新模式的双重使命”[343](卢放)。

二是未来前景:岚图的目标是覆盖 SUV、MPV 和轿车等细分市场,成为中国乃至世界高端新能源乘用车的领先者。

> 未来三年,基于用户需求,**岚图将形成跨 SUV、MPV、轿车的三大品类矩阵,**每年向市场投放不少于一款新车型,不断扩展高端电动汽车品牌的产品阵容。[741](卢放)

> 让汽车驱动梦想,为美好生活赋能,岚图制定了未来 3 ~ 5 年的发展规划,以用户需求为导向精准布局,**实现覆盖轿车、SUV、MPV 以及跨界车、高性能车等各个细分市场**。从 2021 年起,岚图每年将向市场投放不少于一款新车型。此外,岚图还将通过提升品牌美誉度、产品魅力指数以及用户满意度,实现在品质、市场、经营三个层面的领先,**成为高端新能源乘用车领先者。**[577](卢放)

②**企业文化**。岚图的**“知音文化”**有助于其与用户共创品牌，成为与用户共创共享的用户型科技企业。2021 年 10 月，岚图于武汉知音号游轮举办首届“知音话岚图”岚图用户之夜。

> 岚图有**“知音文化”**，员工在这找到了他们的知音。既有产品和他们“知音”，技术和他们“知音”，也有工作伙伴和他们“知音”。这种“知音文化”要延续到与用户的关系上。[343]（东风汽车董事长竺延风）

> 秉持淡、静、雅的品牌风格，东风匠心打造岚图这一高端新能源汽车品牌，并期待岚图作为“造车新实力”为用户带来“物有所值、价有所信、购而不悔、用而无忧、赋能生活、收获友情”的产品和服务。感谢车主的选择与信赖，我们将不断探索与实践，真正把岚图打造成赋能用户生活的第三空间，**成为他们“动居乐业”的知音和伙伴**。[324]（竺延风）

> **知音文化**不只是为了让员工之间的关系得以重塑，成为志同道合的伙伴，更重要的是能为用户带来高品质的温暖服务，这样才能真正通过用户运营体现出岚图的品牌价值和产品价值……我们整个团队正在**打造岚图知音文化，也就是希望建立起像同学、家人、朋友那样的关系**。大家在一起，不只是来做一份工作，不是你当了销冠就是最好。我更希望大家在这里面能交到朋友，像家人一样，有事一起商量、一起学习、一起进步，互相帮助、一起实现价值。（某岚图空间负责人）

企业文化主要包括核心价值观与行为规范两个维度（迪尔，肯尼迪，2015）。其中，**岚图的核心价值观**如前所述，是“用户安全至上”；**岚图的行为规范**为“一个团队，一个目标，共同成长；艰苦创业，大胆创新，追求极致；客户导向，问题导向，日清日结”。

综合以上，对岚图从定位出发创建高端品牌进行总结。岚图找出的目标用户是中国“新中坚”，这一用户群体比较模糊，其规模、增长潜力等不好测量，且在每个人脑海中“新中坚”的形象也不是特别清晰、一致，这使得岚图接下来的定位战略与营销策略产生了一系列问题。

- **从属性、利益和价值定位来看**。岚图的利益定位为“零焦虑”，并进一步对应为六大“零焦虑”属性特征。然而，消费者购买高端新能源汽车不只是为了消除焦虑，可能还有一些更高层次的需求。岚图的价值定位为“舒适、温暖的第三空间”，这与小鹏、理想等先行者的“第三空间”以及“移动的家、幸福的家”的定位重复，差异性不大；且兼顾商务与家庭，这两者的用车场景差异较大，容易造成消费者心智的混乱。

- **从产品、服务、价格、渠道和传播策略来看**。由于岚图找出的目标用户“新中坚”这一人群较宽泛，这导致岚图汽车产品犯了“贪多贪全”的定位错误，虽然没有明显的短板，但也没有特别出彩之处，相比于先行者并不新鲜，如一位汽车媒体人所言：“首款车岚图 FREE 其实与理想 ONE 有着非常类似的设计和定位，但岚图 FREE 不仅发布时间比对手晚了两年多时间，在各项配置上也与其有着较为明显的差距（比如理想 ONE 车身更大，纯电续航上比岚图 FREE 多出 48 公里，且搭配电池容量更大），而价格上两款车却几乎相同。”岚图的服务中规中矩，相比于竞争对手没有明显的差异性与优越性。岚图的价格策略与理想很接近，在同样的价格区间，岚图相对于竞品并无明显优势。岚图的渠道策略也和大部分案例品牌一样，一开始采用直营模式，主要借鉴特斯拉和蔚来；但后来却因为想快速扩张并降低成本等原因而采取补充加盟店的形式，这在用户体验上可能是一种倒退。不像造车新势力，岚图的品牌传播比较低调，在通过忠实用户的口碑传播上运营得不够给力。

- **从“造车新实力”、人力资本、融资能力和组织资本来看**。岚图背靠央企东风集团，不缺资源与资金，但缺少互联网基因。岚图的高管团队大多来自东风集团内部，且全部为传统汽车人，在思维模式与创新上可能有很多局限性、受到诸多限制。正如一位汽车行业专家所言：“东风汽车不缺资金，缺的是顶层设计、战略定力和领导人的决心，体制机制一直理不顺，所以无论燃油车还是新能源，东风汽车都做不起来。”另一位行业分析师也说：“从高管团队看，第一是很传统，没有互联网公司和科技公司的人才；第二，大多是后台管理人员，没有操盘手的经验。”此外，岚图的核心高管团队并不稳定，两位负责品牌管理的高管均已离职。岚图的“知音文化”有利于岚图与用户进行品牌共创，共创用户型科技企业；但其淡、静、雅的低调品牌风格使其在营销传播创新上不够积极。

总而言之，岚图作为新能源汽车赛道的后来者，其定位不够差异化，使定位、到位的营销策略主要是模仿蔚来、理想等先行者，其实现定位的资源保障来自东风集团。这是一把“双刃剑”，既是优势又是束缚。虽然岚图没有明显的短板，但作为后来者，**不够新鲜**或许是其最大的问题。

（三）与用户共创共享、共同成长

如前所述，岚图要成为的“用户型企业”，是与用户共创共享、共同成长的企业，这样就把用户型企业（核心命题一）与品牌共创（核心命题三）两个核心概念联系起来。

> **岚图敢于将车辆最原始的、不完整的状态呈现给用户，让他们参与整车设计**。用户的意见和建议，也为岚图 FREE 整车设计提供了大量参考。[373]（卢放）

> 相信用户的力量，让用户参与共创。为实现产品的不断进化，围绕岚图首款车岚图 FREE，我们举办了 7 场全球测试同行者活动，吸引超 2000 人踊跃参与，收集了 200 多项优化建议，落实 130 项。2021 年，我们**把“全球测试同行者活动”全面升级为“全球创享同行者计划”，以用户为中心，实现从产品、服务到生态链的全面共创**。去年 12 月，“全球创享同行者计划”首站活动在武汉启动，由用户和媒体组成的评车团抢先体验了岚图梦想家的超级座舱，在座椅和座舱空间上，都给我们提出了非常好的建议。岚图真正成为用户认可的品牌，一定要打造出一个千人千面的车，给不同用户提供个性化的用车体验，而这需要技术来支撑。岚图的中央集成式 SOA 电子电气架

构，以及面向服务的软件架构等，未来会通过智能化技术去满足用户千车千面的需求，这也将是未来岚图独特的能力。今年我们将会发布一个全新平台，让用户参与共创，并面向生态合作伙伴开放，帮助岚图在个性化和定制化上做更多探索。[343]（卢放）

岚图要与用户打造**共同成长的共生关系**，而不是简单的买卖关系。要"把零焦虑献给用户，把焦虑留给自己"。[373]（卢放）

岚图是一家注重用户体验的企业，基于用户需求发布了**"创享计划"**，让用户参与岚图的研发、测试、服务等生产制造全流程，对产品和服务提出建设性的意见，帮助岚图快速迭代。同时，岚图也为他们搭建**资源共享的平台，打造互动社区**，最终实现双向赋能共同成长。作为"创享计划"的一部分，岚图向全球面试招募测试同行者，获得超过2000人的踊跃报名，让广大用户深度参与岚图的产品研发和测试。在广大用户共同参与和见证下，岚图FREE目前已经进行"三高"（高原、高温、高寒）的测试、耐腐蚀测试、道路强化耐久测试、质保测试、电池包测试和NVH检测等一系列严苛的测试。**在产品开发阶段，邀请众多的用户和媒体朋友广泛参与**，不仅展现严苛的测试标准，还彰显出敢于开放的强大技术自信。与此同时，**岚图从中倾听消费者的声音，并依据用户反馈快速推进产品和服务优化**，最终实现与**用户之间双向赋能、共同成长**。[624]（卢放）

岚图能**快速实现OTA**，主要基于岚图App、线下门店、Mate团队收集了现有用户对产品的优化建议，我本人也在App上时不时会被@；同时，我们的OTA项目组建立了顺畅的响应及落地机制，各个部门联动，快速开发、验证并导入实施。此外，我们建立了创新的体制机制，在岚图内部，我要求**针对用户的反馈24小时必须响应**，这也是我们能够快速实现OTA的重要原因。目前我们仍然在不断迭代，同时也快速应对用户对车的软件和服

务软件提出的优化建议。[634]（卢放）

以用户为导向的商业模型，包括开发理念和整个用户价值的构建，是非常重要的。**岚图在2020年的9月发布全球测试同行者计划，**源于我们对用户的洞察，用户希望看到一个很开放、扁平化、可视化的品牌和产品以及服务。全球测试同行者计划到现在有超过两千人报名参加，其中65人已经陆续参加了高寒高温高原测试、NVH测试、耐腐性测试等测试，他们有来自保时捷、特斯拉、宝马、奔驰、奥迪的车主，也包括理想和蔚来的车主，他们是最早一批尝鲜的用户，对产品和服务是有独到见解的，这些用户的建议也会融入我们产品的改进方向。**我们会将全球测试同行者计划，做成用户共创共享的平台和IP。**在新车开发方面，我们或将从新车的造型评审上开始，会请他们来参与。用户买一辆汽车，不仅是移动出行的工具，还是他个人生活方式的一种彰显，同时也表达出他个人的价值观，这是一个高端品牌必备的属性。当他看到自己提出的建议，包括UI界面、颜色、座椅舒适性、配置等，是他自己参与创造出来的，会很高兴。与此同时，我们的品牌也收获了一批这样的粉丝好友，我认为**这个品牌是我们跟用户一起创造出来的。**[621]（黄伟冲）

关于共创共享。在**“创”**方面，**成功的产品一定是跟用户不断地深入沟通、迭代，小步快跑，**最后才能形成一个消费者比较认可的产品，前期从用户方面创造需求。在**“享”**方面，通过岚图，以车为平台、为万物互联的节点，**为用户在社交、事业方面提供双向赋能。**[600]（雷新）

用户运营从岚图诞生之前就开始了，我们走访了大量的潜在用户和意见领袖，吸取了很多用户的反馈。因此在构建品牌价值的时候，用户就已经参与共创岚图品牌。此外，岚图汽车自2020年6月向全球招募测试同行者以来，共有超过65名同行者深度参与岚图产品诞生过程，其中包括用户、媒体、消费者意见领袖等嘉宾。现已完成高温、高原、高寒测试，耐腐蚀测试，道路强化耐久测试，质保路试等超300万公里严苛测试。整个产品开发过程都融入了用户的智慧。还有通过线上App社区让用户参与到岚图FREE的完善工作中。举一个最新的例子，部分用户反馈岚图FREE钥匙不好看，我们经过决策后就发起了岚图钥匙的共创活动。我认为**用户运营就是要让用户更多地了解和参与打造品牌和产品，成为用户自己的品牌，**品牌跟用户是共生共创、互相服务和赋能的关系。[512]（黄伟冲）

岚图梦想家的名字也是由用户共创参与拟定的。岚图和车主们正**双向奔赴，双向赋能，共同成长。**（岚图员工）

感觉他们愿意听用户反馈的声音，只不过国有体制机制**可能导致他们的反应速度、决策程序比较慢，**这一点可能还要改善。（岚图用户W）

小结以上，与多数案例品牌一样，岚图也强调与用户共创；与其他案例品牌不同的是，岚图提出“共创共享”，除了共创，还有共享。在共创方面，岚图强调的主要是产品交付之前的产品共创，也少量提到了服务与软件共创；而对于产品交付之后的品牌共创提及较少。在共享方面，按岚图前首席品牌官雷新的话说，共享是“通过岚图，以车为平台、为万物互联的节点，给用户在社交、事业方面提供双向赋能”，[530]这样也超越了仅仅把汽车当成一种交通工具，而与用户的社交、事业和生活联系在一起。另外，岚图多次强调“与用户共同成长”，这是品牌共创一个创新的结果变量，即实现品牌与用户的共同成长。最后，岚图提到了与用户建立情感连接的重要性，**并把情感细分为“五感”，即安全感、舒适感、尊重感、愉悦感和品位感，**这对于其他案例提到的情感体验是一种补充。岚图首席执行官卢放强调“永远会把用户的信任放在第一位”，和极氪一样，岚图认为，信任是驱动用户与品牌进行共创的关键因素。不足的是，有用户提到由于国有体制机制的约束，岚图对用户的反馈速度比较慢。

（四）用户体验、用户满意度、口碑、品牌知名度和销量

与其他案例品牌类似，岚图也提到极致用户体验的重要性。

我们希望以用户为中心，通过温暖的科技产品和服务，**为用户提供极致的用户体验**。我们有用户的畅想计划，希望我们畅想的技术能够为用户带来无忧服务，带来一致的用户体验，无忧服务是岚图一直追求的事情。[396]（卢放）

正是基于东风的各项优势保障，岚图研发团队一开始就可以将更多的精力和重点，放到整车的各种用户体验层面。换言之，底层技术有东风集团做支撑，岚图只需借助互联网和用户思维，**将产品的用户体验打磨到极致**。[610]（黄伟冲）

岚图同时也重视用户满意度，但还没有在用户体验与用户满意度之间建立紧密的联系。

相比过程性数据，岚图更看重用户对品牌的信任感和**对产品体验的满意度**。[714]（卢放）

我们并不单纯追求快速增长，**用户的体验和满意度**是我们整个体系最为关注的。[371]（雷新）

相比销量，我们更看重**用户体验和满意度**。（某岚图管理者）

我们品牌从去年7月发布到现在，就像是一个充满生命力、充满希望的婴儿。整个体量并不大，包括今年明年在市场销售方面没有制定激进的措施，**用户满意**是我们的第一目标。[524]（黄伟冲）

满意的核心用户将主动进行口碑推荐，从而提高销量与品牌知名度。

早期用户的满意度和口碑其实比销量更重要，而单月销量突破3000辆，

则是验证了岚图运营体系的阶段性打通。[482]（黄伟冲）

相比短期销量，**用户满意度和口碑、未来持续增长的潜力**，是岚图第一看重的。（某岚图员工）

用户的交互口碑是当下岚图最看重的，甚至比交付量都要重要……**交付更多是一个结果，它不是一个手段。**[371]（雷新）

首批用户可以成为岚图品牌移动的招牌，并通过用户带用户的方式，促进**口碑转化**，进一步拓展全国用户。[725]（雷新）

我们的车主确实认为岚图 FREE 好开，很多用户也在帮我们传播。**我们的车主里有人最多推荐了 26 人下单。**岚图很多用户是 BBA 车主，或一些豪华品牌的车主，他们愿意尝试一个国产新品牌，对国有品牌特别认可。[634]（雷新）

在塑造品牌形象并构建起种子用户的良好口碑上，岚图的确还有许多功课要做。（某汽车行业专家）

小结以上，相比短期销量，岚图更看重用户体验、用户满意度和口碑，这和前面案例研究得出的结论基本是一致的：岚图与用户共创体验，使用户高度满意，通过满意的用户主动进行口碑推荐的方式，进行圈层营销，在长期提升品牌知名度与销量。

（五）总结

根据本书提出的理论模型与四个核心命题，岚图找到的目标用户——中国“新中坚”比较模糊，没有解决岚图 FREE 等车型“到底卖给谁”的核心问题，致使其定位战略与营销策略存在各种各样的问题（不符合核心命题二）。

定位是与用户共创高端品牌的出发点，如果没有找到志同道合的用户，用户很难付出时间、精力和情感与品牌共创（实现核心命题三较难）。

且岚图主要聚焦于交付之前的产品共创，对交付之后的共创关注较少。岚图的核心高管团队全部是传统汽车人，绝大多数来自东风集团内部，缺少互联网基因，虽然也在学习用户思维，但在用户运营上比较低调，缺少创新，这使得以高度满意的用户为核心，通过其口碑推荐来持续提升品牌知名度与销量的良性循环并没有完全打通（实现核心命题四较难）。

2021 年，岚图累计销量为 6791 辆，成交均价为 33.86 万元，虽然实现了月销五连涨，但未能达到公司原定的 1.3 万辆目标。[481] 2022 年，岚图制定了销量 4.6 万辆的目标，然而 2022 年实际销量为 19 409 辆，仅完成目标销量的 42.2%。[374] 据报道，岚图两位品牌管理相关的核心高管相继离职。前文我们已经提到，最高管理层不稳定也是导致绩效较差的原因之一。

目前岚图正在招募加盟商，试图以加盟店的方式，来分摊自己庞大的营销成本，快速实现渠道的拓展，这是对其“以用户体验为中心”哲学的自我否定（核心命题一是否能实现存在疑问）。

总体来看，岚图案例没有很好地符合本书提出的四个核心命题，导致绩效较差，属于**差别复制**。

三、星途：奇瑞汽车的第三次冲高尝试

“作为奇瑞创新技术的先行者，星途更将笃定初心、不畏艰难奔赴科技创新的‘星辰大海’，成为中国高端品牌向上突围、向外突破的先锋军。”[744]

——星途品牌总经理高新华

（一）星途发展概况

奇瑞之前曾经两次尝试冲击高端汽车市场，但瑞麟与观致均难言成功。创立于 2019 年 4 月的星途是奇瑞汽车的第三次尝试。2022 年 7 月，星途品牌总经理高新华在星途商务年会上发布了星途的“432 产品矩阵”，包括现有的四款燃油

车型（追风、凌云、揽月、瑶光）、三款插电混动车型（追风 ET－i、瑶光 PHEV、揽月 PHEV）和两款纯电车型（E03、E0Y）。[560]

虽然星途以销售燃油汽车为主，但已销售新能源车型星途追风 ET－i，并正在陆续发布插电混动车型和纯电车型，因此本书也选择星途作为案例进行研究。

星途于 2019 年 4 月开始交付，2019 年销量为 15 994 辆❶，2020 年销量为 18 251 辆，[666]2021 年销量为 37 155 辆，[391]2022 年销量为 51 142 辆。[539]前期销量不佳，在向造车新势力学习用户思维，向用户企业转型之后，星途的销量有所增长。但与竞争对手相比，增长较慢，在 11 个案例品牌中销量排名倒数第五，属于绩效较差的**差别复制**。

由于奇瑞尚未在股票市场上市，星途的收入、利润等数据难以查到，但从前面的销量数据以及各方媒体报道来看，星途的绩效不佳。

本部分的研究方法类似蔚来、理想和极氪案例的研究方法，其中访谈法主要对星途的车主进行深度访谈（半结构化的访谈提纲见本书附录 7）。

根据本书提出的理论模型以及四个核心命题，我们来分析星途之前绩效不佳的原因。

（二）高管团队

之前的案例分析结果表明，取得高绩效的品牌都有稳定的核心高管团队（辅助变量一）。然而，星途的高管人员变动频繁。**仅在 2019 年 5 月至 2020 年 3 月短短一年里，星途营销中心经历了四任营销高管调整**。之后，又经历多次营销高管职位调整。[366]

正如星途营销中心一位人士所言："每一次高层的变化都带来人事与营销思路的动荡，无论公司内部职员还是经销商，都难以聚焦于市场和用户。"[689]频繁的高管变动导致品牌战略与营销策略的动荡。

---

❶ 星途早期并未公布销售数据，此数据为笔者根据多方公开数据来源估算。

（三）用户企业

本书提出的核心命题一是：成功创建高端汽车品牌要有成为用户企业的坚定信念。星途高管变动频繁，战略不稳定。星途的高管基本都是传统汽车人，一开始星途并没有用户思维，也没有想要成为用户企业。后来看到蔚来等其他案例品牌的成功，星途也意识到用户的重要性，但频繁的高管变动为“成为用户企业的信念是否坚定”打上了一个大大的问号。

星途成立于2019年，之前一直是传统汽车企业的做法，不是直接和用户沟通，而是通过传统4S店和用户沟通，除了售后维修保养，与用户的关系在用户提车的那一刻基本上就结束了。直到2021年看到蔚来等其他案例企业纷纷提出要成为用户企业并获得成功之后，星途才意识到用户的重要性。

奇瑞汽车董事长尹同跃提出要向互联网企业学习互联网思维：“用户是我们最宝贵的资产。奇瑞内部提出的变革思路中，一是向优秀的传统造车企业学习体系能力，基本功底打扎实；**二是向互联网企业学习用户运营能力，用互联网的思维让用户参与生态搭建**。”[589]

直到2021年之后，星途的高管才开始在各个场合强调用户的重要性。

> 星途从诞生之日起就在思考，如何洞察用户的向往，懂得他们的想法，宠爱他们的需求。对于星途来说，**用户是什么样，星途就是什么样**。[745]（星途品牌总经理高新华）

> **星途视用户为最宝贵的资产**，将会尊重每一位用户的想法，并致力于用产品和服务不断创造惊喜，满足用户期待，让用户生活更精彩。**未来星途将全面转向以用户为中心**，通过智慧与创新，满足消费者对中国高端品牌的需求。[747]（高新华）

> 回归原点来看，**所有的研发和营销工作都应该围绕用户展开**，星途品牌是中国高端品牌，品牌建设使命重大。[531]（高新华）

> 星途是一个**宠用户、懂用户**的品牌，**我们希望用户成为我们的主角，满足用户所有的想法**。[487]（星途营销中心前常务副总经理叶磊）

> 自成立两年以来，星途一直视用户为家人，坚持**“懂用户所想、宠用户所需”，以用户思维为导向，以自主创新为驱动**，致力于以用户定义汽车为根本，成为智慧出行时代的先行者和引领者。[538]（星途品牌副总经理金弋波）

2021 年，星途提出要成为用户企业的理念是**“懂用户所想、宠用户所需”**。“懂用户所想”指：洞察用户对美好的所有向往；专注于用户所爱的每个细节；比用户更懂科技。“宠用户所需”指：以用户为中心，满足用户出行体验；共创理念，打造属于每一个人的星途。从星途高管的讲话可看出，星途对用户企业的理解其实并不透彻，既没有把与用户共创极致体验作为核心，也没有把用户满意度作为最高目标，缺少如何落实的具体措施。

（四）定位

本书提出的核心命题二是：定位是创建高端汽车品牌的出发点。然而，星途虽然定位于高端汽车品牌，但是一开始却没有具体、清晰、独特的定位。

> **捷途是奇瑞的斯柯达，奇瑞是大众，星途就是奇瑞的奥迪**……星途在奇瑞构建的品牌“金字塔”中的战略定位是“三个者”——奇瑞技术的集大成者，奇瑞技术创新的先行者，奇瑞品牌向上的突破者！它在当前的具体任务包括三方面：第一，突破奇瑞现有的价格体系，建立新的价格体系；第二，吸引更多的客户群；第三，占领主流的高端市场。[589]（奇瑞汽车董事长尹同跃）

> **星途之于奇瑞，就相当于大众的奥迪**，所以奇瑞希望星途能成为奇瑞中的高端品牌。[349]（星途事业部前总经理曹志纲）

> 星途是奇瑞的战略品牌，定位在**中国自主新高端**。从产品的角度来说，

星途目前的产品在智能化、空间和性能方面，已经可以站在中国品牌同级别车型的第一梯队里，我们对这款产品很有信心。[558]（奇瑞汽车股份有限公司副总经理、营销公司总经理贾亚权）

星途定位为奇瑞集团的高端品牌，是我们自主高端品牌，相当于大众的奥迪、丰田的雷克萨斯这样的品牌定位。星途是奇瑞集团25年造车工艺的技术集大成者，也是奇瑞集团未来新技术的引导者，集团新的技术、新的平台、新的黑科技会率先在星途品牌上应用，星途也承担着奇瑞集团品牌向上的历史使命，所以说集团非常重视星途品牌的发展和星途品牌的投入。[379]（星途营销中心总经理黄招根）

星途刚推出时，只是把自己和奇瑞的关系界定为类似"奥迪和大众"的关系，可以看出星途定位于高端汽车市场，但目标顾客到底是谁，定位具体是什么，这些都不明确。

直到2020年之后，星途才意识到首先要确定目标顾客，找准具体定位的重要性，并对之前的工作进行了反思。

在品牌层面，**首先明确我们的目标客户是哪些人，过去在这一块其实不够明确，导致我们的产品开发、营销等工作上存在脱节的现象。**在2021年年初，我们发布了**"极智新国创"**全新品牌焕新理念，把目标群体锁定为**热爱生活、充满梦想、怀抱着强烈民族自豪感的"探享家"群体，**我们提出要"懂用户、宠用户"，之后我们的产品开发、营销、传播，整个链路都要以这群人为核心，这是最关键的。[704]（高新华）

星途未来还需要在研发和营销上花更多的精力去**研究消费者，找准定位，**更加契合消费者的喜好，比如购车主力"90后"，他们除对品质有要求外，智能化科技是一个非常重要的考量点，这也是星途目前的发力点之一。[543]（高新华）

在2021年4月的上海车展中，星途发布了全新**“极智新国创”**品牌定位，提出了“以共协‘创’产品、以国‘创’见未来”的概念，同时发布了品牌“共创计划”。该计划联合星途车主、汽车发烧友、跨界专业人士共同造车，希望汇聚大家的智慧和力量，做出更契合市场需求的高端智能车。

随着**互联网一代**渐成消费主力，他们见证了国家的崛起和昌盛，亲历着科技改变世界的力量。**喜欢尝鲜、注重品质、痴迷科技且钟爱“国潮风尚”的多元化特性……星途正是以这群人为目标人群，**以“懂”他们所需的方式做产品，并“宠”消费者之所想，为其创造更多惊喜。[597]（高新华）

星途将以更加积极的姿态拥抱变化，用不断创新、不负时代的毅力和决心，依托自身坚厚技术实力和前瞻视野，创造出行业领先的**“极智新国创”**产品和服务体验，为用户提供更加智慧的出行体验。[562]（叶磊）

“新国创”既有对市场的思考，亦承载着新的造车愿景。随着“90后”“95后”，甚至“00后”步入职场，**互联网一代**渐成消费主力。受见证了中国的崛起和昌盛，以及从小优渥的生活环境影响，新时代消费者更认同民族品牌并拥有更大的依赖和信任感，并带动了“国潮热”，而满足他们高品质、高智能等多元化用车需求恰恰也是中国品牌持续追求的目标。在这种更加开放和亲国货的氛围中，星途也希望用**“高端、智能、活力”这三个核心价值，**为消费者带来更多代表中国创造、引领未来的优质产品。针对**“极智新国创”品牌定位，**我们未来还会推出共创计划，并依靠自身坚厚实力，以“4F”产品开发目标，全面拥抱智能汽车时代。[385]（叶磊）

同时我们还通过一系列圈层联动活动，让更多年轻人感知到星途品牌的活力和**“极智新国创”品牌价值内涵，**从而产生真正的情感共鸣。比如说推出共创计划、48H星享官试驾、追风联合河南卫视国风IP“唐小妹”的跨界合作等，都在用户和粉丝群体中引发了良好的反响。[704]（高新华）

星途一开始并没有从定位出发创建高端汽车品牌，而是在销量不佳之后发现问题在于目标顾客、定位不明确，才想到要找到目标顾客、选准定位，这违背了我们提出的“从定位出发创建高端汽车品牌”的逻辑。这也使星途难以找到认同其品牌价值观，从而愿意付出时间、精力和情感与品牌共创体验的目标用户。

（五）共创

本书提到的核心命题三是：与用户共创极致体验是创建高端汽车品牌的核心。然而，星途一开始并没有想要与用户共创，直到看到其他车企和用户共创并取得成功之后，才在 2021 年 4 月的上海车展上推出“共创计划”，此时距星途品牌创立已有两年。星途的高管也承认星途之前在营销上做得不太好，于是推出车主共创活动。

在共创计划下，我们将以**构建共创共享用户生态体系**为目标，以价值激励与用户成长体系为强有力支撑，**让用户更全面参与全生命周期的产品研发**，共同打造更契合用户需求的高端智能车，实现让用户生活更加精彩的使命。[538]（金弋波）

当下的汽车市场，汽车产品是平台，服务才是真正的商品。用户买车后，我们的营销服务才刚刚开始，我们要和用户成为长久的朋友。用户共创，可以让星途更直接地了解用户的真实需求，从而指导从车型设计、技术研发，到销售、售后服务的全生命周期的生产制造服务。**星途将深耕用户共创领域**，将用户服务打造成星途的长板，为中国汽车品牌开拓品牌高端之路树立样板。[736]（黄招根）

在营销板块，我觉得我们做得还不够好……最近我们也举办了**车主共创活动**，我们内部叫**星光 CLUB 车主共创**，我们邀请一些车主参观了 M38T，与我们的车主，**对我们的配置、定价策略，包括品牌传播策略进行了共创。**

在这个过程中，我有深刻的理解，我们的车主层次在快速提升，对于汽车、汽车的技术构架，对平台、智能化、汽车俱乐部、汽车生态都有非常高的认知和需求。而自主品牌要想跨越这个向上的过程，一定不只是产品上面的需求，还要在品牌上、价值观上去满足我们消费者的需求，当消费者认可你的产品，认可你的品牌，认可你这个品牌的价值观的时候，我觉得那个时候自主品牌的中高端车型就会越来越好。[736]（黄招根）

星途也学习其他案例品牌，主要与用户进行产品共创、生活方式共创。但星途在与用户共创体验上并没有太大的创新，主要还是模仿先行者。

为了让研发人员与用户需求更接近，2021 年星途推出了**“产品星推官”**项目，**让 300 多个研发工程师分批走到终端**，这会让研发人员有三大收获：第一，研发人员接触真实的客户，了解客户需求，对产品进行更好的迭代；第二，研发人员能够发现产品的改进点，帮助经销商发现一些销售和后台支持层面的问题，成为产品和用户的纽带之一；第三，这一举措对产品质量的提升会有很大帮助。[409]（高新华）

星途主要有三个共创平台：产品体验平台、生活方式体验平台和“我们毫不逊色”平台，第三个平台专注与女性用户进行共创，显得比较有新意。

其他品牌的案例研究表明，自营 App 是品牌和用户共创的核心线上平台。虽然星途 App“星途生活”在 2019 年已上线，但只有车辆的控制和云调控功能，体验较差，社交功能很弱，难以与用户共创体验。直到 2022 年 8 月，星途才推出“Hi 星途”App，该 App 的设计主要模仿了蔚来 App 的设计，终于有了“社区”功能。

星途 App 早期只做车辆的控制和云调控功能，现在希望把它做成社区的功能，大家可以在里面进行积分兑换，可以做各种创意，做增值服务，也可以相互沟通，互帮互助。真正做到懂用户所想，宠用户所需。[646]（高新华）

> **我们推出了“共创计划”，这实际上是一种运营的模式，通过手机App实现。**现有的手机App，只能控制现有的车型和远程控制，**未来我们会运用这个App打造一个社区，**在社区里面相互交流信息，也可以让大家形成各种互动。最重要的是我们提出共创计划，请你来加入下一代车型的车型开发，有哪些特征，如何定义，大家一起来做，让各个行业跨界的人员加入产品的研发过程当中。[498]（高新华）

小结以上，星途一开始并没有想到要与用户共创体验，刚开始推出的自营App也不具备共创的功能，很难以“与用户共创极致体验”为核心创建高端汽车品牌。

（六）基于互联网的用户运营

本书提到的核心命题四是：基于互联网的用户运营是持续提高绩效的方法论。然而，和其他案例品牌相比，星途的高管对基于互联网的用户运营的提及是最少的，也没有讲到具体如何落地实施，可见星途尚缺少一套基于互联网进行用户运营的方法论。

> 我们希望未来打造三个长板。第一是星途的产品力。我们要引进奇瑞目前的产品线运营机制，包括产品的快速迭代、用户共创。既然是高端，一定要把技术的高端体现在星途上。第二是**用户运营**。我们要与车主进行用户共创，让高端车主拥有高端的服务、**高端的体验**。第三是在新媒体方面。我们要在触动用户的领域快速形成我们的优势，要打造三个营销的长板。[469]（黄招根）

由于用户体验→用户满意度→口碑推荐→财务/品牌绩效的链路没有打通（星途没有在它们之间建立联系），星途的品牌绩效不佳。首先是品牌知名度不高，品牌形象不够鲜明。

> 品牌建设和知名度上，前期的准备和铺垫不足，**很多消费者没听说过这**

个品牌，也就不会将其作为首选。[637]（奇瑞汽车内部人士）

星途是一个全新的品牌，**品牌形象不够明显，**所以今年品牌的升级是我们工作中的重中之重。[703]（叶磊）

对于星途品牌而言，我们目前可能**还不具备非常强大的品牌号召力**。正因为这样，市场对我们的产品本身提出了更高要求，要求我们更加关注质量、设计，同时也要传达品牌内涵。[314]（星途全球设计总监兼首席设计师 Kevin Rice）

此外，如本案例开头部分所述，星途的销量也不佳，2022 年销量为 51 142 辆，[539]与其直接对标的竞争对手领克（180 127 辆）有明显差距，与蔚来（122 486辆）、理想（133 246 辆）等造车新势力全新创建的高端新能源汽车品牌也差距明显。

（七）渠道

如前所述，渠道已经不仅像传统 4S 店那样主要是卖车、售后服务的场所，也是品牌与用户共创的场所。为了保障用户体验，很多高端汽车品牌都模仿特斯拉、蔚来，采用直营的渠道模式。和这些品牌不同，销售燃油汽车的星途仍然采用传统经销商模式。由于星途高管变换频繁，不同高管有不同的渠道建设思路，导致星途的渠道策略比较混乱，一些原有计划还没有完全落实，新的高管又提出新的计划。

1. “1 + N + X”星火渠道模式

2021 年 5 月，星途发布“1 + N + X”星火渠道模式，1 代表星途体验中心、N 代表专营店、X 代表授权体验店，星途计划于 2021 年年底在全国重点区域建设 200 家体验中心 + 200 家专营店 + 1000 家授权体验店的渠道网络布局。

我们采取因地制宜的差异化发展策略，**针对大容量市场，优先助力成熟经销商网络发展，**强化终端渠道的服务能力和经营水平。而**在客源更为雄厚**

但过于分散，单一体量不高的小容量市场，星途将通过专营店轻量化运作模式，强化二级渠道的拓展，实现用户生活半径的覆盖和服务距离的缩短。所以，第一个是实现了星途渠道数量和质量的双提升。第二个是实现了经销商盈利能力的提升。我们会把经销商分成老经销商、新经销商，或者实力强的、实力弱的，形成一套差异化的帮扶体系，我们始终会按比较高的标准来管理网络渠道建设。第三个是实现了客户满意度的提升。我们从产品介绍培训、客户到店导购、售后服务体系，以及数字化展厅建设等多个消费者感知环节加强管理，达到愉悦体验、价值感知、口碑传播，甚至老客户转化的目的。在这一模式之下，星途销售体系被充分激活，成为带动星途销量增长的重要推动因素之一，可以说是量变引起质变。[704]（高新华）

有了好的产品，更需要一个强大的通路体系。今年我们也推出了“1 + N + X”全新星火渠道模式计划，我们的目标是**2021 年年底实现“200 家星途体验中心 +200 家专营店 +1000 家授权体验店”**的网络布局，同时今年营销中心花了很大精力去改善经销商运营质量，通过一系列终端帮扶和管理措施，让经销商盈利，从而更好地去为用户创造好的服务体验，形成一个良性循环。[704]（高新华）

2. “双网共修”计划

就像其他高端汽车品牌一样，星途一开始是作为独立品牌运营，拥有自己的服务网络，主要目的是更靠近消费者，并提高效率。

为了确保新品牌的独立基因，**星途作为独立品牌运营，拥有自己的服务网络。**……现在汽车消费主力已经是“80 后”“90 后”，相应地，新品牌也想带着经销商突破传统经销模式，主要有两个目的：**一是更靠近消费者；二是更有效率。**[549]（星途前事业部营销中心总经理曹志纲）

星途汽车，我们是**独立的网络**，有很多独资品牌、合资品牌、自主品牌，也包括奇瑞的小部分经销商。**星途有自己的建店、网络、运营标准，**只要符合标准，就可以建设各个层级的经销商。传统的营销模式，应该到了要变革的时期。变革的目的只有两个，**一是营销能更接近消费者，二是要提升营销的效率。**所以，星途非常愿意带着经销商一起对传统的营销模式做一点改变，做一点提升。[471]（曹志纲）

然而，很多车主反映星途服务网点少，买车、维修、保养都不方便。为了满足星途用户对便捷服务的需求，弥补星途终端覆盖不足的问题，2022 年 7 月，星途新任营销中心总经理黄招根推出了“双网共修”服务网络计划。“双网共修”指在星途汽车服务空白区域，车主也可以到奇瑞汽车服务网点进行车辆维修保养。

“双网共修”计划是我们完善服务网络、升级服务体验的核心举措，在“双网共修”计划的加持下，星途品牌今年年底服务网络将达到 500 家，用户可在全国绝大部分地区不超过 50 公里距离内获得专业的售后服务，明年目标达到 800 家。[587]（黄招根）

自 7 月启动“双网共修”，进一步拓展服务网，**在没有星途的 4S 店里，我们把奇瑞的服务渠道打开，为星途的车主提供服务，**以解决便利性的问题。车是移动工具，可能会在全国各地到处开，一定要保障客户的售后服务。目前星途已经有 435 个服务网点，覆盖了全国 88% 的地级市，今年年底要突破 500 个网点，希望明年做到 800 个网点，为车主提供无忧服务，销售网络和服务网络逐步构架完成。[660]（黄招根）

然而，星途和奇瑞共用服务网络也导致了一系列问题。奇瑞汽车内部人士指出：“首先是星途车型与奇瑞瑞虎系列 SUV 直接竞争，彼此蚕食。其次是以‘店中店’形式售卖高端车型，给用户的体验并不好。再次，奇瑞的经销商投资人没有增加太多硬件的投入，打价格战的能力更强，导致星途终端价格体系混乱。”[689]除以上问题之外，店铺形象对品牌形象有显著影响（Wu et al.，2011）。作为一个高端汽车品牌，星途却与奇瑞共用服务网络，这有损星途想要树立的高端品牌形象。

3. 其他渠道计划

星途的不同高管在不同时期还提出了其他渠道计划，如小米快闪店、商场店等，并尝试新零售。

> 星途未来在渠道这一块也会走多元化道路，除现在前店后厂的4S店之外，还有两个方向，一个是渠道怎么下沉和渗透。我们希望把星途送到消费者最便捷接触的地方，包括后续买车之后服务的一些体验，希望这方面能给客户带来更便捷的服务。另一个是一些新势力给我们的启发。**在一二线城市商超开体验店**，我们也在尝试。因为未来在一二线城市，可能在中心区域4S店再找地方建设已经变成一个非常困难的事。现在一般都是往远郊建设，因此在一二线城市CBD商业区怎么给客户更方便的接触，也是摆在我们面前的一个课题。现在我们已经在广州开始试点，后面我想在很多一二线城市，大家都能够看到星途的体验店。[444]（李东春）

（八）总结

综上所述，对于本书提出的四个核心命题，星途之前基本都没有做到，更不用说将四者融合为一个体系；同时，星途的高管变动频繁（辅助变量一）、渠道策略较混乱（辅助变量三），以上导致星途前期的绩效不佳，属于**差别复制**。目前，星途正在学习造车新势力的用户思维，向用户企业转型；也已想到要找到目标顾客、选准定位；同时还推出共创计划。以上转变使星途的销量开始增长，这也从另一个角度验证了本书提出的四个核心命题。

四、坦克：中国每卖出 2 辆越野 SUV 就有 1 辆是坦克

“从上市到今年 7 月底，坦克总销量已经达到 151 115 台，在硬派越野市场占比超过 56%，中国每卖出 2 辆越野 SUV 就有 1 辆是坦克。”[338]

——坦克品牌首席执行官、魏牌首席执行官刘艳钊

坦克是长城汽车旗下的高端豪华越野品牌，首席执行官为刘艳钊。坦克于 2021 年 4 月宣布从魏牌系列中独立出来，2021 年坦克累计交付 84 588 辆。2022 年销量为 123 881 辆，同比增长 46.45%。[718] 2023 年坦克品牌势如破竹，全年累计销量达 162 539 辆，同比增长 31.21%，[378] 在所有案例品牌中排名第四，绩效较好，属于**逐项复制**。

虽然坦克目前销售燃油车型，但在 2022 年 8 月，坦克发布了“越野 + 新能源”技术路线以及越野超级混动架构。坦克品牌首席技术官马海利表示：“2023 年将是坦克向新能源转型最重要的一年，坦克品牌全系的新能源产品将陆续推出。”[676] 同时，作为一个 2021 年 4 月从魏牌系列中独立出来的品牌，当时造车新势力的崛起已经备受瞩目，坦克学习造车新势力的做法，一开始就以用户为中心，以“用户共创”为核心理念。因此，本书选择坦克作为案例进行研究。研究方法类似蔚来、理想和极氪案例的研究方法，其中访谈法主要是对坦克的 7 位车主进行深度访谈（半结构化的访谈提纲见本书附录 7）。以下基于本书提出的四个核心命题来验证坦克案例。

（一）以用户为中心的核心理念

坦克虽未提出要成为“用户企业”，但把“以用户为中心”作为核心理念。

我们以用户为中心的核心理念，为坦克的用户带来超越期待的体验和价值。[698]（坦克品牌首席执行官刘艳钊）

现在用户很流行做运营平台，包括蔚来、吉利都在做，这是一个大趋势。移动互联网的到来改变了传播趋势，以前说产品为王，也喊过渠道为王，我觉得**现在是用户主权的时代**……比如说，这个月只有一千万的营销费用，怎么分配？**坦克会选先让用户满意。**[446]（坦克品牌用户中心高级总监顾华军）

品牌传达给用户的是生活方式与精神主张、产品功能属性以及延展性功能，产品只是品牌的基础，**以用户为中心的品牌战略才是核心。**[352]（长城汽车高级副总裁、魏牌首席营销官李瑞峰）

虽然坦克很少提要成为一家用户企业，但将“以用户为中心”作为核心理念，把用户满意度放在优先位置。

（二）定位

“铁汉柔情”是坦克品牌的价值主张，“铁汉柔情的人”是坦克的目标用户，“铁汉柔情”的价值主张也融入了坦克的产品、用户和生态圈层中，是坦克创建高端汽车品牌的出发点。

1. 目标用户：“铁汉柔情”的人

坦克的“铁汉柔情”体现在车、人、场景的各个方面，并作为主线形成有效串联。

在坦克300的订单中，女性用户占比近30%，成为坦克品牌的重要用户群体。（刘艳钊）

坦克品牌主张的“铁汉柔情”指的是作风硬朗、做事坚决的硬汉，也需要面对爱人、孩子、朋友，给家人带来更好的生活和保护，**硬汉是有柔情的另一面。**同时，**“铁汉柔情”的主张也融入了我们的产品、用户以及生态**

圈层中，我们认为在品牌独立之后就有必要把这种底层理念传递出去，让用户对坦克有更清晰的认知。[672]（刘艳钊）

坦克不仅在外观上传承了越野车的硬朗感觉，还兼顾了内在的驾驶舒适性，这也是**坦克品牌以“铁汉柔情”作为品牌主张**的原因，“铁汉柔情”就是外刚内柔、刚柔并济，这是一个很清晰的定位。[337]（刘艳钊）

坦克品牌的使命就是为用户创造令人向往的生活方式，**我们持续围绕品牌价值主张“铁汉柔情”，与用户建立强烈共鸣的精神链接。**[575]（刘艳钊）

坦克旗下的产品**以“铁汉柔情”作为指导理念**，从平台到产品，从外观到内饰，从动力到配置，从产品到精神，**都展现了“铁汉柔情”的调性，**坦克产品既有硬核越野实力“铁”的一面，也有与“铁”反差的“柔”的一面，更有与用户共鸣的“情”，赋予了坦克在产品之外更丰富的内涵。（坦克 SUV 官网）

“铁汉柔情”是坦克用户的真实写照，TA 们是推动时代巨轮向前的新中坚力量，靠自身奋斗去探索更广阔的世界，有野心更有原则，TA 们穿梭于朝九晚五的喧闹都市，却不被繁忙的生活节奏左右；TA 们内心始终有探索世界的欲望，却不会没有分寸被山野羁绊。（坦克 SUV 官网）

2. “一车一品牌一公司”的理念

长城汽车公司践行着“一车一品牌一公司”的理念，“一公司”指长城汽车公司；“一品牌”这里聚焦为坦克品牌，坦克的品牌定位为“潮玩越野 SUV”；“一车”指坦克品牌的不同车型。

长城是以品类来思考，用品牌来表达的。**每一个品牌和品类面对的人群是不一样的，具体到哪一个车，面临的人群也是不一样的。**所以魏总提出的“一车一品牌一公司”就是我们不同车型可能面对的用户，与用户沟通的方

式都不一样。我们的产品设计、相关周期和产品节奏都很快，任何一个品牌都没有我们这么快的产品节奏。[608]（刘艳钊）

长城汽车以品类来思考，用品牌来表达。坦克的用户是一群人，我们也可以理解成是一个庞大的人群，**这样一群人细分完了之后会有坦克300、坦克400、坦克500、坦克700、坦克800等车型。**[348]（刘艳钊）

坦克品牌的品牌定位为“潮玩越野SUV”，旗下不同车型有不同的产品定位，分别面对不同的细分市场。

坦克300在整个策划过程中，还是希望有一款能够从骨子里面非常硬派的车，但又不失时尚、潮流，要回头率，还要潮，还要飒。[554]（刘艳钊）

作为中大型机甲越野SUV的机甲潮玩引领者，坦克400是集独特机甲风格、硬核越野、科技潮玩体验于一身的全新品类，也是充分洞察个性化消费趋势后的又一力作。如果说坦克700是机甲科技系列旗舰，**坦克400就是机甲科技系列的中坚力量，**代表着机甲越野天马行空的想象力，它将机甲科技品类的可玩性做到极致，满足新时代年轻人“彰显个性、引领潮流”的内心诉求。未来坦克400将与坦克700形成机甲科技系列的产品矩阵，夯实机甲越野开创者的市场地位。[313]（刘艳钊）

坦克500必将以标杆级的硬核实力打破大排量越野SUV的“进口垄断”，重新定义**中大型商务豪华越野SUV**标准。[346]（刘艳钊）

坦克500定位中大型豪华越野SUV市场，除面向向往越野的人群以外，我们希望这款车能够满足更多用户、更广泛的使用场景需求。以往的越野车典型特点是不豪华、不舒适、不智能，坦克500这款车完全解决了这些问题，不管是商务用途还是家庭用途都能满足。[619]（坦克首席营销官崔卓佳）

未来**商务豪华系列**还将会推出坦克600，它也是延续了这个思路。[574]（刘艳钊）

机甲科技系列的坦克700，就像劳尔先生（长城汽车造型高级副总裁）所说的，灵感来自长城屹立千年不倒的坚固墙体与刚硬线条，我们认为机甲科技是坦克品牌中非常重要的一个品类系列，目前市场上也很少有同款产品。[405]（刘艳钊）

我们把坦克800定位为越野车里的“劳斯莱斯”，因为越野车先天就有着车架刚性、强度大的优势，这种结构更适合打造高舒适性。[695]（刘艳钊）

小结以上，我们总结坦克的品牌定位及其各车型的产品定位如表6－9所示。

表6－9 坦克的定位

对比项	车型					
	坦克300	坦克400	坦克500	坦克600	坦克700	坦克800（未上市）
定位	紧凑级硬派越野SUV	中大型机甲越野SUV	中大型商务豪华越野SUV	商务豪华越野SUV	机甲科技旗舰SUV	越野车里的“劳斯莱斯”
售价	19.88万～28.00万元	28.58万～28.98万元	33.50万～39.50万元	35万元	42.80万～70万元	预计50万元

注：数据截止至2022年年底。

（三）与用户进行“五大共创”

“用户共创”是坦克的核心理念，坦克与用户共创、共同成长。与岚图类似，在品牌共创上，坦克也提到与用户“共同成长”。

坦克与用户共同成长，共同丰富品牌的内涵与外延，共同完善产品和渠道，让用户获得高品质体验，品牌得到用户认同，真正实现了用户、终端、品牌端站在一起，**三方都可以拥有超越期待的体验和价值**。[698]（刘艳钊）

坦克与用户进行产品共创、生态共创、服务共创、内容共创、公益共创“五大共创”。

1. 产品共创

以坦克共创官招募的形式，邀请用户深度参与产品设计研发，全方位满足用户需求，未来品牌还将与部分机构联合共创改装产品的开发。

坦克品牌未来将持续跟进用户需求，联动改装大厂及个性玩家，联合共创沙漠、雨林、穿越等多场景、多风格、多功能的**共创改装车型**，全方位满足用户需求。[575]（刘艳钊）

在坦克 App，我们制定了一个**30 分钟即时响应、同屏响应**的政策，如果对产品质量吐槽，我们要求半小时之内必须要对问题进行解决。[608]（顾华军）

坦克以招募“共创官”的形式，**邀请用户深度参与产品设计研发**，全方位满足用户需求。坦克 300 和坦克 500 产品共创，**坦克共创官**在车型、外观颜色及命名，内饰装饰，车型命名，个性改装等维度参与共创，未来**品牌还将与部分机构联合共创改装产品的开发。**（某坦克高管）

2. 生态共创（圈层文化、跨界营销）

以潮玩越野为基调，坦克品牌与潮流、机车、改装、女性、户外、旅行、社交、出行、越野等十余个圈层进行深度、长线运营，展开文化、产品等多领域跨界合作，并不断向其他各圈层扩散，打造潮玩越野风格场景。与此同时，基于品牌旗下产品车型的不同调性，坦克品牌也将不断拓宽品牌生态圈层布局，持续完善坦克生态。

打造圈层文化，跨界营销是我们一直追求的方向。在经营理念上，**坦克秉承“不止越野、不止于车”的品牌理念，在“用户共创”的核心理念下，坦克品牌将打造坦克官方认证的品牌生态圈，**联动改装（运良、顶火、超境）、机车（春风、ACE）、户外（火枫）、潮流（Zippo越野江湖）等圈层实现共创共赢，与用户形成情感共鸣。同时，不同圈层也主动为坦克打造高价值的品牌生态体验，双方相辅相成，联系更加紧密，达成品牌生态无边界，**未来坦克的用户和生态将构建坦克品牌的双层护城河**。时尚潮流达人与豪华智能越野的坦克500跨界合作，将创造出更多具有创新风格理念的共创营销模式。[461]（刘艳钊）

坦克之前调研了一批坦克300车主，其中有很多来自不同圈层的用户，包括改装、越野、时尚等，他们都被坦克300的潮玩属性所吸引。**坦克品牌致力为用户提供一个无边界的坦克生态圈，坦克生态永不设限，坦克品牌期待与更多好玩的圈层形成强互动**。另外，同质化的产品永远没有机会，如果一直跟着其他越野品牌的路线，坦克就永远无法赢得消费者。[623]（刘艳钊）

坦克品牌其实是搭建了一个平台，**只要是能够玩在一起的圈层，或者用户感兴趣的领域，坦克品牌都可以向用户开放，与用户共创**。[410]（刘艳钊）

坦克品牌将持续与**女性圈层**形成高频的互动，并与国内知名平台联手发起女性圈层专属活动，搭建与女性沟通的桥梁。还设立了专注于研究女性用车需求的女性项目经理，在产品研发上匹配了女性的专属需求，也致力于开发出让女性更喜欢的车型。[623]（刘艳钊）

在电竞圈层，坦克品牌与网易梦幻联动，坦克300登陆《王牌竞速》电竞手游。**在改装圈层**，坦克联合运良、顶火等改装大厂，打造诸如坦克游侠、风林铁骑、赛博坦克等改装版车型。**在机车圈层**，我们将潮玩越野与机车联合，让四轮与两轮交融，彻底突破玩法界限。坦克300与春风摩托CFMOTO 800MT N39°联名款一经推出便火爆市场；并携手驾道drivestyle联合打造机车共创展台。**在潮流圈层**，坦克联手越野江湖、奥托立夫等潮流品牌，为用户打造如户外装备、潮流服饰等文创精品。**在潮品圈层**，坦克携手

Zipoo、猫王等潮流品牌，打造坦克 300 Zipoo 打火机、坦克 300 猫王蓝牙音响、坦克 300 × MONSTER 定制耳机等时尚好物。（某坦克高管）

我们还推出**潮流饮品**，坦克携手啤酒品牌巴兰德真味、新锐功能饮料品牌外星人 Alienergy，推出饮品供坦克手激情畅饮。此外还有**“坦克露营季”和“坦克弄潮之旅”**：露营季是坦克携手“MAX 户外”开启的“星辰竹海”露营活动，融合音乐、潮流、娱乐等多元化形式的露营之旅。弄潮之旅则行程途经天津、石家庄、成都、重庆、昆明等多个城市，从北国小镇到南国水乡，从西部草原到东海之滨，与坦克手们一起丈量脚下的每一里路，体验坦克智能、豪华、越野兼具的硬核实力。（某坦克高管）

3. 服务共创

内化于心，坚持“以用户为中心”的核心理念；外显于形，注重高品质服务体系的搭建。坦克品牌以坦克服务节日、坦克沙漠学院、坦克服务小镇为依托，持续为用户带来周到、细致的服务体验。用户在基于品牌服务体系进行体验的同时，与品牌紧密沟通，不断完善共创品牌服务体系。

为了减少用户的车辆维修成本，坦克品牌还为用户提供**驾驶技术培训**和兴趣技能提升，为此还成立**坦克学院、沙漠学院、冰雪学院、摄影学院及攀登学院**等，同时还建立了**坦克路书**项目，组建全球顶级路书团队，给用户带来新颖的服务体验。[327]（刘艳钊）

更多创新是如何把用户服务做好，把用户服务好，营销就好了，其实这一块是靠口碑的，不是靠说教。整个坦克 App 注册用户，现在接近 150 万，而坦克的总销量为 15 万 +，所以说坦克有众多的粉丝和潜客。我们以品牌基因为原点，基于品牌“铁汉柔情”文化内容，全面为用户提供驾驶技术培训和兴趣技能提升，比如我们有**坦克学院**，今天会打造**沙漠学院、冰雪学院、摄影学院及攀登学院**，后续将围绕用户圈层持续拓展丰富学院生态。此外**坦克路书**项目，也是坦克今年的重要品牌体验IP，我们通过全球顶级路书团队组建、全球极致路线探索，承接品牌全球化战略，创新用户体验，打造全方位链接品牌与用户的超级现象级体验IP。路书也有扎实的群体基础，已经有大量的坦克手、媒体老师等，在坦克App上与我们共创。（某坦克高管）

4. 内容共创

以“创作者计划”为依托打通用户私域流量，与用户共创内容，实现品牌与用户的相互赋能，保持用户关系持续向好。坦克App给用户提供了参与共创的绝佳平台，用户可以在平台上发布内容，或者发布属于自己的商业信息等。

坦克App是其中一个重要的路径。此前，坦克品牌在发布新LOGO之后，有两个网友就在App上发起共创众筹，制作的LOGO中有很多国潮、故宫之类的元素，坦克未来就是一个开放的共创平台。[432]（刘艳钊）

5. 公益共创

基于已初步形成的散点式用户公益雏形，通过构建品牌、用户的公益联动机制，巧用用户资源，围绕保护自然环境、关爱弱势群体、赈灾救援、保护文化遗产等领域，共创坦克公益IP，丰富坦克大爱大义、责任担当的品牌形象。

2021年10月，坦克品牌以爱之名，正式发布了《坦克公约》，以“共生、共建、共享”为理念，号召全员参与公益活动，共创用户公益生态。而随着加入的坦克手越来越多，《坦克公约》进一步向抗疫、扶贫、赈灾、健康、自然保护等领域传递出温暖与力量。如在扶贫方面，坦克品牌联合I Do基金会开启“爱心西藏行”，帮助藏区特殊儿童实现艺术梦想；在环保方面，发起“绿色星球计划”公益活动，奔赴山地森林清洁白色污染与垃圾，守护绿水青山。

在《坦克公约》的影响下，不少由坦克手组成的常态化公益联盟也不断涌现，如广西坦克公益联盟，每月开展公益活动，车主们积极帮扶困难学生、救助贫困家庭、慰问独居老人，自发形成健康用车、服务社会的俱乐部氛围；北京坦克俱乐部积极发起关爱自闭症患儿行动，发起“带着星宝去旅行”，让自闭症患儿的世界也充满欢声笑语；天津坦克团联合青海市政府成立公益联盟，助力天峻县脱贫攻坚；榆林坦克团情系陕北，为子洲马塔留守儿童学校送去暖冬物资。

(四) 基于互联网的用户运营

坦克认为用户运营分为两个维度：企业维度和运营阶段。其中，企业维度分为：“术”（具体的方法）、“合”（机制、组织的改变）、“道”（企业价值观）。运营阶段分为四个阶段：触点、数据、关系和生态。

> 我个人觉得**运营这件工作，本质上当然是方法论**，但另一方面也是在帮传统营销赋能。**用户运营**这件事情，分两个维度。从**企业维度**来看，分**“术、合、道”。第一是“术”，就是武术的术，比如我们做 App，我们做日活，做共创，做俱乐部，这个在我看来都是“术”，**都是一些具体的方法。**第二是“合”，就是机制、组织的改变，刚才刘总提到“一车一品牌一公司”，就是组织的改变，包括跟产品总监、营销副总等互相之间是打穿的，在组织层面的一系列打穿**，这是“合”。**第三是“道”，我理解成整个用户运营的理论，用户运营的本质是一种企业价值观，是企业 DNA，**它渗透在我们的方方面面，这是一种价值观的问题。说得更直接一点。比如说这个月只有一千万的营销费用，怎么分配？**坦克会选先让用户满意。**用户有问题的时候，应该是先解决问题，这就是一种选择，对于价值观整体的判断，我个人觉得这就是“道”的层面。**运营阶段**，我们又分四个阶段，**触点、数据、关系和生态。**坦克到了什么阶段？**触点就是做 App，关系更多是在用户运营，**所以我觉得坦克品牌处在第二个阶段。我们初步打了一个地基，把坦克 App 触点已经建立起来了，用户运营取得了一点点成绩，但总体来说还是任重道远，将来还有很长的路要走。[446]（顾华军）

> 从用户角度来说，整个用户的活跃度、认可度和忠诚度都跟产品品类、属性分不开，是一个整体。**不能单独说用户运营是什么、坦克运营是什么、**

坦克产品是什么，要看整个坦克品牌相互支持赋能的状态。其实现在这个时代，大家自信心越来越强，都想展示一下自己的能量，我们一定要抓住消费群体的变化，这才是真正的品牌经营。[608]（刘艳钊）

用户运营对我们整个企业，对我们的思维方式、服务能力，都提出了非常多的挑战，必须在内部去整合，才能真正满足用户需求。[390]（顾华军）

用户运营的本质是递进品牌和用户的关系，让品牌和用户的关系由弱关系上升到强关系。当然这里面就牵扯到很多的运营方法。我觉得本质上它是关系的递进，关系递进运营，让用户和品牌的关系越来越紧密，最后成为朋友，成为铁粉和忠粉，主动帮我们做传播，让这个品牌真正拥有用户的口碑。[712]（顾华军）

以用户需求为导向并与用户形成"共创思维"，是长城未来最核心的品牌战略。品牌的价值，就是走进用户心里，**用户口碑是形成品牌溢价的关键，也是用户运营的价值所在**。[352]（李瑞峰）

小结以上，**在"道"的层面**，用户运营由价值观驱动，坦克的品牌价值主张为"铁汉柔情"，将驱动"铁汉柔情"的用户进行共创。同时，坦克将用户满意度放在优先位置。**在"合"的层面**，是机制与组织的改变，坦克系列从魏牌中脱离出来，成为独立品牌运营，这体现了长城汽车"强后台、大中台、小前台"的新型组织架构：小前台是品牌代表，同时以品类打造品牌，形成作战单元；大中台是为前台提供快速支援的作用；强后台是从底层的技术储备、管理机制等维度作为整个组织的强大根基。同时，也体现了长城汽车"一车一品牌一公司"的理念。**在"术"的层面**，包括坦克 App、共创、俱乐部等。坦克提出用户运营的本质是递进品牌与用户的关系，有点类似极氪提出的用户运营金字塔模式（关注者→信任者→拥趸者→共创者）。"铁粉"和"忠粉"能主动帮品牌做传播，通过口碑推荐帮助品牌提升绩效。

坦克自2021年4月作为独立品牌运营以来，取得了不错的绩效。在易车研究院发布的《中国乘用车品牌净推荐率洞察报告（2021版）》中，坦克品牌力压蔚来、理想等造车新势力，以远超保时捷、丰田、宝马等国外汽车品牌的净推荐率（70.12%）位列榜首。坦克首席执行官刘艳钊透露："从上市到今年7月底，坦克总销量已经达到151 115辆，在硬派越野市场占比超过56%，中国每卖出2辆越野SUV就有1辆是坦克。"[580]刘艳钊总结了坦克取得不错绩效的原因如下：

> 坦克品牌能够取得今天这样一个表现。**第一点是生而逢时，**这是天时地利人和的过程，我们恰好在外资品牌的空白期赶上了这样一个时机，在一个竞争相对蓝海的情况下开创坦克品牌，可以让我们有迅速崛起的机会，不得不说这是时机的问题，更是长城汽车品类战略前置布局的必然结果。**第二点是强大自信，**基于自身强大的产品实力。一方面，坦克平台决定坦克产品的基因，越野又是在众多城市SUV里最大的差异化存在。另一方面，坦克品牌给越野车赋予了智能、豪华和舒适，给用户提供一个不用妥协的选择，这是体现产品力的强大。**第三点是开放共创，**很多时候我们是让用户来做选择，或者让用户来验证我们的技术、产品、体验，是不是符合他们的诉求。了解用户，满足用户，这也是丰富我们产品的一个过程。（刘艳钊）

（五）总结

综上所述，基于本书提出的四个核心命题，坦克取得了不错的绩效，属于**逐项复制**。首先，坦克虽然没有提出要成为一家用户企业，但是将"以用户为中心"作为核心理念，同时将用户满意度放在优先位置，至少不违背核心命题一；其次，坦克的目标用户"铁汉柔情的人"与定位"潮玩越野SUV"清晰、独特，坦克的品牌策略基于"潮玩越野"的品牌定位与"以用户为中心"的核心理念，符合核心命题二；再次，坦克与用户进行产品、生态、服务、内容和公益五大共创，带给用户超越期待的体验和价值，符合核心命题三；最后，坦克使用基于互联网的用户运营方法论（企业维度 + 运营阶段），取得了不错的绩效，符合核心命题四。

五、魏牌：从 20 万元中高端燃油汽车向 30 万元高端新能源汽车转型

“如何打好漂亮的转身仗？只有向死而生，才能实现魏牌的焕新。”[613]

——魏牌前首席执行官、长城汽车首席增长官李瑞峰

2022 年 12 月，长城汽车宣布，对品牌资源进行整合。长城汽车副总裁傅小康表示：“调整后，欧拉和沙龙，魏牌和坦克均将采用双品牌运营的模式，可以理解为 1 套渠道、1.5 套组织、2 个品牌，进一步集中优势资源，全面提升运营效率和协同。更好应对 2023 年更趋激烈的竞争，做好全球化、高端化、新能源。”[358] 此次变革由长城汽车首席增长官、魏牌前首席执行官李瑞峰主导。下面对魏牌进行案例研究，研究方法类似蔚来、理想和极氪案例，其中访谈法主要是对魏牌的车主进行深度访谈（半结构化的访谈提纲见本书附录 7）。

（一）魏牌（WEY）发展概况

WEY 是长城汽车旗下的高端 SUV 品牌，创立于 2016 年 11 月。WEY 冠以长城汽车创始人魏建军先生之姓，尝试以中国豪华 SUV 开创者的姿态出发，打造全新汽车品牌。与长城主品牌不同，从诞生伊始，WEY 就定位“豪华”，是当时中国 20 万元级别的代表性中高端自主汽车品牌。WEY 成立后的两年，销量曾呈现出不错的增长势头，2017 年、2018 年的销量分别达 86 427 辆、139 486 辆，其中 2018 年 139 486 辆的销量是截至目前的最高峰。从 2019 年开始，伴随着中国

新能源汽车的迅速发展，燃油汽车 WEY 的销量逐年下滑，2021 年跌落至 58 363 辆。2021 年，WEY 的中文名从“魏派”改为“魏牌”，目前在中国主要使用“魏牌”。魏牌（以下不再区分 WEY 与魏牌，统称“魏牌”）2017—2023 年的销量如图 6－8 所示。

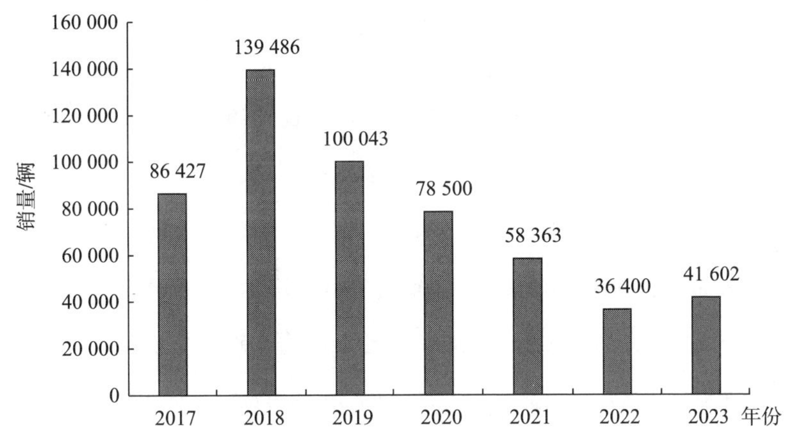

图 6－8　魏牌 2017—2023 年销量

数据来源：长城汽车历年年报等。

由图 6－8 可见，近几年魏牌销量下降。作为对比，2022 年，魏牌的销量仅为 36 400 辆，而直接竞争对手吉利旗下的领克销量却达 180 127 辆，是魏牌的近 5 倍。在中国自主高端汽车品牌赛道，魏牌不仅落后于老对手，还被蔚来、理想等造车新势力超越。

伴随着销量的下滑，魏牌的高管团队也变动频繁。长城汽车集团在大肆招兵买马的同时，管理团队也变得不稳定，以至于业界戏称“铁打的长城，流水的高管”。根据媒体公开报导及官方人员透露信息，从 2016 年 11 月创立至 2022 年的 6 年时间里，魏牌已经历 5 次负责人的职位变更，几乎是一年一换。

根据前面极狐、星途等案例的研究，高管团队的不稳定是导致绩效不佳的原因之一（辅助变量一）。

面临发展的瓶颈与销量低迷的困境，魏牌正在进行全面转型、焕新，用魏牌前首席执行官李瑞峰的话说，“魏牌此次焕新，绝对不亚于第二次创业”。[566] 以下分析魏牌转型面临的主要挑战、转型目标和改革方案等。

（二）从中高端传统燃油汽车品牌向高端新能源汽车品牌转型

1. 魏牌转型的两大挑战

一是重新建立用户认知；二是布局终端。

> 在转型的过程中面临怎样的挑战？目前最大的挑战其实有两个，**第一个是用户认知建立的过程**，魏牌与其他品牌不太一样，属于“在废墟上重建”，不可能像岚图这种从 0 到 1 的新品牌一样不顾一切，也不像新势力有资本市场的钱，魏牌花的是长城的钱，所以必须考虑品牌建设和投入产出的科学性和高效性。同时还要坚持战略定力，最大的浪费往往是在战略的重大方向性调整上。但要改变消费者对新能源品牌的认知，产品布局只是一方面，科学有效、高效地去建立消费者认知是一个很大的挑战。**第二个挑战毫无疑问是终端布局**，尤其是在市场环境不利的情况下，对现有授权经销商进行思考和帮扶，同时推进创新模式的落地。尤其是目前很多城市的 4S 店选址和所处城市级别，并不支持品牌向上的发展。所以也需要把这个问题上升到集团层面去考虑，未来这些 4S 店如何转型。总之，机遇和挑战并存，但是总体来看，机遇还是远远多于挑战。[380]（魏牌副总经理兼首席营销官乔心昱）

面临以上主要困难，长城汽车集团全力帮助魏牌转型。

2. 长城汽车集团集中最优质资源助力魏牌转型

在中国新能源汽车快速发展的风口下，当面临发展瓶颈、遭遇销量下滑困境时，长城汽车集团将最优质资源向魏牌倾斜，助力魏牌从中高端传统燃油汽车品牌向高端新能源汽车品牌转型。

> **长城汽车把目前最好的技术都给了魏牌**，智能化和智能 DHT（混合动力专用技术）这两大“撒手锏”，相比竞争对手来说有压倒性的优势，**将助**

力魏牌成为国内首个向智能新能源汽车转型的自主豪华品牌。[505]（长城汽车董事长魏建军）

魏牌，是长城汽车品牌向上突破的一个标杆，因此集团所有资源会向魏牌倾斜。魏牌高端新能源转型是长城汽车 2022 年的一个重要使命，只有魏牌冲高成功，才能带领着未来分化的各个细分高端品牌向上突破。所以魏牌的使命不仅是一个品牌，而且是多种责任集于一身，要闯出一条长城汽车各个品牌向上突破的成功之路。[579]（魏牌前首席执行官李瑞峰）

在长城汽车集团的全力支持下，魏牌提出转型高端新能源汽车品牌要实现三大目标。

3. 魏牌转型高端新能源汽车品牌的三大目标

一是从燃油汽车切换到 DHT 智能新能源汽车；二是定位从“新一代智能汽车”跃迁至“0 焦虑智能电动”；三是售价从 20 万元级中高端晋升到 30 万元级高端新能源。

魏牌亮剑高端新能源市场，背后是基于以下三大考量：**首先是赛道切换，**从原来的燃油车为主切换到 DHT 智能新能源。目前，魏牌新推的**“三杯咖啡”**都全系搭载了 DHT 技术，可以说完全告别纯燃油车市场。而在旗舰 SUV 产品摩卡身上，DHT + PHEV 超长续航智能混动技术首次量产，匹配“咖啡智能”科技，可以说在整个高端新能源市场里位居技术“顶流”。**其次是定位跃迁，**魏牌将全面挺进一二线城市，覆盖更高端的用户人群。在 DHT 技术全面搭载“三杯咖啡”后，尤其是超长续航摩卡 DHT－PHEV 量产后，魏牌的品牌定位也正式从“新一代智能汽车”晋级到“0 焦虑智能电动”全新品类。因为“超长纯电续航 + 咖啡智能”联手，摩卡 DHT－PHEV 真正兑现了“全场景 0 焦虑智能电动”的用户承诺。**最后是竞争破圈，**魏牌从售价 20 万元级高端豪华晋升到 30 万元级高端新能源，从与传统高端市场

> “内卷”到完全能与新势力高端智能电动车一较高下。当然，30 万元级智能电动也是 BBA 和新势力的市场腹地，魏牌就是要打入这个竞争最激烈的高端市场，为用户提供真正毫无焦虑的出行体验。[402]（李瑞峰）

为了实现以上三大目标，魏牌提出三个方面的改革方案。

4. 魏牌转型的改革方案

改革方案：一是组织架构调整；二是集团作战；三是塑造全新的终端网络形态。

（1）组织架构调整。魏牌将建立直面用户的扁平化组织架构；内部考核也不再简单地以销量为准，而是转向用户满意度、用户推荐度和品牌健康度等指标。

> 魏牌在进行组织机制调整。其中，**考核维度要从过去产品市占率、销量维度转向用户满意度、用户口碑、品牌健康度。**以用户的满意度来做评价指标，这样才能够从组织到机制贯穿，真正向用户落地和服务。[566]（李瑞峰）

（2）集团作战。To C 改革，不是魏牌单独行动，而是长城汽车集团集体作战；魏牌和坦克均采用双品牌运营的模式，魏牌的改革和前面坦克案例有类似之处。

> 我们将从研发设计、生产制造、渠道建设、用户运维等多维度进行长城汽车集团组织架构 3.0 的搭建。**长城汽车集团将统一 KPI，**力求做到以最快的速度了解用户需求、解决用户的问题。（李瑞峰）

（3）塑造全新的终端网络形态。创建终端服务组织，做好“最后一公里”服务，全面提升魏牌服务能力，打造魏牌服务品牌形象。

> 我们将**通过合伙直营店和授权的双重模式来变革。**合伙直营店由品牌方（最高 60%～70% 投资比例）、投资人（高分红比例）共建，职业经理人团

队负责运营。传统4S店将以代理制模式运营，同时承担交付、维修和用户运营功能。[382]（李瑞峰）

按照本书提出的四个核心命题，并参考前面魏牌提出的转型目标与方案，下面从用户企业、定位、共创、用户运营和渠道五个方面来分析魏牌的转型。

（三）用户企业

魏牌提出从To B（经销商）再To C（用户）全面转型到直接To C，强调“以用户为中心”。虽然没有提以用户满意度为最高目标，但前面也提到，考核维度要从过去产品市占率、销量转向用户满意度、用户口碑、品牌健康度，突出了用户满意度的重要性。

我们To C，不仅以产品功能为主，不是简单做功能堆砌，而是**以用户思维为中心**。现在魏牌作为长城公司品牌向上的试验田，很多技术都是首次使用，首次品牌向上、首次渠道模式创新。**我们围绕着品牌、产品、渠道、用户运营维度、组织机制流程的建设，全面To C**，这就是转型的思考、转型的决心。[700]（李瑞峰）

从内部来讲，我们也认识到这一次不是简简单单靠从品牌、产品焕新打赢的，**是整个集团以及研、产、供、销每一个维度都要直面用户**，实现品牌、产品、渠道、用户、研发、生产、技术多维度全方位的焕新之仗，所以这次是魏牌焕新的一次绝佳机会。[579]（李瑞峰）

从过去的To B、To C到现在直接To C，重塑服务形式、商业模式、服务业态乃至内部组织架构，**打造以用户为中心的服务品牌、服务模式**，是魏牌转型的关键所在。[583]（李瑞峰）

比如魏牌当前的**全面用户体验转型**，长城董事长魏建军下发两个任务，**一是开放各大主流社交平台触点，让用户能够与厂家直接交流；二是根据用**

户反馈开展内部吐槽大会，作出反思和改善。[584]（乔心昱）

To C不是新势力的专利，魏牌要把To C能力变成企业的长板。目前，魏牌正基于全新品牌定位，**开启全面To C的创新变革，当前重心在用户运营、营销渠道、组织模式三大维度。**[545]（乔心昱）

魏牌提出了成为用户驱动型品牌的四个方面做法：一是从To B－To C转型到To C－To B；二是通过自营App改变业务连接的模式；三是智能服务；四是搭建社交圈，最终打造一个平台化生态链。

魏牌要成为**用户驱动型品牌**，所以，我们现在的转型改变了汽车行业，**原来我们是To B－To C，由经销商来触达用户，将来我们会是To C－To B**。也就是说厂家以App作为主阵地，对我们的用户做一个主连通[422]……**第二，如何通过App改变业务连接模式**，刚才是说咨询社交和体验的链路，接下来是订单模式的链路。大家可以看到魏牌坦克300已经可以通过App下单了，这种方式看似很简单，其实改变了整个业务量的问题……最主要的是在这个过程中，客户的信息不仅沉淀在经销商端，还在厂家端。厂家和经销商能够在各自的领域里肩负不同的职责，共同来赋能和服务于我们的客户。所以这样的情况是双维度，更加无微不至、更加定制化地服务客户，这就是我们To C的方式。**第三，也是我们最主要的板块，除自动驾驶之外，还有智能服务**。智能服务的概念就是实现手机App端、车企端与经销商端三个维度的打穿，这种打穿改变了原来经销商坐等客户服务上门的传统模式……随时随地人在线、车在线和服务在线的24小时服务模式，能够改变我们传统的、单一的、低频的服务用户模式。所以，这也是我们三智融合里面最大的改变。**第四，我们通过App到车机端，搭建用户的生态。我们真正跟用户接触，不是简简单单提供积分或者是其他的体验，最主要是搭建大家兴趣相同、志趣相同的社交圈**，在这个社交圈里面，大家能够找到朋友，或者能够发挥个人其他专业性的价值，或者是分享个人成果。所以，社交化的平台是大家交友的方式。同时在 App 端延展我们的生态服务，我们这个车只是一个最初级改装的基础，未来我们会有大量的改装套件，功能类的、性能类的，甚至有外装的。不管是真实车主用户，还是生态中的各种服务用户，都可以在互联网平台搭建生态圈，共同为用户来赋能……**未来我们的主题活动可以形成遍地是朋友的平台化生态链，打造可以利益分享、价值共享，共通共生、共情共发的生态**，这就是我们用户运营的初步思考。[535]（李瑞峰）

在向用户企业转型的信念指导下，魏牌进行重新定位。

（四）定位

一开始，魏牌的定位为“中国豪华 SUV”，销售传统燃油汽车。后来，新能源、智能化两大赛道给了中国自主汽车品牌弯道超车的机会。魏牌的品牌定位也从 2021 年的“新一代智能汽车”更新为 2022 年的“0 焦虑智能电动”，同时强调智能化与新能源，而不只是智能汽车。

新能源、智能化两大全新赛道，给了中国品牌弯道超车、改变游戏规则的机会。[503]（乔心昱）

魏牌的定位在不断进阶，结合公司的战略规划以及整个行业的新能源转型快速迭代，过程中肯定会有试错成本，但魏牌的特点就是动态地快速调整、灵活多变、技术体系积累，这都不是一日之功，别人转型也要很长时间。不管是 MPV 系列、复古系列、轿车系列，**魏牌共同的品类定位就是 0 焦虑智能电动**。[534]（李瑞峰）

在整个新能源市场里，可以看到 PHEV 细分市场占有率不断上升，甚至能够突破百万辆的市场规模。所以，魏牌今天所发布的是**“0 焦虑智能电动”新品类，这就是魏牌在新一代智能汽车定位之下进行的华丽转身**。从 2022 年开始，魏牌在咖啡系列、复古品类、MPV 三大新品类的基础上，全面布局和搭载长续航智能 DHT PHEV 架构，魏牌也成为中国首个从传统燃油车向新能源彻底转型的高端智能新能源品牌。[671]（李瑞峰）

魏牌提出的“0 焦虑智能电动”可以从三个方面来理解，**一是“智能”**，实现智能驾驶、智能座舱、智能服务“三智融合”；**二是“新能源”**，智能化与新能源是相互挂钩的，魏牌使用长续航智能 DHT PHEV 架构；**三是“0 焦虑”**，是全场景 0 焦虑（与岚图案例类似）。

“0 焦虑智能电动”理念可以分开理解。**首先，长城汽车去年开始广泛布局智能领域**，咖啡智能平台实现了**智能驾驶、智能座舱、智能服务“三智融合”**，智能驾驶方面有 NOH、HWA 等高阶功能。**其次，智能和新能源之间必须挂钩**。一般消费者认为智能汽车应该是新能源车，反过来新能源车也应该是智能汽车，因为特斯拉、“蔚小理”也都是这么做的。魏牌以长续航智能 DHT PHEV 架构向高端新能源品牌转型，实际上“智能 + 电动”也是一个强绑定。因此，**0 焦虑是面对任何场景下的 0 焦虑出行**，路权 0 焦虑、用车 0 焦虑、补能 0 焦虑、安全 0 焦虑、驾趣 0 焦虑。“0 焦虑智能电动”是魏牌转型方向，也是坚定开创的新赛道，未来整个品牌旗下的产品会全面搭载。[319]（乔心昱）

（五）共创

在从传统车企向用户企业转型的过程中，魏牌向“一个中心、三大场景、四维共创”的全新用户体系转型升级。**一个中心，即“一切以用户为中心”；三大场景，指魏牌与用户的共创将覆盖产品研发、用户体验、售后服务三大场景；四维共创，则是通过在内容、营销、产品、价值四个维度的用户共创**，不断提升用户的参与感、向往感和尊崇感。

我们在北京车展公布了用户共创的理念。我们当时提出**“一个中心、三大场景、四维共创”**这一体系，属于用户运营的东西。[712]（魏牌用户运营部

高级总监顾华军)

我们其实叫**四维共创，内容共创、营销共创、产品共创、价值共创**。只要是我们企业能够产出价值的维度，我们都让用户来参与。[712]（顾华军）

魏牌与用户的价值共创强调参与感，这点是学习小米，魏牌还把参与共创的用户称为“共创官”。

共创官来自关键词“共创”，第一个提出共创的是小米。大概在十年前，小米邀请了很多的小米发烧友，特别是科技发烧友为产品提意见，包括产品改型、产品设计等。魏牌也在不断地尝试。所谓的共创就是以用户为中心，与用户交朋友，**让用户参与产品研发、设计、改进，以及后续的营销推广过程中**，真正听取用户来自用户角度的声音，不断地对产品进行改进……在未来，魏牌其他的全新产品会更多采用共创的方式，与用户交朋友，**让更多用户参与到企业的产品研发过程中**。[389]（乔心昱）

“用户共创”已经成为常态化现象，是魏牌稳健前行的推进器。未来，**魏牌将邀请用户参与到品牌全链路产品经营过程中**，继续深化用户共创，践行“以用户为中心”的品牌理念。[516]（乔心昱）

所有用户能参与的环节，我们都让用户参与进来。这是共创或者是让用户融入，使他们增强参与感非常重要的一面，也是我们整个用户运营工作中非常重要的一条主线，它贯穿我们整个活动的始终。[712]（顾华军）

魏牌从高管做起，以自营 App、微信等为平台，直面用户；同时成立超过 400 人的团队，专为反馈后调整服务，同时魏牌要求 30 分钟内迅速回应用户。除了线上互动，魏牌还在线下召集有代表性的用户组织吐槽大会。

我在 14 个用户群里，用户不爽的时候随时能@我。不仅是微信，还有其他媒体平台、社交平台，**我和各业务相关负责人全都直面用户**。直面用户，魏牌认真做会比新势力更彻底。[677]（乔心昱）

不久的将来，你会看到**智能驾驶的高管、智能座舱的团队与用户直接互动**。用户的专业建议将会被推送到技术中心和服务中台，进行可行性研究和项目立项，最终在App端以透明化形式，将项目编号和内部进展开放给用户。[675]（乔心昱）

魏牌作为长城汽车高端化的排头兵，**所有公司的技术中台、营销中台以及品牌作战群、用户运营、渠道人员会全面入驻App，与客户进行实时互动、迅速响应用户问题**，我们也会走到终端与所有相关方互动。[708]（李瑞峰）

我也是车主，进了很多用户群，大家都跟我交流在用车过程中的一些诉求。在我们的App上有用户提意见的千字文章，**只要用户提意见我们都会回复，在后期是要立项的，要进行迭代、更新、整改、优化，以给用户带来更好体验**。比如副驾驶的开关，就是DHT上市以后车主建议加上这个功能，车主说现在的痛点是手够不着副驾驶的座椅开关，而副驾驶键对于后排控制空间来说特别好，所以一些功能点，也是随着用户的意见一步一步在迭代。[700]（魏牌拿铁商品总监原则）

我们也在学习蔚来、小米等企业，跟用户交朋友，真正做到以用户为中心。魏牌现在真正做到实处，我们现在大约有17个用户群，每个群基本上都是满员状态。这些用户经常在使用过程中把需求点反馈给我们。**这一段时间里面，每天基本上除了睡觉，随时都要回答用户，而且把所有问题通过后台记录，全部解决之后给出反馈**。[320]（乔心昱）

公司内部有一支超过400人的团队，专为反馈后调整服务。这支横跨物流、生产、研发与技术改进等专业领域的队伍，会在收到用户意见的第一时间进行调整。任何对魏牌的“吐槽”，企业都会做到系统化收集，**在30分钟内给出回应**。除了线上回复，**魏牌还会召集有代表性的用户组织吐槽大会，真诚聆听用户的专业意见**。为了更好地To C，魏牌上下的每个人都加入了“作战”。我也在很多用户群里，与他们进行互动。[386]（乔心昱）

智能新能源汽车有一个非常大的特点，叫可成长性，即通过OTA不断迭代实现常用常新。举个例子，原来有一个用户，对于我们车机提了好多好多建议，大概有100页PPT，他希望我们依照他的建议调整车机。我认为用户运营，或者用户关系建立的根本，是解决用户问题。**当用户提了问题之后，能不能发动后面研产供的部门，一起去解决用户问题呢？**我觉得这是关键。魏牌是怎么做的？**我们总裁、副总带着研发、生产、制造的人，**一起根据用户的这个PPT，最后一共总结出了27个点进行OTA升级。相比之下，一些豪华品牌企业也面临车机“反人类”的负面舆论，经销商与主机厂互相推诿，无法真诚且快速满足用户需求。我们魏牌在服务上，更愿意拿出真诚的态度来，去做那些外资品牌不敢做也不愿意做的事，我觉得这是一个品牌向高端新能源品牌冲击应有的诚意。[707]（乔心昱）

通过从领导层到高管再到400人团队乃至全员在线上、线下快速响应接触用户，魏牌力争实现产品、软件和车机系统等的快速迭代、快速改进。

自从魏牌高调宣布转型高端智能新能源品牌后，公司在运营思路和组织架构上就全面To C了，**核心诉求就是品牌和企业直连用户**。至于如何做好用户运营和沟通，公司董事长魏建军在内部有两个明确的要求：**第一就是快速响应用户关切**。比如用户在内部社区和外部论坛上发帖，曝光产品和服务问题，运营团队就要做到一个小时内回复；**第二就是认真听取用户“吐槽”，加快软件和系统的OTA迭代**。[486]（乔心昱）

全面To C从去年已经开始做了，今年开始落地，全面To C不是新势力的专利。我们有两个必达任务，**第一个任务是我们要快速响应接触用户，**只要用户对于产品、服务、技术有任何的疑惑、不满，必须要迅速联系到，这是传统的合资、外资企业不能做到的，这是我们转型者应该有的诚意。**第二个任务是快速迭代、快速改进**。我们在 App 上有一个回声平台，专门收集用户反馈，包括我们定期组织内部的吐槽大会。对于向高端新能源转型这件事情，其实我们一直是想放低姿态，既然前面已经有新势力的开创者，我们作为后来者一定要更努力、更有诚意，只有这样我们才会在市场上得到未来消费者的认可。[700]（魏牌某高管）

从外部看，魏牌强调用户的参与感；从内部看，魏牌要求全员快速响应接触用户。以“从用户中来，到用户中去”为体验改进思路，魏牌正向与用户共创极致体验的真正用户企业转型。

国人对国产品牌是有荣耀感和期待的，尤其是作为尝鲜者、支持者，他们愿意拥护国产汽车品牌，并希望自己能成为助推力，与品牌共商共策。魏牌也愿意和消费者一起共创共荣，以**实现让用户获得极致用车体验的品牌初衷。**[437]（李瑞峰）

通过技术开发和后期 OTA，**魏牌把用户提出来可能影响到用户体验的车机问题逐一落实改进**。很显然，这是当下大多数新造车企业都在推行的**“从用户中来，到用户中去”的体验改进思路。**[486]（乔心昱）

（六）用户运营

为了向“一个中心、三大场景、四维共创”的全新用户体系转型升级，魏牌成立了专门的用户运营部门，由顾华军任长城汽车用户运营高级总监（同时负责魏牌与坦克），魏牌的用户运营和坦克案例有类似之处。

魏牌在“以用户为中心”的品牌价值观指导下实施用户运营的各项举措。根据本书提出的四个核心命题，这样就把核心命题一（用户企业）与核心命题四（用户运营）结合起来。

中国哲学里有“道”与“术”的概念，而**魏牌用户运营的“术”是所有围绕用户进行的举措，魏牌用户运营的“道”是品牌价值观的选择**，我们要从“术”与“道”上进行全面的改变。[596]（顾华军）

“用户运营”是一种理念，以用户为中心，我们知道用户的诉求在什么地方，基于用户体验不断去优化，形成一个体验闭环，我觉得这就是基本层面的，这就是一个小的闭环，未来希望对用户的诉求我们能做到提前感知。[585]（魏牌用户运营部副部长陈庆磊）

魏牌用户运营的理念是“与用户交朋友”，这点也是在学习小米。

用户运营的本质是品牌和用户关系的重新构建，**魏牌的运营理念是和用户交朋友**。[353]（顾华军）

魏牌提出用户运营的本质是重新构建与用户、与经销商的关系。由于魏牌与坦克品牌同属长城汽车集团，魏牌同样提出用户运营的本质是递进品牌和用户的关系。

在当前智能时代，厂家、经销商、用户的关系被重构了。为什么这么说？举个简单的例子，原来车子出点问题，去4S店，敲敲打打基本都能解决。但现在是智能新能源汽车，如车机系统黑屏、卡顿等，4S店可能并没有办法解决，这个时候就需要技术人员进行远程诊断了。这时候，厂家、经销商、用户三者的关系就发生了变化。[457]（乔心昱）

我觉得**用户运营的对象是某个圈层**。这个圈层怎么定义？我觉得**定义这个圈层就跟品牌本身的定位、价格、调性等紧密相连**。面向的圈层是什么？那就是我要去运营的东西。它里面可能有我的车主，有的不是我的车主，我

> **要逐渐地通过运营的方式让他跟我产生关联**，这就是用户运营非常重要的工作。[712]（顾华军）

魏牌提出决定用户运营能否成功取得高绩效的核心是全面 To C，关键在于能否快速接触、响应、反馈用户的需求与建议，能否持续帮用户解决问题。根据本书提出的四个核心命题，这样就把核心命题三（共创）与核心命题四（用户运营）结合起来。

> 关于用户运营，现在大多数厂家的用户运营都做到了深水区。**陪用户玩、跟用户做个共创活动，大家都能做到，这叫浅层面。而真正深层次的用户运营是全面 To C，这才是用户运营的核心，全面 To C 的目的就是更好地了解用户需求，更好地帮用户解决问题**。而不是出了问题就敷衍用户，如果这样就说明这个用户运营工作是失败的。[457]（乔心昱）

> 用户已进入一个新需求阶段。在过去，大家按照兴趣分类，有人踢球，有人旅游，有人搞 Party，有人改装共创车身拉花，这已是过去的搞法，已经打动不了用户。**现在的关键在于用户提出了产品改进建议，或者说诉求的时候，能不能快速响应**。我觉得这个才是真正的用户运营，你到底有没有做到位，这是最关键的。[478]（乔心昱）

> **在用户有了新需求之后，能在第一时间协同内部进行反馈**是评判企业用户运营成功的关键因素。[353]（顾华军）

在“以用户为中心”的品牌价值观指导下，魏牌提出与用户共创，进行用户运营，从而提升用户满意度，驱动用户主动进行口碑推荐，促进销量提升。这符合本书提出的基于互联网的用户运营方法论（核心命题四）。

> **我个人觉得用户运营有一个层面特别重要，就是用户共创**。让用户参与到我们中来，推动企业去改革，推动产品去改革，让它做得更加适合用户，

受用户欢迎。我觉得这不只是简单地通过几个 KPI 数据反映的，**它是以用户为中心推动整个企业改革，我觉得这件事情才是用户运营最核心的价值**。当然，毋庸讳言，**用户运营只要做得好，一定会让用户的满意度得到提升，让用户愿意转介绍更多身边的朋友帮我们转介绍、卖车**等，我觉得这个事情一定会达到。[712]（顾华军）

（七）渠道

之前，我们与中华全国工商业联合会汽车经销商商会合作研究，连续发布了《经销商对厂家满意度项目调研报告》。在 2019 年的调研报告中，长城汽车集团旗下的哈弗和魏牌在 41 个调研品牌中分列第一位、第五位。可以看出，长城汽车和经销商的关系是很好的，经销商对长城汽车厂家的满意度高。魏牌虽然在进行全面转型，但是不像其他新创案例品牌那样能建立全新直营店，魏牌不能完全抛弃长期合作共生的经销商，而是从传统 4S 店模式向授权与合伙直营相结合的渠道模式“软着陆”。

与新势力的直营模式相比，为何选择合伙直营的模式？现在消费者更愿意足不出户，在自己的生活半径了解品牌，这也是为什么新势力品牌，尤其是从 0 到 1 做品牌建设的品牌争夺用户生活半径的原因，这是大势所趋；从另外一个角度看，直营也是整个汽车行业发展的一个趋势。但**当前 4S 店面临着不小的经营压力，如果魏牌一开始就向直营模式转型，不见得能产生好的效应，还会伤害与经销商共同布局多年的渠道。在品牌没有完全被认知为新能源品牌、产品没有完成品类布局之前，还是要采取“软着陆”的方式进行渠道的调整**。所以在这样一个背景下提出合伙直营，是与经销商抱团取暖度过这个“最寒冷的夏天”的比较稳妥和务实的方案。[380]（乔心昱）

以上两种模式如何整合？魏牌提出**合伙直营是厂家出钱在贴近用户消费半径的商超增加触点；而现有遍布全国的 4S 店则升级为交付和服务中心**。

合伙直营模式跟直接做直营还不太一样，有点半直营的性质。由于传统的经营模式相对比较落后，如果想快速获取用户、快速让用户了解品牌，最好的方法就是向新势力学习，把4S店放在用户的生活圈里，并改变4S店以销售为导向的目的。**合伙直营就是厂家出钱在贴近用户消费半径的商超增加触点。**厂家出资、运营，获得的所有订单都要向当地所在的4S店输出，然后完成车辆销售。这种方式不会对4S店产生大的冲击，反倒能更好赋能经销商，一起把市场打开。[506]（乔心昱）

直营店计划要成功落地，必须先解决好三个前置课题：**第一，现有的经销商投资人怎么转型？第二，现有遍布全国的4S店如何升级为交付和服务中心？第三，如何落实直营店“合伙人计划”，通过怎样的管理和激励制度，让参与到合伙制的运营主体运营好魏牌？**[486]（乔心昱）

目前我们正在落地一个合伙直营模式，**跟现在很多新势力的商超店方式比较像，承载的只是用户试驾、收集线索等，还有走进用户身边、走进用户生活半径的布局。**[700]（乔心昱）

魏牌对待渠道的考核体系也在变革，传统汽车行业通过考核经营结果质量，来决定未来的代理权以及长期利润分红的策略已经被抛入了故纸堆，取而代之的则是以用户驱动进行商务政策改变，从短期利益驱动变成长期的“以用户为中心”的管理模式，考核重点转变成给用户提供的服务质量。

传统汽车行业全部以经营结果质量为考核标准，来决定未来的代理权以及长期利润分红策略。现在是经销代理、组织商务政策的方法，后续商务政策也要进行调整，**以用户驱动进行商务政策打造，从短期利益驱动变成长期的“以用户为中心”的管理模式变化。**[465]（李瑞峰）

关于经销商模式，我认为直营、代理并不重要，关键是如何解决投资者主动服务客户的意识，这里需要有机制来贯穿，未来经销商合作走合伙人模式，就是把控品牌、服务，**考核他们的重点是给客户提供的服务质量。**[579]（李瑞峰）

在魏牌 To B 再 To C 的时代，魏牌的渠道策略是使经销商满意，从而实现长期共赢；现在魏牌全面转向直接 To C 的时代，魏牌的渠道策略转变为使用户满意。

（八）总结

在本书研究的 11 个汽车品牌案例中，魏牌是一个较特殊的案例。不像大多数其他品牌是创建一个全新高端新能源汽车品牌，魏牌是从中高端燃油汽车品牌向高端新能源汽车品牌转型。魏牌创立于 2016 年，在转型之前，已经有了一定的品牌知名度，也树立了长城汽车旗下高端 SUV 的品牌形象，这和其他新创品牌主要依靠用户口碑推荐来建立广泛的品牌知名度、树立高端品牌形象不同；此外，魏牌的渠道管理决策一直对经销商比较友好，经销商满意度较高，魏牌不能一下子抛弃多年来合作共生的 4S 店，像其他多数品牌一样采取全部直营的渠道模式，而是向授权与合伙直营相结合的混合渠道模式“软着陆”。因此，我们并不是直接研究魏牌打造高端汽车品牌的策略是否符合本书提出的四个核心命题，而是从魏牌全面转型的角度来进行梳理。

魏牌主要进行了五个方面的转型：一是从传统车企向用户企业转型（核心命题一）；二是重新定位为“0 焦虑智能电动”（核心命题二）；三是转型升级“一个中心、三个场景、四维共创”的全新用户体系，强调与用户共创，从而带给用户极致体验（核心命题三）；四是在“以用户为中心”的理念指导下进行用户运营变革，提升用户满意度，通过用户的口碑推荐来提升销量（核心命题四）；五是通过授权与合伙直营相结合的混合渠道模式变革来保障用户的产品全生命周期体验与全场景体验（辅助变量三）。魏牌正经历转型的阵痛，导致销量不佳；但从魏牌转型的重点来看，也从另一个视角验证了本书提出的四个核心命题的重要性。同时，魏牌的转型实践也表明，本书提出的四个核心命题之间存在紧密的联系，“以用户为中心”（核心命题一）是魏牌进行用户体系转型升级（核心命题三）、用户运营变革（核心命题四）、渠道模式变革的指导理念；在进行用户运营变革（核心命题四）时，既强调“道”，即“以用户为中心”（核心命题一），也强调“术”，即“与用户共创”（核心命题三）；最后，长城汽车和“定位之父”里斯先生创立的里斯咨询公司合作近20年，是一家深受定位理论影响的企业，魏牌转型的出发点是重新定位（核心命题二）。

六、领克：中国汽车界的“潮牌”

LYNK&CO

“打造品牌很难，打造中国品牌更难，打造中国高端品牌更是难上加难。这一路，于领克企业来说：自身定力很重要。我们很清楚自己的目标以及领克的品牌定位。”[670]

——领克汽车销售公司总经理林杰

虽然目前领克以销售燃油汽车为主，但是领克汽车销售公司总经理林杰表示：“从2023年起，领克将停止纯燃油车型的产品研发，全身心投入新能源产品的研发。”[388] 截至2022年年底，领克新能源车型有：领克01 EM－P，领克01 EM－F，领克03 EM－F，领克05 PHEV，领克06 Remix PHEV，领克06 PHEV，领克09 EM－P性能版、远航版。同时，领克与魏牌是燃油汽车时代中国汽车品牌向上的两个代表性品牌，两者目前都在向新能源汽车企业转型，研究两者有利于更好地对比。由于以上原因，本书选择领克作为案例进行研究。研究方法类似蔚来、理想和极氪案例的研究方法，其中访谈法主要是在领克中心等地对领克的车主进行深度访谈（半结构化的访谈提纲见本书附录7）。

（一）领克发展概况

领克是吉利控股集团旗下的吉利汽车与沃尔沃汽车联合推出的高端汽车品

牌，于2016年10月创立。领克的品牌理念是“生而全球、开放互联”，品牌价值观是“个性、开放、互联”。

关于吉利汽车集团旗下几大品牌的区别，吉利汽车集团董事长、首席执行官安聪慧总结道：“沃尔沃是豪华品牌，它在乎的是10%的细分市场，吉利品牌则是自主品牌所在的40%的市场，**领克则是针对剩下的40%多的合资品牌市场**。”[720]虽然领克定位于高端汽车市场，但其价格对标的却是主流合资品牌，这创造出更高的顾客价值。

领克旗下的首款车型为领克01，截至2022年年底，发展到领克01、领克02、领克03、领克05、领克06、领克09六大车系，车型以燃油汽车、混合动力汽车为主，这与吉利汽车集团新创的另一高端汽车品牌极氪不同，极氪是纯电动汽车（详见极氪案例研究），两者属于不同汽车品类。

领克于2017年11月开始交付，2017年领克01销售6012辆。2018年是领克的第一个完整交付年，交付120 414辆，第一年就超过10万辆。领克汽车2018—2023年的销量如图6－9所示。

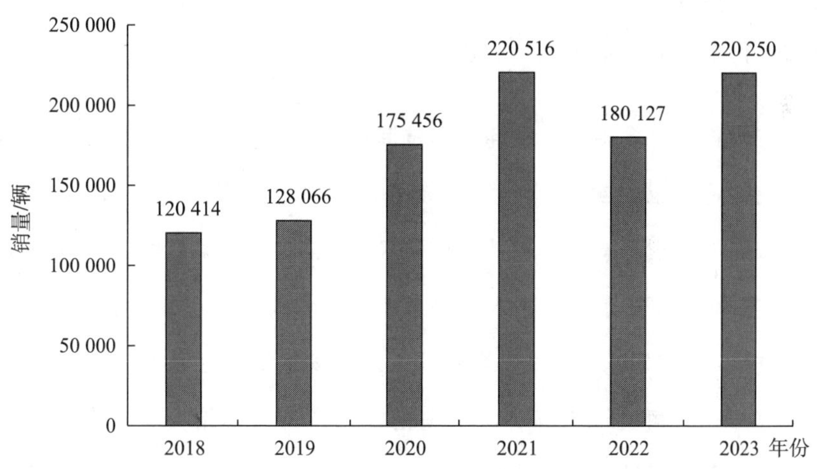

图6－9　领克2018—2023年销量

数据来源：吉利汽车集团历年年报。

由图6－9可知，领克的销量在2022年之前一直是逐年增长的。2021年销量达 220 516 辆，同比增长 25. 68%；2022 年，由于向新能源汽车企业转型、质量问题等原因，领克的销量下滑至 180 127 辆，但仍在本书研究的 11 个案例品牌中排名第二，仅次于红旗。2022 年，吉利汽车集团的销量为1 432 988辆，领克销量占吉利汽车集团销量的 12. 57%。截至 2022 年年底，领克累计销量为 830 591 辆，用户数量累计超过 80 万。2023 年，领克全年销量为 220 250 台，同比增长 22. 27%，突破 22 万大关。

与造车新势力不同，领克自 2018 年第一个完整交付年开始就一直是盈利的。2021 年，吉利汽车集团净利润为 44 亿元，领克净利润为 7 亿元，占吉利汽车集团净利润的 15. 9%。

小结以上，从绩效指标来看，**领克是本书研究的 11 个案例中最成功的品牌之一，属于逐项复制**。领克成功的秘诀是什么？领克汽车销售有限公司副总经理陈思英在不同场合对这一问题给出了解答。

> 领克能从自主高端细分市场中脱颖而出离不开两大因素：一是**清晰的品牌定位和稳健的渠道支撑；二是产品满足用户需求，得到用户的广泛认可**。这是赢得市场的关键所在。[537]（陈思英）

> 有两点最为重要：**一是拥抱科技浪潮**。以前大家经常讲**互联网思维**，那种感觉就是“他们互联网”，但是现在无法回避的是“特斯拉就是一个在科技化浪潮下产生的新的、成功的汽车品牌”。以前大家经常讲“直播带货”，现在车企从董事长到一线工人，都成了网红。数字化也好、智能化也好，都是科技应用的产物。今年，OTA 很热，很多燃油车也推出了 OTA，其实算是车市的一个颠覆性里程碑。**二是把控用户运营思维**。以前车企的客户部门，更像是处理用户投诉的机构，今天已经做出很大的改变——注重去倾听用户、主动挖掘用户的需求……但是，总显得刻意而为之，对于营销者而言，那些真的符合用户需求、吸引用户主动参与和认同的“点”，才是弥足珍贵的。这不仅是对品牌、车型的认同，而且是对这个车企形成的“生态

化”服务、商务、意识的高度认可和主动式参与。[688]（陈思英）

今后，首先还是要**给用户提供足够好的产品**；其次，**坚持以用户为导向的思维**；最后，**我们坚持品牌的年轻化**，跟用户保持**时尚的沟通、科技的沟通、体验的沟通**。[699]（陈思英）

今天有这样的结果，就是做对了几件事。**第一件事是始终坚持给用户提供好的产品**。我们内部有“五高”：高颜值、高安全、高性能、高智能、高品质，作为提升产品品质的维度。**第二件事是更多的用户思维**。我们现在App注册用户超过160万，月活达到50万，日活15万，这样高黏性的App使得我们有很好的在线用户交流平台。用户在线可以体验车辆控制，可以购买周边，还可以有很多圈子，可以以产品、兴趣等为核心，和同好一起交流。领克有很多重要的信息，第一时间不是在外部平台而是在我们App发布，这就是所谓的私域流量。在线下，每年和用户之间有一个用户大会，都是用户自己创造、自己导演、自己表演的综合性会议。我们还有**用户理事会**，比如数字化理事会，这些用户是数字化产品研发方向的重要意见来源。我们有若干个理事会，可以提供线下交流的机会。我们还有很多用户把自己的商业资源和我们的App接通，由此成为我们的领地伙伴。包括二次元、元宇宙也是我们渗透的方向。**第三件事是我们做到和用户直连各个场景，在能听到用户声音的地方都要想办法识别用户的声音。第四件事也是领克品牌自己的初衷，建设个性、开放、互联的，属于中国的全球性品牌**。去年10月，领克01正式出口欧洲，现在已经成为常态，并开启了新的商业模式。我们在欧洲很多地方包括瑞典哥德堡、荷兰阿姆斯特丹、德国柏林、法国巴黎、意大利罗马，都有我们的体验店。昨天，领克01进入科威特市场。目前领克也实现了国际化，我们的品牌真正走向全世界。**第五件事是我们很好地推广了汽车运动**。2019年，我们首次参加世界房车锦标赛就获得世界冠军，我们很自豪、骄傲。汽车运动怎么在国内推广？就是让更多人能够体验汽车运动文化带来的魅力。我们在国内做了各种各样的汽车跑山赛，同时建造了中国第一个汽车运动体验中心。除了文化体验、产品体验，我们还给大家提供了性能产品，推出了领克 03 +、领克 05 +、领克 Hatchback 车型，在产品和文化上也跟用户在一起。汽车文化赋能品牌，我们做到了这些方面，我们和很多合作伙伴、经销商伙伴、行业伙伴、供应链伙伴共创发展这一品牌。[445]（陈思英）

第一，量。截至 2020 年 8 月 31 日，领克实现了 341 684 辆的总销量，迎来了接近 35 万用户的信赖。2017 年 11 月 28 日，领克第一款产品投放市场后不到三年就迎来了 30 万左右的销量，这个销量意味着领克是中国高端品牌中最快实现 30 万辆的品牌之一。**第二，品牌**。2016 年 10 月，领克品牌在德国柏林正式发布。**"生而全球、开放互联"**，大家对领克品牌有了一个认知。历经四年，领克品牌时尚、个性、运动、科技的标签被用户广泛认知，很多年轻用户，甚至一些年轻态的用户在选择潮流、时尚汽车品牌的时候，往往会把领克品牌纳入备选，甚至成为他们主要考虑的品牌之一。**第三，群体**。领克迎来了高知识结构和高质量的年轻用户群体，整个领克产品的用户平均年龄 32 岁，"85 后""90 后"超过 2/3。在领克 03 以及领克 03 + 的用户中，"90 后"的占比很大；刚刚上市的领克 06，几乎都是"90 后"，甚至还有"95 后"；领克 02 女性用户占比超 30%，而且领克用户中的 IT 从业者、科技从业者、创业者比较多。**第四，领克品牌自 2016 年诞生以来，就自带互联网品牌属性，所以领克很早就发布了自己的 App**。领克 App 现在已经成为用户买车、用户社交、用户分享的重要平台，目前注册用户已经接近 100 万，其中 34 万以上都是车主，因为领克 App 和车是强关联的，很多用车通过 App 实现。另外 60 万以上的用户是通过领克品牌各种各样的线上活动积累的潜在用户，是关心领克品牌、参与领克品牌、喜欢领克品牌的用户，所以我喜欢把这些用户转化为车主。有了这样好的平台以后，很多用户在上面可以实现咨询、买车，你可以选择你所在城市的经销商，而且在App上有评价机制，你可以选择这个城市评价最好的经销商。注册用户接近100万，月活超47万，日活超9万，这是数字生态的平台。**第五，领克很重视用户体验和用户声音**，在任何产品下了解和搜集到的用户声音，都是我们非常重要的产品意见。**第六，领克坚持用户第一，以用户为中心，用户在哪里，领克品牌就在哪里**。领克的用户很年轻，社交属性很强，他们就是互联网的原助力。领克特别重视可以和用户交流的平台，比如当下有影响力的社交平台抖音、快手、B站、小红书、知乎等。领克也重视在这些平台上输入领克的优质产品和内容。不久前，我们做了6000个样本调查，有71%的用户愿意推荐、介绍领克产品给自己身边的亲朋好友，这是我们非常欣慰的。[607]（陈思英）

根据陈思英在不同场合对领克取得佳绩的归纳总结，以及本书提出的四个核心命题与辅助变量，可以把领克取得阶段性成功的原因归纳为以下几个方面：第一，以用户为中心（核心命题一）；第二，清晰的目标顾客群体与定位（核心命题二）；第三，与用户共创体验（核心命题三）；第四，基于互联网的品牌运营（核心命题四）；第五，“三位一体”+6S的渠道模式（辅助变量三）。

（二）以用户为中心

与蔚来、极氪、岚图、坦克、高合和极狐等品牌提出要成为用户（型）企业类似，领克提出要成为**“用户品牌”**。

领克始终致力于成为一个**真正的用户品牌**，从用户痛点出发制定营销模式，开发和销售产品。在客户服务的第一线，领克成立了区域营销总部，让听得见炮火的人指挥战斗，从而更好地倾听用户声音、更加及时地应对市场变化。[513]（领克汽车销售有限公司总经理、首席用户服务官林杰）

我们不是一个冰冷的车企，我们更希望自己能够成为**用户公司、消费者公司**。另外，我们的用户有很多种商业资源，把商业资源放在我们平台上能

够更好地发挥作用。[556]（林杰）

领克的未来不仅是汽车公司，而且要真正成为**用户公司**，提供更优良的产品和服务，打造更精彩的出行生活。[727]（林杰）

领克没有提过用户型企业这个说法，但**用户思维**是领克一开始就坚持的发展方向。品牌是一群人的价值观坚持，**用户就是领克的价值观，用户必然要成为一家企业发展的最高宗旨。用户是品牌的参与者、开发者和使用者，也是领克品牌的主人。**[414]（林杰）

领克始终站在用户立场，去体验产品，去参与变革。领克不只是企业品牌，更是**用户品牌、共创品牌**，将为用户带来更多不止于车的体验。[472]（安聪慧）

用户服务是没有止境的，用户的信任绝不能被辜负。塑造**真正的用户品牌**，需要一个脚踏实地、艰难向上的积累过程。领克仅仅迈开了发展的第一步，有一种傻要坚持，我们要继续在很多用户不容易看到的地方下足功夫，只为**给用户提供更极致的用车体验**；有一种慢要接受，面对市场的波动，要有自己的战略定力，坚持自身的发展节奏。[472]（安聪慧）

首先以用户为中心，用户思维很重要，**领克品牌是一个用户品牌，是要做一个有温度的品牌**，这是我们做百年企业必须遵循的价值观。我认为领克要走得更远、更久，做一个百年品牌，**用户思维，把用户放在第一位，以用户为中心是核心，这是第一**。第二，**以用户为中心，以产品为核心，以市场为导向**。这是很有道理的。以用户为中心，如果提供不了好的产品，肯定不行。所以你的**产品**要给用户带来很好的体验，带来很好的价值体验，这很重要。**以市场为导向**，始终要站在一个竞争的态势里去看待市场。当然我们还有很多新的战略，比如说渠道、持续的创新、给用户带来什么样的体验，如何做好我们的用户运营、做好我们的产品口碑。知道用户的声音，把用户的声音转化成我们实际的行动，比如说转换成我们对产品的研发，给客户提供好的产品、好的服务。创新是一个非常重要的永恒不变的主题。[664]（陈思英）

我们和用户之间连接的线上场景，就是我们的 App。**用户型品牌也好、用户型企业**也好，我们在商业策划、产品定义时就已经考虑了这样的因素。迄今为止，我们 App 的注册用户已达到 160 万，月活 57 万以上，日活基本上在 13 万左右，具有高黏性、高互动性。毫无疑问，**我们是一个用户思维导向的企业，**我们也愿意用 App 直连用户。[622]（陈思英）

本书将用户企业定义为与用户共创极致体验来赢得极高用户满意度的企业，领克提出要成为“用户品牌”，强调“和用户共创极致体验”；同时，领克也强调**“以用户为中心”**，并提到了用户满意度的重要性。

企业生存要有合理利润，没有这个前提，企业就无法为用户提供可持续服务，用户也不会快乐。这就要把握好一个平衡点——**以用户为中心，即让用户满意**。所以，企业利益和用户权益并不冲突。[632]（林杰）

从用户出发，以用户认可的高品质产品与优质口碑作为增长驱动，**坚持以用户为中心，**是领克持续突破、赢得市场认可的关键。[514]（林杰）

光营销听用户的是没有用的，所以我刚才讲的**“以用户为中心”，它并不是一个营销的理念，它其实是我们整个企业的理念**。所以，领克研究院的院长，包括我，包括领克制造的总经理，我们就是一个铁三角关系，在这一层我们要为领克所有的品牌，所有来自用户的意见进行改变。因为**“以用户为中心”是我们工作的一个准则，我们一切的工作有没有效果是用户说了算**，而不是三角形的某一个点说了算。对于我来说，**我更多的是代表用户，**所以说不是谁领导谁，而是谁能够把用户的需求满足了，谁能够代表用户的意见，这是很重要的。有些研发的同事，也参与一些用户的调研，他们有一些很好的建议，也会被营销采用。所以，核心就是对用户的了解跟洞察。企业的推动力来自用户、来自市场，比来自老板，我觉得更有价值、更有意义。因为我们也一直讲领克要成为一个**消费者品牌**，要成为一个**用户品牌**，我们的公司也要成为**消费者公司**，这样才有价值。你说最后的价值存在不存在？其实就看你有多少用户。[336]（林杰）

在新时代里，我们汽车的主机厂如何能够倾听用户的意见，如何能够了解用户，用户愿意不愿意听？其实还是取决于你对用户的了解。**我们一直坚持在"以用户为中心"这条路上不断地进行探索**，结合时代的发展，特别是互联网兴起以后，在我们厂商与用户之间架起了一道桥梁。不仅是车，跨界到生活领域来，从创建开始就跟品牌一起联营。我们有一点很清楚，只有用户喜欢才有价值。[335]（林杰）

总结领克四年的发展历程，我认为**核心在于坚持了"以用户为中心"的原则**。企业与用户的边界正在消失，用户是推动企业成长的主人。**让用户思维成为根植于我们内心的行为准则，并贯彻于产品研发、生产、销售及售后每一个环节，这是我们赢得用户信任的关键。**[472]（安聪慧）

领克汽车销售有限公司总经理林杰说过"我要为用户代言，我不需要为企业代言"。[527]林杰不只是说说而已，2020 年 12 月林杰有了一个新的头衔——领克"首席用户服务官"。

为了强调用户的重要性，林杰还说过一些在业界很有影响力的话。

我们深信用户是品牌发展的起点，**用户在哪儿，领克就在哪儿，用户的需求在哪儿，领克的体验就在哪儿。**[735]（林杰）

高端化的突破之路，其实并没有捷径可走，一切的根本，还是要脚踏实地，步步为营。首先还是把产品做好，这是根本。其次，你心中必须有用户，一切东西不能太自我，还是要围绕着用户的需求去展开。最后，虽然定位在高端品牌，但是你的品牌必须是具有温度的，**高端并不意味着你可以高冷，服务还是愿意为用户深深地蹲下去。**[618]（林杰）

这些话都反映了领克要成为“用户品牌”的坚定信念，把用户、用户体验放在了最重要的位置。

（三）定位

领克的目标顾客是**“心态年轻、个性开放的都市人群”**。值得注意的是，虽然领克用户的平均年龄只有32岁，但领克不只是面向生理年龄年轻的消费群体，那些心态年轻的“年轻态”消费群体也是领克的目标顾客。虽然领克官方定位为“全球新高端品牌”（高颜值、高价值、高科技、高性能、高安全），但用户对领克**“汽车界的潮牌”**的定位更清晰、独特，领克官方也认可这一定位。

既然**定位潮牌**，就要敢于立潮头，勇于引领潮流。“潮”是引领的概念，“领”代表引领、领先，“克”代表改变和突破，领克精神就是挑战一切惯例。[632]（林杰）

诞生于互联网时代的领克品牌，紧紧围绕**年轻态都市人群**的真实诉求持续创新，不断延展传统汽车边界，为他们带来“不止于车”的生活体验，始终坚持打造有温度的高端品牌，为用户带来更高品质的产品与更高价值的服务。[731]（林杰）

“90后”车主占比近40%，“85后”与“90后”车主占比超过三分之二；拥有年轻心态的“85前”车主占比三分之一。[527]（林杰）

领克品牌的用户比蔚来还年轻，用户对品牌的理解和“70后”“60后”完全不一样，“80后”是一个分水岭，“90后”甚至“00后”更加注重悦

己文化，并不是以前的从众购买，这对领克是很好的市场机会。[414]（林杰）

领克品牌拥有高知识结构和高质量年轻用户群体特征。整个领克品牌有接近35万的保有量，用户平均年龄只有**32岁**，“85后”和“90后”的领克用户占到三分之二，年轻用户比例很高。[607]（陈思英）

很多消费者不再把领克与传统汽车对比。不需要跟领克用户去强调所谓的豪华，甚至“高端”两个字都不用谈。领克就是一个适合**年轻态消费群体**且个性十足的品牌。[632]（林杰）

领克从推出到现在，有74%的用户是因为领克的设计而考虑购买的。领克的用户群体是**年轻态**的，这是一个很重要的特征。[720]（林杰）

2016年10月，领克品牌在德国柏林正式发布。生而全球、开放互联，大家对领克品牌有了一个认知。历经四年，领克品牌**时尚、个性、运动、科技**的标签被用户广泛认知，**很多年轻用户，甚至一些年轻态的用户**在选择潮流、时尚汽车品牌的时候，往往会把领克品牌纳入备选，甚至成为他们主要考虑的品牌之一。[622]（陈思英）

相比于其他案例品牌，领克的市场细分工作做得更为细致（有点类似坦克），推出领克01、领克02、领克03、领克05、领克06、领克09六大车系，分别面向更细分的不同**“微分市场”**，满足不同消费人群的个性化需求。

以前我们叫细分市场，现在可以理解为**微分市场，在细分里面再细分**。现在已经不是一款车打天下的时代，也不是一个车型能够卖三年、五年、十年的时代了。现在产品要满足更多的个性化需求。[542]（林杰）

领克品牌旗下车型的命名首先并不以车型大小或定位为依据，这也是品牌打破常规、不按常理出牌的表现之一，而更加重要的是，领克希望**每一款**

车型都拥有其独特性，能够清晰地区隔主打的消费人群。[355]（林杰）

领克六大车系各自具体面向哪些“微分市场”呢？

1. 领克 01

截至 2022 年年底，领克 01 家族包括领克 01 EM－P（19.98 万元起）、领克 01 EM－F（18.18 万元起，见图 6－10）、领克 01（17.98 万元起）三款车，其中前两款车为新能源汽车。

图 6－10　领克 01 EM－F

资料来源：领克官网。

领克 01 定位**全能智驾 SUV**，更强调实用功能性，包括通过性以及越野能力。[662]（林杰）

大家知道领克 01 是一款比较**偏家用的全能智驾 SUV**。[501]（陈思英）

从现款领克 01 销售数据来看，领克 01 的加权平均售价超过 17 万元，增换购用户达到 45%，其中 65% 来自主流合资品牌。可以说，合资品牌用户是它最重要的用户来源。**领克 01 用户以一二线城市的高知家庭为主**，他们大多数选择了中高配车型，Pro 及以上配置车型占总销量的 80%。正是基于此，全新领克 01 聚焦 Pro 车型，力求定价精准。[387]（林杰）

领克 01 就是**年轻的家庭用户**，它是一款比较均衡的、**全能的、智能驾**

驶的 **SUV**，能满足你的初心，还有两驱、四驱，有汽油车，还有电动车。[607]（陈思英）

2. 领克 02

在领克六大车系中，领克 02 的女性用户占比最高，达 35%。截至 2022 年年底，领克 02 家族包括领克 02（13.98 万元起）、领克 02 Hatchback（15.08 万元起，见图 6－11）两款车，其中后者为新能源汽车。

图 6－11　领克 02 Hatchback

资料来源：领克官网。

领克 02 的定位是**高能轿跑 SUV**，主打潮流时尚，主要针对一二线城市用户，且**女性用户占比高达 35%**，在领克产品家族里比重最大。[662]（林杰）

领克 02 就是**跨界的运动型轿跑 SUV**，就是小姑娘、小伙子喜欢的“钢炮”，选择领克 02 车型的是因为外观和颜值，另外领克 02 还提供了一些比较特别的颜色，还提供了 1.5T、2.0T 等不同动力，还有汽油车和电动车。[607]（陈思英）

3. 领克 03（03＋）

领克 03＋（性能车）是领克 03 的高性能版本。领克车队驾驶领克 03 改装赛车在顶级房车赛事 WTCR（房车世界杯）上实现了 2019 年度、2020 年度、2021 年度三连冠，很好地实现了领克 03 车系“性能”的定位点。截至 2022 年年底，领克 03

家族包括领克 03（13.78 万元起）、领克 03 +（19.88 万元起）、领克 03 EM－F（15.78 万元起，见图 6－12）三款车，其中领克 03 EM－F 为新能源汽车。

图 6－12　领克 03 EM－F

资料来源：领克官网。

领克 03 的定位是**领潮运动轿车**，主打性能，包括领克 03 +，从产品到营销都围绕运动性能进行深耕。例如，领克 03 参加 WTCR 赛事，真正走出中国，与世界各大车企同台竞技。[662]（林杰）

领克 03 是运动轿车，**领克参加比赛就获得了世界冠军**，不仅是领克的骄傲、客户的认可，也是中国的自豪，领克 03 就是为年轻人打造的运动轿车。我们在领克 03 基础上推出了**中国首款性能运动轿车领克 03 +**，2.0T、8AT，254 匹马力，350 牛米就很硬核。[607]（陈思英）

相信大家都知道，领克 03 就是年轻消费群体喜欢的一款运动型轿车，去年**领克品牌代表中国第一次参加 WTCR 房车世界杯，我们获得了世界冠军**，获得了 9 次车队冠军、8 次车手冠军，同时总成绩获得年度总冠军。去年 11 月，我记忆犹新，在马来西亚我们获得冠军以后，在场的人都欢呼雀跃，举起中国国旗。这不仅是领克品牌的骄傲，不仅是领克车主的自豪，更是我们中国人的骄傲。领克 03 车型满足了用户对运动车型的喜爱。还有领克 03 +，**让很多年轻人的性能梦想得以落地**，是中国人的车。[501]（陈思英）

谈到领克 03 +，它不仅是一款车，而且是领克性能进阶计划的一部分。对于领克品牌来说，我们觉得在产品上最好的诠释就是**性能**。[351]（林杰）

作为中国汽车品牌首台性能运动车型，领克 03 + 迈出了中国性能车的第一步，将为那些追求极致性能的热血玩家，实现儿时性能车梦想，带来高价值的用车体验。[383]（林杰）

我们有领克 03 性能进阶计划，领克 03 不只是一款车，而且是一个**车系**。在领克 03 车系里，我们现在推出了运动和家用两个型号。在此之上，我们明年会推出更加运动的、更激进的，让大家眼前一亮的进阶车型。会有 400 马力、参加 WTCR 赛事的车型。目前量产的领克 03 车型配备 1.5T 发动机，百公里加速只有 7.9 秒，接下来出的每一款领克 03 车型都会更快，大家可以期待。[547]（领克品牌研究院朱凌）

4. 领克 05（05 +）

领克 05 +（性能车）是领克 05 的高性能版本。与领克 03 车系（性能运动轿车）不同，领克 05 车系是性能运动 SUV。截至 2022 年年底，领克 05 家族包括领克 05（17.58 万元起）、领克 05 +（23.58 万元起）、领克 05 PHEV（23.17 万元起）三款车，其中领克 05 PHEV 为新能源汽车，如图 6 – 13 所示。

图 6 – 13 领克 05 PHEV

资料来源：领克官网。

领克 05 定位**极能运动 SUV**，我们内部也叫无短板的 SUV。动力总成上，

有高功率发动机、8AT 变速箱。截至 5 月底，领克 05 订单已超 8000 台。[662]（林杰）

领克 05 满足了年轻人对**豪华运动 SUV** 的追求，第一颜值满足了很多年轻人对**个性化**的选择，高端个性、引领潮流。第二是**豪华感**，车门打开，豪华感扑面而来，里面的用料、设计、氛围灯等带来的豪华感不言而喻。[607]（陈思英）

领克 05 + 是一款高坐姿的**性能 SUV**，它跟领克 03 + 的性能轿车还不一样。**领克 05 + 是中国首款性能 SUV**，它的动力比领克 03 + 的动力要高一些。希望领克05 + 能给大家带来各种各样的驾驶体验和各种各样的驾驶场景。[622]（陈思英）

其实，每个人都是 **Halo Man**，包括屏幕前的你……我们每个人的身边，一定有一种自带光环的人，他可能是一个热爱极限运动，或是对某个领域极度执着的人，比如摄影、旅游等。他会为了自己喜欢的事，不惜投入时间、付出金钱，甚至直面巨大的挑战。在我们眼里，他就是个性和勇气的代名词，就是领潮人，也是我们领克 05 的核心用户，这就是我们说的 Halo Man。[639]（林杰）

5. 领克 06

在领克所有车系中，领克 06 售价最低，面向的目标顾客（Z 世代年轻人）最年轻，被称为“年轻人的第一辆车”。截至 2022 年年底，领克 06 家族包括领克 06 Remix（11. 86 万元起）、领克 06（11. 86 万元起）、领克 06 Remix PHEV（16. 68 万元起，有面向 Z 世代女性消费者的粉色特别版，见图 6 – 14）、领克 06 PHEV（15. 78 万元起）四款车，其中后两者为新能源汽车。

图 6－14　领克 06 Remix PHEV

资料来源：领克官网。

刚刚发布的领克 06，**这款产品是面向 Z 世代**，这样个性开放、勇敢表达、乐于分享的一群人，我们这款车让领克品牌拥有更多年轻用户，让我们的朋友圈进一步扩大。[664]（陈思英）

领克 06 就是为个性开放、热爱潮酷时尚的年轻人量身打造的 SUV，它集性能、科技、智能于一身，有智能化的智能驾驶辅助。还有自动泊车，当车位不够大的时候，人不用进去，用手机遥控，车就可以进去了，也不用考虑车位不够大上不了车，用手机就可以开出来，当然很安全。而且领克 06 在 50 公里加速度的情况下，在空中就能打开气囊保护用户。[607]（陈思英）

6. 领克 09

在领克所有车系中，领克 09 的定价最高。当领克的年轻用户成长起来想要换购、增购、升级到更好的车的时候，领克 09 满足了他们增换购的升级需求。截至 2022 年年底，领克 09 家族包括领克 09 EM－P 远航版（34.78 万元起，见图 6－15）、领克 09 EM－P 性能版（31.99 万元起）、领克 09 MHEV（28.59 万元起），其中前两者为新能源汽车。

图 6 – 15　领克 09 EM – P 远航版

资料来源：领克官网。

今天我们设计师克里斯讲到了一个典型客户朱先生，他就是用户群的一个缩影。以朱先生为例，领克的早期车主成长，家庭成长、人口增加、工作成长等，使他对车辆有进一步的需求，比如更多座位、更多功能、更智能，还有更强的性能。这也就是瑞典斯蒂芬设计团队带来的短片中所说的 the dream of a greater life（对更美好生活的梦想），这就是领克 09 设计的初衷。它也是我们基于 SPA 架构下的第一款领克产品，也是一款**豪华智能旗舰 SUV**。[440]（陈思英）

领克 09 是出圈的代表产品，**中大型 SUV** 的时代已经到来，领克 09 在这个时候应运而生，它的智能、科技、性能各方面的料是很足的，座位满足了新的家庭人口结构。这款产品消费者的年龄覆盖，市场的宽泛程度会比其他产品更加有张力。[354]（陈思英）

我们发现将领克 09 作为第二辆车是主流，很多用户增购、换购领克 09，同时我们从关注领克 09 的潜在用户调研里也发现，很多合资品牌的 A 级车用户，都是领克 09 的主要市场用户。[370]（林杰）

综上所述，我们对领克六大车系的目标顾客与定位进行了汇总，如表 6 – 10 所示。

表 6－10 领克六大车系的目标顾客、定位和售价

车型	目标顾客	定位	售价
领克 01	一二线城市的高知家庭	全能智驾 SUV	17.98 万元起
领克 02	更加富有都市探险精神、追求个性、大胆自信的都市年轻态消费群体	高能轿跑 SUV	13.98 万元起
领克 03	积极向上、忠于自我的年轻态消费群体	领潮运动轿车 领克 03＋：领克 03 高性能版	13.68 万元起
领克 05	Halo Man：自带光环、追求极致的人，是个性和勇气的代名词，是领潮人	极能运动 SUV 领克 05＋：领克 05 高性能版	17.58 万元起
领克 06	Z 世代人群	新都市机能 SUV	11.86 万元起
领克 09	Captain：当代精英族群，生活、工作圈中的高阶玩家	豪华智能旗舰 SUV	28.59 万元起

资料来源：根据公开资料整理，时间截至 2022 年年底。

小结以上，领克的目标顾客清晰：**“心态年轻、个性开放的都市人群”**；领克的定位**“汽车界的潮牌”**在高端汽车品牌中独树一帜。相比其他案例品牌，领克的市场细分工作做得更为细致，提出了**“微分市场”**的概念，在保持整体目标顾客“心态年轻、个性开放的都市人群”不变的情况下，不断推出新的车系，以满足更为细分的“微分市场”顾客群体的个性化需求。

总而言之，定位是领克成功打造高端汽车品牌的出发点，只有以清晰、独特的定位吸引认同品牌价值观、志同道合的目标顾客，这些潜在的用户才会心甘情愿付出时间、精力和成本与品牌共创。

（四）与用户共创

领克把用户体验分为产品体验、沟通体验、价值体验、社交体验。产品体验是基础，几乎所有案例品牌首先强调的都是产品体验；沟通体验通过以领克自营 App 为主的数字平台来共创，类似蔚来的“数字触点体验”；价值体验指领克与用户共创高端汽车的拥车体验，但价格却只有主流合资品牌水平，从而带来高用户价值，类似理想强调的“用户价值”；社交体验体现了领克“不止于车”的品

牌理念，类似蔚来的“生活方式体验”。

1. 产品体验是基础

汽车是典型的耐用品，产品体验是地基，地基必须打牢，领克还与用户一起开发产品，让用户体验整个产品开发过程。

> 客户选择领克品牌还因为有**越级的产品体验**，我们的产品品质和性能对标的是豪华品牌，最终价格落在合资品牌的价格区间里。[430]（陈思英）

> 对于高端品牌的定义，并不是价格的高高在上，而是给用户的高端体验，我们要在各个细分市场把**产品体验**做好。[355]（林杰）

> 未来我们的高原试车、高寒试车，可以邀请一些用户体验，让他们随同我们的研发**一起去开发产品，去体验我们整个开发过程**，接下来我们不仅有工厂开放，还有研发开放，让用户参与进来，这是在我们计划之中的。[556]（林杰）

2. 沟通体验是共创的保障

领克主要通过 App 和用户双向沟通，其他数字平台还包括抖音、快手、知乎、B 站和小红书等。

> 我们所有的团队，包括工程师，已经全链路打通，**和用户直接沟通，**这点外界可能难以想象。我自己也有两三百个用户的微信号，与用户直接聊。当然我们并非不做过滤，和用户在一起是没有错的，哪怕他们提的意见不一定全部正确，这取决于企业管理者的判断。别人告诉你的不一定都是对的，但别人不告诉你或者你接收不到别人的信息肯定是不对的。[615]（林杰）

> 在这样的关系背后，品牌不是高高在上，而是与用户平等对话，以及我们**积极沟通**，也充分地表达了领克品牌了解用户的需求所在。在领克的 App 上抢订秒杀已经是最基本的操作或者是一个标准动作，领地伙伴专区的热度

和人流量持续提高。在领克的 App，你可以看车、分享生活，可以在不同的兴趣区交到不同的朋友，也可以购物和发表你的评价、你的社交言论，甚至还可以享受专属的销售服务、预约售后保养。如果想换一辆车，也没有问题，在领克的 App 上也有二手车的专区。[529]（陈思英）

领克在**抖音、快手、知乎、B 站以及小红书上**均与用户有效沟通，无论是品牌体验、产品体验还是营销体验的反馈与意见，领克都会关注到并与他们实现互动。另外，**领克 App** 注册用户已经接近 100 万，日活接近 10 万。在领克 App 上不仅能完成购车，还有很多诸如社交、分享等不止于车的周边体验，包括刚推出的领地伙伴，车主的商业资源可以和 App 进行匹配，用户通过 App 实现商业资源的推广，这就是领克为他们带来的品牌体验。[468]（陈思英）

品牌与用户应该互相成就，面对 Z 世代的用户，品牌不能单做讲解员，而是引导用户参与，进行**双向沟通决策**，从细分市场到微分市场，保持对用户，特别是年轻用户群体更精细化的洞察。唯有这样，才能清晰地掌握用户需求，进而满足用户需求。[537]（陈思英）

目前，消费者购车主要关注三大方面：颜值；**品牌沟通**；场景体验。毫无疑问，这些都是年轻人最在意的，也是领克品牌最擅长的。[468]（陈思英）

3. 价值体验是消费者购买领克的原因

领克的高端定位有五个 DNA 支撑，分别为高颜值、高安全性、高性能、高科技和高价值，并以主流合资品牌的价格提供给顾客，从而带给用户高价值体验。根据顾客满意度指数模型（ACSI），用户价值影响用户满意度（白琳，2009），想要使用户极度满意，与用户共创极致价值体验不可或缺。

领克面向全球消费群体，是能被普遍接纳、具有领先性的高端品牌。其高端定位背后有五个 DNA 支撑，分别是**高颜值、高安全性、高性能、高科

技和高价值。但高端不一定要卖高价格，消费者有获得更好产品的权利。领克坚持走高端路线，但不是要卖高价格，而是要符合**高价值**。[632]（林杰）

这就是我们一直坚持的领克价值之道，我们要让所有用户享受到他们可能想都没想过的需求和服务。领克05在研发时对标的是豪华品牌的技术性能，并以主流合资产品的价格提供给用户，这就是我们讲的**高价值**。[578]（林杰）

我们把产品力做到极致。在消费升级时代，最重要的是**价值升级**。对高价值的好产品，消费者是不吝啬的，而不是价格越低越好。[387]（林杰）

领克从上市到现在，从不打价格战，我们要打品牌战、服务战和**价值战**。打造一个高端品牌不是一蹴而就的，我们要坚持**领克的价值之道**，也是用户的价值之道。[546]（林杰）

4. 社交体验体现了领克"不止于车"的品牌理念

社交价值类似蔚来的生活方式体验，即用户选择领克，不仅选择的是一辆车，也是选择了一种生活方式。领克借助领克俱乐部进行圈层营销。

我觉得很可贵的是，领克的用户有50多万，但我们的注册用户已经达到156万。这在传统汽车是不可能的，百万用户有50万去注册App就已经很了不起，但领克是反过来的，**许多人还不是领克的用户，但已经是领克营地的玩家了**。品牌要想与用户建立信任、情感连接，必须融入**社区氛围**中，以真诚和高价值让用户认同品牌、相信品牌，直至离不开品牌。我有很多领克的车主群，最直接的体会是在一些还没有买车的群，有时候出新车型的时候，我会拎几个车型到这些车主群跟人聊聊天，哎，马上就会收获一些订单。所以领克App里面隐藏着很多的**潜客**，而且这些潜客早就已经泡在领克App里耳濡目染很久了，完全不需要去介绍推销。[517]（林杰）

领克俱乐部是领克为用户创建的专属圈子。因为领克品牌有多款产品，把所有用户都放在一个圈子里面会兴趣各异，不够尽兴。于是我们为领克03+用户建立了性能车俱乐部，为领克09用户建立了舰长俱乐部等，用户可以通过兴趣爱好、职业等自行组成若干不同的**专属社群**，通过平台分享用车经验、玩车体会，参与互动，形成用户共创的内容生态，成为品牌与用户的重要连接点。[517]（林杰）

截至2021年10月，领克App的注册用户已经达到了160万，高于我们车主用户的2.6倍。我们有60万保有用户，有160万的App注册用户，他们也活跃在我们的App上，月活用户达到了55万人，日活达到了15万人次。这些数据背后我不想说是所谓的黏性和互动，更想说的是**品牌的生命力就是来自用户的倾注，用户和我们在这里真真切切地创造着一种生活方式，**是他们的点点滴滴让领克品牌有了温度，让我们的品牌有了态度，让故事发生的其实不是一辆车，而是一群有着鲜明个性标签的领克人。他们**选择领克，选择的是一种生活方式**。[529]（陈思英）

5. “共创”是领克带给用户极致体验的模式

领克的品牌理念是**“生而全球，开放互联”**，其中体现了与用户共创的思想。按前文领克对用户体验的分类，领克与用户共创产品体验、沟通体验、价值体验和社交体验。

在与用户共创方面，除了像其他案例品牌那样和用户积极互动之外，领克推出了多种创新模式，如领地伙伴计划、Co客理事会、智选官等。

（1）领地伙伴计划。领地伙伴计划是领克搭建的一个类似“大众点评”的平台，领克车主利用现有的商业资源入驻，营造更大的领克圈层文化，是一种用户自发的、用户与用户之间的品牌共创（朱丽叶等，2018）。

领克领地伙伴计划是要利用现有的**用户商业资源**，尽可能地链接更多的领克车主以及潜在的用户……以江苏南通用户为例，该用户经营一家网红饭店，利用领克领地伙伴计划将领克汽车与自家的商业资源链接，将领克汽车融入自家店面中，实现更多的人认知领克、了解领克。[485]（林杰）

领克建立了领地伙伴计划。搭建这个平台，**领克车主为领克用户提供服务**。我们站在用户立场去思考问题、解决问题，更前瞻地去了解用户需求，然后搭建平台，用户共创，把营销费用变为**服务用户的费用。让用户来实现用户价值的增值**，这是一个良性循环，而不是单向输入。[632]（林杰）

比如说我是一个领克车主，同时也是一个民宿老板，那么我就可以把我的民宿申请成为领克的领地伙伴。成为领地伙伴之后，领克的App上就会对我的民宿进行各种推荐，与此同时我也可以给所有的领克车主组织很多活动，提供一些福利和优惠，把自己的商品分享给其他用户。比如说开店的、做饮食的、做旅游的，爱在这里玩的都可以玩起来，找到自己的用户，找到自己的生态。这种两全其美的领地伙伴计划受到了非常多车主的欢迎。截至2021年9月，全国有285家Co客领地，有超过12 000场Co客活动，因为一辆车，遇见友情，遇见爱情，成为一家人。2000+领地伙伴，覆盖3国、33省市、225城、12大行业，每35位领克车主就有1位曾走进领地伙伴店铺打卡、平均1.5个月上新1款领克车主共创产品，而领克App注册用户更是超过156万，月活51万。[517]（林杰）

我们和用户的共创计划，聚焦和用户形成价值共鸣，领克用户的运行体系形成了**Co客共创、Co客志愿者体系**。这里讲的Co客就是我们领克品牌的用户，Co指开放。给大家举一个小小的案例，我们的**Co客领地伙伴计划**，大家可以把它理解为我们日常使用的大众点评，领克品牌为用户搭建一个**大众点评**，用户可以把自己的商业资源入驻领地伙伴体系中。而这个领地伙伴是基于超级App，获得领克体系认证，获得在领克体系内的推广，领克车主去消费时凭车钥匙或者扫码认证自己的车主身份就可以在我们的领克车主商家获得必要的权益。全国每年开展的Co客活动累计2500场以上。官方认证的领地伙伴车主精英创业家超过了1200家。我们在俄罗斯也拥有自己的领地伙伴，遍布两国31个省份、175个城市，覆盖超过12种行业类型，为我们的用户创造了良好的互动以及创新体验。[492]（陈思英）

（2）Co客理事会。Co客理事会由用户理事组成，是用户的“发言人”，定期提出活动方案，并深度参与领克官方活动的策划与决策，这让领克成为一个企业与用户共同拥有的品牌。

我们把Co客理事会带给了用户，通过公开的票选诞生了首批26名用户理事，他们将作为车主的发言人掌管着**Co客领地、领地伙伴、文化共创、数字化、Co客志愿者**这五大理事板块。**定期提出活动方案，并且深度参与领克官方各种各样活动的策划和决策，包括产品共创。**[529]（陈思英）

（3）智选官。领克通过智选官活动，把选择权交给用户，让用户更多地参与产品共创，更好地满足用户的个性化需求。

现在，我们App的**领克线上智选官**有8000多位客户智选官，这是要考试才能进入的。领克09上市前，我们在智选官中间进行了配置调研和征询。我们有8种颜色，但是生产线只能排产5种，选哪5种原来是由销售公司和我来定的，现在我们把它全部交给用户，由用户使用无线投票器来定。统计后发现，金色本来是没有入选的，但是用户选上了，我选的棕色最后被干掉了，但我挺开心的。领克09的音响，我们本来有4种选配，但是最后发现大家都选了顶配的Bose音响，我们就把它做成全系标配。[517]（林杰）

这次领克09全国巡回用户见面会有领克09智选官活动，这些智选官将参加领克09产品的配置，**这些选择权将交给用户**，他们来决定什么样的需

要，什么样的不需要，这将降低用户购买车的门槛。[342]（林杰）

> 领克09智选官活动，是希望**用户深入参与到该车的打造中**，其次是把智能化程度加深，**使用户的需求更加个性化**，而我们在打造汽车个性化时，也需要成立舰长俱乐部去聆听用户的声音。[536]（领克汽车销售有限公司09车型总监陆昕）

在其他案例的研究中，我们发现与用户共创的一个最大问题是，一些品牌虽然也号称与用户共创，但对用户的很多反馈没有落实，以致共创流于形式，成为可有可无的“鸡肋”。不同的是，领克在与用户共创方面，不仅强调触达、倾听，也强调反馈、做到。

> 第一个就是触达，我们非常重视跟用户之间的互动，很多产品改进都来源于用户的声音，有用户的地方，都有领克，我们要**触达**。第二个，我们要**倾听**。第三个，要**反馈**。第四，反馈之后我们还要**做到**，我们要做好跟用户之间的互动……**反馈要有结果，最后要做到**，这样就跟用户玩在了一起。重视用户的声音，这是未来我们进一步做好用户品牌，做一个有温度品牌要努力的方向。[665]（陈思英）

> 用户有什么问题，他们也会直接找到我。有时是销售问题，比如二手车置换补贴慢就是在用户群里发现的。通过参考用户提供的信息，**我们得以迅速改善内部流程**。还有产品配置，比如工程师跟产品团队定义配置，如果发现用户不喜欢，**我们会迅速根据用户意见调整配置**。这都得益于跟用户接触。当真正深入跟用户交流，你会有很多收获。只要负责任地跟用户交朋友，肯定会获得更多用户对品牌的信任。[632]（林杰）

> 我们一直保持开放的心态，倾听用户的建议，包括领克09推出也一样，虽然说得不多，**但在行动上一直和用户保持着高频的联络，很多用户需求都**

已采纳。领克09推出之前，原来用户市场调研得到的结论是中大型SUV主要是六座，但我们做了一个用户互动活动，发现50%的用户希望推出七座车。我们迅速紧急开发原来的备份方案，历时六个月把用户需要的产品做出来。**正是因为企业能够积极响应用户需求，所以他们愿意付出等待。**[414]（林杰）

由以上可知，仅仅倾听用户之声是不够的，只有积极、即时进行反馈，反馈有结果、能落实，让用户切实感受到参与共创的价值，才能驱动用户持续参与共创。

总而言之，与用户共创极致体验是成功创建高端汽车品牌的核心，持续超越用户预期的极致体验带给用户极高的满意度，而极度满意的用户是基于互联网的用户运营的核心。

（五）基于互联网的用户运营

吉利控股集团总裁、吉利汽车集团董事长安聪慧提出领克品牌的三个关键词："欧洲血统、**互联网基因**、新高端"。领克一开始就基于互联网思维来进行用户运营。林杰说："在打造品牌过程中，领克做用户运营不是刻意的，是有思考、水到渠成的。在领克平台整个构建里面，领克不会花重金'烧钱'，而是以合理的玩法，搭建与用户共创的平台。领克并不担心用户基数扩张后，运营与服务滞后，相反用户规模越大，共创的想法更多、更好玩，数量扩大后整个用户生态才会自动循环起来。"上述思路也体现了本书提出的"用户满意度带来口碑推荐销量、品牌资产提升良性循环"的基于互联网的用户运营逻辑。

1. 用户满意度

根据本书前文的分析，想要成功打造高端汽车品牌，**极度满意的用户是基于互联网的用户运营的核心**。吉利控股集团创始人、董事长李书福提出吉利汽车集团最终目标是：**让客户得到最佳满意度**。作为吉利汽车集团旗下的品牌，领克虽然没有像蔚来那样把用户满意度作为最高目标，但用户满意度也是领克的核心目标之一。

我们确定了几个目标。第一，有价有量才符合高端品牌竞争定位。如果产品终端让利幅度大，哪怕有量也不行。但光有价、没有量，也不行。所以，要基于价与量来衡量。第二，**用户满意度和保值率**。这一块能做好、做稳，品牌自然会继续向上。[632]（林杰）

领克整体经销商渠道对于客户管理方面要加强，要真正形成领克不仅产品好，服务更好（的口碑）。这是一场工程，但我们也必然朝这样一个目标去努力，高端的产品就要有**高满意度的体验**。[527]（林杰）

从以上可以看出，领克已经意识到用户满意度、口碑推荐和绩效之间的联系，满意用户的口碑推荐是推动绩效增长的重要力量。就像大众点评一样，领克请用户对经销商进行在线评价，谁都不愿意到口碑不好的店去，这使经销商非常重视自己的用户满意度与口碑，而不仅是关心销量。

2. 口碑推荐对销量与品牌资产的提升作用

据领克公布的数据，近七成用户愿意向他人推荐领克，助力领克销量持续增长。

领克在 2020 年迎来了 30 万用户，**这 30 万用户口碑也推动领克品牌销量的增长**，因为每个用户都是一面广告，我欣喜地看到，**我们高达 71% 的用户向他人推荐领克**。我们一直强调**产品是船，营销是帆，口碑是风**，有一个良好的用户口碑，将会推动整个品牌更好地航行。[556]（林杰）

高达 71% 的用户愿意推荐领克产品，我们在跟踪的领克 05 包括领克 03 + 产品上看到了很多老用户的身影，现在领克**换购**数量在增长。[692]（林杰）

我们出现了不少**双车家庭、多车公司**，**复购**领克的现象愈发明显，转介

绍率高达71%，用户已经成为驱动领克发展最重要的力量。[723]（林杰）

第一，我们的销量马上就要到60万，五年品牌发展，**四年品牌销售就60万了，平均售价是15.6万元**，我们认为这是比较稳健的高质量发展；第二，领克品牌用户平均年龄只有31.7岁，也是**最年轻的汽车用户**；第三，很多第三方用户调研发现领克品牌是**最潮流的汽车品牌**，我们二手车残值率也做得比较好。**用户推荐率达到了71%**，也就是说100个人里有71个人愿意推荐领克品牌和产品。从2017年到今天，我们的**用户画像、品牌忠诚度、品牌知名度**，都在节节攀升。[445]（陈思英）

关于口碑推荐的力量，林杰有一句话总结得很到位：**“产品是船，营销是帆，口碑是风。”**[556]由以上可知，用户满意度是口碑推荐的前因，绩效增长是口碑推荐的后果。

除提升销量外，口碑推荐对提升**品牌资产**也起到重要作用。在所有案例企业中，领克是少数直接提及品牌资产的重要品牌。

在过去的两三年里，领克品牌上上下下已经明白用户思维的内涵究竟是什么。真诚面对用户，就总能在实现用户对**品牌拥戴度**提升的同时，实现**品牌资产**的提升。[422]（林杰）

在**品牌形象**方面，我们其实并没有刻意营造，反倒是我们的用户反馈，觉得领克是**潮牌**，而且是高品质的潮牌。我觉得这是对我们比较好的认可和定位。领克想把新的生活方式、新的汽车美学、新的汽车性能展示给大家，慢慢大家就对我们形成这样的概念，领克是全球品牌、时尚品牌，是一个性能很好的汽车品牌。[459]（朱凌）

（六）“三位一体”+6S的渠道模式

前文验证了本书提出的四个核心命题，领克通过“三位一体”+6S的创新渠道模式来保障与用户共创极致体验的实现（辅助变量三）。不像蔚来、理想、极氪、岚图和高合等高端新能源汽车品牌采取直营的渠道模式，销售燃油汽车、混合动力汽车的领克仍然采取传统的经销商渠道模式。值得注意的是，虽然极氪、领克同属吉利汽车集团，但前者采用的是直营模式，而后者采用的是经销商模式，这可能与燃油汽车、纯电动汽车的盈利点不同有关（前者的盈利点主要在售后维保）。在传统燃油汽车品牌采取主流4S店经销商模式的基础上，领克对渠道模式进行了升级，实施"领克中心+领克空间+领克商城"的"线上+线下"全面融合的**"三位一体"**渠道模式，同时将4S升级为**6S**。此外，林杰谈道："对于经销商而言，领克的模式不再单纯考核经销商的卖车能力，**用户体验与口碑**更为重要。"在传统4S店以销量为主的考核体系下，加入了用户体验与口碑指标。

1. 领克中心

领克中心是4S店升级版，建在汽车商圈，拥有更好的地理位置，更完善便捷的服务，采用4S（整车销售Sale、零配件Sparepart、售后服务Service、信息反馈Survey）+Social（社交）+Share（分享）的6S服务模式，为领克和用户共创提供场所。

2. 领克空间

领克空间建在城市的综合商业体里面，位于都市中心商圈，在消费者的生活圈，地理位置更加靠近消费者。展示和销售二合一，扩大品牌影响力，整体店面设计风格偏向具有探索精神的年轻人。

3. 领克商城

领克商城主打线上销售，以领克自营App为主要载体。

领克经销商2017—2021年数量统计如表6-11所示。由表6-11可知，领克历年经销商数量是逐步增加的，2021年年底达到330家；主要增加的是领克中心，2021年年底达324家，而领克空间近几年有所减少，在2021年年底只有6家，可见开在大型商超的领克空间不是领克的主要选择。

表 6－11　领克 2017—2021 年经销商数量　　单位：家

指标	2017 年	2018 年	2019 年	2020 年	2021 年
经销商总数	82	239	284	295	330
领克中心数	—	222	263	280	324
领克空间数	—	17	21	15	6

资料来源：作者根据各方报道及领克官网整理而成。

在产品为王、终端制胜的互联网时代，领克不仅要向客户提供好产品，更要通过对都市年轻态族群生活方式和购物习惯的深入洞察，**以互联网思维打造“线上＋线下”全面融合的“三位一体”渠道模式**，为消费者提供“不止于车”的全方位服务体验。[636]（林杰）

渠道模式，我个人觉得向来都不是唯一的，存在即合理。领克发布第一款产品的时候，就有了商超店和体验中心。现在大家买车、交车、售后服务都在 4S 店完成，这是一种成熟的生态，每种业态和生态不会一下子颠覆，一定是并存的。领克有领克中心和领克空间，就是商城和 4S 店、经销商，我们还有 App 线上的营销模式。将来我们还会有些大的城市体验中心、交车中心，这些都有可能存在。这不是唯一的，都是一个组合。但是进入大用户时代，只靠主机厂我认为不是长久之计，**一定还是直营、代理渠道模式结合，线上线下结合**。将来这些大的综合体都会成为汽车销售的重要场景，加上新能源的发展，充电、销售在大商超就可以解决。我们到一个商超里面一天不出来啥都可以解决，在大的综合体进行销售并且解决充电问题，我个人认为会是一个大的方向。[445]（陈思英）

由于用户体验是打造高端汽车品牌的核心，为了解决经销商提供的用户体验可能不如直营店的难题，领克主要做了两件事：一是为首任车主提供终身质保，减少用户的后顾之忧与降低用车成本；二是像大众点评那样，允许用户对领克的经销商与销售顾问进行打分，其他用户能根据评价来选择用户满意度更高的店和人。

非直营体系下与直营体系下的用户关系其实是两件事。直营体系下，企业员工直面用户，各方面要求和执行力可能会更高；非直营体系下，要利用经销商的服务，考虑怎么对用户更好。所谓对用户好，是让用户在使用环节中尽量减少支出，获得更大价值。比如我们提供的**首任车主终身质保**，我们可以少花些广告费，把钱花在用户身上。[632]（林杰）

领克正在全面向新能源汽车品牌转型，未来除了混合动力汽车，还计划推出纯电动汽车。因为纯电动汽车售后维保盈利点少，不适合建店成本高昂的4S店经销商模式，因此领克准备未来引入**直营模式**。

未来将在纯电营销方面导入直营模式，企业会和用户直接接触；但也不会在全国全面铺开，**直营只覆盖重点城市**。[527]（林杰）

我们成立了专攻纯电产品的营销团队，负责纯电产品的营销和推广。**领克的纯电动车在渠道上也会采用直营模式**，在服务上会与现有渠道进行整合。[347]（林杰）

我们也关注到一些新势力包括特斯拉、蔚来的直销直营模式，未来领克在渠道上也有一些新的改变和突破。我们认为在渠道中重要的不是销售顾问，而是真正的**体验顾问**，不用耗时和用户进行溢价，而是给用户提供最专业的意见。[414]（林杰）

小结以上，领克创新的“三位一体”＋6S渠道模式保障了用户体验，也为与用户共创极致体验提供了空间与平台（领克中心、领克App），从而保障以与用户共创极致体验为核心来创建高端汽车品牌。

（七）总结

综上所述，从财务绩效与品牌绩效来看，领克成功创建了一个高端汽车品牌。领克的成功进一步验证了我们提出的四个核心命题。

七、高合：中国50万元以上纯电动汽车销量冠军

“在互联网时代，怎么跟用户互动和共创是建立品牌的一个新大陆。”[340]

——华人运通高合汽车创始人丁磊

高合是华人运通旗下的豪华智能纯电动汽车品牌，创立于2019年7月，于2021年5月量产交付。创始人为丁磊，丁磊曾任上海浦东新区副区长，任职期间主导引进了特斯拉项目。

高合2021年销量为4237辆，2022年销量为4349辆，增长比较缓慢。高合的主力车型“可进化超跑SUV”HiPhi X（起售价57.00万元）以4349辆的销量成为中国2022年50万元以上纯电动汽车单车型销量冠军，[645]但销量偏少。

高合旗下第二款车型“数字生命GT”（“GT”意味着安全、性能和科技）HiPhi Z在2022年8月正式上市，起售价为61.00万元，2022年年底开始陆续交付。

2022年全年，高合的主力车型HiPhi X的销量为4349辆；作为对比，价格区间为49.6万~65.6万元的竞争车型蔚来ES8的销量为13 842辆，[559]远超高合HiPhi X。高合属于绩效较差的**差别复制**。

以下主要按照本书提出的四个核心命题的逻辑来梳理高合的案例。研究方法类似蔚来、理想和极氪案例的研究方法，其中访谈法主要是在高合体验店对高合的管理者、员工和车主进行深度访谈（半结构化的访谈提纲见本书附录6）。

（一）提出要成为用户型企业的口号

当前，汽车企业打造“用户型企业”主要是借鉴蔚来的模式，高合也不例

外。**高合打造用户型企业的核心是整个企业以用户思维的构建为主。**

> **我们要成为一个真正的用户型企业**……对用户的最高价值是他出行使用中的价值，华人运通彻底转变为用户模式，就是跟用户之间没有隔阂。想要做到这一点，对于在传统产业上时间比较久的同事来说，也是一个重大的考验，这并不意味着要简单复制友商们已经成功的模式，**而核心的内容是整个企业以用户思维的构建为主，打造最具价值出行体验的未来产品。**[509]（华人运通高合汽车创始人、董事长兼首席执行官丁磊）

高合强调以用户思维为核心，但没有像蔚来那样明确提出用户型企业是什么，也很少提及高合具体是怎么落地的。

（二）目标市场规模较小，存在强大竞争车型

1. 高合的目标市场：50 万元以上纯电动汽车

以下从规模、增长潜力、差异性、用户画像四方面来评估该目标市场的有效性。

（1）规模。目前，中国 50 万元以上纯电动汽车市场规模较小。

> 中国市场中 50 万元以上汽车产品保有量大概在 120 万辆，如果其中 30% 转化为电动，**接近 40 万辆**。如果有 10% 的用户买 HiPhi X，**月销就不止 2000 辆**，因为也没几款车可以选择。[738]（丁磊）

可见即使按乐观估计，**中国 50 万元以上纯电动汽车市场规模接近 40 万辆，相比主流市场规模较小。**

（2）增长潜力。中国豪华智能电动汽车市场增长潜力较大。

> 一是关于豪华车市场。中国是世界上最大的新能源汽车市场，在疫情相对缓解之后，豪华车相对来说有一个非常快速的回量。所以我觉得**豪华电动新能源汽车市场在 2021 年及以后一段时间都会有一个比较大的加速或发展。**

二是不光豪华电动车，豪华智能电动车这个市场随着用户对于智能电动车的理解，随着互联网、人工智能、5G 的发展，**随着智能电动车在 2021 年迎来发展的起步，未来这个市场也会越来越大**。再加上国家一系列政策的支持，所以这块市场在中国不存在说谁已经占去了比较大的市场份额。既然市场大了，对于中国的消费者，对于全球消费者来说，他们就会有更好的选择。从高合目前推出的车型来看，从设计造型到硬件配置，再到整个智能化开放架构，能够带来可进化的科技豪华体验，其实是没有竞争对手的。所以在这个领域里，我觉得高合是非常具有竞争力的。[377]（高合公关传播高级总监王晔菁）

可见，中国豪华智能电动汽车市场未来可能有较大增长潜力。

（3）差异性。该目标市场比较差异化，且高合的定位是“科技豪华”，与传统的豪华汽车不太一样。

我们在定义高合这个品牌的时候，认为它不是一个传统意义上的豪华品牌，并不单是内饰的精细，这个也要做，但是光靠这个并不能支撑起一个新的豪华品牌，我们要打造的豪华品牌是面向未来汽车新世界的全新品牌，**我们是用智能化来打造科技豪华品牌**，所以首先从产品的定位上来说就和传统豪华不太一样。[332]（李箴）

我们把**科技豪华**放在第一位。这个是独创的。**感官豪华 + 场景共创 + 服务升级**，这就是新时代高合对科技豪华的理解和诠释。[479]（高合产品规划高级总监吴琦峰）

可见，与传统豪华汽车不一样，高合的定位是**科技豪华**，用智能化来打造科技豪华的品牌，差异性较强。目前兼具智能与豪华的竞品比较少见，主要有**特斯拉 Model X 与蔚来 ES8**，前者的售价超过 80 万元，后者的售价为 49.6 万元起，用业界的话说，高合 HiPhi X（售价 57 万元起）是“上打特斯拉 Model X，下打蔚来 ES8”。2022 年 7 月，特斯拉 Model X 在中国的销量仅有个位数，对高合不构成威胁；蔚来 ES8 的 2022 年销量为 13 842 辆，而高合 HiPhi X 的 2022 年销量仅有 4349 辆，远远落后于蔚来。**高合 HiPhi X 的竞争力相比于蔚来 ES8 还有较大差距。**

（4）用户画像。高合的目标用户群是**“破晓者”**，这类人的主要特征是“向往更高”与“喜欢创造”。

首先从目标用户群的定位上来说，我们的定义是**“向往更高”的破晓者**。破晓者是一群什么样的人？首先他们的背景、学习成长环境包括家庭背景，或整个工作经历都不完全一样，但在他们身上能看到共同的特质，就是**“向往更高”**，或者说不甘于平凡，不断打败上一秒的自己。他们的心态一直是积极向上的，这群人崇尚**“和而不同”**的人生，坚信整个人生的价值其实不在于财富的多少，而在于有没有创造，在于为这个社会创造了什么价值。我们在高合 HiPhi X 上市发布会的时候也提到，比如像爱因斯坦，他在理论物理已经非常完善的基础上，提出了狭义相对论和广义相对论，在这个过程中，他是不甘于平凡的。所以我们认为在整个积极向上的心态上，这群人有着共同的特质，**他们不甘于过一个平凡的人生，要用他们自己的力量为社会创造价值、贡献价值，**这是我们对于整个高合用户群的洞察。[332]（李葳）

高合品牌，是我们通过探索自由创造这样一种心路历程来打造的面向未来的产品。其实在各行各业，不同的年龄段里你都能够看到这样的人，**他的目标永远是要打败上一秒的自己。**他进入一个行业，比如媒体行业，一开始是探索，不断学习，然后到了一定阶段，可能非常熟练这个行业里面的东西，相对来说非常自由，很得心应手。但是到这时其实他还没有到达他的终点，他可能想要再创造一些不一样的东西，他可能想要打败自己，看自己能不能变得更好，或者想出圈做一些完全不一样的事情，所以他就会基于原来的探索自由之后再做一些创造，这样一群人我们把他们定义为**破晓者**。[673]（王晔菁）

人生是有限的，梦想与想象是无限的，唯有创造才能改变世界，让生命更有意义。我们相信，通过创造，普通人也能成就伟大的事。高合从一开始就是“喜欢创造”的品牌，在发展过程中保持创新，不断开拓，不断征服过去看来不可能实现的目标。我们既有与用户深深共鸣的**“向往更高 · Aim High”**的志向，不断打败上一秒的自己，又有**“喜欢创造 · Live to Create”**的动力，更为紧密地和用户一起，持续创造不一样的作品，不断创造价值，为最终改变人类未来出行做应有贡献。[570]（丁磊）

可见，高合的目标用户群是“向往更高”与“喜欢创造”的“破晓者”，他们追求“不断打败上一秒的自己”。目标用户群的特征与高合“可进化超跑SUV”的定位是契合的，只有找到志同道合的用户群（“破晓者”），他们才愿意付出时间、精力、情感与高合共创品牌。可见，选择合适的目标顾客，制定科学的定位战略是进行品牌共创的一个非常重要的点。

综上所述，从增长潜力与用户画像两方面来评估，高合选择“破晓者”作为目标用户，并选择“50 万元以上纯电动汽车”目标市场是有效的。然而，**从市场规模来看，当前中国 50 万元以上的纯电动汽车市场相比主流市场仍然较小；且高合的主力车型 HiPhi X 相比于竞品蔚来 ES8 在竞争力上差距较大。**

2. 高合的定位：可进化的豪华纯电动汽车

定位核心在“可进化”与“科技定义豪华”。

我们这台 HiPhi X 定位叫作**可进化超跑 SUV**，之所以叫超跑、叫 SUV，是因为腰部以上就是超跑造型，挡风玻璃倾斜的角度跟兰博基尼这类超跑是一样的，脚下穿四个大轮胎，分别都是 22 寸的，四轮驱动，四轮转向，下面真的是 SUV，上面是超跑。再加上可进化，（车）里面的聪明程度就跟我们的手机一样，电能也可以升级进化。[606]（高合首席运营官陈威旭）

我们现在把高合 HiPhi X 称为可进化超跑 SUV，基于用户的需求，**它的**

许多人性化功能和设置是可以不断迭代的。基于这样的理念，我们打造了这样一个把许多领先技术真正落地的产品和相匹配的优质服务。[332]（李篾）

（1）利益定位。高合的利益定位点是“可进化”。高合的核心理念是“场景定义设计，软件定义汽车，共创定义价值”。高合不断与用户共创新的用车场景，就像智能手机一样，不断更新升级软件，进行个性化设置，实现“可进化”。

高合 HiPhi X 是可进化的。它的底层 HOA 超体是开放式的电子电气架构，都是域控制，通过以太网可以对下面每一个单元进行控制，我们可以通过远程对它进行编程，使它符合用户个性化的需求，包括以后产品系统升级 FOTA 也可以通过这样底层的架构实现，我们是开放式的域结构。**就像苹果手机，每次晚上启动自动升级，插上充电就会完成一次升级，**看看今天又有什么新的功能。我们把互联网的一些东西放到车上，这个挺复杂的，因为汽车和计算机不一样，它和人的安全息息相关，如何确保它安全、有效、保护个人隐私，这方面我们花了很大精力去处理。[333]（高合整合营销高级总监吴越）

（2）价值定位。高合的价值定位点是发挥其目标用户“破晓者”的创造力，满足其不断突破自我的精神需求。

（3）属性定位。与“可进化”相关联的属性定位点如下：

可进化超跑 SUV，我们期望能够带给用户面向未来的全新科技豪华体验。**基于开放式的电子电气架构，**我们能够让用户感受到什么叫千人千乘的使用体验。就好比智能手机，现在您拿到一台全新的智能手机，可能使用一周之后，您有自己的设置，有自己对软件的一些使用习惯，所以您的手机不会跟别人的手机有重复。我们会进行一个深度的融合。所以，市面上不会有两辆完全一样的 HiPhi X。用户的 HiPhi X 就是用户整个喜好的体现。[595]（王晔菁）

高合的许多人性化功能和设置是可以不断迭代的，同时软件与功能又能不断升级，从而实现“可进化”的利益定位点。

3. 策略组合实现定位

（1）产品（包括软件）策略。目前，高合旗下有两款车型：HiPhi X 和 HiPhi Z，前者为超跑 SUV，后者为中大型纯电动轿跑，均为目标用户群“破晓者”而打造。2022 年 3 月，高合 HiPhi X 获得著名的德国红点产品设计大奖和 CCRT（中国汽车消费者研究与评价规程）历史最高分。

没有两辆高合 HiPhi X 车是一样的……通过软件把整辆车的硬件调动起来，这是汽车未来的方向，也是开放式 HOA 超体电子电气架构上**软件定义汽车**的一个方向。[508]（丁磊）

在产品功能定义上，我们**一方面是用科技豪华的体验打造我们的产品，**比如我们看到的 PML 可编程智能大灯、NT 展翼门，这些都是基于用户实际生活需求的场景去打造的，让我们的产品更好地满足目标消费者的日常用车痛点。**另一方面，**我们整个团队中有非常多来自互联网行业的小伙伴，从营销角度上来说，**我们也坚持直达用户，与用户共创，共同打造这个车。**[331]（李箴）

要打动这些人，就不能拿出一个常规的产品，所以说最重要的还是独一无二的产品。……我们整个公司，从设计到工程到制造到质量管控到运营，其实都是有相当造车经验的团队在做，所以说华人运通不仅是新势力造车，其实我们在造车方面有非常多的积淀，**知道破晓者应该拥有什么样尖端的产品和先进的配置来匹配他们的需求，**同时我们也有整合上下游供应链的能力，能把这些前瞻的技术整合到量产车上，真正实现落地。[332]（李箴）

环顾全世界的车，**如果划成四个象限，一边豪华，一边聪明，目前两边兼具的少之又少，几乎没有。**现在，豪华的车不够聪明，聪明的车不够豪华，有些车的基本操控性能、质量质感比较弱。在这两个未被满足的空间里，我们把它满足了。比如说比较新科技的东西，比较智能的东西（我们这个车）已经具备了，同时车基本的性能我们这个车也是有的。比如说零百加速3.9秒，这已经是超跑级的，操控性也非常好，采用的都是豪华车的方式，刹车也很稳，36.4米就可以停下来，也具有豪华车的功能，再加上车很聪明。[606]（陈威旭）

高合目前的两款车型都是50万元以上的纯电动豪华汽车，均兼具科技与豪华，两款车都是基于与用户共创的场景来设计的，同时都可通过软件的不断更新升级，实现“可进化”的定位。

（2）服务策略。除了产品可进化，高合也推出了**可进化的服务**。

- **车主“启新权益”**。

我们在2021年3月30日发布会上发布了全新的车主**“启新权益”**，这次车主权益包括了5年15万公里的超长整车质保，我们还提供了8年24万公里的超长三电质保。新能源汽车和传统燃油汽车有很大的差异，所以我们这次还提供了终身免费的5G网络车联网流量（每月10G），同时也会提供终身免费的道路救援。我们对于产品本身也非常有信心，同时推出了一个14天的安心购车保障，这几大权益加起来，**可为我们的用户提供产品全生命周期的无忧用车体验**。[332]（李箴）

- **“高合升能计划”，即换电服务**。换电后最高续航里程可达1000公里。同时，高合服务网点不断完善，目前已经完成在全国57个城市和76家高合服务网点的布局。高合还推出跨省区服务上门，以及全国道路救援服务，服务范围覆盖多个中西部城市，西至新疆伊犁、西藏拉萨，北至黑龙江伊春，南至云南红河，服务网络正在持续进化中。[480]

- **关系到用户日常的充电服务也全面进化**。高合已经在全国500多个城市和主要高速路段覆盖27 500+座充电站，27万+个充电终端，并整合了优质充电资源。除为无法在小区安装家充桩的用户定制化建设品牌站外，所有高合品牌直流桩也将升级到1000V高电压充电桩，仅需3分钟，用户即可补能100公里。[480]

由以上可见，**高合的服务网点、换电服务和充电服务等都在持续进化中。**

（3）价格策略。HiPhi X不同版本的起售价为57万~80万元；HiPhi Z不同版本的起售价为61万~63万元，针对的是50万元以上纯电动汽车市场，是当时定价最高的国产纯电动汽车。

（4）渠道策略。和大多数案例企业一样，高合使用的是**直营模式**。截至2022年2月，高合先后在全国147个城市中，完成37家高合体验店HiPhi Hub和17家高合交付中心、155个服务网点布局，还有全时在线的24小时专属服务管家群。同时，与高合合作的充电桩数突破27万根，覆盖全国500多个城市和主要高速路网。[757]在高合体验店HiPhi Hub，用户可以赏车、订车、休息、共创，并参加各种用户活动。

> 高合采用的是**直营体系**，可以非常具象地看到用户，他们有任何问题都可以直达我们。一开始可能有很多不适应，但慢慢发现用户的很多想法会对你产生很大的影响，让你更了解这个市场。以前，从用户到总部，中间有销售顾问、销售主管、销售经理、店总经理，再到区域经理，从大区到全国再到总部，有了8层的"隔音棉"，总部就很难得到真实的市场声音。与用户打交道，既难也简单，不坦诚就难，如果愿意直面问题，和用户讲清楚就很简单。[420]（吴越）

高合采用直营体系，既能保障用户体验，又能更好地与用户共创品牌。

（5）**传播营销**。目前，高合主要依靠口碑营销进行传播，详见后文。

4. 定位保障

（1）人力资本。华人运通高合汽车创始人、董事长兼CEO丁磊，曾任上汽集团副总裁，上海通用汽车有限公司总经理，上海张江（高科技园区）党委书记、总经理，上海浦东新区副区长。在执掌上海通用期间，曾主持投放二十多款新车，六年三个品牌累计销量近400万辆，销售额5000多亿元，上缴利税过千亿元，四年全国市场占有率第一。丁磊之前有近20年汽车行业从业经历，在张江高科技园区工作期间，着力构建智慧化园区，这为华人运通构造智慧城市的未来前景打下了基础。丁磊在担任浦东新区副区长期间，于2014年引进特斯拉到上海浦东新区，意识到特斯拉将对传统汽车产业带来颠覆性改变。丁磊对特斯拉进行了近一年的考察、谈判并制订了实施方案，受启发创办华人运通与高合。丁磊的个人经历决定了高合的愿景与企业文化，同时也是高合融资能力的重要保障（尤其是能拿到政府投资），是保障高合定位能够实现的最重要人力资本。

在高管团队方面，陈威旭是传统汽车人，**果铁夫**是汽车传播人，而其他几位高管人员目前难以查到公开的履历。在我们访谈时，一些专家提到高合“比较偏传统一点”。

（2）融资能力。相比蔚来、理想两家造车新势力，高合融资的动静相对较小。丁磊曾提及：“华人运通有来自美国的原始资本，还有政府投资，暂时没有启动社会私募的计划，也不会有A、B、C、D数轮的投资。”[603]目前，高合公开可查的融资金额有：2021年11月，高合获得交通银行50亿元授信融资；2022年1月，华人运通宣布与青岛市签署合作协议，在青岛设立中国总部，成立高合汽车销售服务总公司，青岛市政府将给予高合全面支持；2022年3月，高合估值40亿美元（折合人民币252亿元），即将启动A轮融资，预期融资约5亿美元，随后将赴港上市。[652]可见，高合的资金主要来自美国的原始资本、政府投资，目前也开始谋求上市融资。

（3）组织资本。

- **愿景**：包括核心理念（核心使命与核心价值观）和未来前景两大维度。

场景定义设计，软件定义汽车，共创定义价值。[570]（丁磊）

我们的使命是**先从智能汽车出发进入智慧城市和智慧交通，最终为人类出行的改善作出贡献。**[368]（丁磊）

价值观**第一是诚信正直，共建家园，**初心要非常坚定；**第二是以终为始，从用户出发，**最终我们所有的工作有没有价值是由我们用户来判断；**第三是永葆创业的精神，**不管今后到怎样成功的程度，都要保持创业状态。[368]（丁磊）

华人运通有一个"三智战略"，叫智能汽车、智捷交通、智慧城市。在"三智战略"中，智能汽车不是一个单体，它应该考虑到未来跟路、跟城的交互。所以高合作为智能汽车品牌，也是我们跟用户共创来打造的中国最高端的智能新能源汽车品牌，它不仅是车，可能还代表着我们未来给用户带来的全新品牌体验……对用户来说，需要到达出行目标，所以对华人运通来说，我们应该朝车路协同发展。因为车路协同才能够帮助车与城打通，也意味着车能够跟路进行交互，然后城市的管理者也能够通过车和路反馈的数据，优化整个交通的管理，使一个区域的交通效率得到提升。[404]（王晔菁）

- **企业文化：**相信普通人也能做伟大的事情，相信只有**创造**才能改变世界。

小结以上，高合的愿景与企业文化，尤其是"场景定义设计，软件定义汽车，共创定义价值"的核心理念与强调"创造"的企业文化是实现"可进化的豪华纯电动汽车"定位的保障。

（三）与用户共创高端新能源汽车品牌

1. 品牌共创

高合提出与用户进行品牌共创，与其他案例企业相比，高合除了产品共创，还提出**场景共创**，且其他如产品（包括软件）与服务共创也是基于场景进行的，对具体如何进行品牌共创有新的启示。

共创体验可分为生产领域的共创体验与消费领域的共创体验，前者由企业主导，后者由消费者主导（李震，2019）。前文介绍的极氪更重视在生产阶段与用户共创产品，而蔚来则更侧重在消费阶段与用户共创体验。相比较而言，高合明确提出与用户进行“品牌共创”，不仅重视量产交付之前的产品共创，还重视量产交付之后的场景共创、服务共创等。

品牌共创可分为企业发起的品牌共创与顾客自发的品牌共创（Zwass，2010；何建民，2011；李朝辉，2014；朱丽叶等，2018）。顾客自发参与的品牌共创比参与企业发起的品牌共创更能有效提高品牌忠诚（朱丽叶等，2018）与品牌承诺（朱丽叶等，2018）。相比企业发起的品牌共创，高合认为顾客自发的品牌共创更重要，高合从业界发出的声音与理论研究的学术观点不谋而合。

> 用户都比我们聪明，都比我们成功，我们要积极应对用户的需求变化，快速回应和反应，**与用户共创，才是我们的新大陆。**[419]（丁磊）

> 我们在打造高合这个品牌的时候，就是想**创造一个活的、开放的共创空间。**[306]（丁磊）

> 高合是华人运通以“共创”这个理念**与用户一起打造的一个面向未来的、最高端的智能新能源电动汽车品牌。**[377]（王晔菁）

> 高合是与用户共创的一个品牌。我们认为**与用户共创是打造一个有生命力品牌的唯一途径。**[377]（王晔菁）

> 在现在这个年代，打造品牌可能有一个全新的方式。**高合品牌，我们其实是用共创的方式与用户共同打造。**我们已经从过去的“我有一个品牌，我单向地推送给你”，变成了**我们共同在与用户创造一个全新的品牌。**[673]（王晔菁）

高合提出的“共创”理念接近本书提出的品牌共创的概念，即**与用户一起来共创高端汽车品牌。**

高合的核心理念是：**场景定义设计，软件定义汽车，共创定义价值。**与用户共创品牌是高合的核心理念。

> **我们的车共创的基础，第一是我们有一个开放的、全新的电子电气平台**，这个电子电气平台一方面可以让用户拿到车之后进行深度的个性化，可以设置自己喜欢的灯光，深度定制不同模式的开门方式。第二是**我们与用户共同开发全新的场景**，我们把很多硬件通过软件重新调用，就会产生用户个人的一些场景，然后用户还可以分享这些场景给其他的车主。第三是我们所有的车辆在使用过程中，积累的数据和经验也能够在不同版本迭代的时候，**让所有高合汽车同时进化**。所以从产品本身，从服务本身，它也能够支撑我们的用户需求，让我们的用户参与产品与品牌的共创。[673]（王晔菁）

可见，**高合主要与用户进行场景、产品和服务共创**。一是场景定义设计，因此高合与用户进行场景共创，这也是高合在品牌共创上的特色；二是软件定义汽车，因此高合不仅与用户进行汽车产品硬件共创，还进行软件共创；三是很多服务是在不同场景中进行的，因此高合也与用户进行服务共创。

2. 场景共创

高合的首条核心理念是**“场景定义设计”，场景共创是高合相对于其他案例企业的特色。**

> 共创既有产品出来之前的共创，也有在产品出来以后，**产品赋予共创的场景和条件**。在开发的过程中也让用户一起参与……基础软件应用层面基本上完成，但是**上面的场景应用，可能会大量地与用户共创**。（丁磊）

高合 HiPhi X 的特点是“可进化”，能够调用超过 500 个传感器和 500 个执行器参与场景共创，支持用户根据自身用车场景进行不同功能的调用及组合，实现真正意义上的“千人千乘”。从 2021 年 5 月 8 日正式交付以来，**高合与用户一起创造了超过 5000 张场景卡**，高合车主创建的场景卡占比超过 12. 5%。通过用户贡献的超 500 条建议，迭代了 244 项功能。目前，场景卡已有超过 13 万次的下载使用量，170 万次使用次数，可为用户累计节约超过 6 千小时操作时间。共创的场景卡覆盖自驾出游、露营、日常通勤、亲子出游、节日庆典等多个场景。为进一步升级共创体验、扩展使用场景，高合将原有基于 H－SOA 打造的场景共创平台“极客世界”，进化升级为全球首创的车辆智能应用图形化开发工具——HiPhi Play。这次升级除了支持更多的车辆功能调用，还为用户提供了场景卡的在线模拟测试环境、场景共享功能、多场景卡组合而成的全新场景链功能，场景链功能可自动判断触发，匹配用户的各种用车场景需求。

3. 产品共创与软件共创

“软件定义汽车”，除汽车硬件本身之外，高合甚至更强调软件共创，这在案例企业中较有特色。早在 2018 年年初，高合在产品定义阶段邀请用户展开“出行中的天堂与地狱”的讨论，从量产交付前的多轮用户试驾会，到 HiPhi OS 车机系统 1.0 的内测，都有用户参与的身影，与用户共创推动产品的发展，做到一切用户的体验与建议都可以成为产品的定义，用于产品优化提升。在用户不断使用与互动过程中，**高合通过共创让软件和系统不断完善**。

> 一辆好车的开发，肯定是跟用户互动的结果。软件是用出来的，不是设计出来的。**用户在使用的过程中来帮助我们的软件和系统进行提升**。[609]（丁磊）

> 在高合 HiPhi X 这个产品设计之初，我们就让用户深度参与进来，我们当初提出了场景定义设计、软件定义汽车、共创定义价值这三个核心理念，**共创是打造这个品牌和这款产品的根本**。通过这样的理念，来真正共创出一款符合现在时代发展需要和消费者需要的产品。[332]（李箴）

根据高合 2022 年 3 月春季发布会公布的数据，在产品共创方面，用户贡献建议超过 500 条，产品迭代 9 次，上线新功能 244 个。高合 HiPhi X 上市 9 个月，已经经历过 4 次 OTA，累积更新 491 项功能点，因用户共创而不断进化。

4. 服务共创

高合基于不同服务场景与用户进行服务共创，这也是高合进行品牌共创的特色。

> 我们在打造高合汽车的整个过程中，一直强调跟用户共创，所以不管是**直营的零售中心、直营的服务中心，还是线上的高合App**，其实和用户都是高度融合和互通的，通过这样的过程不断地去改进和迭代我们的产品，更好地满足消费者的需求，这是我们目前的战略打法。[332]（李箴）

品牌体验、交付服务、维修和充电等服务是在不同场景下进行的，高合的核心理念之一是“场景定义设计”，场景不仅定义产品设计，也定义服务设计，在很多服务情境下，品牌、服务人员和用户之间互动频繁，共创服务体验。

5. 生活方式共创

高合对生活方式共创提及较少，主要通过独家冠名斯巴达勇士赛的方式与用户进行生活方式共创，这一点与蔚来通过 NIO House 与用户进行生活方式共创类似。高合斯巴达勇士赛旨在传递健康积极的生活方式。位于各大核心城市一流商圈绝佳位置的高合体验店 HiPhi Hub，成为高合与用户共创生活方式的高能训练场地。高合斯巴达勇士赛专属训练营是针对有一定的运动基础，又渴望在比赛中挑战自我极限、拿出更好状态的进阶型选手，这个高合创新打造的用户活动已举办多场，与高合“打败上一秒自己”的品牌态度高度契合。

小结以上，高合的三大核心理念之一是“共创定义价值”，指：“高合汽车在用户不断使用与互动中，通过共创让软件和系统不断完善。在这个过程中，车主买到的高合汽车，价值不是在逐步下降而是在持续提升。”（丁磊）由此可见，与用户共创品牌可以提升用户价值。

（四）用户体验、用户满意度、口碑营销和绩效

1. 用户体验

几乎所有的案例品牌都强调用户体验，高合也不例外。比较独特的是，**高合**

强调的是不断进化的用户体验，这是由高合“可进化的豪华纯电动汽车”决定的；同时，**高合也提到情感体验的重要性**，除蔚来之外，这在其他案例企业中比较少见。

> 科技豪华已经不是简单地直接靠装饰来定义，更多的是一些**极致体验**。这些极致体验不是简单的应用，应该升华到**情感层次**上去构建。[706]（丁磊）

> **科技定义豪华，最关键的是体验**。与过去相比，相对于品牌的名气和广告，现在的消费者更关心的是体验。面临挑战，任何品牌都需要不断地创新。[753]（丁磊）

> 实际上用户不太在乎是互联网企业还是制造型企业，他更在乎最后得到的用户体验。所以，**我们的终极目标是用户体验的不断优化**。[341]（丁磊）

> 科技豪华已经不是简单地直接依靠装饰来定义豪华，更多的是一些极致体验，而这些极致体验不是简单的应用，还应该升华到**情感**的层次上，通过陪伴的维度，去重新构建。此外，体验还具有唯一性，是专属于个人的陪伴，与众不同。[507]（丁磊）

不断进化的用户体验也是持续满足乃至超越用户预期，从而让用户满意的基础。

2. 用户满意度

高合比较强调用户满意度，同时认为用户满意度会影响口碑与销量，这与我们前面提出的核心命题的逻辑是吻合的。

> 我们今年最核心的任务，其实是要把高合 HiPhi X 整个产品和服务体系打造好，一方面产品要打造好，另一方面服务的体验要配套好。**首先要让第一批用户满意，体验要好**，再做好我们的产品，做好我们的服务体系，做好我们的运营。在这样的基础上，后续我们也会有更多的车型推广到市场，去

满足越来越多的消费者的需求。[332]（李箴）

作为均价在七十万元以上的中国高端品牌，我们给行业、给用户交了一份还算及格的答卷。另外，销量不是考核我们是否满意或者用户是否满意的唯一标准，还要把用户运营与用户共创、售后服务，包括渠道的铺设，综合考虑。综合来看，都是按照我们既定的战略计划，即便有疫情的影响也没有耽误，都达到了我们的预期。**最重要的就是用户的满意度。**因为全国现在已经交付将近三千辆车，用户最高已经开到两万多公里，都非常喜欢开我们的车。从产品质量到售后服务，我们从用户的访谈和调研中得知，几乎都对售后给予了五星好评。这也让我们这个初创新势力企业比较满意和备受鼓舞。**用户的满意度，车辆和服务才是我们企业的最终目标。**[325]（果铁夫）

销量是不错的，**但用户的满意度是最关键的，尤其是第一批用户的口碑和反响。**[420]（吴越）

虽然高合没有像蔚来那样强调把用户满意度作为最终目标，但从上述高管人员的讲话中也可归纳出“用户满意度→口碑推荐→销量提升”的品牌/用户运营路径。

3. 口碑营销

口碑营销能够节省成本，也十分精准，传播效果较好。

用户互动会给企业带来很大的成本，但是同时又给企业带来很大的效率提升。市场营销的费用也大幅度下降，**华人运通让用户代言，因为用户的圈层是最精准的。**所以，华人运通的理念就是：跟用户交朋友。[510]（丁磊）

4. 绩效

高合通过口碑营销提升了品牌知名度与销量，从而提高了绩效。

（1）品牌知名度。高合与用户一起共创品牌资产。路径和前面提到的其他案例品牌类似，即：首先找到一群志同道合的核心用户（“破晓者”）；基于场景，与他们共创产品（包括软件）与服务等体验；使他们满意；通过他们主动的口碑推荐来提升品牌知名度。

> 一个新品牌，凭空做是很难的，特别是像汽车这样的产品，没有产品空做品牌是很难做的。**随着未来产品的上市交付，我们慢慢把整个品牌知名度拉起来**，高合也将依托产品技术，**让核心用户能够把对于品牌的感知和口碑建立起来**。[740]（果铁夫）

（2）销量。高合2021年销量为4237辆，2022年销量为4349辆，和竞争对手相比，销量较少，增长比较缓慢；据我们调研，有的北京高合体验店一个月只能卖出约10辆车。高合2021年的销售额没有公布，按高合68万元的平均售价计算，高合2021年的销售额约为30亿元。[520]目前，高合的盈利数据未公布。

（五）总结

基于本章提炼出的理论模型以及四个核心命题，高合案例属于**差别复制**。

一是高合虽然也提过要成为用户型企业，但没有说具体怎么做，这可能只是一句口号。

二是高合选择的“破晓者”目标顾客较有特色，但是其选择的目标市场“50万元以上的纯电动汽车”目前规模较小，且在这个市场有蔚来ES8这个强大的竞品存在，高合的主力车型HiPhi X在竞争力上差距较大。

三是高合在与用户共创高端汽车品牌上提出了一些创新的观点，如：场景共创（“场景定义设计”）；软件共创以实现“可进化的豪华纯电动汽车”定位（“软件定义汽车”）；基于场景进行服务共创。然而，高合是否真正在坚决执行其高层所讲的还有待观察。

四是高合大致遵循了“用户满意度→口碑推荐→财务绩效/品牌绩效”的基于互联网的用户运营方法论，然而其品牌知名度还有限，销量较少，未形成良性循环，导致高合在 2024 年陷入困境。

综合来看，高合案例至少不符合核心命题一和核心命题二，而是否真的符合核心命题三和核心命题四还有待观察。目前绩效较差，属于差别复制。

第四节　小　结

本章是本书核心章。

首先，本章对造车新势力创建的两个新能源汽车品牌蔚来、理想，以及传统车企全新推出的新能源汽车品牌进行了对比与总结。

其次，在其基础上，提出了创建新能源汽车高端品牌的理论模型，以及四个核心命题。

最后，对高合、极狐、岚图、星途、坦克、魏牌、领克七个已经交付的中国高端汽车品牌进行验证性案例研究，其中高合、极狐、岚图是新能源汽车品牌；星途、坦克、魏牌、领克正在大力向新能源汽车品牌转型。

前文提到的十个案例的研究结论会在本书的第八章呈现。

| 第七章 |

从“国宾车”到“国民车”红旗汽车

——重塑中国第一豪华汽车品牌

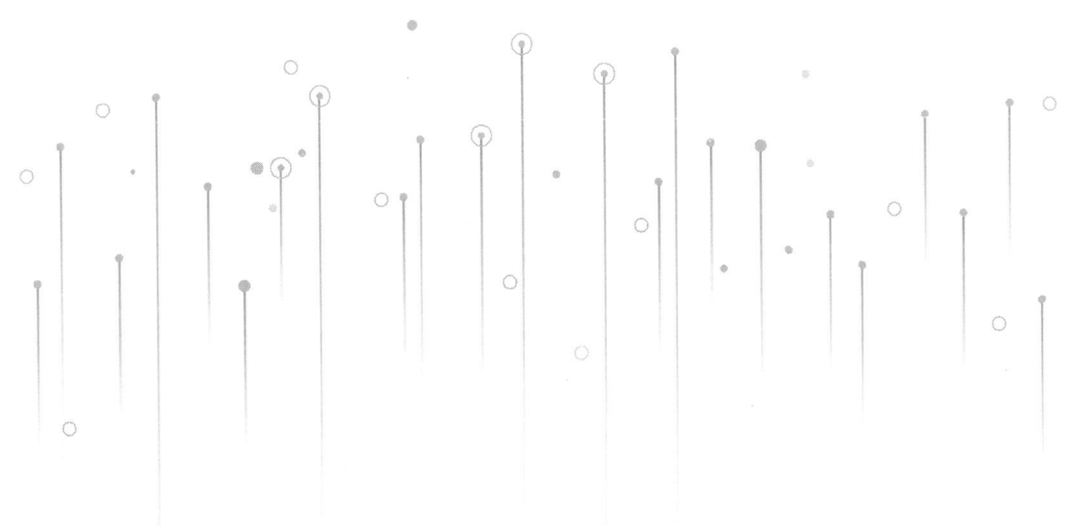

红旗

让理想飞扬

“红旗品牌‘十四五’时期进入世界一流高端品牌第一阵营，成为‘中国第一、世界著名’新高尚品牌。”[719]

——中国第一汽车集团董事长、党委书记徐留平

第一节　红旗汽车

与前面十个案例显著不同，红旗是一个中国家喻户晓的高端汽车品牌。其他品牌都是新创品牌，最早的蔚来创立于 2014 年 11 月，不到十年；而 1958 年，第一辆红旗汽车就诞生了，至今已有 60 多年历史。与前面探讨的如何创建全新高端汽车品牌的问题不同，红旗涉及已有高端汽车品牌如何重塑的问题，因此我们把红旗案例单独列为一章。

2023 年 1 月 8 日，中国一汽红旗品牌新能源汽车全球战略发布会在广州召开。徐留平宣布，红旗将“All in”新能源，并全域推动所有车型的电动化，做到“两个全部，一个停止”，即技术创新投入全部用于新能源汽车，新增产能全部用于新能源汽车，停止传统燃油汽车技术和产能的新增投入。会上发布了红旗新能源品牌架构、产品规划、品牌 LOGO 等。

红旗提出到 2025 年总销量达到 100 万辆，其中新能源汽车销量超过 50 万辆；到 2030 年，销量突破 150 万辆，其中新能源汽车成为销售主体。虽然红旗目前销售的车型以燃油车型为主，但不远的未来将以新能源汽车为主，因此本书选择红旗作为案例进行研究。[701]

与前面十个案例都是创建全新高端汽车品牌不同，红旗是传承中华民族精神气质的“共和国长子”，经历过无数辉煌与沉浮、兴起与落寞后，红旗决定实施全新的品牌战略，依托强大的研发能力推出完整的产品矩阵，通过品牌重塑来维护自己中国高端汽车品牌的地位。

从毛主席的一句“哪一天开会的时候，能坐上自己生产的轿车就好了”开始，红旗于 1958 年踏上征程。

后来中国第一辆有编号的、自主研发生产的轿车——红旗 CA72 诞生，红旗被规定为副部长以上首长专车和外事礼宾车，“坐红旗车”与“见毛主席”“住钓鱼台”一道被视为中国政府给予外国来访者的最高礼遇。早期辉煌后，红旗在 20 世纪七八十年代被两度宣布停产，之后红旗不厌其烦地模仿、套用，逐渐被消费者遗忘。

2001 年，红旗在竺延风（时任中国第一汽车集团公司总经理、党委副书记、集团董事长）的带领下推出知名车型红旗名仕，虽然将销量短时间内提升了 65%，但是仍然未在后续到来的 2002 年、2003 年的汽车市场大爆发时期取得想要的成果。2002 年，红旗全部销量仅为 26 634 辆，市场占有率仅为 2.37%，在 18 个主要轿车品牌中名列倒数第三。[423] 直到徐建一主政（时任中国第一汽车集团公司董事长、党委书记）时期的 2012 年北京车展，红旗一口气展出了红旗 H7、红旗 L7 和红旗 L9 三款即将量产的车型，并于 2012 年发布品牌战略，要开发 L 和 H 两大系列产品，并宣布进军 SUV、商务车和礼宾车等全新领域，红旗在国内汽车市场才又开始得到关注。然而徐建一认为在这个时期企业的重点是内部结构治理，在财政上还是较为依赖国家财政支持。后来的领导人徐平（时任中国第一汽车集团公司董事长、党委书记）也认为治理一汽的重点在于内部，在于组织结构，在于反腐。

2017 年徐留平加入之后，红旗开始了大刀阔斧的改革，建立了新的品牌标识、品牌战略、产品矩阵、整合营销传播策略，正式开始了新红旗品牌的高端化之路。红旗年销量从 2017 年的 4665 辆开始起飞，2023 年飞升至 37 万辆，实现了 78 倍的增长，创造了中国汽车产业乃至全球汽车产业高端品牌发展的“旗”迹，如图 7－1 所示。

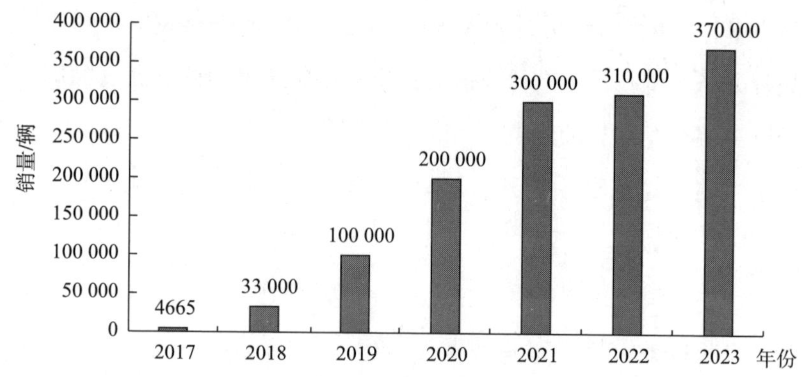

图 7－1　红旗 2017—2023 年销量

资料来源：太平洋汽车等。

为什么这次红旗的品牌重塑行为能够成功？这次重塑与之前的变革有什么不同之处？红旗全新的品牌战略是什么？是什么让红旗在国内外众多品牌的夹击中能够脱颖而出？红旗是如何通过品牌重塑尝试打造“中国第一、世界著名”的豪华汽车品牌的？本章通过梳理品牌重塑的相关理论研究，并通过梳理红旗的品牌重塑过程，尝试回答这些问题。

本章采用单案例研究法对红旗进行案例研究，研究方法类似蔚来、理想和极氪案例的研究方法，其中访谈法主要是对红旗的1位员工和5位车主进行深度访谈（半结构化的访谈提纲见本书附录7）。

第二节　洞见与勇气

丰田的一位社长曾问徐留平“红旗改革的重点是什么”，徐留平回答：“第一是洞见，第二是勇气。既然已经看清楚了，为什么不下手呢？”

一、洞见：准确把握内外部环境

红旗的改革是被历史潮流推到悬崖边上，不得不做了。从第一代一汽人在迷雾中摸索，熟悉产品、性能、技术、工艺、生产、试验以及售后服务，为红旗初代的辉煌呕心沥血，到进口汽车进入中国市场，不得已借鉴国外产品进行生产，红旗进入了长期低迷期。在这之后，不同的一汽带头人也尝试过不同改革方案，如竺延风时期尝试解决制度问题、产品问题，并号召进行“我是一汽人”的大讨论；徐建一时期、徐平时期都进行过不同的探索，无论是反腐工作还是对于红旗品牌内涵的重新定位，这些改变似乎都是“不痛不痒”的“革命”。在这个过程中，红旗错失了多次可以复兴的机会。组织架构的僵化、品牌概念的模糊、消费者心态的快速转变，数万人的大厂一年却只能卖出几千辆车的困境，国内外汽车品牌的夹击，都使得红旗的改革势在必行。

一汽人常说，前面标兵渐远，后面追兵渐近，实际上是后来的追兵都已经跑到前面去了。外部在变，市场在变，用户在变，但（一汽）内部并没有变化，包括观念、机制等。[488]（时任一汽集团组织人力部部长陈辑）

虽然面临困境，但是红旗有“共和国长子”的基因，有数万肯为了振兴红旗而不懈奋斗的员工，一定有改革并重新屹立在中国汽车行业顶峰的基因和能力。

世界上如果有一辆轿车能够赢得整个民族的骄傲，能够承载整个民族的情感，能够牵动整个民族的关注，那么它只能是红旗，因为只有它是可以代表中国的车。[462]（2018 年红旗品牌战略发布会主持人）

在某些方面来说，红旗代表着中国汽车工业，作为一个中国人来说，理应支持自己祖国的工业发展。（红旗名仕、H7 车主）

从红旗 CA72（我国第一款真正量产的红旗高级轿车）、红旗 CA770（著名汽车设计师贾延良的巅峰之作）到红旗几十年挣扎历史中逐渐积攒的技术、人才和勇气，红旗血液里流淌的是“共和国长子”的优良传统，以及红旗代表的独立自主的民族精神、平地起高楼的开拓精神、中国人的高尚审美视角。一汽人对于红旗的不甘与信念是红旗积极重塑、振兴品牌的不竭动力。

对于红旗在新时代面临的外部环境，徐留平生动地总结为新红旗应“运”而生，这个运包括“时代之运”“民族之运”“产业之运”。

中国共产党十九大胜利召开，中国特色社会主义进入了新的时代、中华民族的伟大复兴踏上了新的征程，这是红旗振兴的**时代之运**。[748]（徐留平）

当前人民对于美好生活的追求和向往更加强烈和执着，对消费的理念和品位也更加高尚、自信和成熟，这是红旗振兴的**民族之运**。[454]（徐留平）

进入新时代，中国汽车产业作为民族支柱，正在迎来“立世界汽车产业

之标杆、开全球汽车产业之先河”的绝好机会，这是红旗振兴的产业之运。[454]（徐留平）

红旗的改革和重塑行为是在内部积弊已深的情况下，被外部环境的趋势和压力共同推动的。徐留平来到红旗后，通过对内部问题的审视和外部环境的准确把握，决定进行品牌重塑。

二、勇气：破釜沉舟进行品牌重塑

当徐留平临危受命成为一汽一把手的时候，这位曾执掌长安汽车 11 年之久的汽车人就携带着宏伟的目标和巨大的勇气，要大刀阔斧地改革一汽，恢复信心，实现红旗品牌的崛起。一汽内外部对于改革的期盼以及痛定思痛后决心要大换血的勇气也是红旗涅槃的推动力量。

所有的挑战都来源于你对问题的把握程度和你的决心，如果你把问题看得很清楚，你的方向也很明确，剩下的就是你有没有勇气去改变它。如果你有这种勇气，就去改变它！[467]（徐留平）

我们决心通过不断地汲取力量努力地刮骨疗伤，抓住机会，厚积薄发，实现凤凰涅槃，浴火重生，完成奇点的大爆炸和彻底的怒放。我们相信伟大品牌的树立绝不是一件轻而易举的事，只有百折不挠，方能百炼成钢。我们坚信是金子总会发光，只要功夫深，铁杵一定磨成针。我们更加坚信，伟大的初心、崇高的使命，加上不懈的努力和国人的钟情，必将赢得新红旗灿烂和辉煌的明天。[339]（徐留平）

前人改革的失败，2016 年发布的《中共中央 国务院关于全面振兴东北地区等老工业基地的若干意见》等时代的“催促”，中国消费结构的变化，“品质至上”和“新精致主义”的流行，消费者的诉求从“拥有更多”到“拥有更好”的转变，造车新势力的成长，国外品牌的碾压性优势越来越强，新能源汽车、互联网造车的新时代趋势，这些因素给红旗的压力以及改革领导人的勇气与决心推动了红旗排山倒海般的改革。

发展至今，红旗已不仅是一个汽车品牌，更是一种精神的象征。如今我们重新出发，就是要在红旗精神的引领下，不断夯实基础、守正出奇、分坚并韧，践行我们对消费者的庄严承诺，实现红旗品牌的再次腾飞。让每一个中国人，都能通过新红旗，感受到创新拼搏、坚守自信的中国精神、红旗精神！[751]（徐留平）

三、响应国家政策、顺应市场潮流

在进行品牌重塑的过程中，红旗随时监控市场动向、政策变动以及衡量自身实力，以不断调整品牌战略与产品布局。面对外部环境的变化，红旗不仅意识到这是转型升级的机会和挑战，也随时谨记自己身为“共和国长子”的责任和担当。

2020 年 7 月，习近平总书记来到中国一汽集团研发总院，在企业展厅察看红旗等自主品牌的最新款式整车产品，并亲自上车体验了代表全球“电动化、智能化、网联化、共享化”潮流的一汽新车型——红旗 E－HS9。习近平提出：“我们发展自己的汽车制造业，像一汽这样的企业要当先锋。一定要把关键核心技术掌握在自己手里，要立这个志向，把民族汽车品牌搞上去。现在中国要向制造业强国、工业强国的更高目标发展，就是要在发展战略性新兴产业方面，抢抓机遇、弯道超车。”[421]

红旗积极响应国家领导人号召，顺应新能源汽车发展潮流，不断推出新能源车型，包括红旗 E－HS3、红旗 E－HS9、红旗 E－QM5 等，并通过与华为等企业的合作来提高产品的科技含量，结合 5G、大数据、云计算、人工智能等技术，不断提高车辆的智能化水平。

民族品牌持续向上，能力不断增强，转型升级迎来巨大利好机遇，核心是中国在世界的崛起，是中华民族作为命运共同体的精神自觉，是每一个中国人对中华民族伟大复兴的自我认同，也是作为中国“制造人”的自信与自强，更是中国“汽车人”的幸运、机遇与责任。[647]（徐留平）

当前全球汽车产业正在进行深刻转型调整，受新冠疫情及国际形势影响，竞争进一步加剧，同时中国汽车产业全面放开的期限更加迫近、国际和国内法规不断严格，可以说汽车界面临令人焦虑的严峻形势。然而汽车产业危中有机，在全体汽车人的奋进努力下，2020年中国乘用车销量全球占比突破32%，成为稳定并引领全球汽车产业发展的第一驱动力。2021年上半年，我国新能源乘用车销量达到100万辆，市场占有率已经突破10%，这个10%就是新能源产业成为终端市场爆发的临界点。更为可喜的是新能源乘用车私人消费正在快速突破，正在成为引领消费的主流力量，同时中国消费者求新尝鲜，国潮化的消费趋势正在攀升。[436]（中国第一汽车集团有限公司董事、党委副书记王国强）

在产品与技术的微观层面，在5G、大数据、云计算、人工智能特别是能源技术革命的叠加作用下，呈现电动化、智能网联化、驾乘体验化、安全健康化和节能低耗化五化发展业态。在产业和商业宏观层面，愈发凸显低碳化、数字化、共享化、生态化和产业链区块化演进趋势，应该说五化技术与五化模式的孪生趋势正在深刻改变着汽车产业现在和未来的走向，正在重构汽车产业的新世界。[458]（王国强）

对国家政策和行业方向的把握成为红旗决策的重要依据，这让红旗的决策科学合理，并且降低了执行的风险。在国家大力支持新能源汽车产业发展和数字化、共享化经济发展的大前提下，红旗推出符合市场需求的产品。

四、徐留平强有力的领导

在徐留平来到一汽之前，红旗在历届领导人各式各样的改革过程中虽然成立独立的事业部，获得了一定的自主权，但是仍然没有得到良好的发展，在不断变化的市场中逐渐“泯然众人”。徐留平一来到一汽，就备受关注，似乎这样一位在长安深耕多年（徐留平曾任长安汽车集团股份有限公司董事长、党委书记），给长安带来辉煌的领导者就是红旗最后的希望。

果然，徐留平没有让人失望，其上任后立马开始了大刀阔斧的改革。首先，大力整顿组织架构，以迅雷不及掩耳之势进行人员大换血，采用“竞聘”制度，为红旗保留、吸引了一批能人志士，保障红旗的崛起有人可用。其次，其上任150天就在人民大会堂召开发布会，宣布了全新的品牌战略，并详细向消费者阐释了红旗的新使命和理念，让已经看不清的“红旗面貌”变得清晰起来。徐留平用行动让一汽人和所有消费者看到了他进行改革的决心和勇气。当然，这样的决心和雷厉风行的举措让徐留平备受压力，但是他始终坚持强有力的领导，坚定地推动红旗不断向前。

> 徐留平董事长讲，他将把在一汽的工作作为他人生职业生涯的最后一站，我们大家都深受鼓舞。（王国强）

> 在这个过程中，肯定会得罪人，如果都不得罪，最后得罪的反而是大多数人，因为你把企业搞萎缩了，党的执政基础、国有资产搞没了，这就是得罪大多数人了。所以在这一点上，董事长承担的压力非常大。（一汽总经理、党委副书记秦焕明）

> 徐留平一定会发掘和带领一汽的“蓝血十杰”，进行大刀阔斧的改革，改革僵化的激励体制，改革集团的管理体制，改革各行其是的研发体制，激发一汽内生的“活得精彩”的积极性，给13万一汽人一个交代，给东北振兴一个交代，给中国汽车产业一个交代。（著名汽车观察家贾可）

徐留平个人的坚定立场和进行改革、重塑的魄力成为红旗能够大刀阔斧进行品牌重塑的重要保障。从红旗内部人员处了解到，徐留平进行改革的决心也带给整个企业向前的动力。只有最高领导人有勇气、有魄力，一汽这样一个庞然大物才有可能在短时间内将红旗的变革推动得如此彻底、如此干脆。

第三节　行动与落实

下定决心进行品牌的重塑之后，红旗在徐留平的带领下，开始了一系列改天换地的大动作，其中最引人注目的就是 2018 年 1 月 8 日于人民大会堂进行的品牌战略发布会。

一、重塑品牌战略

（一）重塑品牌使命

为了毛主席的期盼“看到中国工人阶级能制造汽车很高兴”“什么时候能坐上我们自己制造的小汽车”，[395]红旗于 1958 年打造出了我国第一辆红旗轿车。2011 年，习近平在视察一汽时说，盼望着更多的中国人能坐上一汽产的红旗牌轿车。一汽人将此作为新的使命，徐留平理解红旗品牌的使命是“为更多的中国人服务”。

红旗的新战略目标为：“把红旗打造成为中国第一、世界著名的新高尚品牌，满足消费者对新时代美好生活、美妙出行的追求，共同肩负起历史赋予的强大中国汽车产业的重任。”

2023 年 1 月，在红旗品牌新能源汽车全球战略发布会上，红旗新能源品牌进一步明确了“领航新能源关键核心技术，树立新能源民族高端汽车品牌，开创新时代中国新能源高端品牌汽车产业创新发展新道路”的品牌使命。

就此，红旗确定了“你是谁，到哪里去”的问题答案，坚定了信念，开始了勇往直前的品牌重塑之路。

（二）从“国宾车”重新定位为“国民车”

红旗是中国第一个豪华汽车品牌，也曾经是唯一一个创立之初就设定为高端品牌的汽车品牌。红旗诞生之初，就是为了满足阅兵、接见外宾等极重大场合的需要及领导人日常乘坐需求，曾经“坐红旗车”与“见毛主席”“住钓鱼台”一起被视为中国政府给予外国来访者的最高礼遇。然而在历史的洪流中，这样的辉煌早已不在，如果红旗依然故步自封，守着“国宾车”的辉煌不肯改变，那么红旗注定不能实现自己的品牌价值。

2018 年，徐留平宣布红旗定位于“新高尚汽车品牌”，并把红旗的用户群体定位于“中国式新高尚情怀人士”，其品牌理念为“中国式新高尚精英主义”。

关于红旗的目标用户——“中国式新高尚情怀人士”可以从 2019 年红旗成立的“中国式新高尚情怀人士俱乐部”中找到答案。在这个俱乐部里，汇聚了诸如演员靳东、宋佳，电影导演郭帆，小提琴家黄蒙拉，京剧表演艺术家王珮瑜，时尚摄影师范欣，中国国家短道速滑队员、奥运冠军武大靖，著名青年舞蹈艺术家王亚彬等来自文化、体育、艺术等领域的杰出代表。这些人代表了红旗所定义的“中国式新高尚情怀人士”，他们聚集在一起，致力于打造国际化、年轻化、有责任、有家国情怀的红旗圈层，积极向大众传递红旗的品牌理念和品牌精神。他们通过“红旗新高尚情怀人士开讲啦”公益论坛面向听众开讲，向人们传递要传承、发扬优秀传统文化，要心怀热爱、保持热情的中国价值观，传递“我们正年轻，红旗正当红”的精神内核。中国式新高尚情怀人士俱乐部在不断诠释什么是“中国式新高尚精英主义”。

透过中国式新高尚情怀人士俱乐部，可见“中国式新高尚情怀人士”不仅接受中华优秀传统文化熏陶，拥有家国情怀，在互联网、国际化的大背景下，思想活跃且兼容并蓄。他们有独到的审美，对事物有更成熟理性的认识，对自己所处的生活、工作领域有着极高的品质追求，且始终秉持传承与创新并行，用旺盛的探求欲不断挑战自我。简言之，他们在物质文明之外，进一步追求更为高尚的精神文明。

红旗目标用户定位于“中国式新高尚情怀人士”。[690]（徐留平）

政府用车是一部分，但是不多。我们的目标用户变了以后，从产品设计到产品定义，都会更倾向于普通消费者，“豪华”到了21世纪这个年代，应该定义为“高尚”。[466]（徐留平）

我觉得“高尚”这个词也更能精准地表达出未来红旗的目标消费群体的特征，里面暗含着一种从物质层面定位到精神层面定位的转化。[519]（徐留平）

要形成一个从国家领导人到中国普通民众都能够享受红旗车体验的红旗品牌矩阵。[691]（徐留平）

红旗将品牌从“国宾车”重新定位为“国民车”，准确识别了目前国内市场的需求重点和缺口，将品牌的目标客户群体定位于中国式新高尚情怀人士，不仅精准定位了目标顾客，也在迎合消费者自我认知上取得了良好的效果。并且在中国式新高尚情怀人士俱乐部这个平台上，通过代表性俱乐部成员的展示吸引消费者，是打出品牌特色、吸引消费者的好方法。

（三）重塑设计理念与设计语言

红旗提出要把中华优秀传统文化和世界先进的文化、现代时尚的设计、前沿的科学技术、精致的情感体验深度融合，打造体现品位高尚、大气典雅、理想飞扬、激情奔放、精益求精、细心极致和随心合意、完美体验的卓越产品和服务。为此，红旗将“尚・致・意”确定为全新的设计语言，畅情表达、充分演绎“中国式新高尚精致主义”的设计理念。“高山飞瀑、中流砥柱”的格栅，“气贯山河、红光闪耀”的贯通式旗标，“梦想激荡、振翅飞翔”的前大灯，“昂首挺胸、旌旗飘扬”的腰身，“流彩纷呈、定海神针”的轮标，以及“中华瑰宝、经典永恒”的汉字“红旗”尾标。未来，红旗家族都将使用这个统一的设计语言。

红旗标识的改变也体现了这一设计理念，红旗新定海神针车标的设计沿用经典的金红色，设计灵感来自飘扬的五星红旗。全新车标为盾形标志，显得厚重高贵，配以经纬网格，象征经纬阡陌纵横，品牌万物互联，看起来大气高尚，匹配品牌理念，如图 7－2 所示。

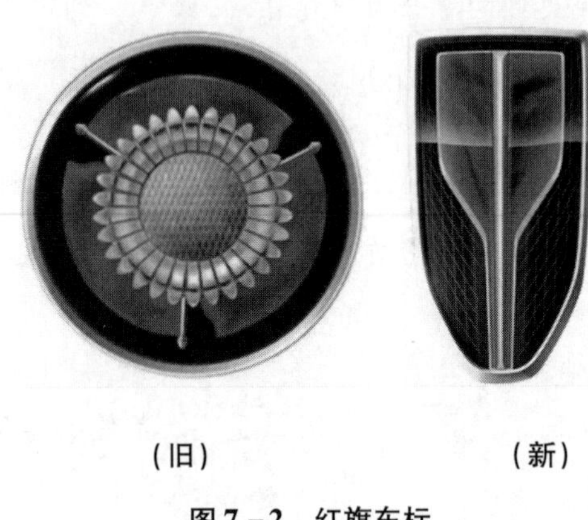

（旧）　　　　　　（新）

图 7－2　红旗车标

二、通过自主研发掌握核心技术

习近平总书记在视察一汽时强调**“一定要把关键核心技术掌握在自己手里”**。[384] 面对汽车行业电气化、网联化、智能化以及共享化的“新四化”趋势不断深入发展，红旗为了实现全新的品牌战略，开始不断提升自主研发能力，并调整组织架构，打通所有的业务链，向研发倾斜，取消了很多之前无用的行政岗位，将技术中心原有的行政部门（如综合部门、采购部门、后勤部门等七个部门）全部取消，使研发体系更加扁平化，加快信息的传播速率，提高决策效率，并设立研发总院。

徐留平主导建立了一汽“一部四院”研发体系和“三国五地”的全球研发布局。其中，长春是其全球研发总部，并新组建了造型设计院、新能源研发院、智能网联研发院。前瞻技术创新分院和体验感知测量研究院在北京，新能源研发院在上海，前瞻设计创新分院在德国慕尼黑，人工智能研发分院在美国硅谷。

红旗于 2018 年发布技术品牌，命名为“阩旗”计划，“阩旗”与“升起红旗”谐音，寓意红旗品牌在中国汽车工业技术领域，将升起具有红旗基因和研发实力的旗帜。红旗技术品牌“阩旗”计划的英文名称为 R. Flag，分别代表 Rise（升起）、Future（未来）、Leading（领先）、Autonomous（智能）、Genes（基因），预示红旗品牌升起“代表未来领先的智能基因平台”的旗帜。该计划重点围绕电动化、智能网联化、体验化、共享化四大方向，全力打造“阩旗”技术品牌，不断拓展技术内涵的架构：“旗尚”（体验、设计）、“旗羿”（新能源）、“旗偲”（智能网联）、“旗驾”（底盘、驾驶）、“旗麟”（移动出行）、“旗园”（生态）。

2022 年 9 月，红旗品牌迭代发布的《创新 · 2030 中国一汽“阩旗”技术发展战略》提出以电动化、智能网联化、造型新锐化、驾乘体验化、安全健康化、节能降耗化、精致精湛化、研究前瞻化为技术方向，布局未来技术创新发展路径。在该战略的设计与指引下，红旗汇聚八大技术领域群，115 项关键核心技术，充分运用红旗布局全球的研发资源，预期将拥有专利 1 万多件，打造“绿色智能、安全健康、尊享体验、可变可进化”的超级电动智能平台架构，将满足红旗品牌旗下绝大多数车型的开发制造和使用需求，是红旗通向绿色智能化未来的关键技术支撑。

一定要把关键核心技术掌握在自己手里，我们要立这个志向，把民族汽车品牌搞上去。[715]（习近平总书记在 2020 年 7 月 23 日视察中国一汽时的讲话）

努力到不能再努力，创新到不能再创新。[757]（徐留平）

新红旗品牌振兴已经取得阶段性成果，我们的目标是把新红旗打造成为“中国第一、世界著名”的新高尚品牌。持续提升新红旗品牌形象和用户体验，需要坚实的技术实力来支撑，“阩旗”技术品牌将打造面向未来的超级绿色智能汽车技术平台。[334]（徐留平）

全力以赴，持之以恒，点点滴滴，创新创造，实现厚积薄发，实现激流涌现，实现引领超越。[647]（徐留平）

我们坚持“全球先发、崭新首创”的创新理念，为新红旗源源不断地注入强大的技术生命力；我们努力用最新、最好的技术带给用户完美“五觉”体验。[750]（徐留平）

在六大核心关键领域，新红旗当前已经实现73项技术突破。在新能源领域，实现混合动力系统集成与控制系统、混合动力电池开发技术、双动力模块系统等18项重大技术突破；在智能网联领域，实现了L4级自动驾驶技术、全智能控制底盘技术等14项重大技术突破；实现了汽油机45%的效率、高功能量等12项重大技术突破；在超级底盘领域，实现空气悬架系统、转向系统等13项突破；实现空气弹簧气囊材料国产化、智慧材料技术、先进防腐材料技术3项重大技术突破；在安全健康领域，实现信息安全应用技术、生态舱等技术突破。[399]（王国强）

据统计，2021年红旗的研发费用为59.8亿元，投入强度达15%左右，远高于3%的一汽集团研发费用占比，在行业内处于前列。五年来，累计突破328项关键核心技术；累计申请专利12 949件，其中发明专利6302件，2020年专利公开量居行业第一，2021年专利授权量居行业第一。[586]

三、重塑L、S、H、Q四大车系

2018年1月8日，徐留平在红旗品牌战略发布会上为红旗家族产品描绘出清晰蓝图：红旗包括L、S、H、Q四大车系。其中，L系列为“新高尚至尊车”；S系列为“新高尚轿跑车”；H系列为“新高尚主流车”；Q系列为“新高尚商务车”。

在2025年前，红旗计划推出17款全新车型。以“阴旗”计划为核心，红旗不断进行技术创新，目前官网在售车辆如表7－1所示，形成了完整的、在多个车型领域内都很“能打”的产品矩阵。

表 7－1 红旗四大系列产品、定位和售价

红旗系列	产品名称	产品定位	售价
L 系（新高尚至尊车）	L5	元首级行政座驾	500 万元起
	LS7	L 级全尺寸硬派 SUV	136.58 万～146.58 万元
S 系（新高尚轿跑车）	S9	顶级超跑	1500 万元
H 系（新高尚主流车）	HS5	红旗品牌首款豪华 B 级 SUV	18.38 万～24.98 万元
	HS7	红旗品牌首款豪华 C 级 SUV	27.58 万～45.98 万元
	全新 H5	B＋级智慧豪华轿车	15.98 万～22.58 万元
	H5 经典	新一代 B 级轿车	14.58 万～19.08 万元
	H7	豪华 C 级新商务座驾	25.28 万～28.88 万元
	H9	五新红旗 九鼎之作	30.98 万～53.98 万元
	H9＋	红旗高端定制开山之作	86 万元起
	E－HS3	豪华 A＋级纯电 Cross SUV	22.58 万～26.58 万元
	E－HS9	纯电动大型 SUV	50.98 万～77.98 万元
Q 系（新高尚商务车）	E－QM5	红旗全球首款高端电动轿车	12.28 万～23.98 万元
	HQ9	东方豪华旗舰 MPV	35.88 万～53.88 万元

资料来源：红旗官网，数据截止至 2022 年年底。

（一）L 系——新高尚至尊车

2018 年，红旗推出 L5，这是正式启动 L 平台后打造的一款百分百自主知识产权的元首级行政轿车，这辆车的发布正式吹响了红旗回归国产豪华品牌的号角，如图 7－3 所示。

图 7－3 “元首级行政座驾”红旗 L5

资料来源：红旗官网。

红旗 LS7 定位 L 级全尺寸硬派 SUV，车长近 5.7 米，整体尺寸甚至比劳斯莱斯库里南还要大，内饰豪华大气，定价 136.58 万～146.58 万元，对标林肯领航者，是目前国产车里最大的 SUV，在发售仅仅数天内订单就破百。

（二）S 系——新高尚轿跑车

2019 年，红旗 S9 首秀法兰克福车展。红旗 S9 是红旗品牌 S 家族第一款产品，搭载红旗 V8T 发动机，动力系统总功率超过 1400 马力，极限条件下最高时速超过 400 公里，百公里加速仅需 1.9 秒，如图 7－4 所示。

图 7－4　红旗 S9

资料来源：红旗官网。

据报道，国产“顶级超跑”红旗 S9 有望实现量产。

（三）H 系——新高尚主流车

在红旗推出的四个系列中，H 系列为主流车系列，且销量最高，产品型号也最多、最丰富，因此在这里主要介绍 H 系列。其中，“双 5 双 7”“双 5 双 9”双车矩阵更是红旗能够在众多汽车品牌中站稳脚跟的重要“大腿”。

2019 年，红旗推出两款 SUV 车型，分别是 HS5 和 HS7，实现了从轿车到 SUV 的大跨越，至此也与 H5、H7 共同形成“双 5”“双 7”的产品矩阵。在这个产品矩阵内，H7 是红旗品牌重塑推出的第一款战略车型，设计元素沿袭红旗经典款 CA72，2021 款车身长度达到 5095 毫米。HS7 作为红旗品牌的首款 C 级豪华 SUV，车型流畅大气，搭载 3.0T 机械增压发动机、L2 级别智能驾驶等豪华配置，一上市就惊艳了消费者。其销量表现不凡，一直稳坐红旗销量主力阵营。

H5 作为 B 级轿车，在“尚 · 致 · 意”为核心的设计理念下，变得更时尚、更科技、更智能。此外，高配置、豪华内饰加上智联科技，也使得 H5 备受消费者青睐。HS5 是一款秉承新高尚精致主义理念的 SUV，被誉为“红旗品牌首款豪华 B 级 SUV”，在销量表现上也非常出色，自 2019 年推出后，红旗 HS5 每年都占据红旗汽车销量榜首，成为红旗冲击 2025 年销量百万辆的主要战斗力。

作为一个富有时代记忆的品牌，红旗让我觉得是一种与众不同的存在，传统并且具有独特性。至于为什么购买 HS7，首先，作为红旗品牌旗下的中大型 SUV，大气、豪华的设计风格，让红旗 HS7 具备很强的气场，能够完美契合我的审美；其次，红旗 HS7 的 3.0T + 8AT 动力组合，让车辆拥有强劲的动力表现和良好的平顺性；最后，我的购车预算需要控制在 35 万元左右。综合下来，不论是在价格、尺寸，还是动力等方面，红旗 HS7 都比较符合我的购车需求。（红旗 HS7 车主）

买了 H5，总算没有扫兴，走到哪里都拉风，我的虚荣心获得极大满足。我老早就想把家里那辆旧车换了，现在媳妇又怀孕了，想着换辆空间大的家用车。不巧年前因为一些事把买车计划延后了，但是心里已然有了买 H5 的打算，觉得 H5 不仅外观、内饰，而且品牌质量都不错。这不年后趁着不忙抓紧把车提了，选的享动版，主要是觉得这款的性价比高。（红旗 H5 车主）

当时，买 HS5 是因为这款车的颜值征服了我爱人，我爱人又征服了我，这款车的内饰、外观都特别霸气。作为司机来说，这款车开起来的感受还是不错的，底盘的稳重性很好，一点儿没有飘的感觉。这款车有座椅通风、座椅加热，配置很高，元素很多，让人有眼前一亮的感觉，软包、座椅、皮质、电子挡把、字链都非常不错，车里也没有什么异味。（红旗 HS5 车主）

2020 年，红旗品牌“双 5 双 9——双舰双星”的产品矩阵正式成型。焕新的红旗 H5“更潮、更燃、更从容”，产品力全面升级；红旗 HS5 则一直充当着红旗的“销量担当”，而“形象担当”红旗H9具有五大超越创新、九大顶级技术，从外观、内饰到动力配置、智能科技充分诠释了红旗的重塑振兴之路，红旗H9全面引领品牌向上，树立起行业C+级的全新标杆。

> 我在买车前跟BBA对比了一下，感觉这个车不差，甚至在配置上还更好一些，决定买红旗H9还有一部分原因是爱国、性价比高。（红旗H9车主）

> 作为制造业的从业者，我能感受到中国制造业的功底在不断加强，中国制造产品的品质有了跨越式的提升。我在投身于制造业的过程中，也见证了红旗由民族企业壮大为世界品牌，所以说选择红旗品牌，无论是情感上还是品质上，都符合我的要求。当红旗H9上市之后，我还想成为山东的一个车主，但是这个时候情况已经不同了，已经有很多人在我之前就欣赏它、期待它，并认定了它。红旗H9是当之无愧属于我们中国人自己的豪华车，用一句话形容就是“典雅尊贵，简直就是艺术品”。（红旗H9、H7车主）

> 作为在海外工作生活的华人，支持国货是我的一种生活态度，也是自己的一种格局。红旗H9是一辆特殊的车，我通过红旗官方认定的一家公司购买到日本第一辆红旗H9，我对于红旗H9的乘坐舒适度、音响、灯光等体验还是很满意的。红旗H9更偏向于商务轿车，开出去让人感觉肃然起敬，我在开这款车的时候如果没有穿一身正装的话，会感觉不搭，我会更加注重自己的个人形象和个人的所作所为，因为我是一个红旗的车主。我希望以后红旗可以成为像宾利、劳斯莱斯一样的品牌，作为一个可以代表国家形象的品牌在日本发展。在日本购买红旗车需要进行一些审查，所以拥有一辆红旗车也是自己社会地位和行为规范的体现。（红旗H9车主）

2018年，红旗强势挺进新能源汽车市场，推出首款红旗纯电动汽车E-HS3，“豪华A+级纯电Cross SUV”红旗E-HS3不仅以电动化作为驱动动力，还实现了L2级智能驾驶，集成了红旗在新能源和智能网联技术上的前瞻优势，是红旗开始征战新能源汽车的开山之作。2020 年推出的红旗 E－HS9 则集中展示了红旗在电动化、智能网联等领域的最新技术成果，已然成为中国高端纯电车型的新旗舰，如图 7－5 所示。

图 7－5　红旗 E－HS9

资料来源：红旗官网。

（四）Q 系——新高尚商务车

2021 年推出的纯电动车型红旗 E－QM5 由劳斯莱斯设计师加尔斯泰勒打造，主打网约车属性，顺应市场需求。在上海汽车展的亮相吸引了众多汽车测评博主的目光，并于 2022 年开始面向私人销售，引起又一波亲民电动汽车的讨论热潮，如图 7－6 所示。

图 7－6　红旗 E－QM5

资料来源：红旗官网。

红旗 E－QM5 近两年的销量表现亮眼，2021 年销量为 16 611 辆，2022 年销量为 30 745 辆，2023 年销量为 79 616 辆。❶ 2022 年 9 月，红旗发布首款 MPV——红旗 HQ9，定位为“东方豪华旗舰 MPV”，对标别克 GL8、丰田赛那等竞品。

四、重塑渠道策略与整合营销传播策略

红旗此次改革能够取得良好效果的一大因素就是积极重塑渠道策略与整合营销传播策略，整合多个渠道、采用多种手段，向市场、消费者快速、全面地传达红旗的新理念与使命，在不断召唤消费者心中“国宾车”情怀的同时，传达亲民形象，表达自己积极进行品牌重塑、提供良好产品与服务的决心。

（一）重塑渠道策略，升级体验中心

2017 年之前，红旗的渠道模式主要以城市展厅“红馆”为主。2017 年，红旗开始加码渠道布局，试图建设拥有自主产权的独立销售渠道。2017 年 4 月，红旗完成首批 21 家 4S 店的签约。[754]2018 年 12 月 28 日，第 100 家红旗体验中心落成，全年达到 104 家。与传统 4S 店相比，红旗体验中心将为用户打造一个与生活息息相关的连接点，为用户提供更加丰富的特色文化体验活动，让用户能够以红旗体验中心为生活据点，为个人创享生活带来更多新选择。除了红旗体验中心，红旗还开设有红旗万达商超体验店。

> 2018 年红旗品牌完成超 100 家红旗体验中心的建设，这一成绩是新红旗品牌战略快速落地的重要成果之一。在新红旗品牌战略指导下，红旗品牌持续努力为消费者打造极致的产品和极致的服务。红旗销售服务渠道的拓展，使广大消费者能更加便捷地体验红旗的产品，感受红旗领先同级的极致服务。[749]（中国第一汽车集团有限公司副总经理孙志洋）

2021 年，红旗网点授权总数已达 477 家，线下渠道的全国城市覆盖率达到

❶ 销量数据由作者根据车主之家等公开渠道信息整理而成。

86.9%，实现四线以上城市全覆盖。再加之强效的数智化赋能、细致入微的客户满意度管理、完善的调研改善平台、科学的经销商运营评价体系和高频次的内部学习提升，红旗打造起强大的渠道网络，支撑着迅速扩展的客户群体和不断变化的客户服务需求。据我们调查，红旗的线下渠道以经销商为主，但也有直营的红旗体验中心与万达商超体验店。

（二）进行跨界营销，实现合作共赢

2018 年 12 月，红旗×李宁的联名系列服装宣布上市，这一次国货品牌的联名掀起了热烈的讨论，“国产大马力”成为年轻人追捧的新时尚。这也与红旗开拓大众市场、走进年轻人视野的战略布局相匹配。

2019 年，红旗与故宫联动，成立“红旗故宫联合创新实验室”，双方共同寻找传统文化、传统技艺与现代创新的融合，赋予传统文化和民族品牌更多的时代内涵，推出红旗 HS7“故宫版”、红旗 H9 + 太和版，并接受定制，引得网友纷纷点赞：“中国品牌就该和中国文化联合。”

2021 年 8 月 5 日，红旗通过官方微博宣布，将为每一位东京夏季奥运会冠军准备一辆红旗 H9，“每一块奖牌都是一次红旗飘扬”，并兑现诺言，实现交付。2022 年又宣布将原定为获得银牌、铜牌的每名运动员提供的红旗 H9 使用权变更为赠予红旗 H9。这一动作着实实现了一大波“圈粉”，红旗抓住奥运会这一民族情感强烈的时刻，与奥运冠军联动进行体育营销，提高了品牌的知名度和美誉度。

向奥运冠军赠送红旗 H9 高级轿车的活动得到延续，2022 年 4 月，由一汽红旗携手国家体育总局冬季运动管理中心共同举办的“使命共担 荣耀同行——中国荣耀运动健儿红旗高级轿车交付仪式”在北京首都体育馆隆重举行。一汽红旗向北京冰雪运动盛会上取得金、银、铜牌的所有运动员赠送红旗 H9 高级轿车。

第四节　红旗品牌重塑

扎根于红旗的优秀基因，红旗不断完善的产品矩阵凭借出色的各款产品和提

供的多种选择，打动了众多消费者的心，改善了红旗品牌的品牌联想、感知质量与口碑推荐。

买红旗 H9（的理由），别人不知道，我一定是因为情怀。我家老爷子当兵当了一辈子，我就是在部队大院长大的，我小时候记忆最深的就是，我父亲开车带着我出去。当时我父亲开的就是一辆红旗车，我第一次坐那个车的时候，我就感觉这车太高端了、太上档次了，当时我就决定了，长大了我一定要买一辆。现在我 40 多岁了，现在换成我开着红旗车带着我家老爷子出去转了，我觉得这也是一种变相地传承我父亲的一段回忆吧。（红旗 H9 车主）

下一辆车我会考虑红旗，红旗就是霸气、威武，有人说红旗是中国的劳斯莱斯。（福特翼虎车主）

开着红旗就是开着领导坐的车啊，我老公就比较喜欢，还有就是出于爱国情怀。关于车本身的优势，（红旗 HS5）车很大，尤其后座空间很大，然后正常 20 万元价位的车应有的性能它都有，电动座椅、（座椅）加热、无线充电都可以。所以它的配置我觉得可以接受，相对于合资车来说，我觉得还是可以的。而且它没有捆绑销售，不需要加装才可以买。像奥迪就是要加装某种产品才可以选车，我不是很喜欢这种销售模式。红旗的市区油耗也还可以，主驾驶的视野很好。（红旗 HS5 车主）

红旗的售后服务我很满意，来到红旗 4S 店可免费洗车，会有免费的茶点提供，服务态度也很好。（红旗车主）

红旗很有名，以前感觉它是上一辈的车，或者上一个时代的产物，但是现在我感觉它离我还是很近的，如果出了新车，我一定会考虑。（普通消费者）

最近买了一辆红旗 H9，我很兴奋！还没上市，我就已经开始关注这款车了，它的外观和国产劳斯莱斯一模一样，给人一种时尚、大气、尊贵的感觉，内饰一点都不含糊，有全车氛围灯，还有智能语音控制、电动座椅调节、加热通风按摩等功能。超大全景天窗，矩阵式 LED 前大灯，360 度全景拍摄真的很棒！其次，空间很大，三个人坐在后排都不会觉得拥挤，后备厢凹陷，空间更大了。支持国产品牌，支持中国红旗！（红旗 H9 车主）

红旗 HS5 是我人生中的第一辆车，在选车的时候有很多备选轿车，如丰田凯美瑞、大众 CC；SUV 中有奥迪 Q3、本田皓影等。亲戚朋友也都推荐我买合资车，说保值、质量好。当我定下红旗的时候，周围的人都很不理解为什么我要花二十几万元买一辆国产车。但是，购车到现在就是一个“真香”现场，凡是体验过这辆车的都赞不绝口。之前家庭聚餐，一个要换车的亲戚还主动来问我红旗车，让我推荐一款适合他的红旗车型。我为什么选择红旗 HS5 这款车？最满意的就是不仅外观好看，而且氛围灯、手机无线充电、真皮座椅等都有，价格在同级别车里我个人感觉真的是挺好的！车内智能，还有个最吸引人的大屏幕！多棒！（红旗 HS5 车主）

最满意的恐怕就是红旗这个品牌了，作为长春第一汽车厂的得力品牌，一直有着“共和国长子”的美称。独具一格的车标，前脸是两条红色中线，可以选装加灯光。后面是“红旗”两个大字，我最欣赏的就是这两个字了。虽然很多车上都会印有设计师或者名人的签名，如兰博基尼、梅赛德斯、玛莎拉蒂，但无论车有多贵，签字人有多出名，恐怕也比不过“红旗”这两个字的底蕴。车开出去有面子，而且路上还不算多，回头率很高。作为国产唯一豪华品牌，能做到不到二十万元的 B 级车，而且配置齐全，真是诚意满满了。还有就是大灯，全 LED，非常漂亮。我上一辆车是速腾，当时只有普通的卤素灯，后来 LED 兴起后，亮度、范围和颜色根本没法比，也是我这次购车很重要的标准。还带自适应灯光、转弯补光灯、日间行车灯、雨雾灯，功能非常齐全。对了，我还比较满意大轮毂，B 级车里少有的大轮毂，密集辐条，中间是红旗特有的红边金星标，看起来很庄重。（红旗 H5 车主）

通过品牌重塑，红旗改善了品牌联想、感知质量与口碑推荐，据消费者反馈，提到红旗，会联想到“国货”“高端”“霸气”“时尚”等，这与红旗想要打造的“新高尚”品牌形象相契合。通过对产品和服务的改进，红旗一改“一提到红旗就担心质量问题”的往日形象，其推出的各个层级车型都被认为是该价格区间内较好的选择，良好的服务也备受好评，很多车主在购买红旗后感觉“真香”，并愿意推荐给朋友购买。

与良好的市场口碑相对应的是：红旗在销售业绩上，也从 2018 年开始呈现跃进式的暴涨，6 年增长 78 倍。

第五节　小　结

通过对红旗 2018 年以来的品牌重塑行为进行梳理分析，本章认为，对比之前红旗的历次改革，徐留平进行红旗品牌重塑能够成功的主要原因在于：一是红旗进行了彻底的、革命性的改革；二是对比以往着重组织结构等的改革，本次重塑从品牌战略、产品质量、技术创新等方面进行了深刻的改革，由此体现品牌定位、技术创新对于打造高端汽车品牌的重要性；三是红旗积极向市场传递新的品牌定位，积极重塑红旗品牌在消费者心中的固有形象。

本章基于红旗进行品牌重塑的案例，想要阐明：一度弱化的高端汽车品牌是怎样根植于高端品牌的基因进行洗心革面的改变，并重塑全新的品牌形象，获得了良好的品牌资产，并取得优秀的销量绩效的。

在红旗的实践中，本章发现：第一，明确且能够独树一帜的定位是进行高端品牌打造的重点；第二，稳定且具有坚强领导力的企业领导人是保持品牌定位和稳定发展的保障因素；第三，强大的创新和自主研发能力是保证在激烈的市场竞争中稳占潮头的必要条件。但是已有品牌的历史导致这必然是一条不同于造车新势力创建全新高端汽车品牌的路径，高端的品牌基因和红旗特有的“家国情怀”的加持是红旗能够成功的重要助力，但“国宾车”的定位同时也是红旗费力改变的重点。只能说，过去的历史对其发展有利也有弊，但是红旗扎根于高端品牌的基因所作出的改变是其能够成功的法门。

红旗品牌重塑的成功也印证了关于品牌重塑理论研究提出的五个重要观点：

- 企业进行品牌重塑的驱动力来自企业内外部两个方面，且对于外部环境的持续把控是保证重塑行为成功的关键；
- 领导人强有力的领导是品牌重塑过程和结果的重要保障；
- 对内外部利益相关者，尤其是员工的动员是重塑结果的重要影响因素；
- 品牌重塑行为能够影响企业的品牌资产与绩效；
- 原本知名度较高的企业进行品牌重塑的难度较大且风险较高，需要付出更大的努力或许才能成功。

| 第八章 |

结　论

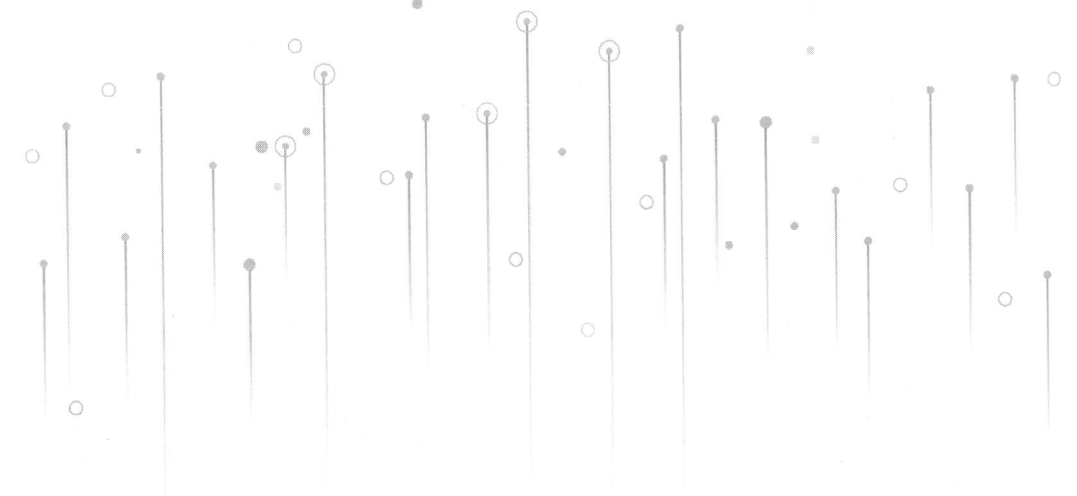

理想
HONGQI
EXEED
星途
ZEEKR
VOYAH
TANK
NIO
HiPhi
高合
WEY
ARCFOX
极狐
LYNK&CO

第一节　创建高端汽车品牌的路径

一、11 个案例品牌全方位对比

本书研究了蔚来、理想、极氪、极狐、岚图、星途、坦克、魏牌、领克、高合、红旗 11 个案例，其中前 10 个品牌的研究是探索如何创建全新高端汽车品牌；研究红旗案例是探索已有高端汽车品牌如何重塑。根据前文的研究内容，将 11 个品牌的全方位对比汇总，如表 8－1 所示。

二、案例品牌是否符合四个核心命题汇总

根据第三章至第六章的案例研究，我们将 10 个案例品牌符合四个核心命题的情况汇总如表 8－2 所示，由于这四章是研究如何创建新能源汽车全新高端品牌，表 8－2 并没有列入红旗。

由表 8－2 可知，本书在第六章第二节提出的四个核心命题基本得到验证；四个核心命题是否得到满足直接影响高端汽车品牌绩效（见图 8－1）。同时，四个核心命题相互关联，如果某个核心命题没有满足，可能导致其他命题也较难实现，从而导致绩效较低。

三、成功创建全新高端汽车品牌的理论模型

本书提出的四个核心命题并不是割裂的，而是呈现出如图 8－1 所示的逻辑关系。

表 8－1　11 个案例品牌全方位对比

品牌	创立时间	交付时间	领导人类型	是否造车新势力	新能源汽车/燃油汽车	核心技术自研研发费用及其占比	定位	用户体验	共创	用户企业	用户满意度	口碑推荐	渠道	市值	品牌价值	平均售价	2022 年销量/辆
蔚来	2014 年 11 月	2018 年 5 月	互联网人	是	纯电	研发费用 45.9 亿元，占比 12.7%	清晰	强调（尤其强调情感体验）	是	用户企业	最高目标，NEV－CACSI 第一	涟漪模式，转介率 69%	直营	3200.82 亿元	86.04 亿美元（BrandZ）	46.6 万元	122 486
理想	2015 年 7 月	2019 年 12 月	互联网人	是	增程式电动车	研发费用 32.9 亿元，占比 12.2%	非常清晰	有价值的体验	是	强调用户价值	君迪 2022 中国新能源汽车客户体验价值中国品牌第一	杰兰路咨询 NPS 90.8，排名第一	直营	2072.06 亿元	225 亿元（胡润）	33.8 万元（涨价前）	133 246
极氪	2021 年 3 月	2021 年 10 月	传统汽车人	第三赛道	纯电	吉利汽车集团研发费用 55.1 亿元，占比 5.5%	清晰	强调	强调	用户型企业	强调满足甚至超越用户期望	较重视	直营	估值 89 亿美元	—	33.5 万元	71 941
领克	2016 年 10 月	2017 年 11 月	传统汽车人	否	燃油、混动	吉利汽车集团研发费用 55.1 亿元，占比 5.5%	清晰	强调	共创四大体验	用户品牌	较重视	71% 的用户愿意推荐	经销商	未独立上市	—	15.6 万元	180 127
极狐	2019 年 3 月	2020 年 10 月	传统汽车人	第三赛道	纯电	研发费用 12.1 亿元，占比 13.7%	较模糊	一开始未重视	进行圈层运营变革	向用户驱动型企业转型	提及很少	初期口碑不好	直营＋经销商（为主）	估值 150 亿元	—	24.69 万～33.24 万元	13 919
岚图	2018 年	2021 年 8 月	传统汽车人	第三赛道	增程版、纯电版	研发费用 55.2 亿元，占比 5.2%	较模糊	较强调	共创共享	用户型科技企业	较重视	较看重	自营＋伙伴	估值 300 亿元	—	33.86 万元	19 409

续表

品牌	创立时间	交付时间	领导人类型	是否造车新势力	新能源汽车/燃油汽车	核心技术自研研发费用及其占比	定位	用户体验	共创	用户企业	用户满意度	口碑推荐	渠道	市值	品牌价值	平均售价	2022年销量/辆
魏牌	2016年11月	2017年4月	传统汽车人	否	燃油+混动	长城集团研发费用91亿元，占比6.7%	重新定位	向To C转型	向四维共创转型	向用户驱动型品牌转型	从经销商满意度向用户满意度转型，CACSI用户满意度分项第一	转型将用户口碑推荐作为KPI，中国汽车售后服务消费者口碑自主品牌第一	经销商+合伙直营	未独立上市	Brand Finance Auto 100第93位	不到20万元	36 400
坦克	2021年4月从魏牌独立出来	2020年12月	传统汽车人	否	燃油	长城集团研发费用91亿元，占比6.7%	清晰	较强调	五大共创	以用户为中心	CACSI用户满意度分项第一	较重视，易车NPS 70.12%，排名第一	经销商+合伙直营	未独立上市	—	约20万元	123 881
星途	2019年4月	2019年4月	传统汽车人	否	燃油为主	奇瑞集团研发费用占比5%~7%	模糊	一开始未重视	一开始未提共创	向以用户为中心转型	很少提及	未强调	经销商+直营+二级网络	未独立上市	—	16万元	51 142
高合	2019年7月	2021年5月	传统汽车人	是	纯电	—	较清晰	可进化的用户体验	共创定义价值	提出用户型企业口号	比较强调	有提及，转介率30%	直营	估值252亿元	—	68万元	4349
红旗	1958年5月	1958年8月（第一辆红旗汽车下线）	传统汽车人	否	燃油+纯电	研发费用59.8亿元，占比15%	清晰	五觉体验	共创"旗仕生态"	一切以用户为中心	君迪2022中国销售服务满意度自主品牌第一	易车NPS 31.82%	经销商+直营	未独立上市	1036.08亿元（世界品牌实验）	21.1万元	310 000

注：①数据来自能找到的多方权威渠道，由作者整理而成；②研发费用及其占比为2021年数据；③NEV-CACSI是中国质量协会发布的“中国新能源汽车行业用户满意度指数”；CACSI是中国质量协会发布的“中国汽车行业用户满意度指数”，魏牌获2021年“销售服务”分项自主品牌第一，坦克获2022年“销售服务”分项自主品牌并列第一；④能查到的市值为2021年年底数据；⑤品牌价值除了红旗为2022年数据之外，其他为2021年数据；⑥“—”表示未查到相关数据。

表 8 – 2　案例品牌是否符合四个核心命题汇总

品牌	核心命题一	核心命题二	核心命题三	核心命题四	绩效
蔚来	符合	符合	符合	符合	高
理想	强调用户价值	符合	较符合	较符合	高
极氪	符合	较符合	符合	较符合	较高
极狐	不符合	不符合	较符合	不符合	较低
岚图	较符合	不符合	较符合	较符合	较低
星途	不符合	不符合	不符合	不符合	较低
坦克	较符合	符合	符合	较符合	较高
魏牌	转型中	重新定位	转型中	转型中	较低
领克	符合	符合	符合	较符合	高
高合	不符合	不符合	符合	较符合	较低

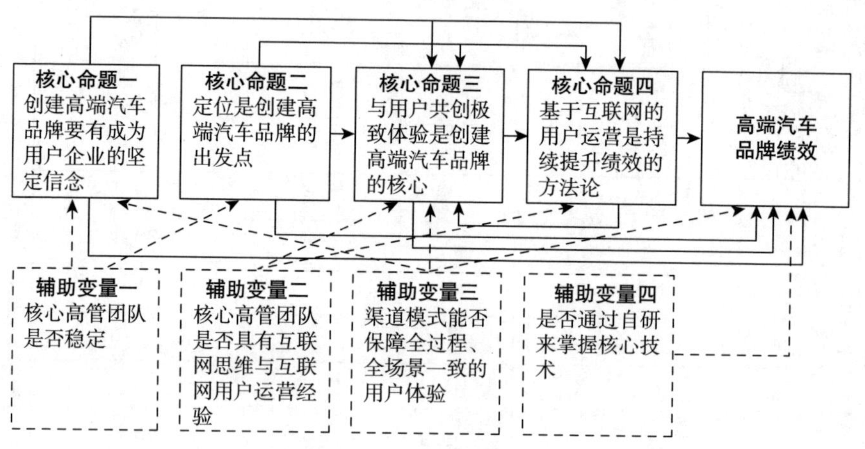

图 8 – 1　成功创建全新高端汽车品牌的理论模型

（一）四个核心命题之间的关系

1. 核心命题一与其他核心命题的关系

小米汽车副总裁、极狐事业部前总裁于立国在对“用户企业”蔚来进行深度学习之后，指出：“我认为蔚来的护城河在于用户本身和用户型企业的**信念**。”[521]我们将用户企业定义为：“与用户共创极致体验来赢得极高用户满意度的企业。”从这一定义可以看出，核心命题一对核心命题三（与用户共创极致体验）的影响关系。我们提出：极度满意的用户是基于互联网的用户运营（核心命题四）的核心，从中可以看出核心命题一对核心命题四的影响关系。借鉴坦克、魏牌用户运营高级总监顾华军的话，核心命题一是**“道”**，核心命题三与核心命题四是“术”。作为一种信念，核心命题一贯穿创建高端汽车品牌的全过程中。

2. 核心命题二与其他核心命题的关系

极氪副总裁赵昱辉提出关于共创的关键问题：“用户凭什么付出时间、精力和情感与品牌共创?”（核心命题三）——“我们发现：一开始就找到一群认同品牌价值观、志同道合的目标用户至关重要”（核心命题二），由此可发现核心命题二对核心命题三的影响关系。根据坦克、魏牌用户运营高级总监顾华军的讲话，用户运营（核心命题四）的对象是某个圈层，而定义这个圈层跟品牌定位紧密相连（核心命题二），由此可见核心命题二对核心命题四的影响关系。

3. 核心命题三与核心命题四的关系

与用户共创超越用户预期的极致体验（核心命题三）是赢得极高用户满意度的关键，而极度满意的用户是基于互联网的用户运营（核心命题四）的核心，由此可看出核心命题三对核心命题四的影响关系。前文分析了蔚来的涟漪模式，销量提升后有了新的用户，通过与新用户共创极致体验也赢得新用户的极高满意度（核心命题三），同样也把极度满意的新用户作为用户运营的核心，持续提升财务与品牌绩效（核心命题四），形成良性循环。从以上可发现，核心命题三与核心命题四是良性循环的关系。

（二）四个辅助变量的影响作用

除四个核心命题之外，根据第六章的案例研究，我们还认为：核心高管团队是否稳定（辅助变量一），核心高管团队是否具有互联网思维与互联网用户运营经验（辅助变量二），渠道模式能否保障全过程、全场景一致的用户体验（辅助变量三），是否通过自研来掌握核心技术（辅助变量四）也构成最终影响高端汽车品牌绩效的四个辅助变量。

第一，核心高管团队是否稳定影响核心命题一与核心命题二，从而间接影响绩效。

第二，核心高管团队是否具有互联网思维与互联网用户运营经验影响核心命题三与核心命题四，从而间接影响绩效。

第三，渠道模式能否保障全过程、全场景一致的用户体验影响核心命题三，如使用经销商/混合模式是否也能保障用户体验的一致性？如何驱动经销商与用户共创极致体验？经销商是否愿意在销量之外，也将用户满意度作为KPI？此外，经销商是否也认可将用户满意度作为最高目标的价值观（核心命题一），还是更关注销量？甚至只关注销量？——这些都存在疑问。也有专家认为，经销商模式能迅速扩张渠道，能通过促销迅速提升销量，同时还能降低成本，因此渠道模式可能也直接影响绩效。

第四，是否通过自研来掌握核心技术可能直接影响绩效，对于高端新能源汽车品牌而言尤为如此：从短期看，成本可能较高；但从长期看，收益可能巨大。

关于四个辅助变量的影响作用详见第六章的各个案例研究（尤其是极狐案例），此处不再重复。

总而言之，以上四个核心命题与四个辅助变量构成一个成功创建高端汽车品牌的理论模型（见图8－1）。

第二节　七大核心观点

中国品牌向上的浪潮正在汹涌而来，主要由新能源汽车品牌引领。本书研究了蔚来、理想、极氪、极狐、岚图、星途、坦克、魏牌、领克、高合、红旗这11个高端新能源汽车品牌（或正在全面转型）的案例，试图讲好这一激动人心的“中国故事”。

1. 蔚来案例研究

之前中国品牌主要以性价比取胜，很多企业首先想“做大”，然后再“做强”，很少有品牌一开始就从高端切入市场（先“做强”）。蔚来是最早“吃螃蟹”的企业之一，成立短短几年就成功创建了一个高端新能源汽车品牌，这在中国汽车品牌，甚至在所有中国品牌中都是罕见的。因此，我们的研究始于对蔚来的浓厚兴趣，蔚来是如何成功创建一个全新高端新能源汽车品牌的？我们发现“用户体验”是核心，因此探索了蔚来以用户体验为核心创建高端汽车品牌的路径。

2. 理想案例研究

提到蔚来，就不得不提中国“造车新势力”的另一家代表性企业——理想，理想以“奶爸车”闻名于世。不同于蔚来，理想虽也强调用户体验，但把定位战略放在最重要位置。“定位”是市场营销管理中一个非常重要的观念，是创建品牌资产的出发点。理想是如何从定位出发创建一个全新高端新能源汽车品牌的？我们以清华大学李飞教授研究团队提出的“定位地图”作为理论工具，绘制了理想创建高端汽车品牌的定位地图。

3. 极氪案例研究

看到“造车新势力”发展势头迅猛，在新能源汽车赛道“弯道超车”，率先突破自主品牌汽车20万元的天花板，中国传统燃油车企也争先恐后推出全新高端新能源汽车品牌，力争把握住中国新能源汽车快速发展的黄金机会，其中具有代表性的是吉利汽车推出的极氪品牌。极氪强调“共创”，这涉及学界的热门研究话题：价值共创。近年来，学者们将价值共创的思想引入品牌研究领域，提出“品牌共创”，并将之作为一种新的品牌化范式。极氪是如何与用户共创高端新能源汽车品牌的？我们提炼出极氪与用户共创高端汽车品牌的路径。

4. 理论模型与四个核心命题

在对蔚来、理想和极氪进行案例研究的基础上，我们提出一个以定位为起点，以用户体验为核心，以共创为模式，以品牌资产为归宿的创建全新高端汽车品牌的理论模型，并提出四个核心命题。核心命题一：创建高端汽车品牌要有成为用户企业的坚定信念；核心命题二：定位是创建高端汽车品牌的出发点；核心命题三：与用户共创极致体验是创建高端汽车品牌的核心；核心命题四：基于互联网的用户运营是持续提高绩效的方法论。

5. 极狐、岚图、星途、坦克、魏牌、领克、高合的验证性案例研究

为了验证以上四个核心命题，我们选择七个自主高端汽车品牌进行案例研究，它们或是全新创立的高端新能源汽车品牌（极狐、岚图、高合），或是正在全面向新能源汽车品牌转型的新创高端汽车品牌（星途、坦克、魏牌、领克）。研究发现：四个核心命题基本得到验证。同时，我们还发现：核心高管团队是否稳定，核心高管团队是否具有互联网思维与互联网用户运营经验，渠道模式能否保障全过程、全场景一致的用户体验，是否通过自研来掌握核心技术也构成最终影响高端汽车品牌绩效的四个辅助变量。

6. 红旗案例研究

除了以上十个新创高端汽车品牌，中国还有一个早就家喻户晓的豪华汽车品牌——红旗。红旗与前述品牌的不同之处在于，红旗不是一个新创品牌，而是一个知名度原本就很高的豪华汽车品牌，红旗案例涉及高端汽车品牌重塑的问题。红旗汽车被誉为“国宾车”，之前主要是高级领导人乘用的公务车，现在成功转型为“国民车”。红旗的成功品牌重塑有五个关键：一是洞见，准确把握内外部环境；二是勇气，破釜沉舟进行彻底改革；三是强有力的领导，品牌重塑是“一把手工程”，必须有强有力的领导；四是自主研发，通过自主研发掌握核心技术，努力到不能再努力，创新到不能再创新；五是整合营销传播，通过科学的整合营销传播策略既保留原有优良的品牌基因，又使新的定位能够被利益相关者接受。

7. 创建全新高端汽车品牌的七大核心观点

在以上研究的基础上，我们提出成功创建全新高端汽车品牌的理论模型，论证了四个核心命题之间的关系以及它们对高端汽车品牌绩效的影响。除此之外，我们还提出四个辅助变量对四个核心命题有不同的影响作用，从而间接或直接影响高端汽车品牌绩效。

通过以上研究，我们发现了一些共有的规律，希望将研究结论也扩展到其他行业。关于中国企业如何走品牌向上之路，我们提出如下七大核心观点，作为全书的结束，抛砖引玉。

第一，成为“用户企业”的坚定信念是创建高端汽车品牌的护城河。

第二，定位是创建高端汽车品牌的出发点。

第三，与用户共创极致体验是创建高端汽车品牌的核心。

第四，基于互联网的高效用户运营是持续提升高端汽车品牌绩效的方法论。

第五，核心技术是创建高端汽车品牌的立足点。

第六，强有力、稳定、跨界融合的领导是创建高端汽车品牌的保障。

第七，渠道成员协同共生、线上线下融合是高端汽车品牌在保障一致体验的同时快速拓展市场的关键。

参考文献

（一）图书著作

[1] AAKER D A, BIEL A L, BIEL A. Brand equity & advertising: advertising's role in building strong brands [M]. New York: Psychology Press, 2013.

[2] ALBERT B, TULLIS T. Measuring the user experience: collecting, analyzing, and presenting usability metrics [M]. MA: Newnes, 2013.

[3] ARMSTRONG G, ADAM S, DENIZES, et al. Marketing and management [M]. P. Ed Custom Books, 2020.

[4] BRAUN V, CLARKE V. Thematic analysis [M]. American psychological association, 2012.

[5] CASSELL C, SYMON G. Qualitative methods in organizational research: a practical guide [M]. London: Sage, 1994.

[6] COLLINS J, PORRAS J I. Built to last: successful habits of visionary companies [M]. Harper business, 2002.

[7] CRESWELL J W. Mixed – method research: introduction and application [M] //Handbook of Educational Policy. Academic press, 1999: 455 – 472.

[8] GARRETT J J. The elements of user experience: user – centered design for the web and beyond [M]. 2nd Edition. CA: Pearson Education, 2010.

[9] GARRETT J J. The elements of user experience: user – centered design for the web and beyond [M]. 3rd Edition. CA: Pearson Education, 2019.

[10] IND N, FULLER C, TREVAIL C. Brand together: how co – creation generates innovation and re – energizes brands [M]. London: Kogan Page Publishers, 2012.

[11] KOTLER P, ARMSTRONG G. Principles of marketing [M]. 9th Edition. Pearson Education Asia, 2002.

[12] KOTLER P, KELLER K L, ANG SH, et al. Marketing management: an Asian perspective [M]. CA: Pearson Education, 2022.

[13] KOTLER P, KELLER K L. A framework for marketing management [M]. Boston: Pearson Education, 2016.

[14] LOMAX W, MADOR M, FITZHENRY A. Corporate rebranding: learning from experience [M]. London: Kingston University, 2002.

[15] MILES M B, HUBERMAN A M. Qualitative data analysis: an expanded sourcebook [M]. London:

Sage，1994.

[16] RAGIN C C. Case – oriented research and the study of social action [M] //Rational choice theory and large – scale data analysis. London：Routledge，2019：158 – 168.

[17] ROSENTHAL G. A name by any other name：responding to the increasing role of marketing in higher education [M]. PA：University of Pennsylvania，2003.

[18] TULLIS T，ALBERT B. Measuring the user experience collecting，analyzing，and presenting UX metrics [M]. 3rd Edition. MA：Morgan Kaufmann，2022.

[19] YIN R K. Case study research：design and methods [M]. London：Sage，2017.

[20] YOUNG J O，RUBICAM R. Brand asset valuator [M]. Young & Rubicam Inc.，2000.

[21] 艾萨克森．乔布斯传 [M]．管延圻，魏群，译．北京：中信出版社，2014.

[22] 迪尔，肯尼迪．企业文化：企业生活中的礼仪与仪式 [M]．李原，孙健敏，译．北京：中国人民大学出版社，2015.

[23] 范海涛．一往无前 [M]．北京：中信出版社，2020.

[24] 费孝通．乡土中国 [M]．修订本．上海：上海人民出版社，2013.

[25] 何建民．创造名牌产品的理论与方法：品牌经典专著 [M]．上海：华东理工大学出版社，2002.

[26] 黄光国，胡先缙，等．人情与面子：中国人的权力游戏 [M]．北京：中国人民大学出版社，2010.

[27] 黄卫伟．价值为纲：华为公司财经管理纲要 [M]．北京：中信出版社，2017.

[28] 黄卫伟．以奋斗者为本：华为公司人力资源管理纲要 [M]．北京：中信出版社，2014.

[29] 黄卫伟．以客户为中心：华为公司业务管理纲要 [M]．北京：中信出版社，2016.

[30] 卡普费雷尔．战略品牌管理 [M]．5 版．何佳讯，等译．北京：中国人民大学出版社，2020.

[31] 凯勒，斯瓦米纳坦．战略品牌管理：创建、评估和管理品牌资产 [M]．5 版．何云，吴水龙，译．北京：中国人民大学出版社，2020.

[32] 科特勒，阿姆斯特朗．市场营销：原理与实践 [M]．17 版．北京：中国人民大学出版社，2020.

[33] 科特勒，弗沃德．要素品牌战略：B2B2C 的差异化竞争之道 [M]．李戎，译．上海：复旦大学出版社，2010.

[34] 黎万强．参与感：小米口碑营销内部手册 [M]．北京：中信出版社，2014.

[35] 李飞．营销定位 [M]．北京：经济科学出版社，2013.

[36] 施振荣．微笑曲线：缔造永续企业的王道 [M]．上海：复旦大学出版社，2014.

[37] 斯廷坎普．全球品牌资产战略 [M]．安斯琪，译．北京：清华大学出版社，2019.

[38] 特劳特，里斯．定位 [M]．邓德隆，火华强，译．北京：机械工业出版社，2017.

[39] 田涛．华为访谈录 [M]．北京：中信出版社，2021.

[40] 汪吉，汪豪．首席体验官 [M]．北京：电子工业出版社，2020.

[41] 张晓亮，雷霆生．体验驱动变革 [M]．北京：中国建筑工业出版社，2020.

（二）期刊论文

[42] AAKER D A. Brand extensions：the good，the bad，and the ugly [J]. MIT sloan management review，1990，31 (4)：47.

[43] AAKER J L. Dimensions of brand personality [J]. Journal of marketing research，1997，34 (3)：347 -356.

[44] ABRAHAMS A S，JIAO J，WANG G A，et al. Vehicle defect discovery from social media [J]. Decision support systems，2012，54 (1)：87 -97.

[45] AMOAKO G K，ANABILA P，ASARE EFFAH E，et al. Mediation role of brand preference on bank advertising and customer loyalty [J]. International journal of bank marketing，2017，35 (6)：983 -996.

[46] AOKI K，OBENG E，BORDERS A L，et al. Can brand experience increase customer contribution：how to create effective sustainable touchpoints with customers [J]. Journal of global scholars of marketing science，2019，29 (1)：51 -62.

[47] ASPARA J，AULA H M，TIENARI J，et al. Struggles in organizational attempts to adopt new branding logics：the case of a marketizing university [J]. Consumption markets & culture，2014，17 (6)：522 -552.

[48] BAGDARE S，JAIN R. Measuring retail customer experience [J]. International journal of retail & distribution management，2013，41 (10)：790 -804.

[49] BAKER M A，KIM K. Value destruction in exaggerated online reviews：the effects of emotion，language，and trustworthiness [J]. International journal of contemporary hospitality management，2019，31 (4)：1956 -1976.

[50] BALDAUF A，CRAVENS K S，BINDER G. Performance consequences of brand equity management：evidence from organizations in the value chain [J]. Journal of product & brand management，2003，12 (4)：220 -236.

[51] BALLANTYNE D，AITKEN R. Branding in B2B markets：insights from the service - dominant logic of marketing [J]. Journal of business & industrial marketing，2007，22 (6)：363 -371.

[52] BERTHON P，EWING M T，NAPOLI J. Brand management in small to medium - sized enterprises [J]. Journal of small business management，2008，46 (1)：27 -45.

[53] BHARADWAJ S G，VARADARAJAN P R，FAHY J. Sustainable competitive advantage in service industries：a conceptual model and research propositions [J]. Journal of marketing，1993，57 (4)：83 -99.

[54] BORGES M R，BRANCA A S. The impact of corporate rebranding on the firm's market value [J]. Higher institute of economics and management，2010 (13).

[55] BOYLE E. A process model of brand cocreation：brand management and research implications [J]. Journal of product & brand management，2007，16 (2)：122 -131.

[56] BOYLE E. The failure of business format franchising in British forecourt retailing: a case study of the rebranding of Shell Retail's forecourts [J]. International journal of retail & distribution management, 2002, 30 (5): 251 - 263.

[57] BRADBURY T, CATLEY B. Committing regicide: rebranding the football kingz [J]. International journal of sports marketing & sponsorship, 2007, 9 (1): 6 - 17.

[58] BRAKUS J J, SCHMITT B H, ZARANTONELLO L. Brand experience: what is it? How is it measured? Does it affect loyalty? [J]. Journal of marketing, 2009, 73 (3): 52 - 68.

[59] BRAUN V, CLARKE V. To saturate or not to saturate? Questioning data saturation as a useful concept for thematic analysis and sample - size rationales [J]. Qualitative research in sport, exercise and health, 2021, 13 (2): 201 - 216.

[60] BRAUN V, CLARKE V. Using thematic analysis in psychology [J]. Qualitative research in psychology, 2006, 3 (2): 77 - 101.

[61] BRODIE R J, ILIC A, JURIC B, et al. Consumer engagement in a virtual brand community: an exploratory analysis [J]. Journal of business research, 2013, 66 (1): 105 - 114.

[62] BRUWER J, BURROWS N, CHAUMONT S, et al. Consumer involvement and associated rganiza in the UK high - end retail off - trade wine market [J]. The international review of retail, distribution and consumer research, 2014, 24 (2): 145 - 165.

[63] CARIDà A, EDVARDSSON B, COLURCIO M. Conceptualizing resource integration as an embedded process: matching, resourcing and valuing [J]. Marketing theory, 2019, 19 (1): 65 - 84.

[64] CASALó L V, FLAVIáN C, GUINALíU M. New members' integration: key factor of success in online travel communities [J]. Journal of business research, 2013, 66 (6): 706 - 710.

[65] CAUSON J. The internal brand: successful cultural change and employee empowerment [J]. Journal of change management, 2004, 4 (4): 297 - 307.

[66] CHAN K W, YIM C K, LAM S S K. Is customer participation in value creation a double - edged sword? Evidence from professional financial services across cultures [J]. Journal of marketing, 2010, 74 (3): 48 - 64.

[67] CHANG L L, BACKMAN K F, HUANG Y C. Creative tourism: a preliminary examination of creative tourists' motivation, experience, perceived value and revisit intention [J]. International journal of culture, tourism and hospitality research, 2014, 8 (4): 401 - 419.

[68] CHANG Y P, DONG X B, SUN W. Influence of characteristics of the internet of things on consumer purchase intention [J]. Social behavior and personality: an international journal, 2014, 42 (2): 321 - 330.

[69] CHAPMAN A, DILMPERI A. Luxury brand value co - creation with online brand communities in the service encounter [J]. Journal of business research, 2022 (144): 902 - 921.

[70] CHEN C F, WANG J P. Customer participation, value co – creation and customer loyalty: a case of airline online check – in system [J]. Computers in human behavior, 2016 (62): 346 – 352.

[71] CHO E, FIORE A M, RUSSELL D W. Validation of a fashion brand image scale capturing cognitive, sensory, and affective associations: testing its role in an extended brand equity model [J]. Psychology & marketing, 2015, 32 (1): 28 – 48.

[72] CHRISTODOULIDES G. Branding in the post – internet era [J]. Marketing theory, 2009, 9 (1): 141 – 144.

[73] CHRISTODOULIDES G. Breaking free from the industrial age paradigm of branding [J]. Journal of brand management, 2008, 15 (4): 291 – 293.

[74] CăTăLIN M C, ANDREEA P. Brands as a mean of consumer self – expression and desired personal lifestyle [J]. Procedia – social and behavioral sciences, 2014 (109): 103 – 107.

[75] DALY A, MOLONEY D. Managing corporate rebranding [J]. Irish marketing review, 2004, 17 (1/2): 30 – 36.

[76] DE MEULENAER S, DENS N, DE PELSMACKERP. Which cues cause consumers to perceive brands as more global? A conjoint analysis [J]. International marketing review, 2015, 32 (6): 606 – 626.

[77] DECHAWATANAPAISAL D. Employee retention: the effects of internal branding and brand attitudes in sales organizations [J]. Personnel review, 2018, 47 (3): 675 – 693.

[78] DEHGHANI M. Exploring the motivational factors on continuous usage intention of smartwatches among actual users [J]. Behaviour & information technology, 2018, 37 (2): 145 – 158.

[79] DING C G, TSENG T H. On the relationships among brand experience, hedonic emotions, and brand equity [J]. European journal of marketing, 2015, 49 (7/8): 994 – 1015.

[80] DWYER F R. Customer lifetime valuation to support marketing decision making [J]. Journal of direct marketing, 1997, 11 (4): 6 – 13.

[81] EASTER B A, LEONI E, WILES J A. A collegiate athletic brand transformation: rebranding a native American brand identity [J]. International journal of sport management and marketing, 2008, 3 (1/2): 100 – 118.

[82] EDINGER – SCHONS L M, THöNE P. Identification and stereotypes as determinants of brand extension potential [J]. Innovative marketing: IM, 2017, 13 (1): 33 – 54.

[83] EISENHARDT K M. Building theories from case study research [J]. Academy of management review, 1989, 14 (4): 532 – 550.

[84] FOROUDI P, JIN Z, GUPTA S, et al. Perceptional components of brand equity: configuring the symmetrical and asymmetrical paths to brand loyalty and brand purchase intention [J]. Journal of business research, 2018 (89): 462 – 474.

[85] FOURNIER S. Consumers and their brands: developing relationship theory in consumer research [J].

Journal of consumer research, 1998, 24 (4): 343 - 373.

[86] FUSCH P, NESS L. Are we there yet? Data saturation in qualitative research [J]. Qualitative report, 2015, 20 (9): 1408 - 1416.

[87] GAMBLES B, SCHUSTER H. The changing image of Birmingham libraries: marketing strategy into action [J]. New library world, 2003, 104 (9): 361 - 371.

[88] GARCíA B. Cultural policy and urban regeneration in Western European cities: lessons from experience, prospects for the future [J]. Local economy, 2004, 19 (4): 312 - 326.

[89] GEIGENMüLLER A, BETTIS - OUTLAND H. Brand equity in B2B services and consequences for the trade show industry [J]. Journal of business & industrial marketing, 2012, 27 (6): 428 - 435.

[90] GETTY J M, THOMPSON K N. The relationship between quality, satisfaction, and recommending behavior in lodging decision [J]. Journal of hospitality and leisure marketing, 2014, 2 (3): 3 - 22.

[91] GODOVYKH M, TASCI A D A. Customer experience in tourism: a review of definitions, components, and measurements [J]. Tourism management perspectives, 2020 (35): 100694.

[92] GOI C L, GOI M T. Review on models and reasons of rebranding [E]. International conference on social science and humanity, 2011 (5).

[93] GOI M T. Impact of brand experience and rebranding mix on brand equity of higher educational institutions in Malaysia [D]. University Putra Malaysia, 2009.

[94] GOTSI M, ANDRIOPOULOS C, WILSON A. Corporate re - branding: is cultural alignment the weakest link [J]. Management decision, 2008, 46 (1): 46 - 57.

[95] GRöNROOS C, VOIMA P. Critical service logic: making sense of value creation and co - creation [J]. Journal of the academy of marketing science, 2013, 41 (2): 133 - 150.

[96] GRöNROOS C. Adopting a service business logic in relational business - to - business marketing: value creation, interaction and joint value co - creation [C] //Otago forum, 2008, 2 (9): 269 - 287.

[97] GRöNROOS C. Service logic revisited: who creates value? And who co - creates? [J]. European business review, 2008, 20 (3): 298 - 314.

[98] GUMMESSON E, LUSCH R F, VARGO S L. Transitioning from service management to service-dominant logic: observations and recommendations [J]. International journal of quality and service sciences, 2010, 2 (1): 8 - 22.

[99] HAN S H, CHEN C H S, LEE T J. The interaction between individual cultural values and the cognitive and social processes of global restaurant brand equity [J]. International journal of hospitality management, 2021 (94): 102847.

[100] HANKINSON P, HANKINSON G. The role of organizational structure in successful global brand management: a case study of the Pierre Smirnoff Company [J]. Journal of brand management, 1998, 6 (1): 29 - 43.

[101] HANKINSON P. The internal brand in leading UK charities [J]. Journal of product & brand management, 2004, 4 (9).

[102] HARDMAN S, SHIU E, STEINBERGER - WILCKENS R. Comparing high - end and low - end early adopters of battery electric vehicles [J]. Transportation research part A: policy and practice, 2016 (88): 40 -57.

[103] HATCH M J, SCHULTZ M. Toward a theory of brand co - creation with implications for brand governance [J]. Journal of brand management, 2010, 17 (8): 590 -604.

[104] HE H, LI Y. Consumer evaluation of technology - based vertical brand extension [J]. European journal of marketing, 2010, 44 (9/10): 1366 -1383.

[105] HEINBERG M, KATSIKEAS C S, OZKAYA H E, et al. How nostalgic brand positioning shapes brand equity: differences between emerging and developed markets [J]. Journal of the academy of marketing science, 2020, 48 (5): 869 -890.

[106] HEINONEN K, STRANDVIK T, MICKELSSON K J, et al. A customer - dominant logic of service [J]. Journal of service management, 2010, 21 (4): 531 -548.

[107] HERSTEIN R, MITKI Y, JAFFE E D. Communicating a new corporate image during privatization: the case of El Al airlines [J]. Corporate communications: an international journal, 2008, 13 (4): 380 -393.

[108] HOYER W D, CHANDY R, DOROTIC M, et al. Consumer co - creation in new product development [J]. Journal of service research, 2010, 13 (3): 283 -296.

[109] HSU C L, CHEN M C. How gamification marketing activities motivate desirable consumer behaviors: focusing on the role of brand love [J]. Computers in human behavior, 2018 (88): 121 -133.

[110] HUSSAIN A, MKPOJIOGU E O C. The effect of responsive web design on the user experience with laptop and smartphone devices [J]. Journal technology, 2015, 77 (4): 41 -47.

[111] IGLESIAS O, MARKOVIC S, RIALP J. How does sensory brand experience influence brand equity? Considering the roles of customer satisfaction, customer affective commitment, and employee empathy [J]. Journal of business research, 2019 (96): 343 -354.

[112] JEON H M, YOO S R. The relationship between brand experience and consumer - based brand equity in grocerants [J]. Service business, 2021, 15 (2): 369 -389.

[113] JUN S, YI J. What makes followers loyal? The role of influencer interactivity in building influencer brand equity [J]. Journal of product & brand management, 2020, 29 (6): 803 -814.

[114] JäRVI H, KäHKöNEN A K, TORVINEN H. When value co - creation fails: reasons that lead to value co - destruction [J]. Scandinavian journal of management, 2018, 34 (1): 63 -77.

[115] KAIKATI J G. Lessons from Accenture's 3Rs: rebranding, restructuring and repositioning [J]. Journal of product & brand management, 2003, 12 (7): 477 -490.

[116] KASHIF M, ZARKADA A. Value co – destruction between customers and frontline employees: a social system perspective [J]. International journal of bank marketing, 2015, 33 (6): 672 –691.

[117] KELLER K L. Conceptualizing, measuring, and managing customer – based brand equity [J]. Journal of marketing, 1993, 57 (1): 1 –22.

[118] KHIRFAN L, MOMANI B. (Re) branding Amman: a "lived" city's values, image and identity [J]. Place branding and public diplomacy, 2013, 9 (1): 49 –65.

[119] KIM H, KIM W G, AN J A. The effect of consumer – based brand equity on firms' financial performance [J]. Journal of consumer marketing, 2003, 20 (4): 335 –351.

[120] KIM M S, SHIN D J, KOO D W. The influence of perceived service fairness on brand trust, brand experience and brand citizenship behavior [J]. International journal of contemporary hospitality management, 2018, 30 (7): 2603 –2621.

[121] KIM S, HAM S, MOON H, et al. Experience, brand prestige, perceived value (functional, hedonic, social, and financial), and loyalty among GROCERANT customers [J]. International journal of hospitality management, 2019 (77): 169 –177.

[122] KOSCHMANN A, BOWMAN D. Evaluating marketplace synergies of ingredient brand alliances [J]. International journal of research in marketing, 2018, 35 (4): 575 –590.

[123] KUOPPAKANGAS P, SUOMI K, CLARK P, et al. Dilemmas in rebranding a university: "maybe people just don't like change": linking meaningfulness and mutuality into the reconciliation [J]. Corporate reputation review, 2019 (23): 92 –105.

[124] LASSAR W, MITTAL B, SHARMA A. Measuring customer – based brand equity [J]. Journal of consumer marketing, 1995, 12 (4): 11 –19.

[125] LEE H, LEE K, CHOI J. A structural model for unity of experience: connecting user experience, customer experience, and brand experience [J]. Journal of usability Studies, 2018, 11 (1): 8 –34.

[126] LEE J, PARK C. Customer engagement on social media, brand equity and financial performance: a comparison of the US and Korea [J]. Asia Pacific journal of marketing and logistics, 2021, 30 (3): 454 –474.

[127] LI Z, LIANG F, CHENG M. Research on the impact of high – end Ev sales business model on brand competitiveness [J]. Sustainability, 2021, 13 (24): 14045.

[128] LLOYD S, WOODSIDE A G. Animals, archetypes, and advertising (A3): the theory and the practice of customer brand symbolism [J]. Journal of marketing management, 2013, 29 (1 –2): 5 –25.

[129] LUSCH R F, VARGO S L. Service – dominant logic: reactions, reflections and refinements [J]. Marketing theory, 2006, 6 (3): 281 –288.

[130] MAIRESSE J, MOHNEN P. The importance of R&D for innovation: a reassessment using French survey data

[J]. The journal of technology transfer, 2004, 30 (1): 183 - 197.

[131] MARQUES C, DA SILVA R V, DAVCIK N S, et al. The role of brand equity in a new rebranding strategy of a private label brand [J]. Journal of business research, 2020 (117): 497 - 507.

[132] MATHWICK C, MALHOTRA N, RIGDON E. Experiential value: conceptualization, measurement and application in the catalog and internet shopping environment [J]. Journal of retailing, 2001, 77 (1): 39 - 56.

[133] MATTHEWS D R, SON J, WATCHRAVESRINGKAN K. An exploration of brand equity antecedents concerning brand loyalty: a cognitive, affective, and conative perspective [J]. Journal of business and retail management research, 2014, 9 (1): 26 - 39.

[134] MBAMA C I, EZEPUE P, ALBOUL L, et al. Digital banking, customer experience and financial performance: UK bank managers' perceptions [J]. Journal of research in interactive marketing, 2018, 12 (4): 432 - 451.

[135] MERRILEES B, MILLER D. Principles of corporate rebranding [J]. European journal of marketing, 2008, 42 (5/6): 537 - 552.

[136] MERZ M A, HE Y, VARGO S L. The evolving brand logic: a service - dominant logic perspective [J]. Journal of the academy of marketing science, 2009, 37 (3): 328 - 344.

[137] MIAO M, GO I, IKEDA K, et al. Brand equity effects on financial performance in Japanese fashion market: applying complexity theory via fsQCA [J]. Journal of global fashion marketing, 2022, 13 (1): 30 - 43.

[138] MILLER D, MERRILEES B, YAKIMOVA R. Corporate rebranding: an integrative review of major enablers and barriers to the rebranding process [J]. International journal of management reviews, 2014, 16 (3): 265 - 289.

[139] MILLER D, MERRILEES B. Rebuilding community corporate brands: a total stakeholder involvement approach [J]. Journal of business research, 2013, 66 (2): 172 - 179.

[140] MINGIONE M, ABRATT R, MUROYIWA O. The effect of vertical brand extensions on consumer - brand relationships in South Africa [J]. South African journal of business management, 2017, 48 (1): 1 - 10.

[141] MISHRA A, DASH S B, CYR D. Linking user experience and consumer - based brand equity: the moderating role of consumer expertise and lifestyle [J]. Journal of product & brand management, 2014, 23 (4/5): 333 - 348.

[142] MIZIK N. Assessing the total financial performance impact of brand equity with limited time - series data [J]. Journal of marketing research, 2014, 51 (6): 691 - 706.

[143] MOORE C M, BIRTWISTLE G. The Burberry business model: creating an international luxury fashion brand [J]. International journal of retail & distribution management, 2004, 32 (8): 412 - 422.

[144] MUZELLEC L, DOOGAN M, LAMBKIN M. Corporate rebranding: an exploratory review [J]. Irish

marketing review, 2003, 16 (2): 31.

[145] MUZELLEC L, LAMBKIN M. Corporate rebranding: destroying, transferring or creating brand equity [J]. European journal of marketing, 2006, 40 (7/8): 803 – 824.

[146] NARTEH B. Brand equity and financial performance: the moderating role of brand likeability [J]. Marketing intelligence & planning, 2018, 36 (3): 381 – 395.

[147] OEPPEN J, JAMAL A. Collaborating for success: managerial perspectives on co – branding strategies in the fashion industry [J]. Journal of marketing management, 2014, 30 (9/10): 925 – 948.

[148] OLAORE O G, KUYE O L. Re – branding: implication, benefits and effects on buying decision using selected FMCG in lagos state, Nigeria [J]. Academic journal of economic studies, 2019, 5 (3): 12 – 19.

[149] OLIVER R L, BALAKRISHNAN P V S, BARRY B. Outcome satisfaction in negotiation: a test of expectancy disconfirmation [J]. Organizational behavior and human decision processes, 1994, 60 (2): 252 – 275.

[150] OLIVER R L. A cognitive model of the antecedents and consequences of satisfaction decisions [J]. Journal of marketing research, 1980, 17 (4): 460 – 469.

[151] OLIVER R L. Effect of expectation and disconfirmation on post – exposure product evaluations: an alternative interpretation [J]. Journal of applied psychology, 1977, 62 (4): 480.

[152] ONCIOIU I, CĂPUŞNEANU S, TOPOR D I, et al. Fundamental power of social media interactions for building a brand and customer relations [J]. Journal of theoretical and applied electronic commerce research, 2021, 16 (5): 1702 – 1717.

[153] O'GUINN T C, MUNIZ A M. Correlates of brand communal affiliation strength in high technology products [C] //Association for Consumer Research Annual Conference, Salt Lake City, UT, 2000.

[154] PARK S H. Managing an interorganizational network: a framework of the institutional mechanism for network control [J]. Organization studies, 1996, 17 (5): 795 – 824.

[155] PAYNE A, STORBACKA K, FROW P, et al. Co – creating brands: diagnosing and designing the relationship experience [J]. Journal of business research, 2009, 62 (3): 379 – 389.

[156] PAYNE E H M, DAHL A J, PELTIER J. Digital servitization value co – creation framework for AI services: a research agenda for digital transformation in financial service ecosystems [J]. Journal of research in interactive marketing, 2021, 15 (2): 200 – 222.

[157] PETBURIKUL K. The impact of corporate rebranding on brand equity and firm performance [J]. RU international journal, 2009, 3 (1): 155 – 172.

[158] PINOCHET L H C, LOPES E L, SRULZON C H F, et al. The influence of the attributes of "Internet of Things" products on functional and emotional experiences of purchase intention [J]. Innovation & management review, 2018, 15 (3): 303 – 320.

[159] PLé L, CáCERES R C. Not always co – creation: introducing interactional co – destruction of value in service – dominant logic [J]. Journal of services marketing, 2010, 24 (6): 430 – 437.

[160] PLéL. Studying customers' resource integration by service employees in interactional value co – creation [J]. Journal of services marketing, 2016, 30 (2): 152 – 164.

[161] PRAHALAD C K, RAMASWAMY V. Co – creation experiences: the next practice in value creation [J]. Journal of interactive marketing, 2004, 18 (3): 5 – 14.

[162] PRAHALAD C K, RAMASWAMY V. Co – opting customer competence [J]. Harvard business review, 2000, 78 (1): 79 – 90.

[163] PUNJAISRI K, WILSON A. Internal branding process: key mechanisms, outcomes and moderating factors [J]. European journal of marketing, 2011, 45 (9/10): 1521 – 1537.

[164] RAHMAN M, RODRíGUEZ – SERRANO M, LAMBKIN M. Brand equity and firm performance: the complementary role of corporate social responsibility [J]. Journal of brand management, 2019, 26 (6): 691 – 704.

[165] RAMBOCAS M, KIRPALANI V M, SIMMS E. Brand equity and customer behavioral intentions: a mediated moderated model [J]. International journal of bank marketing, 2018, 36 (1): 19 – 40.

[166] RAMIREZ R. Value co – production: intellectual origins and implications for practice and research [J]. Strategic management journal, 1999, 20 (1): 49 – 65.

[167] RHEE N J, HAN E K. A new CI and rebranding experience using the SK brand management system [J]. Corporate reputation review, 2006, 9 (4): 271 – 280.

[168] RIES A, TROUT J. The positioning era cometh [J]. Advertising age, 1972, 24 (4): 35 – 38.

[169] RODRIGUES P, MARTINS F V. Perceptual and behavioural dimensions: measuring brand equity consumer based [J]. Journal of fashion marketing and management: an international journal, 2016, 20 (4): 507 – 519.

[170] RODRíGUEZ – MOLINA M A, FríAS – JAMILENA D M, DEL BARRIO – GARCíA S, et al. Destination brand equity – formation: positioning by tourism type and message consistency [J]. Journal of destination marketing & management, 2019 (12): 114 – 124.

[171] ROGGEVEEN A L, GREWAL D, SCHWEIGER E B. The DAST framework for retail atmospherics: the impact of in – and out – of – store retail journey touchpoints on the customer experience [J]. Journal of retailing, 2020, 96 (1): 128 – 137.

[172] ROY S, SARKAR S. To brand or to rebrand: investigating the effects of rebranding on brand equity and consumer attitudes [J]. Journal of brand management, 2015, 22 (4): 340 – 360.

[173] RUST R T, LEMON K N, ZEITHAML V A. Measuring customer equity and calculating marketing ROI [J]. Handbook of marketing research, 2006: 588 – 601.

[174] SAARILUOMA P, JOKINEN J P P. Emotional dimensions of user experience: a user psychological analysis

[J]. International journal of human – computer interaction, 2014, 30 (4): 303 – 320.

[175] SAN MARTíN H, HERRERO A, GARCíA DE LOS SALMONES M M. An integrative model of destination brand equity and tourist satisfaction [J]. Current issues in tourism, 2019, 22 (16): 1992 – 2013.

[176] SCHUCKERT M, LIANG S, LAW R. How do domestic and international high – end hotel brands receive and manage customer feedback [J]. International journal of hospitality management, 2019 (77): 528 – 537.

[177] SCHULTZ M, HATCH M J. The cycles of corporate branding: the case of the LEGO company [J]. California management review, 2003, 46 (1): 6 – 26.

[178] SEO J. Gwangju: a hub city of Asian culture and high – tech industry [J]. Cities, 2013 (31): 563 – 577.

[179] SHENG M L, TEO T S H. Product attributes and brand equity in the mobile domain: the mediating role of customer experience [J]. International journal of information management, 2012, 32 (2): 139 – 146.

[180] SIM L C. Re – branding Abu Dhabi: from oil giant to energy titan [J]. Place branding and public diplomacy, 2012, 8 (1): 83 – 98.

[181] SINGH A K, TRIPATHI V, YADAV P. Rebranding and organizational performance: some issues of relevance [J]. American journal of sociological research, 2012, 2 (5): 90 – 97.

[182] SMITH A M. The value co – destruction process: a customer resource perspective [J]. European journal of marketing, 2013, 47 (11/12): 1889 – 1909.

[183] SRIVASTAVA M, KAUL D. Social interaction, convenience and customer satisfaction: the mediating effect of customer experience [J]. Journal of retailing and consumer services, 2014, 21 (6): 1028 – 1037.

[184] SRIVASTAVA M, SIVARAMAKRISHNAN S. The impact of eWOM on consumer brand engagement [J]. Marketing intelligence & planning, 2020, 39 (3): 469 – 484.

[185] STEENKAMP J B. Building strong nation brands [J]. International marketing review, 2019, 38 (1): 6 – 18.

[186] STUART H, MUZELLEC L. Corporate makeovers: can a hyena be rebranded [J]. Journal of brand management, 2004, 11 (6): 472 – 482.

[187] SUTTON – BRADY C, TAYLOR T, KAMVOUNIAS P. Private label brands: a relationship perspective [J]. Journal of business & industrial marketing, 2017, 32 (8): 1051 – 1061.

[188] TAJVIDI M, RICHARD M O, WANG Y C, et al. Brand co – creation through social commerce information sharing: the role of social media [J]. Journal of business research, 2020 (121): 476 – 486.

[189] TAJVIDI M, WANG Y, HAJLI N, et al. Brand value co – creation in social commerce: the role of interactivity, social support, and relationship quality [J]. Computers in human behavior, 2021 (115): 105 – 238.

[190] TAUBER E M. Brand franchise extension: new product benefits from existing brand names [J]. Business

horizons, 1981, 24 (2): 36 -41.

[191] TEVI A. The effect of multiple re - branding on customer loyalty in mobile telephony: a study of Airtel Nigeria [J]. Available at SSRN 2197744, 2012.

[192] THEOTOKIS A, PRAMATARI K, TSIROS M. Effects of expiration date - based pricing on brand image perceptions [J]. Journal of retailing, 2012, 88 (1): 72 -87.

[193] TROUT J, RIES A. How to position your product [J]. Advertising age, 1972 (8): 114 -116.

[194] TRUEMAN M M, CORNELIUS N, KILLINGBECK - WIDDUP A J. Urban corridors and the lost city: overcoming negative perceptions to reposition city brands [J]. Journal of brand management, 2007, 15 (1): 20 -31.

[195] VAFEAS M, HUGHES T, HILTON T. Antecedents to value diminution: a dyadic perspective [J]. Marketing theory, 2016, 16 (4): 469 -491.

[196] VAISMORAD M, TURUNEN H, BONDAS T. Content analysis and thematic analysis: implications for conducting a qualitative descriptive study [J]. Nursing and health sciences, 2013 (15): 398 -405.

[197] VARGO S L, LUSCH R F. From repeat patronage to value co - creation in service ecosystems: a transcending conceptualization of relationship [J]. Journal of business market management, 2010, 4 (4): 169 -179.

[198] VARGO S L, LUSCH R F. Institutions and axioms: an extension and update of service - dominant logic [J]. Journal of the academy of marketing science, 2016, 44 (1): 5 -23.

[199] VARGO S L, LUSCH R F. Service - dominant logic: continuing the evolution [J]. Journal of the academy of marketing science, 2008, 36 (1): 1 -10.

[200] VARGO S L, LUSCH R F. The four service marketing myths: remnants of a goods - based, manufacturing model [J]. Journal of service research, 2004, 6 (4): 324 -335.

[201] VERBEETEN F H M, VIJN P. Are brand - equity measures associated with business - unit financial performance? Empirical evidence from the Netherlands [J]. Journal of accounting, auditing & finance, 2010, 25 (4): 645 -671.

[202] VERHOEF P C, LEMON K N, PARASURAMAN A, et al. Customer experience creation: determinants, dynamics and management strategies [J]. Journal of retailing, 2009, 85 (1): 31 -41.

[203] VERMA P. The effect of brand engagement and brand love upon overall brand equity and purchase intention: a moderated - mediated model [J]. Journal of promotion management, 2021, 27 (1): 103 -132.

[204] VOSS K E, MOHAN M. Corporate brand effects in brand alliances [J]. Journal of business research, 2016, 69 (10): 4177 -4184.

[205] WANG Y, JOHN D R. Up, up, and away: upgrading as a response to dissimilar brand users [J]. Journal of marketing research, 2019, 56 (1): 142 -157.

[206] WU P C S, YEH G Y Y, HSIAO C R. The effect of store image and service quality on brand image and purchase intention for private label brands [J]. Australasian marketing journal, 2011, 19 (1): 30 – 39.

[207] XIE Y H. Consumer innovativeness and consumer acceptance of brand extensions [J]. Journal of product & brand management, 2008, 17 (4): 235 – 243.

[208] XU S S, GRAVELY S, MENG G, et al. Impact of China National Tobacco Company's "Premiumization" Strategy: Longitudinal Findings from the ITC China Surveys (2006 – 2015) [J]. Tobacco control, 2019, 28 (Suppl 1): s68 – s76.

[209] XU X, ZHANG X, HU T W, et al. Effects of global and domestic tobacco control policies on cigarette consumption per capital: an evaluation using monthly data in China [J]. BMJ Open, 2019, 9 (6): e025092.

[210] YAN A, GRAY B. Bargaining power, management control, and performance in United States – China joint ventures: a comparative case study [J]. Academy of management journal, 1994, 37 (6): 1478 – 1517.

[211] YAN Q, SHEN H J. When to get it is to eat it: assessing brand fit – mediated equity of extended restaurants of a high – end automobile vendor [J]. Journal of hospitality and tourism management, 2021 (47): 202 – 209.

[212] YANG T. The decision behavior of Facebook users [J]. Journal of computer information systems, 2012, 52 (3): 50 – 59.

[213] YANG Z, PETERSON R T. Customer perceived value, satisfaction, and loyalty: the role of switching costs [J]. Psychology & marketing, 2004, 21 (10): 799 – 822.

[214] YOO B, DONTHU N, LEE S. An examination of selected marketing mix elements and brand equity [J]. Journal of the academy of marketing science, 2000, 28 (2): 195 – 211.

[215] YOON D, CHOI S M, SOHN D. Building customer relationships in an electronic age: the role of interactivity of e – commerce web sites [J]. Psychology & Marketing, 2008, 25 (7): 602 – 618.

[216] ZWASS V. Co – creation: toward a taxonomy and an integrated research perspective [J]. International journal of electronic commerce, 2010, 15 (1): 11 – 48.

[217] ŠERIC M, GIL – SAURA I, MOLLá – DESCALS A. Can advanced technology affect customer – based brand equity in service firms? An empirical study in upscale hotels [J]. Journal of service theory and practice, 2016, 26 (1): 2 – 27.

[218] 白琳．顾客感知价值、顾客满意和行为倾向的关系研究述评［J］．管理评论，2009，21（1）：87 – 93.

[219] 柴成．虚拟品牌社群互动、品牌涉入度与消费者购买意愿关系分析［J］．商业经济研究，2020（12）：74 – 77.

[220] 陈伟，吴宗法，徐菊．价值共毁研究的起源、现状与展望［J］．外国经济与管理，2018，40（6）：

44 – 58.

[221] 陈文军，黄颖．顾客参与品牌共创对品牌关系质量、品牌对抗忠诚的影响［J］．商业经济研究，2020（4）：74 – 77.

[222] 陈晔，李天元，赵帆．目的地网络界面对旅游者体验及品牌形象的影响［J］．旅游学刊，2014，29（10）：31 – 41.

[223] 戴勇，肖丁丁．从制造到研发，设计与品牌的企业功能升级策略研究［J］．暨南学报（哲学社会科学版），2011，33（3）：38 – 45.

[224] 段艳玲，刘兵，李寄晗．全球价值链重构下我国体育品牌战略地位与升级路径［J］．西安体育学院学报，2020（1）：10 – 16.

[225] 关辉国，杨平泊．价值共创研究进展述评与展望：从“二元交互”到“网络系统”视角［J］．商业经济研究，2021（18）：126 – 130.

[226] 关新华，谢礼珊．价值共毁：内涵、研究议题与展望［J］．南开管理评论，2019，22（6）：88 – 98.

[227] 何佳讯．颠覆的品牌逻辑［J］．清华管理评论，2017（3）：78 – 84.

[228] 侯立松．品牌关系理论发展的学科基础与融合［J］．重庆文理学院学报（社会科学版），2010，29（5）：34 – 40.

[229] 黄俊，郭耿轩，刘敏．动态能力视阈下我国汽车制造企业智能化转型升级路径研究：对 3 家本土自主品牌车企的跨案例探讨［J］．科技进步与对策，2018，35（23）：121 – 129.

[230] 黄卫伟．华为的价值主张［J］．企业研究，2016（10）：24 – 30.

[231] 霍春辉，张银丹，王晓睿．虚拟品牌社区品牌共创类型对顾客价值的影响［J］．企业经济，2019，38（11）：93 – 99.

[232] 纪雪洪，杨一翁．供应商“强制性策略”的概念测量与作用机制：基于汽车行业的实证研究［J］．管理评论，2021，33（6）：306 – 315.

[233] 简予繁，朱丽雅，周志民．品牌跨界联合态度的生成机制：基于消费者灵感理论视角［J］．南开管理评论，2021，24（2）：25 – 36.

[234] 简兆权，令狐克睿，李雷．价值共创研究的演进与展望：从“顾客体验”到“服务生态系统”视角［J］．外国经济与管理，2016，38（9）：3 – 20.

[235] 靳代平，王新新，姚鹏．品牌粉丝因何而狂热：基于内部人视角的扎根研究［J］．管理世界，2016（9）：102 – 119.

[236] 赖晓娜．电商购物节：从平台时代到品牌共创［J］．声屏世界，2020（11）：53 – 54.

[237] 赖元薇．全球品牌利用社交媒体内容营销提升品牌忠诚度的机制研究［D］．北京：对外经济贸易大学，2017.

[238] 李朝辉，卜庆娟，曹冰．虚拟品牌社区顾客参与价值共创如何提升品牌关系：品牌体验的中介作用［J］．商业研究，2019（6）：9 – 17.

[239] 李朝辉. 虚拟品牌社区环境下顾客参与价值共创对品牌体验的影响 [J]. 财经论丛, 2014 (7): 75-81.

[240] 李飞, 贺曦鸣, 胡赛全, 等. 奢侈品品牌的形成和成长机理: 基于欧洲 150 年以上历史顶级奢侈品品牌的多案例研究 [J]. 南开管理评论, 2015, 18 (6): 60-70.

[241] 李飞, 胡赛全, 詹正茂. 零售通道费形成机理: 基于中国市场情境的多业态、多案例研究 [J]. 中国工业经济, 2013 (3): 124-136.

[242] 李飞, 贾思雪, 王佳莹. 中国零售企业商业模式创新要素及路径: 基于胖东来的案例研究 [J]. 技术经济, 2015, 34 (1): 37-45.

[243] 李飞, 刘茜. 市场定位战略的综合模型研究 [J]. 南开管理评论, 2004 (5): 39-43.

[244] 李飞, 米卜, 刘会. 中国零售企业商业模式成功创新的路径: 基于海底捞餐饮公司的案例研究 [J]. 中国软科学, 2013 (9): 97-111.

[245] 李飞, 王高, 杨斌, 等. 高速成长的营销神话: 基于中国 10 家成功企业的多案例研究 [J]. 管理世界, 2009 (2): 138-151.

[246] 李飞. 品牌定位点的选择模型研究 [J]. 商业经济与管理, 2009 (11): 72-80.

[247] 李飞. 全渠道零售的含义、成因及对策: 再论迎接中国多渠道零售革命风暴 [J]. 北京工商大学学报 (社会科学版), 2013, 28 (2): 1-11.

[248] 李飞. 生活者营销: 一个新的营销理论框架 [J]. 北京工商大学学报 (社会科学版), 2022, 37 (4): 87-98.

[249] 李飞. 幸福营销: 一个新的管理框架 [J]. 北京工商大学学报 (社会科学版), 2021, 36 (1): 1-13.

[250] 李华敏, 张雪晶. 无形服务对顾客体验过程质量的影响: 一个基于服务型企业有形展示的研究 [J]. 软科学, 2009, 23 (3): 89-93.

[251] 李耀, 周密, 王新新. 顾客独创价值研究: 回顾、探析与展望 [J]. 外国经济与管理, 2016, 38 (3): 73-85.

[252] 李耀. 顾客主导逻辑下顾客单独创造价值: 基于认知互动视角的实证研究 [J]. 中国工业经济, 2014 (1): 101-113.

[253] 李悦. 全渠道零售体验、顾客参与价值共创与品牌形象塑造 [J]. 商业经济研究, 2022 (4): 69-72.

[254] 李震. 谁创造了体验: 体验创造的三种模式及其运行机制研究 [J]. 南开管理评论, 2019, 22 (5): 178-191.

[255] 梁磊, 赖红波. 新媒体传播对本土新奢侈品品牌培育与顾客购买意向影响研究 [J]. 科研管理, 2016, 37 (6): 84-91.

[256] 林海芬, 苏敬勤. 高端汽车产品创新系统模型构建: 技术能力与组织能力的整合 [J]. 科研管理,

2016，37（8）：37－47.

[257] 刘博，朱竑．跨地方品牌升级的影响因素与路径：ZARA 广州案例［J］．地理研究，2017，36（2）：281－293.

[258] 刘博，朱竑．全球化形象与环保形象对消费行为意向的影响：基于国际快时尚品牌 H&M 的案例［J］．地理学报，2017，72（4）：699－710.

[259] 刘林青，谭力文，马海燕．二维治理与产业国际竞争力的培育：全球价值链背景下的战略思考［J］．南开管理评论，2010，13（6）：59－67，76.

[260] 柳卸林，何郁冰．基础研究是中国产业核心技术创新的源泉［J］．中国软科学，2011（4）：104－117.

[261] 楼芸，丁剑潮．价值共创的理论演进和领域：文献综述与展望［J］．商业经济研究，2020（8）：147－150.

[262] 陆娟，边雅静，吴芳．品牌联合的消费者评价及其影响因素：基于二维结构的实证分析［J］．管理世界，2009（10）：115－125.

[263] 罗选荣，韩顺平．基于顾客体验的服务品牌接触点管理［J］．技术经济与管理研究，2013（8）：69－73.

[264] 马婕，刘兵，张培．价值共创与价值共毁整合框架：内涵、动因及形成机理［J］．管理现代化，2021，41（4）：101－105.

[265] 邱晔，刘保中，黄群慧．功能、感官、情感：不同产品体验对顾客满意度和忠诚度的影响［J］．消费经济，2017，33（4）：59－67.

[266] 宋洋．创新资源、研发投入与产品创新程度：资源的互斥效应和研发的中介效应［J］．中国软科学，2017（12）：154－168.

[267] 宋耘，王婕．企业能力对企业自主品牌升级的影响研究：基于广东省制造业企业的调查分析［J］．广东财经大学学报，2017（3）：85－98.

[268] 孙永波，丁沂昕，王勇．价值共创互动行为对品牌权益的作用研究［J］．外国经济与管理，2018，40（4）：125－139，152.

[269] 唐方成，蒋沂桐．虚拟品牌社区中顾客价值共创行为研究［J］．管理评论，2018，30（12）：131－141.

[270] 王婷婷，刘惠瑾．价值共创视角下虚拟品牌社群互动与重复购买行为：品牌认同的调节作用［J］．商业经济研究，2020（23）：80－83.

[271] 王新新，万文海．消费领域共创价值的机理及对品牌忠诚的作用研究［J］．管理科学，2012，25（5）：52－65.

[272] 卫海英，姚作为，梁彦明．基于企业—顾客—利益相关者三方互动的服务品牌资产研究：一个分析框架［J］．暨南学报（哲学社会科学版），2010，32（1）：79－83，163.

[273] 武文珍，陈启杰. 共同创造价值模式下顾客参与研究的未来发展 [J]. 现代管理科学，2012 (4)：18 –20.

[274] 武文珍，陈启杰. 价值共创理论形成路径探析与未来研究展望 [J]. 外国经济与管理，2012，34 (6)：66 –73，81.

[275] 徐彪，张骁，杨忠. 产业升级中的代工企业品牌经营模式研究：宏观经济视角向微观管理视角的理论延伸 [J]. 软科学，2012，26 (2)：98 –104.

[276] 薛云建，吴长新. 基于社会化媒体营销的社区感知、角色外行为与品牌忠诚研究 [J]. 企业经济，2018，37 (11)：78 –83.

[277] 鄢章华，刘蕾，白世贞，等. 基于收益共享契约的“饥饿营销”模式供应链协调研究 [J]. 管理评论，2017，29 (2)：69 –78.

[278] 杨桂菊，程兆谦，侯丽敏，等. 代工企业转型升级的多元路径研究 [J]. 管理科学，2017，30 (4)：124 –138.

[279] 杨桂菊，李斌. 获得式学习、非研发创新行为与代工企业品牌升级：基于三星电子的探索性案例研究 [J]. 软科学，2015，29 (8)：25 –28，32.

[280] 杨桂菊，刘善海. 从 OEM 到 OBM：战略创业视角的代工企业转型升级：基于比亚迪的探索性案例研究 [J]. 科学学研究，2013，31 (2)：240 –249.

[281] 杨楠. 顾客参与价值共创与品牌形象塑造的关系研究 [J]. 科研管理，2021，42 (5)：87 –93.

[282] 杨爽. 品牌对抗忠诚研究脉络梳理与未来展望 [J]. 外国经济与管理，2017，39 (2)：114 –128.

[283] 杨硕，周显信. 品牌价值共创：理论视角、研究议题及未来展望 [J]. 江海学刊，2021 (5)：241 –247，255.

[284] 杨一翁，涂剑波，李季鹏，等. 互动情境下服务型企业提升品牌资产的路径研究：顾客参与价值共创的中介作用和自我效能感的调节作用 [J]. 中央财经大学学报，2020 (9)：107 –119.

[285] 杨自营. 品牌知名度和产品设计对品牌体验影响的研究：以数码相机为例 [D]. 北京：北京邮电大学，2012.

[286] 原永丹. 品牌延伸有效性的影响因素及其作用机理研究 [D]. 大连：大连理工大学，2010.

[287] 曾国军，孙树芝. 跨地方饮食品牌重塑的理论模型与实证分析 [J]. 地理学报，2016，71 (2)：338 –351.

[288] 曾芷萱. 虚拟品牌社群价值共创机制探析 [J]. 品牌与标准化，2022 (1)：19 –21.

[289] 张洪，江运君，鲁耀斌，等. 社会化媒体赋能的顾客共创体验价值：多维度结构与多层次影响效应 [J]. 管理世界，2022，38 (2)：150 –168.

[290] 张计划. 顾客视角下的服务氛围对服务品牌体验的影响研究 [J]. 暨南学报 (哲学社会科学版)，2016，38 (4)：33 –41，129 –130.

[291] 张婧，邓卉. 品牌价值共创的关键维度及其对顾客认知与品牌绩效的影响：产业服务情境的实证研

究［J］. 南开管理评论，2013，16（2）：104－115，160.

［292］张晓东. 跨境电商消费者参与价值共创对品牌偏好的影响［J］. 商业经济与管理，2019（8）：20－29.

［293］张莹. 用户参与虚拟品牌社区互动的影响因素研究：以小米社区为例［J］. 技术与市场，2020，27（10）：129－132.

［294］赵忠奇. 客户体验视角下服务业品牌接触点模型构建［J］. 商业经济研究，2015（18）：64－65.

［295］郑云凤. 我国典型企业专利管理地图分析：基于华为和中兴的面板数据［J］. 科学学与科学技术管理，2009，30（7）：65－69.

［296］钟帅，章启宇. 基于关系互动的品牌资产概念、维度与量表开发［J］. 管理科学，2015，28（2）：69－79.

［297］朱洪军，徐玖平. 企业文化、知识共享及核心能力的相关性研究［J］. 科学学研究，2008（4）：820－826.

［298］朱丽叶，袁登华，郝佳. 虚拟品牌社区顾客参与品牌共创对品牌承诺的影响研究［J］. 管理学报，2018，15（2）：262－271.

［299］朱丽叶，袁登华，张红明. 顾客参与品牌共创如何提升品牌忠诚：共创行为类型对品牌忠诚的影响与作用机制研究［J］. 外国经济与管理，2018，40（5）：84－98.

［300］朱雪忠，胡成. 专利是测度企业技术创新绩效的有效工具吗［J］. 科学学研究，2021，39（8）：1498－1503.

（三）电子资源

［301］21 世纪经济报道. 当极氪按下加速键：吉利的新能源之路如何突围［EB/OL］.（2021－11－05）［2024－02－06］. https：//new. qq. com/rain/a/20211105A097UZ00.

［302］21 世纪经济报道. 独家对话极狐总裁于立国：国企能否冲出一个蔚来［EB/OL］.（2021－01－08）［2024－02－06］. https：//new. qq. com/rain/a/20210108A0G3SX00.

［303］36 氪. 36 氪 & 贝壳研究院收发《2020 二胎家庭居住需求调查报告》［EB/OL］.（2020－11－19）［2024－02－06］. https：//new. qq. com/rain/a/20201119A04RMH00.

［304］36 氪. 36 氪专访｜ 理想汽车投资人黄明明：伟大的项目早期总是反共识，有一个算一个［EB/OL］.（2020－07－10）［2024－02－06］. https：//www. 36kr. com/p/785480230580872.

［305］36 氪. 车和家李想：我们从来都不是互联网造车，而是新生代的汽车企业［EB/OL］.（2016－04－29）［2024－02－06］. https：//36kr. com/p/1721082249217.

［306］36 氪. 对话高合丁磊即将上线，揭秘高合汽车四年发展与品牌创立故事［EB/OL］.（2022－01－20）［2024－02－08］. https：//36kr. com/p/1579586474216200.

［307］36 氪. 李斌：用户体验是商业变革的核心［EB/OL］.（2017－08－29）［2024－02－06］.

https：//baijiahao. baidu. com/s？ id = 1577022399153588869.

[308] 36 氪. 理想成功 IPO，我们和它的投资人聊了聊李想与理想 [EB/OL]. （2020 - 07 - 31） [2024 - 02 - 06]. https：//www. 36kr. com/p/817269526558722.

[309] 36 氪. 理想汽车上市，山行资本收获首个 IPO 项目 [EB/OL]. （2020 - 07 - 31） [2024 - 02 - 06]. https：//www. 36kr. com/p/817380441159686.

[310] 36 氪. 蔚来汽车 CEO 李斌：中国已是全球竞争最激烈的汽车市场，造车参与的是世界层面的竞争 [EB/OL]. （2016 - 12 - 18） [2024 - 02 - 06]. https：//www. 36kr. com/p/1721296617473.

[311] 42 号车库.「专访李想」带你了解理想 ONE 2020 款背后的故事 [EB/OL]. （2019 - 10 - 17） [2024 - 02 - 06]. https：//k. sina. cn/article_1644027280_61fddd9000100nphy. html？ from = auto&ab = qiche&_rewriteTime = 1711179855142.

[312] 42 号车库. 理想港股上市专访的 30 个问题 [EB/OL]. （2021 - 05 - 28） [2024 - 02 - 06]. https：//new. qq. com/rain/a/20210813A0G2BM00.

[313] 58 汽车 .2021 成都车展 坦克品牌领导专访 [EB/OL]. （2021 - 08 - 31） [2024 - 02 - 07]. https：//chejiahao. autohome. com. cn/info/9433464.

[314] 58 汽车. 简单纯粹的设计 EXEED 星途设计师访谈 [EB/OL]. （2019 - 01 - 16） [2024 - 02 - 07]. https：//www. sohu. com/a/289478244_115333.

[315] AutoR 智驾. 李想：汽车之家私有化和我没关系，我正全力造车 [EB/OL]. （2016 - 04 - 18） [2024 - 02 - 06]. https：//www. sohu. com/a/70086220_122982.

[316] AutoR 智驾. 理想汽车总裁沈亚楠：已经布局海外，不排除回归 A 股 [EB/OL]. （2021 - 05 - 28） [2024 - 02 - 06]. https：//www. autor. com. cn/index/business/13973. html.

[317] EV 视界. 28. 10 万元起，洞察用户需求，成为极氪 001 立足市场的根本 [EB/OL]. （2021 - 04 - 16） [2024 - 02 - 06]. https：//new. qq. com/rain/a/20210416A02DSS00.

[318] EV 视界. 9 小时锁单近 5000 台，极氪做对了什么 [EB/OL]. （2021 - 08 - 16） [2024 - 02 - 06]. https：//zhuanlan. zhihu. com/p/400305110.

[319] EV 视界. 对话魏牌 CEO 李瑞峰：用“0 焦虑智能电动”实现彻底转型 [EB/OL]. （2022 - 01 - 16） [2024 - 02 - 07]. https：//zhuanlan. zhihu. com/p/458828228.

[320] EV 视界. 对话魏牌 CMO 乔心昱：摩卡 NOH 触碰燃油车智能驾驶新高度 [EB/OL]. （2021 - 11 - 20） [2024 - 02 - 07]. https：//zhuanlan. zhihu. com/p/435600135.

[321] EV 视界. 极氪智能科技副总裁赵昱辉：让用户成为极氪的朋友、同事、伙伴 [EB/OL]. （2021 - 04 - 21） [2024 - 02 - 06]. https：//new. qq. com/rain/a/20210421A07LSD00.

[322] EV 视界. 技术女将出马，ARCFOX 极狐的新故事怎么讲 [EB/OL]. （2021 - 05 - 21） [2024 - 02 - 06]. https：//k. sina. cn/article_3213506071_bf8a361700100yi0o. html？ from = auto&ab = qiche&_rewriteTime = 1621722130288&http = fromhttp.

[323] EV 视界. 以用户驱动，与用户共创，极狐汽车开启加速跑 [EB/OL]. (2021-10-13) [2024-02-06]. https://new.qq.com/rain/a/20211013A05PYH00.

[324] EV 视界. 在沸腾的知音号上，我们见证了岚图用户共创之样本 [EB/OL]. (2021-10-18) [2024-02-07]. https://new.qq.com/rain/a/20211018A081FF00.

[325] EV 视界. 专访华人运通高合汽车果铁夫：用户五星满意才是真豪华 [EB/OL]. (2021-11-25) [2024-02-08]. https://new.qq.com/rain/a/20211125A04XQW00.

[326] E 汽车. 极狐：与推出 HI 版产品的其他车企不存在同质化竞争 [EB/OL]. (2021-06-20) [2024-02-06]. https://new.qq.com/rain/a/20210620A07JHX00#.

[327] E 汽车. 刘艳钊：敬畏越野，混动为当下新能源越野汽车的最优解 [EB/OL]. (2022-09-05) [2024-02-07]. https://baijiahao.baidu.com/s?id=1743114471704484569.

[328] IT 之家. 2023 年北汽新能源销量 9.2 万辆同比增长 84%，极狐占 30016 辆 [EB/OL]. (2024-01-01) [2024-02-06]. https://new.qq.com/rain/a/20240101A06B2800.

[329] IT 之家. 红旗品牌 2023 年零售销量破 37 万辆同比增长 29.5%，新能源零售销量同比增长 135% [EB/OL]. (2024-01-01) [2024-02-06]. https://www.ithome.com/0/742/723.htm.

[330] IT 之家. 蔚来 2023 年 12 月交付 18012 辆汽车同比增长 13.9%，全年交付 160038 辆 [EB/OL]. (2024-01-01) [2024-02-06]. https://m.ithome.com/html/742789.htm.

[331] IT 之家. 蔚来、小鹏和理想三家汽车公司员工数量对比 [EB/OL]. (2023-07-26) [2024-02-06]. https://new.qq.com/rain/a/20230726A058KU00.

[332] 爱卡汽车. 高合汽车李箴：深耕产品和服务体系 [EB/OL]. (2021-04-19) [2024-02-07]. https://new.qq.com/rain/a/20210419A06LCK00#.

[333] 爱卡汽车. 高合汽车吴越：打造倾听用户的高端品牌 [EB/OL]. (2020-09-26) [2024-02-07]. https://k.sina.cn/article_1731930915_673b2b2302000ov41.html?from=auto&subch=oauto&ab=qiche&_rewriteTime=1711376739953.

[334] 爱卡汽车. 红旗发布阴旗计划 四个维度打造新红旗 [EB/OL]. (2018-10-31) [2024-02-08]. https://baijiahao.baidu.com/s?id=1615804148821236836.

[335] 爱卡汽车. 领克以用户思维树新高端标杆 [EB/OL]. (2020-08-06) [2024-02-07]. https://info.xcar.com.cn/202008/news_2050489_2.html.

[336] 爱卡汽车. 论道速记｜领克以用户思维树新高端标杆 [EB/OL]. (2020-08-13) [2024-06-17]. https://a.xcar.com.cn/info/202008/2050826-1.html.

[337] 爱卡汽车. 坦克品牌总经理刘艳钊：明年推出坦克 700/800 [EB/OL]. (2021-04-20) [2024-02-07]. https://www.sohu.com/a/462211243_114798.

[338] 爱卡汽车. 专访坦克高层：纯电越野不靠谱 [EB/OL]. (2022-09-05) [2024-04-27]. https://aikahao.xcar.com.cn/item/1342313.html.

[339] 爱视集团．一汽董事长徐留平：红旗品牌战略发布会演讲 [EB/OL]．(2018-01-12) [2024-05-17]．https://mp.weixin.qq.com/s?__biz=MjM5NzQ2Nzg0Mw==&mid=2654580407&idx=1&sn=2070e1a3df9a79eb6420ad4af922acfa&chksm=bd148d1b8a63040d7e824f0fbc681b5aaf1f03efa50a389c07bb99f8491f0a9625c3518a4cba&scene=27.

[340] 百度．华人运通丁磊：真诚要成为高合拿得出手的品质 [EB/OL]．(2021-07-18) [2024-05-17]．https://baijiahao.baidu.com/s?id=1705614911658502785&wfr=spider&for=pc.

[341] 百度百家号．丁磊：高合的终极目标是不断优化用户体验 [EB/OL]．(2021-10-09) [2024-02-08]．https://baijiahao.baidu.com/s?id=1713121891990304719.

[342] 百度百家号．具有历史性意义！让林杰底气十足的领克 09，究竟做对了什么 [EB/OL]．(2022-03-07) [2024-02-07]．https://baijiahao.baidu.com/s?id=1726630425519508379.

[343] 北京日报．岚图汽车 CEO 卢放：以用户为中心 打造用户型科技企业 [EB/OL]．(2022-03-28) [2024-02-07]．https://xinwen.bjd.com.cn/content/s62402d69e4b0079458b62e5a.html.

[344] 北汽新能源官网．北京首家直营极狐交付中心提供全功能交付服务 [EB/OL]．(2021-12-21) [2024-02-06]．https://www.bjev.com.cn/media/details/91.html.

[345] 贝壳财经．港股上市首日，理想汽车沈亚楠：北京工厂计划中，不排除回 A 股 [EB/OL]．(2021-08-12) [2024-02-06]．https://new.qq.com/rain/a/20210812A095T100.

[346] 长城汽车官网．高端越野开拓者，坦克 500 上市 [EB/OL]．(2022-03-19) [2024-02-07]．https://www.gwm.com.cn/news/3402068.html.

[347] 常思玥．对话丨全新领克 01 上市 林杰：30 万元内无对手 [EB/OL]．(2020-12-02) [2024-02-07]．https://www.dongchedi.com/article/6901600265615524365.

[348] 车市红点．不止越野！坦克品牌要做汽车领域新品类的开创者 [EB/OL]．(2021-09-08) [2024-02-07]．https://m.163.com/dy/article/GJ5QDAFQ052784D6.html.

[349] 车市红点．对话尹同跃：奇瑞的金字塔“塔尖”，星途如何成为“奇瑞的奥迪” [EB/OL]．(2023-04-12) [2024-02-07]．https://new.qq.com/rain/a/20230412A08GGZ00.

[350] 车市红点．决心 All in 的“极狐行动”，是一场豪赌还是一次涅槃 [EB/OL]．(2021-07-14) [2024-02-06]．https://baijiahao.baidu.com/s?id=1705262712629321844.

[351] 车市红点．林杰：领克 03+代表更纯粹的领克精神回归 [EB/OL]．(2019-08-06) [2024-02-07]．https://k.sina.cn/article_1296119181_4d41358d00100i42u.html?ab=qiche&_rewriteTime=1614473527191&http=fromhttp.

[352] 车文驿．WEY 品牌 CMO 李瑞峰：得用户者得天下 [EB/OL]．(2020-11-24) [2024-02-07]．https://www.sohu.com/a/434050332_120904.

[353] 车文驿．顾华军：魏牌用户运营是“和用户交朋友” [EB/OL]．(2022-01-23) [2024-02-07]．https://t.cj.sina.com.cn/articles/view/1797086517/6b1d5d350010165qp.

[354] 陈灿．陈思英：领克品牌的入圈和破圈［EB/OL］．（2021－09－01）［2024－02－07］．https：//www. autohome. com. cn/news/202109/1198568. html.

[355] 陈楚薇．“三问”领克06，破解“现象级”高端自主品牌进阶密码［EB/OL］．（2020－06－19）［2024－02－07］．https：//www. thepaper. cn/newsDetail_forward_7912936.

[356] 陈华，刘佩其．安聪慧：极氪是吉利根本之变，它代表着电动车的未来［EB/OL］．（2021－04－28）［2024－02－06］．https：//www. thepaper. cn/newsDetail_forward_12435689.

[357] 陈靖．赵同录：经济继续保持平稳增长 发展质量不断提高［EB/OL］．（2019－01－23）［2023－01－01］．https：//finance. sina. com. cn/china/gncj/2019－01－23/doc－ihrfqzka 0178104. shtml.

[358] 陈茂利．采取“欧拉＋沙龙”“坦克＋魏牌”双品牌运营模式 长城启动营销变革［EB/OL］．（2022－12－09）［2024－02－07］．https：//new. qq. com/rain/a/20221209A099S100.

[359] 陈淼．对话安聪慧：科技赋能极氪探索高端电动车第三条发展路径［EB/OL］．（2021－04－19）［2024－02－06］．https：//www. jjckb. cn/2021－04/19/c_139890837. htm.

[360] 陈文文，朱承，夏丹．对话新能源汽车掌门人丨安聪慧：订断货的“极氪”超出了我们的想象［EB/OL］．（2021－06－16）［2024－02－06］．https：//new. qq. com/rain/a/20210616A0CKLI00.

[361] 创业邦．蔚来创始人李斌发布感谢信：不忘初心 继续向前［EB/OL］．（2018－09－13）［2024－02－06］．https：//www. cyzone. cn/article/469263. html.

[362] 丛刚，孙桐桐．极氪CEO安聪慧：卡位“第三赛道”，胜算更大［EB/OL］．（2021－07－28）［2024－02－06］．https：//finance. sina. com. cn/tech/2021－07－28/doc－ikqciyzk8196502. shtml.

[363] 崔小粟．岚图汽车CEO卢放：“十四五”期间中国汽车行业会迎来大爆发［EB/OL］．（2021－09－09）［2024－02－07］．https：//www. cs. com. cn/cj2020/202109/t20210909_6202788. html#.

[364] 崔志强．安聪慧：我们不能辜负那些由于信任选择了极氪的用户［EB/OL］．（2021－07－27）［2024－02－06］．https：//www. d1ev. com/news/qiye/152339.

[365] 大众侃车．刘宇：地表最强背后，是极狐的胆怯和野心丨面对面［EB/OL］．（2022－07－19）［2024－02－06］．https：//www. dazhongkanche. com/d/mianduimian/16733. html.

[366] 第一财经．奇瑞星途一年更换四次营销高管，经销商投资人失去信心［EB/OL］．（2022－07－20）［2024－02－07］．https：//new. qq. com/rain/a/20200720A0UN7900.

[367] 第一电动网．2020全球供应链大会丨理想沈亚楠：车企和供应商之间的合作会有新的变化［EB/OL］．（2020－12－29）［2024－02－06］．https：//zhuanlan. zhihu. com/p/250243954.

[368] 第一电动网．丁磊：数字永生［EB/OL］．（2022－01－12）［2024－02－08］．https：//zhuanlan. zhihu. com/p/456354767.

[369] 第一电动网．李想：理想汽车从2022年起每年发布2款新产品［EB/OL］．（2021－02－26）［2024－02－06］．https：//zhuanlan. zhihu. com/p/353048954.

[370] 第一电动网．力破国产SUV30万天花板，领克09不以降价换销量［EB/OL］．（2022－02－28）

[2024 - 02 - 07]. https://d1ev.com/news/qiye/169019.

[371] 电动星球．月销 3330，61% 用户来自 BBA，岚图破局中 [EB/OL]．(2022 - 01 - 04) [2024 - 02 - 07]. https://zhuanlan.zhihu.com/p/453364582.

[372] 电子工程专辑．对话极氪副总裁赵昱辉：极氪的态度是坚决不打价格战 [EB/OL]．(2023 - 04 - 21) [2024 - 02 - 06]. https://www.eet-china.com/mp/a213398.html.

[373] 东风汽车报．岚图：与用户共创共享共生共存 [EB/OL]．(2021 - 07 - 12) [2024 - 02 - 07]. https://www.dfmc.com.cn/news/company/news_20210712_1000.html.

[374] 东风汽车集团有限公司工会网．岚图 2022 目标：销量 4.6 万辆 产量 4.8 万辆 [EB/OL]．(2022 - 01 - 10) [2024 - 04 - 27]. https://dfgh.dfmc.com.cn/zx/jqyw/7602.htm.

[375] 东吴证券．理想汽车研究报告：L9 爆款可期，飞轮旋转模式开启 [EB/OL]．(2022 - 04 - 24) [2024 - 02 - 06]. https://caifuhao.eastmoney.com/news/20220424152903602531650.

[376] 东吴证券．理想汽车研究报告：家庭用户的自主豪华品牌 [EB/OL]．(2021 - 11 - 23) [2024 - 02 - 06]. https://xueqiu.com/9508834377/203911047.

[377] 懂车帝．高合汽车王晔菁：与用户共创是打造有生命力品牌唯一途径 [EB/OL]．(2020 - 11 - 21) [2024 - 02 - 07]. https://www.dongchedi.com/article/6897515454517035524.

[378] 懂车帝．坦克品牌 2023 年度销量 1 62，539 辆，新能源销量五连涨，累销超 37 万 [EB/OL]．(2024 - 01 - 07) [2024 - 02 - 07]. https://www.dongchedi.com/article/7321217979516174887.

[379] 杜俊仪．对话黄招根：星途将迎来快速发展期 [EB/OL]．(2022 - 08 - 28) [2024 - 02 - 07]. https://www.autohome.com.cn/news/202208/1260657.html.

[380] 杜巧梅．独家对话魏牌 CMO 乔心昱：新能源汽车时代，中国品牌蜿蜒向上 [EB/OL]．(2022 - 06 - 24) [2024 - 02 - 07]. https://m.21jingji.com/article/20220624/herald/26fd8768382fe3e93d74be691dbe9839_ths.html.

[381] 杜巧梅．与新势力竞逐“用户型企业”：传统车企在“内卷”中前进 [EB/OL]．(2021 - 10 - 19) [2024 - 02 - 06]. https://finance.sina.com.cn/tech/2021-10-19/doc-iktzqtyu2195592.shtml.

[382] 范文清．李瑞峰“动刀”魏牌：战略推进组“一周三会”，产品加速电动化，上下效仿“蔚小理” [EB/OL]．(2022 - 04 - 15) [2024 - 02 - 07]. https://www.nbd.com.cn/articles/2022-04-15/2221300.html.

[383] 范英姝．领克首款性能运动轿车上市，中国性能车迈出了第一步 [EB/OL]．(2019 - 08 - 05) [2024 - 02 - 07]. https://www.thepaper.cn/newsDetail_forward_4084840.

[384] 冯华，谷业凯，吴月辉，等．把关键核心技术掌握在自己手中：这十年，总书记这样勉励企业高质量发展 [EB/OL]．(2022 - 08 - 20) [2024 - 02 - 08]. https://news.cyol.com/gb/articles/2022-08/20/content_woeyJSRVK.html.

[385] 凤凰网汽车．EXEED 星途叶磊：中国需高端智能品牌实现“工业强国梦” [EB/OL]．(2021 - 04 -

19）［2024－02－07］．https：//auto. ifeng. com/c/85Zen32RXHL.

［386］凤凰网汽车．对话乔心昱：魏牌的新价值论［EB/OL］．（2022－06－24）［2024－02－07］．https：//new. qq. com/rain/a/20220624A083YE00.

［387］凤凰网汽车．林杰：领克三年40万辆把每一次销售当成友谊的开始［EB/OL］．（2020－12－04）［2024－02－07］．https：//auto. ifeng. com/qichezixun/20201204/1508245. shtml.

［388］凤凰网汽车．领克08为爆款而生？林杰：带着新使命而来［EB/OL］．（2023－09－11）［2024－02－07］．https：//new. qq. com/rain/a/20230911A07GV000.

［389］凤凰网汽车．乔心昱：WEY将会更多采用用户共创［EB/OL］．（2020－11－20）［2024－02－07］．https：//auto. ifeng. com/c/81YcwuT93tb.

［390］凤凰网汽车．坦克：抓住消费群体变化才是真正的品牌经营［EB/OL］．（2021－09－03）［2024－02－07］．https：//auto. ifeng. com/fangtan/20210903/1632657. shtml.

［391］凤凰网汽车．同比大增121%，星途2021年销量创历史新高［EB/OL］．（2022－01－12）［2024－05－10］．https：//auto. ifeng. com/c/8Cjp8CEZmwG.

［392］凤凰网汽车．赵福全对话李斌（全）：蔚来服务密码：对客户的体验全程负责［EB/OL］．（2021－01－20）［2024－02－06］．https：//auto. ifeng. com/pinglun/20210120/1527468. shtml.

［393］凤凰网汽车．赵福全对话李斌（上）：深度解码蔚来“用户学”［EB/OL］．（2021－01－18）［2024－02－06］．https：//new. qq. com/rain/a/20210118A0EQ6200.

［394］凤凰网汽车．赵福全对话李斌（下）：解读汽车产业价值转移［EB/OL］．（2021－01－19）［2024－02－06］．https：//auto. ifeng. com/pinglun/20210119/1526989. shtml.

［395］凤凰网汽车．中国第一辆轿车：东风［EB/OL］．（2009－08－31）［2024－02－08］．https：//auto. ifeng. com/news/domesticindustry/20090831/94550. shtml#.

［396］盖世汽车．WNEVC 2021 ｜岚图汽车科技有限公司首席执行官卢放：技术引领创新驱动，打造科技型用户企业［EB/OL］．（2021－09－17）［2024－02－07］．https：//zhuanlan. zhihu. com/p/411195611.

［397］盖世汽车．比亚迪2023年销量突破300万辆，锁定全球纯电动车销冠［EB/OL］．（2024－01－02）［2024－02－01］．https：//new. qq. com/rain/a/20240102A028B100.

［398］盖世汽车．陈小飞：没有短板的极氪，四年后的目标是全球新能源品牌前三位［EB/OL］．（2021－09－04）［2024－02－06］．https：//car. tom. com/202109/1550006446. html.

［399］盖世汽车．中国第一汽车集团有限公司董事、党委副书记王国强：锚定自主创新链驱动，擎起民族品牌新标杆［EB/OL］．（2021－09－04）［2024－02－01］．https：//auto. gasgoo. com/news/202109/4I70271466C108. shtml.

［400］高飞昌．极氪001杀入高端纯电市场 安聪慧解析造车“第三赛道”［EB/OL］．（2021－04－16）［2024－02－06］．https：//www. eeo. com. cn/2021/0416/485105. shtml.

［401］葛唯尔．专访蔚来汽车创始人李斌：亚马逊十几年才盈利，蔚来不用那么久［EB/OL］．（2018－

09－13）［2024－02－06］. https：//www. yicai. com/news/100025794. html.

［402］宫涛．专访李瑞峰：魏牌不做没挑战的事，就是要“向死而生”，拿下 30 万级市场［EB/OL］.（2022－03－03）［2024－02－07］. http：//www. chezhubidu. com/detail/813878.

［403］顾翎羽．上汽董事长谈为何不与华为合作：不愿失去“灵魂”［EB/OL］.（2021－07－01）［2024－02－06］. https：//finance. sina. com. cn/tech/2021－07－01/doc－ikqcfnca4407596. shtml.

［404］顾天亮．高合汽车王晔菁 车路城协同发展是目标［EB/OL］.（2020－01－21）［2024－02－08］. https：//info. xcar. com. cn/202011/news_2054072_1. html.

［405］郭辰．上海车展对话：坦克是铁汉也要有柔情［EB/OL］.（2021－04－20）［2024－02－07］. https：//www. autohome. com. cn/news/202104/1142168. html.

［406］郭少丹．北汽新能源刘宇：过程很痛苦 但极狐品牌方向可持续［EB/OL］.（2022－07－23）［2024－02－06］. https：//www. sohu. com/a/760028522_121687424.

［407］郭少丹．王秋凤：2 年内极狐汽车要形成 A＋到 B 的四大产品谱系［EB/OL］.（2021－05－22）［2024－02－06］. https：//new. qq. com/rain/a/20210522A0177K00.

［408］郭文静．今年开店 60 家！极狐于立国：服务要用力过猛［EB/OL］.（2021－01－18）［2024－02－06］. https：//chejiahao. autohome. com. cn/info/7788211.

［409］郭文静．星途扩网年内破千，高新华：目标是帮经销商盈利丨壹访谈［EB/OL］.（2021－05－19）［2024－02－07］. https：//www. sohu. com/a/467155414_598586？_trans_＝000019_wzwza.

［410］郭跃．刘艳钊：剑指越野 SUV 新蓝海 坦克品牌“玩”出市场［EB/OL］.（2021－04－23）［2024－02－07］. auto. ce. cn/auto/gundong/202104/23/t20210423_36501257. shtml.

［411］国际在线．中国人口普查数据打破西方唱衰论调［EB/OL］.（2021－05－12）［2024－02－06］. https：//news. cri. cn/20210512/1c24aee0－b58c－82d6－3d91－82f45c0f4fbc. html.

［412］国家统计局．中华人民共和国 2023 年国民经济和社会发展统计公报［EB/OL］.（2024－02－29）［2024－02－29］. https：//www. stats. gov. cn/sj/zxfb/202402/t20240228_1947915. html.

［413］韩忠楠．理想汽车创始人李想：资金储备多多益善［EB/OL］.（2021－06－02）［2024－02－06］. https：//www. cs. com. cn/qc/202106/t20210602_6172507. html.

［414］何芳，宋豆豆．为年轻态人群打造高端新潮混动丨少年领克，从不止步［EB/OL］.（2022－06－09）［2024－02－07］. https：//m. 21jingji. com/article/20220609/herald/aee387284ba43f156a988fccb72c0f97_zaker. html.

［415］和玲．极氪不是完美的，但它正通往完美的路上［EB/OL］.（2021－10－22）［2024－02－06］. https：//new. qq. com/rain/a/20211022A01D6200.

［416］河北新闻网．都市机能越野 SUV 坦克 400 Hi4－T 正式上市，27.98 万元起售［EB/OL］.（2023－09－26）［2024－02－07］. https：//auto. hebnews. cn/2023－09/26/content_9075482. htm.

［417］贺重钢．对话 ARCFOX 极狐：携手华为造好车 誓做智能汽车生力军［EB/OL］.（2021－05－19）

[2024 - 02 - 06]. https：//new. qq. com/rain/a/20210519A09M3100.

[418] 虎嗅 . 李想：终身成长 [EB/OL]. （2018 - 07 - 17）[2024 - 02 - 06]. https：//www. huxiu. com/article/252811. html.

[419] 环球网汽车 . 丁磊：用户就是我们永远的“先手” [EB/OL]. （2021 - 06 - 10）[2024 - 02 - 08]. https：//auto. huanqiu. com/article/43Ukjte7u3D.

[420] 黄持 . 高合吴越：满怀汽车人的初心，坚持与用户的直联 [EB/OL]. （2021 - 11 - 20）[2024 - 02 - 08]. https：//www. autoreport. cn/fangtan/20211120/1215031546. html.

[421] 吉林日报 . 危中寻机 克难求进 长春工业突破困境稳增长 [EB/OL]. （2020 - 11 - 25）[2024 - 05 - 17]. http：//www. changchun. gov. cn/zw_33994/yw/zwdt_74/jjdt/202011/t20201125_2599842. html.

[422] 江小花 . 2021 吉利 KPI：开启与用户互粉时代 [EB/OL]. （2021 - 02 - 02）[2024 - 02 - 07]. https：//www. sohu. com/a/448238988_115826.

[423] 姜范 . 一汽轿车 Mazda6 来了 红旗如何提高民族品牌的竞争力 [EB/OL]. （2003 - 01 - 29）[2024 - 05 - 17]. https：//auto. sina. com. cn/news/2003 - 01 - 29/33114. shtml.

[424] 姜泉华 . 乌镇夜话丨于立国：数字化的产品才是未来 [EB/OL]. （2020 - 11 - 26）[2024 - 02 - 06]. https：//auto. ifeng. com/qichezixun/20201126/1505494. shtml.

[425] 蒋保信 . 朱江：蔚来是一家很可怕的公司，比海底捞还要可怕 [EB/OL]. （2018 - 11 - 19）[2024 - 02 - 06]. https：//www. sohu. com/a/276422969_118021.

[426] 节点财经 . 理想：李想押注后半生 [EB/OL]. （2021 - 06 - 10）[2024 - 02 - 06]. https：//www. jiemian. com/article/6218416. html.

[427] 金融界 . 领克今年全面推出 PHEV 安聪慧：用产品优势弥补品牌刚起步的劣势 [EB/OL]. （2018 - 07 - 02）[2024 - 05 - 17]. https：//baijiahao. baidu. com/s? id = 1604860782738629552&wfr = spider&for = pc.

[428] 经济观察报 . 一汽集团 2022 年赚 490 亿元，红旗卖了 31 万辆 [EB/OL]. （2022 - 01 - 05）[2024 - 05 - 17]. https：//k. sina. com. cn/article_1641561812_61d83ed4020015ah9. html.

[429] 经纬创投 . 理想港股双重上市：迎来加速时刻 [EB/OL]. （2021 - 08 - 12）[2024 - 02 - 06]. https：//finance. sina. com. cn/tech/csj/2021 - 08 - 12/doc - ikqcfncc2407847. shtml.

[430] 蓝鲸新闻 . 领克陈思英：销量逆势增长、05 交付过万，这个成绩刚及格 [EB/OL]. （2020 - 08 - 19）[2024 - 02 - 07]. https：//www. sohu. com/a/413863195_250147.

[431] 雷建平 . 理想汽车总裁沈亚楠：不排除回归 A 股上市 9 月交付量能过万 [EB/OL]. （2021 - 08 - 13）[2024 - 02 - 06]. https：//finance. sina. com. cn/stock/hkstock/hkzmt/2021 - 08 - 13/doc - ikqciyzm1265044. shtml.

[432] 李思佳 . 刘艳钊：坦克的目标人群并不小众 [EB/OL]. （2021 - 04 - 27）[2024 - 02 - 07]. https：//auto. gasgoo. com/news/202104/27I70252142C109. shtml.

[433] 李争光. 刘宇：我们是首家技术输出的中国品牌［EB/OL］.（2021－08－27）［2024－02－06］. https：//www. autohome. com. cn/news/202108/1195840. html.

[434] 辽宁省汽车工业协会. 东风绘高端“岚图”首款概念车 i－Land 亮相［EB/OL］.（2020－07－30）［2024－02－07］. www. laam. org. cn/shownews. asp? id＝7943.

[435] 林梓琪. 李瑞峰：以用户为中心，WEY 不是说说而已［EB/OL］.（2021－04－27）［2024－02－07］. https：//www. sohu. com/a/463378203_118282.

[436] 刘宏龙. 王国强：一汽坚决擎起中国品牌新标杆［EB/OL］.（2021－09－04）［2024－02－08］. https：//www. autohome. com. cn/news/202109/1199625. html.

[437] 刘蕾. 魏牌：中国汽车品牌向上的逻辑［EB/OL］.（2022－05－30）［2024－02－07］. https：//news. inewsweek. cn/observe/2022－05－30/15725. shtml.

[438] 留白. 我们和岚图汽车的高管们聊了聊，他们如何评价岚图 FREE［EB/OL］.（2021－04－02）［2024－02－07］. https：//new. qq. com/rain/a/20210402A0498U00.

[439] 鲁智高. 明势资本黄明明：理想汽车的股票能持有多久就多久，至少 10 年以上［EB/OL］.（2021－06－08）［2024－02－06］. https：//finance. sina. com. cn/roll/2021－06－08/doc－ikqcfnaz9835367. shtml.

[440] 路由社. 领克 09：穿越窄门［EB/OL］.（2021－06－23）［2024－02－07］. https：//xueqiu. com/3722434998/186962133.

[441] 吕明侠. 高营销费用，拉不动北汽极狐［EB/OL］.（2022－06－13）［2024－02－01］. https：//m. thepaper. cn/baijiahao_18542811.

[442] 每经网. 解析理想汽车 2021 全年财务业绩：百亿营收背后的企业健康发展模式［EB/OL］.（2022－03－01）［2024－02－06］. https：//www. nbd. com. cn/articles/2022－03－01/2144505. html.

[443] 每经网. 蔚来汽车降本增效初见成效：2020 毛利有望转正，老用户推荐率达 69%［EB/OL］.（2020－03－19）［2024－02－06］. https：//www. nbd. com. cn/articles/2020－03－19/1418277. html.

[444] 明艳. 专访星途营销中心李冬春：选择多元化营销模式，规划布局新能源车型［EB/OL］.（2021－04－26）［2024－02－07］. https：//www. sohu. com/a/463067028_362042.

[445] 牛车网. 陈思英：5 岁的领克还谈不上成功［EB/OL］.（2021－11－20）［2024－02－07］. https：//www. sohu. com/a/502251309_268260.

[446] 牛车网. 对话坦克品牌：满足用户差异化需求，坦克 600 是一个新品类开创者［EB/OL］.（2021－09－02）［2024－02－07］. https：//www. 163. com/dy/article/GISOAQSI052792SH. html.

[447] 牛车网. 蔚来魏健：成为用户企业是目的不是手段［EB/OL］.（2020－09－06）［2024－02－06］. https：//new. qq. com/rain/a/20210421A0ACUO00.

[448] 庞义成，蒋保信. 蔚来秦力洪：风暴已至［EB/OL］.（2019－05－23）［2024－02－06］. https：//www. sohu. com/a/315921268_118021.

[449] 裴健如．极狐冲刺 100 家店面渠道建设 赵志楠：已在规划固态电池的应用［EB/OL］．（2021－10－13）［2024－02－06］．https：//new. qq. com/rain/a/20211013A03R4V00.

[450] 澎湃新闻．极狐汽车 3 个月连续独家冠名 3 场演唱会，到底值不值［EB/OL］．（2022－08－10）［2024－02－06］．https：//www. thepaper. cn/newsDetail_forward_19384334.

[451] 澎湃新闻．极狐之“急”，华为何为［EB/OL］．（2022－07－26）［2024－02－06］．https：//www. thepaper. cn/newsDetail_forward_19164708.

[452] 澎湃新闻．雷军第一次完整讲述：我 30 年的经验和教训［EB/OL］．（2022－09－23）［2024－02－06］．https：//www. thepaper. cn/newsDetail_forward_20026054.

[453] 澎湃新闻．李想为理想汽车设立两个新目标：五年中国第一，十年全球第一［EB/OL］．（2021－02－23）［2024－02－06］．https：//www. thepaper. cn/newsDetail_forward_11428699.

[454] 澎湃新闻．徐留平履新一汽 150 天：把自己架火上烤 交出不一样的红旗［EB/OL］．（2018－01－10）［2024－05－17］．https：//www. sohu. com/a/215872966_260616.

[455] 汽车 K 线．对话林杰：领克的问题、破局与责任［EB/OL］．（2019－06－11）［2024－02－07］．https：//www. sohu. com/a/319717510_115871.

[456] 汽车产经网．李斌：在低谷中，蔚来做对了什么［EB/OL］．（2020－09－22）［2024－02－06］．https：//www. sohu. com/a/420209323_180553.

[457] 汽车产经网．魏牌乔心昱：高端新能源必须有智能化加持［EB/OL］．（2022－08－31）［2024－02－07］．https：//www. autoreport. cn/zonghe/20220831/2171761224. html.

[458] 汽车产经网．一汽王国强：十四五聚焦自主，擎起民族品牌新标杆［EB/OL］．（2021－09－04）［2024－02－08］．https：//www. autoreport. cn/hyltzt/20210904/1415022503. html.

[459] 汽车产经网．朱凌：领克品牌形象没有刻意营造 更注重顺其自然［EB/OL］．（2018－11－17）［2024－02－07］．https：//www. d1ev. com/news/pinglun/81393.

[460] 汽车商报．李斌：消费者的用户体验和满意度是衡量车企的重要标准［EB/OL］．（2019－08－16）［2024－02－06］．https：//chejiahao. autohome. com. cn/info/4465352.

[461] 汽车商业评论．刘艳钊：坦克 500 树立豪华越野新标杆［EB/OL］．（2021－11－26）［2024－02－07］．https：//inabr. com/news/13400.

[462] 汽车商业评论．柳燕：“如果有这样一辆轿车……那么她只能是红旗”［EB/OL］．（2017－03－07）［2024－02－08］．https：//www. sohu. com/a/128152017_115873.

[463] 汽车通讯社．为了让粉丝“上头”，岚图汽车用了“笨办法”［EB/OL］．（2021－06－22）［2024－02－07］．https：//baijiahao. baidu. com/s？id＝1703232578448604707.

[464] 汽车通讯社．与蔚来同行，岚图打造另一种用户型科技企业［EB/OL］．（2021－10－27）［2024－02－07］．https：//www. 163. com/dy/article/GN9J337P05279VMM. html.

[465] 汽车通研社．李瑞峰：魏牌要闯出一条长城汽车各个品牌向上突破的成功之路［EB/OL］．（2022－

03 - 15) [2024 - 02 - 07]. https://chejiahao.autohome.com.cn/info/10349497.

[466] 汽车通研社. 徐留平：逆流而上 路阻且长 [EB/OL]. (2018 - 01 - 11) [2024 - 02 - 08]. https://www.sohu.com/a/216070722_475103.

[467] 汽车头条. “新四化”改革新形式，催生传统车企和新势力的梦与焦虑 [EB/OL]. (2018 - 05 - 12) [2024 - 05 - 17]. https://baijiahao.baidu.com/s?id=1600224991938341578&wfr=spider&for=pc.

[468] 汽车头条. 林杰：领克品牌的目标是持续改变移动出行方式 [EB/OL]. (2020 - 10 - 10) [2024 - 02 - 07]. https://www.sohu.com/a/423592614_121861.

[469] 汽车维基. 贾亚权：星途 M38T 要做到月销 5000 [EB/OL]. (2022 - 08 - 07) [2024 - 02 - 07]. https://www.sohu.com/a/574978960_133588.

[470] 汽车预言家. 对话安聪慧、徐大全：极氪改变了汽车什么 [EB/OL]. (2021 - 09 - 30) [2024 - 02 - 06]. https://k.sina.cn/article_5937504527_161e7210f001012ymk.html?from=auto&ab=qiche&_rewriteTime=1706109778180.

[471] 汽车之家. 2019 上海车展访 EXEED 星途事业部总经理 [EB/OL]. (2019 - 04 - 17) [2024 - 02 - 07]. https://www.autohome.com.cn/news/201904/933829.html.

[472] 汽车之家. 4 周年只是起点 领克将坚持与用户“共创” [EB/OL]. (2020 - 10 - 21) [2024 - 02 - 07]. https://chejiahao.autohome.com.cn/info/7146792.

[473] 汽车之家. 北汽 ARCFOX 极狐阿尔法 S 华为 HI 版订单破千 四季度交付 [EB/OL]. (2021 - 05 - 25) [2024 - 02 - 06]. https://zhuanlan.zhihu.com/p/373552115.

[474] 汽车之家. 产品高端更要服务高端，岚图 FREE 大定权益让人欲罢不能 [EB/OL]. (2021 - 06 - 28) [2024 - 02 - 07]. https://chejiahao.autohome.com.cn/info/8927062.

[475] 汽车之家. 东风汽车的“蓝图”：岚图 FREE 12 月 18 日首秀 [EB/OL]. (2020 - 12 - 02) [2024 - 02 - 07]. https://zhuanlan.zhihu.com/p/340854417.

[476] 汽车之家. 对话陈小飞：开辟第三赛道的极氪，正在产出着怎样的影响力 [EB/OL]. (2021 - 09 - 06) [2024 - 02 - 06]. https://new.qq.com/rain/a/20210906A04UX100.

[477] 汽车之家. 对话黄招根：星途将迎来快速发展期 [EB/OL]. (2022 - 08 - 28) [2024 - 02 - 07]. https://auto.stockstar.com/IG2022082900000003.shtml.

[478] 汽车之家. 对话乔心昱：转型与冲高 魏牌自我变革 [EB/OL]. (2022 - 08 - 28) [2024 - 02 - 07]. https://wap.stockstar.com/detail/IG2022082800000859.

[479] 汽车之家. 感官豪华 + 场景共创 + 服务升级，看高合对豪华汽车的理解和诠释 [EB/OL]. (2022 - 03 - 23) [2024 - 02 - 07]. https://chejiahao.autohome.com.cn/info/10379438.

[480] 汽车之家. 高合汽车服务持续进化，颠覆传统用车理念，实力至上！ [EB/OL]. (2022 - 03 - 23) [2024 - 04 - 10]. https://chejiahao.autohome.com.cn/info/10379420.

[481] 汽车之家. 岚图 FREE 立足未稳，新推“梦想家”依然难当大任 [EB/OL]. (2021 - 11 - 23)

[2024 - 04 - 27]. https://chejiahao.autohome.com.cn/info/9908365/.

[482] 汽车之家. 年底潜入岚图总部，我发现了一些不为人知的秘密…… [EB/OL]. (2022 - 01 - 12) [2024 - 02 - 07]. https://chejiahao.autohome.com.cn/info/10156500.

[483] 汽车之家. 群访北汽蓝谷刘宇 极狐阿尔法 S 如何破局 [EB/OL]. (2021 - 04 - 20) [2024 - 02 - 06]. https://www.autohome.com.cn/news/202104/1142184.html.

[484] 汽车之家. 数据告诉您究竟是谁在为“理想”买单 [EB/OL]. (2019 - 05 - 15) [2024 - 02 - 06]. https://www.autohome.com.cn/news/201905/934153.html.

[485] 汽车之家. 数字化营销思路，领克如何做到不到 3 年用户超 30 万 [EB/OL]. (2020 - 08 - 17) [2024 - 02 - 07]. https://zhuanlan.zhihu.com/p/186941185.

[486] 汽车之家. 魏牌乔心昱：有用户发来 100 页 PPT，把我感动坏了 [EB/OL]. (2022 - 06 - 25) [2024 - 02 - 07]. https://chejiahao.autohome.com.cn/info/10735820.

[487] 汽车之家. 星途是技术奇瑞的集大成者，也是奇瑞品牌向上的突破者 [EB/OL]. (2021 - 06 - 09) [2024 - 02 - 07]. https://chejiahao.autohome.com.cn/info/8775334.

[488] 汽车之家. 一汽大规模人事变革始末 [EB/OL]. (2017 - 12 - 20) [2024 - 02 - 08]. https://chejiahao.autohome.com.cn/info/2145247.

[489] 汽车之家. 真·用户时代！独家解读蔚来运营理念 [EB/OL]. (2020 - 06 - 21) [2024 - 02 - 06]. https://www.autohome.com.cn/news/202006/189424 - 4.html? pvareaid = 3311700.

[490] 汽车之家. 专访理想销售服务副总裁刘杰：销量猛增背后的答案 [EB/OL]. (2021 - 06 - 13) [2024 - 02 - 06]. https://chejiahao.autohome.com.cn/info/9459142.

[491] 汽车纵横. ARCFOX 极狐：做用户“品”出来的高端品牌 [EB/OL]. (2021 - 03 - 23) [2024 - 02 - 06]. https://new.qq.com/rain/a/20210323A0AMHT00.

[492] 汽车纵横. 陈思英：“年轻化” & “存量竞争” 双轮驱动汽车市场多元化发展 [EB/OL]. (2021 - 09 - 05) [2024 - 02 - 07]. https://autoreview.com.cn/show_article - 11812.html.

[493] 钱亚光，马晓蕾. 营收创新高，利润变新低，特斯拉 2023 年全年财报发布 [EB/OL]. (2024 - 01 - 26) [2024 - 02 - 06]. https://m.thepaper.cn/newsDetail_forward_26153151.

[494] 秦章勇. 专访北汽新能源高层：ARCFOX 请用户尽情吐槽，αT 会完爆 40 万元以内汽油车 [EB/OL]. (2020 - 09 - 28) [2024 - 02 - 06]. https://auto - time.36kr.com/p/901297229182213.

[495] 青橙汽车. “三年三品类” 达成，岚图 “追光” 上市 [EB/OL]. (2023 - 04 - 18) [2024 - 02 - 07]. https://zhuanlan.zhihu.com/p/622875695.

[496] 饶翔宇. 对话极氪 CEO 安聪慧：直营模式下，厂商如何平衡用户关系是个全新问题 [EB/OL]. (2021 - 09 - 02) [2024 - 02 - 06]. https://new.qq.com/rain/a/20210902A0FBZI00.

[497] 人民网. 岚图汽车卢放：始终把用户信任放在第一位 [EB/OL]. (2021 - 10 - 20) [2024 - 02 - 07]. finance.people.com.cn/n1/2021/1020/c1004 - 32259142.html.

[498] 沈美.《时代摘要》走进岚图 探寻一位中国新能源汽车企业家的梦想 [EB/OL]. (2022-08-29) [2024-02-07]. http://www.xinhuanet.com/fortunepro/20220829/c7917f7f846a40018a2475ad998485b5/c.html.

[499] 沈天香. ARCFOX 极狐的视与界 [EB/OL]. (2021-04-08) [2024-02-06]. https://www.163.com/dy/article/G72H7K250527T7DL.html.

[500] 搜狐."十四五"规划:培育出属于中国的高端化妆品品牌 [EB/OL]. (2021-03-16) [2024-02-08]. https://www.sohu.com/a/455843973_436243.

[501] 搜狐. 北京车展丨领克陈思英:让产品践行"不止于车"的品牌承诺 领克坚持与用户同在 [EB/OL]. (2020-09-26) [2024-02-07]. https://www.sohu.com/a/420976832_430289.

[502] 搜狐. 北汽蓝谷 2021 年财务指标改善 极狐品牌冲击年销 4 万辆目标 [EB/OL]. (2022-03-31) [2024-05-10]. https://www.sohu.com/a/533939593_629444.

[503] 搜狐. 此生必驾中国魏-摩卡 DHT-PHEV 智行 G318 专访媒体 QA [EB/OL]. (2022-07-05) [2024-02-07]. https://www.sohu.com/a/564039602_118035.

[504] 搜狐. 东风集团创业板首发获批,募集 210 亿投资岚图 110 亿 [EB/OL]. (2020-12-13) [2024-05-10]. https://www.sohu.com/a/437998583_118741.

[505] 搜狐. 对话李瑞峰:以技术立本,迎产品大年,属于魏牌的大时代已来临 [EB/OL]. (2022-01-19) [2024-02-07]. https://www.sohu.com/a/517741745_121469.

[506] 搜狐. 对话乔心昱丨魏牌向上发展这条路像极了 G318 [EB/OL]. (2022-06-24) [2024-02-07]. https://www.sohu.com/a/560634218_125029.

[507] 搜狐. 高合丁磊:让用户感受到科学和艺术的高度融合之美 [EB/OL]. (2023-05-09) [2024-02-08]. https://www.sohu.com/a/674023755_599384.

[508] 搜狐. 华人运通丁磊:高合汽车用科技定义豪华汽车 高合 HiPhi X 实现软硬件分离 [EB/OL]. (2020-10-12) [2024-02-07]. https://www.sohu.com/a/424096885_120006117.

[509] 搜狐. 华人运通丁磊深度发言:打造最高价值出行体验 [EB/OL]. (2021-07-18) [2024-02-07]. https://www.sohu.com/a/478189305_121054196.

[510] 搜狐. 华人运通丁磊谈高合企业核心理念:与用户交朋友 [EB/OL]. (2021-07-15) [2024-02-08]. https://www.sohu.com/a/477662148_120327632.

[511] 搜狐. 极氪赵昱辉:真诚是极氪打动用户的唯一秘诀 [EB/OL]. (2021-09-01) [2024-02-06]. https://www.sohu.com/a/487062244_115342.

[512] 搜狐. 岚图黄伟冲:岚图和蔚来、理想不是竞争关系,而是竞赛关系 [EB/OL]. (2021-08-31) [2024-02-07]. https://www.sohu.com/a/486897926_115342.

[513] 搜狐. 领克的 2017 和 2019 [EB/OL]. (2019-12-02) [2024-02-07]. https://www.sohu.com/a/357741509_121469.

[514] 搜狐. 领克累计总销量达到309, 255 辆 赢得了30余万用户的认可与信赖 [EB/OL]. (2020-07-31) [2024-02-07]. https: //www. sohu. com/a/410755305_120479896.

[515] 搜狐. 刘宇: 谋定北汽蓝谷 [EB/OL]. (2021-02-19) [2024-02-06]. https: //www. sohu. com/a/451438508_100211059.

[516] 搜狐. 深耕用户中心理念 WEY 品牌以用户共创赋能未来产品 [EB/OL]. (2020-11-28) [2024-02-07]. https: //www. sohu. com/a/434949945_100119548.

[517] 搜狐. 我所看到的领克 我所听到的领克 [EB/OL]. (2021-10-13) [2024-02-07]. https: //www. sohu. com/a/494877770_100170494.

[518] 搜狐. 携手北京国安, 极狐持续破圈 [EB/OL]. (2022-04-14) [2024-02-06]. https: //www. sohu. com/a/537882812_133588.

[519] 搜狐. 徐留平立下振兴红旗"军令状": 要做世界著名的"新高尚品牌" [EB/OL]. (2018-01-11) [2024-02-08]. https: //www. sohu. com/a/216092931_120218.

[520] 搜狐. 一年爆卖30亿? 中国富人收割机, 终于割不动了 [EB/OL]. (2023-03-06) [2024-05-17]. https: //www. sohu. com/a/648586381_120735448.

[521] 搜狐. 专访 | 极狐总裁于立国: 只有我们跪下了 用户才能站起来 [EB/OL]. (2021-01-19) [2024-02-06]. https: //www. sohu. com/a/445452174_383324.

[522] 搜狐. 专访北汽新能源于立国: 四年磨一剑, ARCFOX 已出鞘 [EB/OL]. (2020-04-24) [2024-02-06]. https: //www. sohu. com/a/390690160_99994098.

[523] 搜狐财经. 岚图汽车增资项目预披露: 累计亏损14亿元, 前7月销量8671辆, 达全年目标的28% [EB/OL]. (2022-08-03) [2024-05-10]. http: //finance. ce. cn/stock/gsgdbd/202208/03/t20220803_37930927. shtml.

[524] 搜狐汽车. 2021上海车展 | 黄伟冲: 岚图 FREE 亮相上海车展 全直营模式和数字化平台直达用户 [EB/OL]. (2021-04-23) [2024-02-07]. https: //www. sohu. com/a/462315311_430289.

[525] 搜狐汽车. 2021重庆论坛 | 上汽大众俞经民/北汽沈鹏/极狐王秋凤: 用户运营终极目的是什么 [EB/OL]. (2021-06-13) [2024-02-06]. https: //www. sohu. com/a/471837381_430289.

[526] 搜狐汽车. 2021重庆论坛 | 沈亚楠: 理想 ONE 超80%城市里程由纯电驱动 总体排放缩减约60% [EB/OL]. (2021-06-13) [2024-02-06]. https: //www. sohu. com/a/471934689_430289.

[527] 搜狐汽车. 40万用户113万粉丝背后: 选择成为用户公司的领克 [EB/OL]. (2020-12-04) [2024-02-07]. https: //www. sohu. com/a/436165073_100058391.

[528] 搜狐汽车. ARCFOX 极狐高层专访: 全力打造品牌认知度 [EB/OL]. (2021-06-28) [2024-02-06]. https: //www. sohu. com/a/474524953_117058.

[529] 搜狐汽车. 陈思英: 领克抓住了三个重要机遇 坚持与用户共创品牌 [EB/OL]. (2021-11-21) [2024-02-07]. https: //www. sohu. com/a/502546493_430289.

[530] 搜狐汽车. 对话岚图高层：岚图和所有新能源车企是战友，不是对手 [EB/OL]. (2020-12-22) [2024-02-07]. https://www.sohu.com/a/439695838_383324.

[531] 搜狐汽车. 高新华：星途所有的动作 都要围绕“让用户满意” [EB/OL]. (2021-05-18) [2024-02-07]. https://www.sohu.com/a/467049153_115542.

[532] 搜狐汽车. 红旗轿车历年销量变化，2018 年到底发生了什么改变了红旗 [EB/OL]. (2022-01-13) [2024-05-17]. https://www.sohu.com/a/516359582_121108885.

[533] 搜狐汽车. 岚图：没有传统的公司，只有传统的思想 [EB/OL]. (2021-10-20) [2024-02-01]. https://www.sohu.com/a/496106679_118021.

[534] 搜狐汽车. 李瑞峰：DHT 是领先增程两代的技术 魏牌作为长城品牌向上的试验田正全面转型 [EB/OL]. (2022-07-20) [2024-02-07]. https://www.sohu.com/a/569252861_430289.

[535] 搜狐汽车. 李瑞峰：强调“以用户为中心”实现从产品品牌向用户品牌转变 [EB/OL]. (2021-04-22) [2024-02-07]. https://www.sohu.com/a/462256765_430289.

[536] 搜狐汽车. 林杰：领克强调的不仅是年轻人 更是一种年轻态 [EB/OL]. (2021-06-23) [2024-02-07]. https://www.sohu.com/a/473670902_430289.

[537] 搜狐汽车. 领克“向上”：易车专访领克汽车销售有限公司副总经理陈思英 [EB/OL]. (2023-09-09) [2024-02-07]. https://www.sohu.com/a/488799312_121017278.

[538] 搜狐汽车. 如何看待星途“懂用户、宠用户”品牌理念 [EB/OL]. (2021-06-08) [2024-02-07]. https://www.sohu.com/a/471083042_120150204.

[539] 搜狐汽车. 搜狐汽车全球快讯 | 同比增长 37.6% 星途品牌 2022 年累计销量 51142 辆 [EB/OL]. (2023-01-13) [2024-05-10]. https://m.sohu.com/a/629376552_115292/?scm=1102.xchannel:325:100002.0.6.0.

[540] 搜狐汽车. 蔚来汽车创始人李斌：蔚来不会亏损十几年 但现在没法给出盈利时间点 [EB/OL]. (2018-12-19) [2024-02-06]. https://www.sohu.com/a/283160866_354817.

[541] 搜狐汽车. 魏牌“冲高”倒逼渠道变革，推直营合伙人模式，300 家 4S 店面临转型 [EB/OL]. (2022-04-19) [2024-05-17]. https://www.sohu.com/a/539391096_121124486.

[542] 搜狐汽车. 张朝阳对话林杰：从细分到微分市场 今天小众不代表未来小众 [EB/OL]. (2020-05-22) [2024-02-07]. https://www.sohu.com/a/396764715_322340.

[543] 搜狐汽车. 专访高新华：星途全新一代 TXL 拥有五个五星+ [EB/OL]. (2020-10-24) [2024-02-07]. https://www.sohu.com/a/426808617_115201.

[544] 搜狐汽车. 坐标广州·悦汇城，欢迎来到“岚图空间” [EB/OL]. (2021-04-16) [2024-05-10]. https://www.sohu.com/a/461210635_100267302.

[545] 苏鹏. 对话乔心昱：硬刚“蔚小理”，魏牌如何征战新赛道 [EB/OL]. (2022-06-28) [2024-02-07]. https://auto-time.36kr.com/p/1804523184980998.

[546] 孙桐桐．全新领克 01 进军欧洲市场 林杰：领克品牌不靠数量取胜［EB/OL］．（2020－12－04）［2024－02－07］．https：//www.nbd.com.cn/articles/2020－12－03/1562947.html.

[547] 孙文凯．领克品牌研究院朱凌：明年推出 400 匹 03 车型［EB/OL］．（2018－11－17）［2024－02－07］．https：//www.sohu.com/a/275988123_157534.

[548] 孙小树．极氪 001 量产下线，极氪 2025 进第一梯队？［EB/OL］．（2021－10－21）［2024－02－06］．https：//zhuanlan.zhihu.com/p/423950942.

[549] 孙笑天．曹志纲：EXEED 星途坚持正向开发 满足新一代车主需求［EB/OL］．（2019－04－18）［2024－02－07］．https：//baijiahao.baidu.com/s？id＝1631134363923429074.

[550] 孙宇．卖得再好也要宠粉 极氪将开启“狂撒积分”模式［EB/OL］．（2021－07－30）［2024－02－06］．https：//baijiahao.baidu.com/s？id＝1706706920553025939.

[551] 太平洋汽车．2023 全球汽车品牌价值榜：特斯拉强势登顶，大众屈居第六［EB/OL］．（2023－05－20）［2024－02－06］．https：//www.pcauto.com.cn/hj/article/2033045.html.

[552] 太平洋汽车．ARCFOX 极狐：做用户型企业不难，关键是领导把嘴闭上［EB/OL］．（2021－04－18）［2024－02－01］．https：//www.yoojia.com/article/10243179126252797312.html.

[553] 太平洋汽车．GNEV11｜沈泓：蔚来将始终把用户放在首位，与用户携手前行［EB/OL］．（2021－01－31）［2024－02－06］．https：//m.pcauto.com.cn/hj/article/684495.html.

[554] 太平洋汽车．长城 WEY 刘艳钊：坦克 300 兼顾越野与舒适，打造 50 万内最优［EB/OL］．（2020－09－30）［2024－02－07］．https：//www.pcauto.com.cn/hj/article/526810.html.

[555] 太平洋汽车．极氪赵昱辉：“只要对用户有价值，我们就会去尝试”［EB/OL］．（2021－09－05）［2024－02－06］．https：//www.pcauto.com.cn/hj/article/945729.html.

[556] 太平洋汽车．拒绝冰冷 林杰：领克要做消费者公司［EB/OL］．（2020－08－14）［2024－02－07］．https：//www.pcauto.com.cn/hj/article/473262.html.

[557] 太平洋汽车．岚图汽车预售专访：今年三季度交付/年底推出七座版［EB/OL］．（2021－04－07）［2024－02－07］．https：//auto.sina.com.cn/news/2021－04－07/detail－ikmyaawa8362494.shtml.

[558] 太平洋汽车．奇瑞贾亚权：奇瑞要将星途打造成独立的高端品牌［EB/OL］．（2022－04－13）［2024－02－07］．https：//www.pcauto.com.cn/jxwd/2987/29875525.html.

[559] 太平洋汽车．蔚来 ES8 购车手册，价格上涨配置怎么选［EB/OL］．（2022－12－27）［2024－06－17］．https：//m.pcauto.com.cn/hj/article/1781812.html.

[560] 唐媛．星途范星：计划 2023 年达成全系绿牌化的目标［EB/OL］．（2022－08－29）［2024－02－07］．https：//new.qq.com/rain/a/20220829A05XL500.

[561] 腾讯．2023 上半年：比亚迪大赚超百亿，赛力斯、北汽蓝谷持续亏损［EB/OL］．（2023－07－17）［2024－02－06］．https：//new.qq.com/rain/a/20230717A082ZI00.

[562] 腾讯．EXEED 星途发布全新品牌定位“极智新国创”，向上进阶描绘新蓝图［EB/OL］．（2021－

04－19）［2024－02－07］. https：//new. qq. com/rain/a/20210419A05TZJ00.

［563］腾讯．ZEEKR 001 缘何备受期待 盘点不可抗拒的 X 大杀手锏［EB/OL］.（2021－10－11）［2024－02－06］. https：//new. qq. com/rain/a/20211011A03C1W00.

［564］腾讯．打造用户型企业是我们坚定的方向 专访极氪智能科技 CEO 安聪慧［EB/OL］.（2021－09－03）［2024－02－06］. https：//new. qq. com/rain/a/20210903A06ZS500.

［565］腾讯．高合汽车再次品牌进化，全新长续航车型推动向上"越阶"［EB/OL］.（2022－03－08）［2024－04－10］. https：//new. qq. com/rain/a/20220308A02W9K00.

［566］腾讯．功夫汽车丨魏牌"画风突变"！背后竟是一场"向死而生"的"狠转型"［EB/OL］.（2022－03－04）［2024－02－07］. https：//new. qq. com/rain/a/20220304A097QI00.

［567］腾讯．极狐汽车王秋凤：用户运营理想状态是做到共赢共创 要与用户"用心交朋友"［EB/OL］.（2021－06－13）［2024－02－06］. https：//new. qq. com/rain/a/20210613A044PM00.

［568］腾讯．极狐汽车总裁于立国：要打造以用户为中心的企业文化［EB/OL］.（2021－01－21）［2024－02－06］. https：//new. qq. com/rain/a/20210121A06FOQ00.

［569］腾讯．极氪徐云：吸纳消费者的智慧，以"用户"定义汽车［EB/OL］.（2021－04－21）［2024－02－06］. https：//new. qq. com/rain/a/20210421A041GI00.

［570］腾讯．极致追求，高合汽车的"创新"升维之道［EB/OL］.（2022－04－14）［2024－02－07］. https：//new. qq. com/rain/a/20220414A07VP900.

［571］腾讯．极智力量 向上而生 看极狐在渠道和服务上的未来规划［EB/OL］.（2021－10－10）［2024－02－06］. https：//new. qq. com/rain/a/20211010A0AKCP00.

［572］腾讯．理想汽车 CEO 李想：我要感谢三个人［EB/OL］.（2020－07－30）［2024－02－01］. https：//new. qq. com/rain/a/TEC2020073001923700.

［573］腾讯．理想汽车新增 5 家直营交付中心，其中 2 家为临时交付中心［EB/OL］.（2022－01－28）［2024－02－06］. https：//new. qq. com/rain/a/20220128A067HX00.

［574］腾讯．刘艳钊：坦克品牌独立亮相"铁汉柔情"只是开始［EB/OL］.（2021－04－27）［2024－02－07］. https：//new. qq. com/rain/a/20210427A074FT00.

［575］腾讯．刘艳钊：为 10% 的极限越野用户 坦克也要做足 100% 的准备［EB/OL］.（2022－09－07）［2024－02－07］. https：//new. qq. com/rain/a/20220907A0BBFG00.

［576］腾讯．刘宇：极狐破界最重要三件事 产品定义、用户需求和服务［EB/OL］.（2021－04－21）［2024－02－06］. https：//new. qq. com/rain/a/20210421A0CYG900.

［577］腾讯．品牌战略发布 岚图凭什么能造高端电动车［EB/OL］.（2020－08－12）［2024－02－07］. https：//new. qq. com/rain/a/20200812A0SUNB00.

［578］腾讯．强者如云，领克 05 为何能获封"年度最佳外观设计车大奖"［EB/OL］.（2021－01－27）［2024－02－07］. https：//new. qq. com/rain/a/20210127A0GPJT00.

[579] 腾讯. 全球最好的新能源技术？李瑞峰详解魏牌的“自信”从何而来 [EB/OL]. (2022-03-04) [2024-02-07]. https://new.qq.com/rain/a/20220304A06UYD00.

[580] 腾讯. 坦克品牌 CEO 刘艳钊：硬派越野的纯电时代还远，我们不造电动坦克 [EB/OL]. (2022-08-31) [2024-02-07]. https://new.qq.com/rain/a/20220831A0BD0R00.

[581] 腾讯. 蔚来、理想、小鹏都上市了！李想：三家加起来超过特斯拉，这是咱们明年目标 [EB/OL]. (2020-08-31) [2024-02-06]. https://new.qq.com/rain/a/20200831A0II2F00.

[582] 腾讯. 蔚来李斌：没有 400 亿别想着造车 [EB/OL]. (2021-12-27) [2024-02-06]. https://new.qq.com/rain/a/20211227A07EJ800.

[583] 腾讯. 魏牌 CEO 李瑞峰：向死而生，背水一战 [EB/OL]. (2022-03-10) [2024-02-07]. https://new.qq.com/rain/a/20220310A05DZU00.

[584] 腾讯. 魏牌乔心昱大胆“开麦”：只有新技术，没有新势力 [EB/OL]. (2022-07-21) [2024-02-07]. https://new.qq.com/rain/a/20220721A03XIK00.

[585] 腾讯. 魏牌针对年轻人的用户运营，有什么独到的地方 [EB/OL]. (2022-01-21) [2024-02-07]. https://new.qq.com/rain/a/20220121A01CA700.

[586] 腾讯. 新华社经济参考报整版聚焦一汽改革创新：高举“红旗”乘风破浪 [EB/OL]. (2022-11-30) [2024-04-10]. https://new.qq.com/rain/a/20221130A014XR00.

[587] 腾讯. 星途正式对外发布“双网共修”计划，完善服务网络、升级服务体验 [EB/OL]. (2022-07-17) [2024-02-07]. https://new.qq.com/rain/a/20220717A058YU00.

[588] 腾讯. 仰望 U8 上市，售价 109.8 万元，揭开了中国百万级豪车的序幕 [EB/OL]. (2023-09-22) [2024-02-01]. https://new.qq.com/rain/a/20230922A02G6V00.

[589] 腾讯. 尹同跃：“星途就是奇瑞的‘奥迪’!” [EB/OL]. (2021-04-22) [2024-02-07]. https://new.qq.com/rain/a/20210422A09EOX00.

[590] 腾讯. 折叠人群 (4)：蔚来“新社群”破局之道（上）：“超级用户”的崛起 [EB/OL]. (2021-11-15) [2024-02-06]. https://new.qq.com/rain/a/20211115A06HH800.

[591] 腾讯. 智库说 | 对话安聪慧：极氪如何突围 [EB/OL]. (2021-11-06) [2024-02-06]. https://new.qq.com/rain/a/20211106A01X6B00.

[592] 腾讯. 智联专访 | 北汽蓝谷刘宇：高级自动驾驶元年已至，极狐与华为合作刚刚开始 [EB/OL]. (2021-04-22) [2024-02-06]. https://new.qq.com/rain/a/20210422A0F1GO00.

[593] 天风证券. 汽车整车行业理想汽车：精准定位，打造智能化爆款车型 [EB/OL]. (2021-09-01) [2024-02-06]. https://m.hibor.com.cn/wap_detail.aspx? id=62c6b146f164b1c7dd89d9e21f5987fb.

[594] 涂彦平. 李想和理想，有人高呼“我爱你”，有人“粉转黑” [EB/OL]. (2021-05-28) [2024-02-06]. https://finance.sina.com.cn/tech/2021-05-28/doc-ikmyaawc7974302.shtml.

[595] 玩家教授. 高合汽车王晔菁：与用户共创是打造一个有生命力的品牌的唯一途径 [EB/OL]. (2020-

05 - 11) [2024 - 02 - 08]. https://www.chemm.com/newsDetail?article_id = 42222.

[596] 王得源. 顾华军：魏牌用户运营不只要“术”的改变，也要“道”的改变 [EB/OL]. (2022 - 01 - 20) [2024 - 02 - 07]. https://new.qq.com/rain/a/20220120A0D5P800.

[597] 王海宣. 星途时隔四年重新定位品牌 欲以“极致国创”撩拨年轻消费群 [EB/OL]. (2021 - 04 - 24) [2024 - 02 - 07]. https://new.qq.com/rain/a/20210424A02C0300.

[598] 王璞. 中国汽车品牌强基工程启动，聚合力打造“中国汽车大品牌”公共标签 [EB/OL]. (2022 - 12 - 16) [2024 - 02 - 06]. https://www.pcauto.com.cn/hj/article/1767945.html.

[599] 王秋凤：极狐搭建运营中心 全维提升用户体验 [EB/OL]. (2021 - 06 - 16) [2024 - 02 - 06]. https://www.sohu.com/a/472384177_104421.

[600] 王笑渔. 210亿融资撑腰，让用户造车！成立仅185天的岚图，凭什么卖30多万 [EB/OL]. (2020 - 12 - 20) [2024 - 02 - 07]. https://www.sohu.com/a/439457436_403354.

[601] 王笑渔. 李想和李斌：血战即将到来 [EB/OL]. (2022 - 05 - 11) [2024 - 02 - 06]. https://www.huxiu.com/article/551674.html.

[602] 王欣. Pre - A 轮融5亿美元，极氪高估值的底气在哪里 [EB/OL]. (2021 - 08 - 29) [2024 - 02 - 06]. https://new.qq.com/rain/a/20210829A05HYM00.

[603] 王欣. 高合汽车赴港 IPO？创始人曾表示不需要融资 [EB/OL]. (2022 - 01 - 20) [2024 - 06 - 10]. https://finance.sina.com.cn/tech/2022 - 01 - 20/doc - ikyakumy1576343.shtml.

[604] 王训魁. 蔚来汽车李斌：我不是马斯克，更不是贾跃亭 [EB/OL]. (2018 - 01 - 02) [2024 - 02 - 06]. https://news.ifeng.com/a/20180102/54744161_0.shtml.

[605] 王彦杰. 聂星华：企业所有的思考必须从用户出发 [EB/OL]. (2021 - 04 - 09) [2024 - 02 - 06]. https://new.qq.com/rain/a/20210409A0ACM300.

[606] 网通社. 华人运通陈威旭：高合汽车正在全力冲刺量产 [EB/OL]. (2021 - 04 - 20) [2024 - 02 - 07]. https://zhuanlan.zhihu.com/p/366292777.

[607] 网通社. 领克汽车陈思英：重视客户之声和跨界营销 [EB/OL]. (2020 - 09 - 26) [2024 - 02 - 07]. https://zhuanlan.zhihu.com/p/259665157.

[608] 网通社. 坦克刘艳钊：坦克600将带来颠覆式的用车体验 [EB/OL]. (2021 - 09 - 01) [2024 - 02 - 07]. https://www.163.com/dy/article/GIQM2K6L052786MB.html.

[609] 网易. “打造来自中国的世界品牌”，这是丁磊也是高合的“使命” [EB/OL]. (2022 - 03 - 15) [2024 - 02 - 08]. https://m.163.com/dy/article/H2H1783K05278TFE.html.

[610] 网易. 黄伟冲：岚图 FREE 无惧挑战 要做30万级价值标杆 [EB/OL]. (2021 - 05 - 25) [2024 - 02 - 07]. https://www.163.com/dy/article/GARV21AG052796GE.html.

[611] 网易. 极狐汽车：深耕20万+纯电市场，给高端新能源打个样 [EB/OL]. (2022 - 09 - 01) [2024 - 02 - 06]. https://www.163.com/dy/article/HG7B87CJ0527AVI5.html.

[612] 网易. 岚图卢放：梦想家可与国外豪华品牌 MPV 竞争 [EB/OL]. (2021-11-23) [2024-02-07]. https://www.163.com/dy/article/GPH2LVP40527T7DL.html.

[613] 网易. 切换赛道二次冲高：魏牌全面向高端新能源转型 [EB/OL]. (2022-03-03) [2024-02-01]. https://www.163.com/dy/article/H1IJJUL005199NPP.html.

[614] 网易. 让先行者先行，北汽极狐真的能够为智能驾驶指明未来吗 [EB/OL]. (2022-05-18) [2024-02-01]. https://www.163.com/dy/article/H7LFHBBT054771EQ.html.

[615] 网易. 为年轻态人群打造高端新潮混动丨少年领克，从不止步 [EB/OL]. (2022-06-08) [2024-05-17]. https://www.163.com/dy/article/H9A3D2F205199NPP.html.

[616] 网易. 于立国：极狐三大核心基因 奠定品牌基础 [EB/OL]. (2021-10-18) [2024-02-06]. https://www.163.com/dy/article/GMJ97I0T0552E92V.html.

[617] 网易汽车. 21 家首批 4S 店签约 红旗渠道建设开新篇 [EB/OL]. (2017-04-17) [2024-04-10]. https://www.163.com/auto/article/CI7VMCLM000882UN.html.

[618] 网易汽车. CMA 架构 让吉利 4.0 产品为用户带来颠覆性产品 [EB/OL]. (2021-04-21) [2024-05-17]. https://m.163.com/auto/article/G83PINPC000884MP.html.

[619] 网易汽车. 崔卓佳：坦克 500 广州车展预售 明年 1 月底启动交付 [EB/OL]. (2021-11-20) [2024-02-07]. https://www.163.com/auto/article/GP89BDVU000884MP.html.

[620] 网易汽车. 高新华：星途品牌下一代车型都具备“4F”基础理念 [EB/OL]. (2021-04-20) [2024-02-07]. https://www.163.com/auto/article/G80U11DJ000884MP.html.

[621] 网易汽车. 岚图黄伟冲：与用户创享零焦虑的产品和温暖的科技 [EB/OL]. (2021-04-21) [2024-02-07]. https://m.163.com/auto/article/G8516L77000884MP.html.

[622] 网易汽车. 领克发布亚太计划 展示品牌向上力量 [EB/OL]. (2021-11-19) [2024-02-07]. https://www.163.com/auto/article/GP6OO3K9000884MP.html.

[623] 网易汽车. 刘艳钊：坦克品牌要成为中国汽车走向全球的先行者 [EB/OL]. (2021-04-25) [2024-02-07]. https://www.163.com/auto/article/G8EK37MP000884MP.html.

[624] 网易汽车. 卢放：岚图 FREE 解决六大焦虑 年底发布七座新车 [EB/OL]. (2021-04-02) [2024-02-07]. https://www.163.com/auto/article/G6IQLI7S000884ML.html.

[625] 网易汽车. 赵昱辉：保持净化力是极氪的核心竞争力 [EB/OL]. (2021-11-24) [2024-02-06]. https://www.163.com/auto/article/GPIIS3NS000884MP.html.

[626] 未来汽车日报. 36 氪对话理想汽车、ARCFOX：客户关系是未来最重要资产 [EB/OL]. (2020-09-14) [2024-02-06]. https://baijiahao.baidu.com/s?id=1677803115558778343.

[627] 魏凡. 李想的理想：好产品不需要刷存在感 [EB/OL]. (2021-12-03) [2024-02-06]. https://new.qq.com/rain/a/20211202A0AKCF00.

[628] 温冲. 京城两大绿色顶流“梦幻联动”极狐王秋凤：注入灵魂 勇敢破圈 [EB/OL]. (2022-04-

12）［2024 - 02 - 06］. https：//baijiahao. baidu. com/s? id = 1729831490303005743.

［629］温冲. 直营 + 经销商双运营落地 极狐汽车：未来两年之内整体会快速发展起来［EB/OL］.（2021 - 10 - 19）［2024 - 02 - 06］. https：//new. qq. com/rain/a/20211019A0C8OV00.

［630］巫马. 极氪深陷舆论漩涡背后，凸显打造用户共创型企业之难［EB/OL］.（2021 - 07 - 26）［2024 - 02 - 06］. https：//www. sohu. com/a/479663275_616701.

［631］吴丹若. 极氪汽车被指变相涨价、减配、延期交付，CEO 公开道歉［EB/OL］.（2021 - 07 - 13）［2024 - 02 - 06］. https：//www. thepaper. cn/newsDetail_forward_13566064.

［632］吴静. 林杰："成功不成功，考官说了算"［EB/OL］.（2021 - 06 - 17）［2024 - 02 - 07］. https：//www. pcauto. com. cn/hj/article/834410. html.

［633］吴晓波. 吴晓波：新能源造车泡沫将在三年内被刺破［EB/OL］.（2021 - 06 - 21）［2024 - 02 - 06］. https：//finance. sina. com. cn/tech/csj/2021 - 06 - 21/doc - ikqcfnca2217727. shtml.

［634］吴晔. 奇迹没有边界：从用户之夜，看岚图之变［EB/OL］.（2021 - 10 - 20）［2024 - 02 - 07］. https：//www. news. cn/auto/20211020/ab8583c1be0343b2a8d520087d71f6eb/c. html.

［635］武汉晨报九派新闻. 理想汽车公布 2023 年全年财报：全年交付量达 37. 6 万辆，净利润为 118. 1 亿元［EB/OL］.（2024 - 02 - 26）［2024 - 02 - 06］. https：//new. qq. com/rain/a/20240226A06KKH0.

［636］武卫强，祁佳博. 对话林杰：领克究竟是什么［EB/OL］.（2019 - 01 - 02）［2024 - 02 - 07］. https：//www. sohu. com/a/286082827_121861.

［637］武子晔. 奇瑞高端品牌星途再做调整，高新华出任总经理［EB/OL］.（2020 - 10 - 21）［2024 - 02 - 07］. https：//www. yicai. com/news/100807749. html.

［638］夏治斌，张家振. 造车新势力变阵进行时：入局者众 赛道拥挤［EB/OL］.（2022 - 01 - 22）［2024 - 02 - 06］. https：//finance. sina. com. cn/tech/2022 - 01 - 22/doc - ikyakumy1878451. shtml.

［639］现场俱乐部. 媒体对领克 05 大电影的内容解析［EB/OL］.（2020 - 05 - 11）［2024 - 02 - 08］. https：//www. onsiteclub. com/case/LYNKCO - PROJECT - 05 - HALO - MAN - INSIGHT - 2020 - 5 - 11.

［640］项欧. 蔚来发布 NOP，专访秦力洪：未来长远的竞争优势还是用户满意度［EB/OL］.（2020 - 10 - 05）［2024 - 02 - 06］. https：//www. sohu. com/a/422726076_116132.

［641］潇湘晨报. 蔚来 2023 年共交付新车 16 万辆，换电站建成 2350 座［EB/OL］.（2024 - 01 - 02）［2024 - 02 - 06］. https：//new. qq. com/rain/a/20240102A01T4P00.

［642］新出行. 6 月 15 日极氪 ZEEKR 共创媒体沟通会 QA 实录［EB/OL］.（2021 - 06 - 16）［2024 - 02 - 06］. https：//www. xchuxing. com/article/33989.

［643］新华网. 安聪慧：极氪要打造智能电动车的第三条路［EB/OL］.（2021 - 04 - 16）［2024 - 02 - 06］. https：//www. xinhuanet. com/auto/20210517/C96112F583700001D9CC9DC0981035B0/c. html.

［644］新华网. 定位大型豪华电动 MPV 岚图第二款车正式命名"梦想家"［EB/OL］.（2021 - 11 - 19）［2024 - 02 - 07］. http：//www. xinhuanet. com/auto/20211119/ebb73fa4ce634f45a943b754d33014b3/c. html.

[645] 新华网. 高合 HiPhi X 公布 2022 年销量 [EB/OL]. (2023-01-13) [2024-05-17]. https://app.xinhuanet.com/news/article.html? articleId=cb2574fc2585e4a1d02253ac79d9702f.

[646] 新华网. 高新华: EXEED 星途打造全新中国汽车高端品牌 [EB/OL]. (2021-04-19) [2024-02-07]. https://www.sohu.com/a/461703280_120870299.

[647] 新华网. 徐留平: 肩承使命情怀 勇创"新旗迹" [EB/OL]. (2020-12-05) [2024-02-08]. https://news.cnstock.com/xhsmz/ppqyzx/202012/4627080.htm.

[648] 新浪财经. 对话黄明明: 理想汽车处在超长雪道上 连投七轮一股没卖 [EB/OL]. (2021-08-13) [2024-02-06]. https://finance.sina.com.cn/tech/csj/2021-08-13/doc-ikqcfncc2550266.shtml.

[649] 新浪财经. 对话理想汽车总裁沈亚楠: 不为出海而出海 [EB/OL]. (2022-08-13) [2024-02-06]. https://finance.sina.com.cn/tech/csj/2021-08-13/doc-ikqciyzm1152429.shtml.

[650] 新浪财经. 红旗年销 37 万辆喜迎六连涨, 背后的含金量有多高 [EB/OL]. (2024-01-02) [2024-05-17]. https://cj.sina.com.cn/articles/view/1094501511/413cc48700101e3tg.

[651] 新浪财经. 技术胜出助力销量胜出! 岚图尤峥: 奋力达成年销超 10 万辆 [EB/OL]. (2024-04-27) [2024-04-27]. https://k.sina.com.cn/article_1649285380_624e190400101av6g.html.

[652] 新浪财经. 接连上市的新能源汽车, 能在资本市场里"充满电"吗 [EB/OL]. (2022-03-28) [2024-04-10]. https://finance.sina.com.cn/jjxw/2022-03-28/doc-imcwipii1045411.shtml.

[653] 新浪财经. 岚图汽车 CEO 卢放: 岚图 FREE 交付总量破万, 97% 是顶配车型, 61% 来自 BBA 等豪车换购, 成交均价 33.86 万 [EB/OL]. (2022-03-27) [2024-02-07]. https://finance.sina.com.cn/chanjing/cskb/2022-03-27/doc-imcwiwss8389115.shtml.

[654] 新浪财经. 李斌回应蔚来百亿融资和亏损: 不能期望四岁孩子养家 [EB/OL]. (2019-06-12) [2024-02-01]. https://finance.sina.com.cn/chanjing/gsnews/2019-06-12/doc-ihvhiqay5230398.shtml.

[655] 新浪财经. 理想港股双重上市: 迎来加速时刻 [EB/OL]. (2021-08-12) [2024-02-06]. https://finance.sina.com.cn/tech/csj/2021-08-12/doc-ikqcfncc2407847.shtml.

[656] 新浪财经. 理想汽车总裁沈亚楠: 还以增程为主, 但纯电市场也必须拿 [EB/OL]. (2020-12-29) [2024-02-06]. https://finance.sina.com.cn/tech/2020-12-29/doc-iiznezxs9639934.shtml.

[657] 新浪财经. 秦力洪: 走过沟沟坎坎终向上! 六岁的蔚来做对了啥 [EB/OL]. (2020-12-28) [2024-02-06]. https://finance.sina.com.cn/chanjing/gsnews/2020-12-28/doc-iiznezxs9374122.shtml.

[658] 新浪财经. 深度反思 | 北汽新能源车十年兴衰: 拿着旧地图寻找新大陆 [EB/OL]. (2024-06-05) [2024-06-10]. https://finance.sina.com.cn/jjxw/2024-06-05/doc-inaxsmcz2320547.shtml.

[659] 新浪财经. 蔚来 2023 年营收 556 亿元, 创历史新高 [EB/OL]. (2024-03-05) [2024-05-01].

https：//finance. sina. com. cn/jjxw/2024 – 03 – 05/doc – inamhrke9653636. shtml.

[660] 新浪财经．星途黄招根：布局 4 + 3 + 2 产品体系/将推多款新车型 [EB/OL]．(2022 – 08 – 28) [2024 – 02 – 07]． https：//finance. sina. com. cn/jjxw/2022 – 08 – 28/doc – imizmscv8043371. shtml.

[661] 新浪科技．理想汽车李想：我为什么要加码扩张 [EB/OL]．(2020 – 06 – 30) [2024 – 02 – 06]． https：//tech. sina. com. cn/roll/2020 – 06 – 30/doc – iirczymk9663134. shtml.

[662] 新浪科技．领克汽车全年销售目前不下调，5 款车型各自定位已清晰 [EB/OL]．(2020 – 06 – 19) [2024 – 02 – 07]． https：//tech. sina. com. cn/roll/2020 – 06 – 19/doc – iircuyvi9415452. shtml.

[663] 新浪科技．王凯出任理想汽车首席技术官 李想称赞：他是最合适的 [EB/OL]．(2020 – 09 – 15) [2024 – 02 – 01]． https：//tech. sina. com. cn/roll/2020 – 09 – 15/doc – iivhuipp4496546. shtml.

[664] 新浪汽车．陈思英：领克 06 客群更年轻 进一步扩大朋友圈 [EB/OL]．(2020 – 07 – 25) [2024 – 02 – 07]． https：//auto. sina. cn/news/hy/2020 – 07 – 25/detail – iivhvpwx7457787. d. html.

[665] 新浪汽车．陈思英：性能与智能兼顾 领克全面迎合年轻消费者 [EB/OL]．(2020 – 11 – 20) [2024 – 02 – 07]． https：//auto. sina. com. cn/news/hy/2020 – 11 – 20/detail – iiznctke2467247. shtml.

[666] 新浪汽车．诞生至今累计销量五万辆出头 目标一降再降 并不璀璨的星途汽车 [EB/OL]．(2021 – 11 – 01) [2024 – 05 – 10]． https：//k. sina. com. cn/article_2867721122_aaedf3a200101i6fr. html.

[667] 新浪汽车．定义电池安全标准 岚图发布全新电池技术 [EB/OL]．(2021 – 09 – 18) [2024 – 02 – 07]． https：//auto. sina. com. cn/jishu/2021 – 09 – 18/detail – iktzqtyt6832637. shtml.

[668] 新浪汽车．李斌：蔚来汽车重新定义极致用户体验 [EB/OL]．(2016 – 12 – 17) [2024 – 02 – 06]． https：//auto. sina. com. cn/news/ct/2016 – 12 – 17/detail – ifxytqax6409794. shtml.

[669] 新浪汽车．力争打造智能电动车 极狐品牌沟通会专访实录 [EB/OL]．(2021 – 06 – 21) [2024 – 02 – 06]． https：//auto. sina. com. cn/news/2021 – 06 – 21/detail – ikqciyzk0846667. shtml.

[670] 新浪汽车．领克 03 + 比梦想更动人的，是领克务实的表达 [EB/OL]．(2019 – 08 – 04) [2024 – 02 – 01]． http：//k. sina. com. cn/article_1653603955_628ffe7302000nmcq. html.

[671] 新浪汽车．摩卡 PHEV 预售发布会 魏牌高层专访 [EB/OL]．(2022 – 01 – 16) [2024 – 02 – 08]． https：//auto. sina. cn/news/2022 – 01 – 16/detail – ikyakumy0639889. d. html? oid = 3809045746104420&vt = 4.

[672] 新浪汽车．坦克既适合硬汉也能表达柔情 专访坦克品牌总经理刘艳钊 [EB/OL]．(2021 – 04 – 22) [2024 – 02 – 07]． https：//auto. sina. com. cn/news/hy/2021 – 04 – 22/detail – ikmxzfmk8393832. shtml.

[673] 新浪汽车．王晔菁：高合汽车是为破晓者打造的品牌 [EB/OL]．(2020 – 11 – 23) [2024 – 02 – 07]． https：//baijiahao. baidu. com/s? id = 1684112188554417938.

[674] 新浪汽车．蔚来 CEO 秦力洪：我们卖车真的不赚钱！但用户满意度放第一位 [EB/OL]．(2020 – 01 – 02) [2024 – 02 – 06]． https：//k. sina. com. cn/article_6163243613_16f5ba25d00100kb24. html.

[675] 星车场．对话乔心昱：用户是魏牌的产品经理，零焦虑定义豪华 [EB/OL]．(2022 – 06 – 27) [2024 – 02 – 07]． https：//new. qq. com/rain/a/20220627A0A0TV00.

[676] 星车场．坦克品牌高层：2023 年加速迈向电越野时代 [EB/OL]．(2023-01-08) [2024-02-07]．https://www.qctt.cn/news/1404670.

[677] 星车场．魏牌乔心昱：拿铁 DHT-PHEV 定价不考虑盈利 [EB/OL]．(2022-08-01) [2024-02-07]．https://new.qq.com/rain/a/20220801A05MHH00.

[678] 兴业证券．理想汽车专题报告：增程与纯电动并驾齐驱，专注需求的造车新势力 [EB/OL]．(2021-09-18) [2024-02-06]．https://xueqiu.com/9508834377/198182930.

[679] 徐喆．一幅"岚图"绘到底，东风汽车再度冲击高端新能源市场 [EB/OL]．(2020-07-31) [2024-02-07]．https://www.guancha.cn/qiche/2020_07_31_559566.shtml.

[680] 许亚杰．引战融资近 50 亿，岚图打破新能源车行业首轮融资纪录 [EB/OL]．(2022-11-25) [2024-05-10]．https://cj.sina.com.cn/articles/view/1726918143/66eeadff02001g4ex.

[681] 轩辕大学直播．蔚来用户运营：涟漪模式与品牌共鸣（蔚来总裁秦力洪）[EB/OL]．(2021-04-20) [2024-02-06]．https://www.bilibili.com/video/BV1xK4y1P76C.

[682] 雪球．极狐高层代康伟、王秋凤、曹琛、张迪采访 [EB/OL]．(2021-06-17) [2024-02-06]．https://xueqiu.com/5926110821/183320613.

[683] 雪球．中国首家千亿年营收新势力诞生！理想 2023 年营收超 1200 亿 [EB/OL]．(2024-02-28) [2024-02-28]．https://xueqiu.com/8563020425/280070646.

[684] 央广网．理想汽车沈亚楠：三大变化将成就无人驾驶 [EB/OL]．(2020-02-23) [2024-02-06]．https://m.cnr.cn/news/20200223/t20200223_524987772.html.

[685] 央视网．2023《看见中国汽车》专题片 [EB/OL]．(2024-02-03) [2024-02-06]．https://auto.cctv.com/2024/02/03/VIDEP4Q9FRbDPlFC3uooqdBE240203.shtml.

[686] 央视网．发改委等部门：壮大升级工业品牌 培育一批先进制造业集群品牌 [EB/OL]．(2022-08-25) [2024-02-08]．https://news.cctv.com/2022/08/25/ARTIWg1o7rVrDfzM6I0vecEu220825.shtml.

[687] 扬子晚报．极狐远超特斯拉的强悍算力，是它的"野心"还是哗众取宠 [EB/OL]．(2022-07-21) [2024-02-01]．https://cj.sina.com.cn/articles/view/1653603955/628ffe7302001cxac?finpagefr=p_104.

[688] 扬子晚报．领克汽车陈思英：后疫情时代，车企借机"思变" [EB/OL]．(2020-10-22) [2024-02-07]．https://www.yzwb.net/zncontent/921192.html.

[689] 杨海艳．奇瑞星途一年更换四次营销高管，经销商投资人失去信心 [EB/OL]．(2020-07-20) [2024-02-07]．https://www.yicai.com/news/100706544.html.

[690] 姚晓岚．徐留平详解新红旗：以全电动化为驱动，明年推自动驾驶量产车 [EB/OL]．(2018-01-09) [2024-02-08]．https://www.thepaper.cn/newsDetail_forward_1936958.

[691] 姚旭阳．一汽红旗背后的国产"新秀" [EB/OL]．(2019-11-13) [2024-02-08]．https://zhuanlan.zhihu.com/p/91671659.

[692] 一品汽车. 一品深一度 | 领克造“风”[EB/OL]. (2020-08-14) [2024-02-07]. https://www.163.com/dy/article/FK03ENDQ05278V7N.html.

[693] 一苒. 极氪16字口诀：承受阵痛，超越对标，用户共创，押宝产品 [EB/OL]. (2021-08-03) [2024-02-06]. https://zhuanlan.zhihu.com/p/395853520.

[694] 亿欧. 蔚来汽车李斌：我们有碾压式的用户体验，我们要重塑变革行业 [EB/OL]. (2017-09-10) [2024-02-06]. https://www.iyiou.com/analysis/2017091054888.

[695] 易车. 2021上海车展：专访坦克品牌总经理刘艳钊 [EB/OL]. (2021-04-20) [2024-02-07]. https://zhuanlan.zhihu.com/p/366248149.

[696] 易车. 北汽新能源2022年销量预增2.8倍！极狐目标4万辆 [EB/OL]. (2022-01-24) [2024-02-01]. https://news.yiche.com/info/62361300.html.

[697] 易车. 对话北汽刘宇：让吃过的亏不亏 [EB/OL]. (2022-04-06) [2024-02-06]. https://www.autoreport.cn/hhxwc/20220406/0015044833.html.

[698] 易车. 刘艳钊：坦克的定位不只是越野 [EB/OL]. (2021-11-24) [2024-02-07]. https://news.yiche.com/hao/wenzhang/57890035.

[699] 易车原创. 陈思英：五岁领克，WHY NOT [EB/OL]. (2021-04-21) [2024-02-07]. https://new.qq.com/rain/a/20210421A04IUS00.

[700] 易车原创. 对话魏牌高层：品牌定位升级和技术理念之争 [EB/OL]. (2022-07-19) [2024-02-07]. https://new.qq.com/rain/a/20220719A09M5Y00.

[701] 尹丽梅，童海华. 一汽红旗新能源战略发布：将“ALL IN”新能源 停止传统燃油车技术及产能新增投入 [EB/OL]. (2023-01-10) [2024-05-17]. https://baijiahao.baidu.com/s?id=1754621294207769031&wfr=spider&for=pc.

[702] 尹丽梅. 中汽协副秘书长柳燕：打造“中国汽车”大品牌形象刻不容缓 [EB/OL]. (2022-12-31) [2024-02-06]. https://cj.sina.com.cn/articles/view/1650111241/625ab309020015rfu?subch=oauto.

[703] 颖捷. 用户体验是产品升级的原动力：访星途营销中心总经理叶磊 [EB/OL]. (2022-04-25) [2024-02-07]. https://baijiahao.baidu.com/s?id=1731092469313347457.

[704] 颖捷. 月销5000只是一个小目标：访EXEED星途品牌总经理高新华博士 [EB/OL]. (2022-04-01) [2024-02-07]. https://www.sohu.com/a/534398462_121360793.

[705] 有驾. 自发布以来市场占有率达67%，坦克领跑中国越野车市场，你看中了？[EB/OL]. (2024-07-17) [2024-06-17]. https://www.yoojia.com/article/9790709917864152818.html.

[706] 俞立严. 高合汽车创始人丁磊：软硬分离 高合没有两台车是一样的 [EB/OL]. (2020-09-30) [2024-02-08]. https://company.cnstock.com/company/scp_gsxw/202009/4599727.htm.

[707] 云堆汽车. 关于全新摩卡DHT-PHEV激光雷达版，你想了解的，都在这里 [EB/OL]. (2022-

08 - 30）［2024 - 02 - 07］. https：//zhuanlan. zhihu. com/p/559609588.

［708］站长之家．魏牌 CEO：长城不考虑增程混动是匠心企业的责任和担当［EB/OL］.（2022 - 07 - 19）［2024 - 02 - 07］. https：//news. mydrivers. com/1/846/846734. htm.

［709］张冰．从崔健到罗大佑，极狐高管揭秘跨界营销为极狐打开了一扇怎样的门［EB/OL］.（2022 - 05 - 28）［2024 - 02 - 06］. https：//m. bjnews. com. cn/detail/1653704208 14816. html#.

［710］张冰．对话｜极狐于立国：高端赛道越来越拥挤会催生中国品牌集体向上［EB/OL］.（2021 - 01 - 22）［2024 - 02 - 06］. https：//new. qq. com/rain/a/20210122A01SYK00.

［711］张翠翠．安聪慧：极氪不是电动领克 产品竞争最后是成本的竞争［EB/OL］.（2021 - 04 - 19）［2024 - 02 - 06］. https：//new. qq. com/rain/a/20210419A00DIV00.

［712］张翠翠．顾华军：用户运营的本质是交朋友 未来长城最先进技术会先放在 WEY 品牌［EB/OL］.（2020 - 11 - 21）［2024 - 02 - 07］. https：//new. qq. com/rain/a/AUT2020112100540500.

［713］张家振．岚图汽车 CEO 卢放：电动车普及和被用户接受速度超出想象［EB/OL］.（2021 - 10 - 31）［2024 - 02 - 07］. https：//new. qq. com/rain/a/20211031A06YOG00.

［714］张敏．对话卢放：冲刺交付，岚图 FREE 将成为最快交付 1 万台的车型［EB/OL］.（2021 - 06 - 10）［2024 - 02 - 07］. https：//new. qq. com/rain/a/20210610A08A1D00.

［715］张晓松，朱基钗．习近平：一定要把民族汽车品牌搞上去［EB/OL］.（2020 - 07 - 24）［2024 - 02 - 08］. https：//www. gov. cn/xinwen/2020 - 07/24/content_5529705. htm.

［716］张媛．安聪慧：极氪坦诚面对质疑 探索用户型企业最佳路径［EB/OL］.（2021 - 07 - 24）［2024 - 02 - 06］. https：//www. 163. com/auto/article/GFMDOCS1000884ML. html.

［717］张真齐．卢放：岚图梦想家能与豪华车品牌 MPV 正面竞争［EB/OL］.（2021 - 11 - 25）［2024 - 02 - 07］. https：//finance. sina. com. cn/tech/2021 - 11 - 25/doc - ikyakumx0081485. shtml.

［718］招商证券．理想汽车专题研究：组织效率取胜，供给创造需求的典范［EB/OL］.（2021 - 12 - 03）［2024 - 02 - 06］. https：//xueqiu. com/9508834377/204906305.

［719］赵觉珵．中国一汽党委书记徐留平：中国汽车产业要闯出由大到强的新路子［EB/OL］.（2022 - 11 - 14）［2024 - 05 - 17］. https：//www. 163. com/dy/article/HM5K5GI605504DPG. html.

［720］赵延心．领克汽车林杰：秉持自身价值之道 为用户提供高价值产品［EB/OL］.（2020 - 08 - 14）［2024 - 02 - 07］. https：//www. sohu. com/a/413043985_115402.

［721］赵宇，蔡宝汪．蔚来失速，李斌走下神坛［EB/OL］.（2019 - 10 - 12）［2024 - 02 - 06］. https：//www. digitaling. com/articles/219288. html.

［722］证券之星．占据高端纯电市场 60. 6% 份额！蔚来凭什么［EB/OL］.（2023 - 11 - 15）［2024 - 02 - 06］. https：//www. 163. com/dy/article/IJJRIL80051984TV. html.

［723］知乎．3 年 40 万用户 领克在不断刷新市场［EB/OL］.（2020 - 12 - 14）［2024 - 02 - 07］. https：//zhuanlan. zhihu. com/p/336782163.

[724] 知乎. 东风汽车集团有限公司发布岚图汽车品牌战略 [EB/OL]. (2020-07-29) [2024-02-07]. https://zhuanlan.zhihu.com/p/165162403.

[725] 知乎. 对话卢放和雷新：岚图永远把用户放在第一位！[EB/OL]. (2021-10-19) [2024-02-08]. https://zhuanlan.zhihu.com/p/423074758.

[726] 知乎. 极狐阿尔法 T 重新定位 [EB/OL]. (2021-07-12) [2024-02-06]. https://zhuanlan.zhihu.com/p/388780921.

[727] 知乎. 坚持以用户为中心，就是领克的追求 [EB/OL]. (2020-07-09) [2024-02-07]. https://zhuanlan.zhihu.com/p/161189491.

[728] 知乎. 岚图 CEO 卢放：为人民服务，把焦虑留给自己 [EB/OL]. (2021-10-19) [2024-02-07]. https://zhuanlan.zhihu.com/p/423342174.

[729] 知乎. 李想：20 多年产品经验告诉我，产品经理最重要的点在这 [EB/OL]. (2019-10-24) [2024-02-01]. https://zhuanlan.zhihu.com/p/88246636.

[730] 知乎. 李想的 2020 | 四十二问 [OE/OL]. (2019-10-17) [2024-02-01]. https://zhuanlan.zhihu.com/p/87118544.

[731] 知乎. 领克品牌 CMA 架构极致之作 [EB/OL]. (2020-05-06) [2024-02-07]. https://zhuanlan.zhihu.com/p/138985255.

[732] 知乎. 史上最快 IPO？来了！极氪 [EB/OL]. (2023-11-13) [2024-02-06]. https://zhuanlan.zhihu.com/p/666655295.

[733] 知乎. 为何说极狐汽车“赢得了口碑，却输掉了人心”[EB/OL]. (2022-05-29) [2024-02-06]. https://zhuanlan.zhihu.com/p/521732322.

[734] 知乎. 五问李想刚发布的智能电动 SUV「理想智造 ONE」[EB/OL]. (2018-10-10) [2024-02-01]. https://zhuanlan.zhihu.com/p/46436156.

[735] 知乎. 新品牌成为突围升级的样本要多久？领克：四周年 [EB/OL]. (2020-10-26) [2024-02-07]. https://zhuanlan.zhihu.com/p/268728398.

[736] 知乎. 星途“星光 Club”用户产品共创第一季在安徽芜湖和黄山举行 [EB/OL]. (2022-08-22) [2024-02-07]. https://zhuanlan.zhihu.com/p/556596694.

[737] 知乎. 易立竞 vs 岚图 CEO 的交流中，有哪些值得关注的干货 [EB/OL]. (2021-06-23) [2024-02-07]. https://www.zhihu.com/question/466732677.

[738] 中车网. 2023 中国汽车大变局高合篇 | 割不动的高端局，丁磊兵败“滑铁卢”？[EB/OL]. (2023-03-28) [2024-02-07]. https://zhuanlan.zhihu.com/p/617649296.

[739] 中车网. 北汽蓝谷获超 3 亿元新能源补贴，极狐品牌力持续向上 [EB/OL]. (2022-06-01) [2024-02-06]. https://new.qq.com/rain/a/20220601A039WG00.

[740] 中国经营报. 高合汽车果铁夫：科技企业只有引领创造需求 才能活下去 [EB/OL]. (2020-11-

26）［2024－02－08］. https：//www. sohu. com/a/434578124_354817.

［741］中国经营报. 广州车展丨岚图汽车 CEO 卢放：未来三年，每年向市场投放不少于一款新车型［EB/OL］.（2021－11－26）［2024－02－08］. https：//new. qq. com/rain/a/20211126A0991A00.

［742］中国汽车工业协会. 又一重要里程碑！中国第 2000 万辆新能源汽车下线［EB/OL］.（2023－07－05）［2024－02－06］. http：//www. caam. org. cn/chn/1/cate_148/con_5236012. html.

［743］中国汽车流通协会. 专家解读丨2023 年 12 月中国占世界新能源车份额 68%［EB/OL］.（2024－02－03）［2024－05－06］. https：//new. qq. com/rain/a/20240204A06WP900.

［744］中国青年报. 下好品牌向上先手棋 星途再次更新品牌定位［EB/OL］.（2021－04－30）［2024－02－01］. https：//baijiahao. baidu. com/s？id＝1698472149951206251&wfr＝spider&for＝pc.

［745］中国青年网. "探险、观星、美食、垂钓"，星途揽月 400T 携多变场景与探享家沉浸式相驭［EB/OL］.（2021－10－09）［2024－02－07］. https：//auto. youth. cn/xw/202110/t20211009_13253049. htm.

［746］中国日报网. 轰鸣对话极狐汽车：做好电动智能赛道必答题［EB/OL］.（2022－06－02）［2024－02－06］. https：//caijing. chinadaily. com. cn/a/202206/02/WS629883daa3101c3ee7ad8ad4. html.

［747］中国新闻网. 奇瑞星途大七座礼宾级 SUV 星途揽月上市［EB/OL］.（2021－03－19）［2024－02－07］. https：//www. cs. com. cn/qc/202103/t20210319_6148446. html.

［748］中国一汽官网. 2018 年：中国一汽发布新红旗品牌战略［EB/OL］.（2018－01－08）［2024－02－08］. https：//www. faw. com. cn/zt_fawcn/gq70zn/70nzj/5047434/index. html.

［749］中国一汽官网. 红旗品牌第 100 家红旗体验中心落成 新品牌战略快速落地［EB/OL］.（2018－12－29）［2024－02－08］. https：//www. faw. com. cn/fawcn/373694/373706/3185630/index. html.

［750］中国一汽官网. 红旗品牌发布 R. Flag"阱旗"技术品牌［EB/OL］.（2018－10－31）［2024－02－08］. https：//www. faw. com. cn/fawcn/373694/373706/2024585/index. html.

［751］中国一汽官网. 徐留平：新红旗的雄心壮志，是成为更多中国人的新高尚座驾［EB/OL］.（2018－04－27）［2024－02－08］. https：//www. faw. com. cn/zt_fawcn/swjcz/mtjj71/587787/index. html.

［752］中国证券网. 徐留平：肩承使命情怀 勇创"新旗迹"［EB/OL］.（2020－12－05）［2024－02－08］. https：//news. cnstock. com/xhsmz/ppqyzx/202012/4627080. htm#.

［753］中华网. 高合汽车丁磊：科技定义豪华 聚焦用户体验是关键［EB/OL］.（2020－10－28）［2024－02－08］. https：//3g. china. com/auto/ev/16764. html.

［754］中央广电总台国际在线. 中国越野世界巅峰 坦克 700 Hi4－T 正式上市 42. 8 万元起售［EB/OL］.（2024－02－27）［2024－02－27］. https：//auto. cri. cn/2024－02－27/1419dbd0－2fe4－df6c－e89f－9216a4eb68a1. html.

［755］周霜降. 没有"第六域"的车厂，会掉队？丨 2023 上海车展观察⑥［EB/OL］.（2023－04－25）［2024－02－06］. https：//www. thepaper. cn/newsDetail_forward_22831304.

［756］周宇. 刘艳钊：坦克的定位不只是越野［EB/OL］.（2021－11－24）［2024－02－07］. https：//

www. sohu. com/a/503212280_100010552.

［757］朱琴．徐留平：努力到不能再努力 创新到不能再创新［EB/OL］．（2019－06－04）［2024－02－08］．https：//auto. ifeng. com/xinwen/20190604/1297073. shtml.

［758］宗巍，高亢，吴慧珺，等．向着建设汽车强国的目标奋勇前行：2023 年中国汽车产业观察［EB/OL］．（2024－01－12）［2024－02－01］．http：//www. xinhuanet. com/fortune/20240112/476ec587b93e4a3c929ce3b628e1170b/c. html.

附录　访谈提纲

附录1　蔚来汽车访谈提纲

一、管理者与员工访谈提纲

1. 蔚来说“要成为全球范围内第一家用户企业”，能否跟我们分享一下什么是“用户企业”?“用户企业”与常说的“以用户为中心的企业”有什么不同?蔚来的用户关系管理与一般企业的用户关系管理有什么不同?

我们的界定：用户企业是通过与用户共创极致的用户体验从而形成极高的用户满意度的企业。(是否正确?)

蔚来如何对员工进行考核?最重要的标准是什么?如何界定员工的绩效?在员工培养方面如何践行“用户企业”哲学?

为什么要特别重视员工满意度?蔚来如何提升员工满意度?

2. 蔚来说要成为“全世界用户满意度最高的公司”，蔚来是如何做的?

之前访谈车主，有人说感觉蔚来的车主都被惯坏了，可能导致如果车主体验降级的话就会降低满意度，想要用户持续极度满意，只有持续带给超出用户预期的惊喜，以及平时的用心和真诚的付出，蔚来是如何做的?

3. 现在包括蔚来在内的很多车企都在强调“用户体验”，与其他车企主要谈的是功能体验不同，为什么蔚来更强调情感体验?蔚来是如何分别与用户共创功能与情感体验的?蔚来是如何与用户进行产品、服务、生活方式、软件、场景等共创的?主要通过什么平台（包括线上、线下）进行共创?蔚来所说的生活方式主要包括哪些内容?

4. 蔚来是如何围绕用户体验在短时间内就成功创建出一个知名高端汽车品牌的?蔚来是如何进行用户运营与品牌运营的?

5. 蔚来为什么还没有实现盈利？“用户企业”是否只是一个“空中楼阁”？蔚来如果想要实现盈利，可能的盈利点有哪些？

6. 目前有很多跟随者都在模仿蔚来，如极氪、岚图、智己等，蔚来有什么差异化的竞争优势能够使自己保持持续领先？

二、核心车主访谈提纲

1. 蔚来说“要成为全球范围内第一家用户企业”，您能说一下您对用户企业的理解吗？什么是“用户企业”？您觉得蔚来是否处处都“以用户为中心”？蔚来说“傻傻地对用户好”，是不是真的让您感受到蔚来对用户好，能举例说说蔚来具体是怎么做的吗？

2. 蔚来说要成为“全世界用户满意度最高的公司”，蔚来做得怎么样？您对蔚来的满意度如何？是极度满意？还是仅仅一般满意？满意的地方主要体现在哪里？有什么印象深刻的事情吗？有什么让您不满意的地方吗？印象深刻的事情有哪些？您是否是蔚来的忠实用户？

3. 相比功能体验，比如说产品性能等，蔚来更强调情感体验，您对蔚来的情感体验是如何形成的？具体哪些体验，让您觉得得到了情感上的满足或者说具体有哪些情感体验？

4. 蔚来 App 您是否常用？平时主要用来做什么？蔚来 App 会让您感觉到情感方面的体验吗？

您是如何与蔚来共创功能与情感体验的？您是否感觉成为创造体验的一分子？您是如何与蔚来进行产品、服务、生活方式、软件、场景等共创的？主要通过什么平台（包括线上、线下）进行共创？

蔚来主要靠老用户的口碑推荐来传播品牌、提升销量，您会经常主动对蔚来进行口碑推荐吗？具体是怎么做的？您为什么愿意花费时间、精力帮蔚来进行传播？

5. 您觉得现在蔚来在广大消费群体中的知名度高吗？一提到买车或者新能源车，大家是否会想起蔚来？

6. 蔚来目前还没有实现盈利，您觉得主要原因是什么？为了实现盈利，蔚来对用户的政策是否发生了变化？是否牺牲了用户的部分利益？您觉得蔚来如何能实现盈利？

7. 您为什么选择蔚来？蔚来与其他高端新能源汽车品牌（特斯拉、理想、极氪、岚图等）的最大不同是什么？有什么差异化的优势？您选择蔚来的原因和决策因素是什么？

附录 2 理想汽车访谈提纲

一、管理者与员工访谈提纲

1. 与其他高端新能源汽车品牌（特斯拉、蔚来、岚图等）相比，理想的最大不同是什么？

2. 其他汽车品牌都在强调用户体验，为什么理想把定位战略放在最重要位置？

3. 理想的目标顾客是谁？

4. 目标顾客购买理想汽车能够得到哪些独一无二的利益？能够实现哪些精神、情感层面的价值？理想是如何确保这些利益与价值能够落地实现的？

5. 围绕理想的目标市场、带给顾客的利益和价值，理想的产品策略是什么？价格策略是什么？渠道策略是什么？传播策略是什么？

6. 理想的企业文化是什么？

7. 很多汽车品牌都在谈“共创”，理想是如何与用户共创的？

8. 理想是如何从定位战略出发创建高端汽车品牌的？

二、车主访谈提纲

1. 您为什么选择理想？理想与其他高端汽车品牌（特斯拉、蔚来、岚图等）的最大不同是什么？

2. 您认为理想的目标顾客是谁？理想 ONE 的定位是“中国二孩奶爸奶妈的家庭用车”，您觉得这一定位是否精准？您是否属于这一顾客群体？结合您自己的实际情况谈谈。

3. 理想汽车带给了您哪些利益？是否帮助您实现了某些精神、情感层面上的价值？如果有，是什么？

4. 谈谈您接触、购买理想汽车的经过。

5. 您是通过什么平台与理想、与理想的其他用户互动的？您都进行了哪些互动？

6. 您在与理想的接触过程中，感受到理想的企业文化是怎样的？

7. 您对理想是否满意？是否是理想的忠实用户？是否愿意向他人推荐理想？为什么？

8. 围绕理想的目标市场、带给顾客的利益和价值，理想在产品、价格、渠道和传播策略上还存在哪些问题？如何进一步完善？

附录3 极氪汽车访谈提纲

一、管理者与员工访谈提纲

1. 与其他高端新能源汽车品牌（特斯拉、蔚来、理想、岚图、领克等，领克与极氪同属吉利集团）相比，极氪的最大不同是什么？

2. 蔚来是第一家自称“用户企业”的企业，极氪也自称“用户型企业”，两者有什么不同？什么是“用户型企业”？

3. 什么是“共创”？“共创”是否是成功创建高端汽车品牌的关键因素？

4. 极氪是如何与用户共创的？极氪是如何与用户共创“极氪”这个高端汽车品牌的？

5. 极氪目前主要是与用户共创产品（极氪 001），除此之外，极氪还与用户进行了哪些共创？

6. 极氪与用户共创的主要平台是什么？除了自营 App，还有哪些平台？

7. 极氪为什么要与用户共创？与用户共创对提升极氪的销量等财务绩效以及对极氪创建高端品牌有什么价值？

8. 用户为什么愿意花时间、花精力、付出情感与极氪进行共创？共创对用户有什么价值？

9. 极氪是如何进行品牌/用户关系运营的？

二、车主访谈提纲

1. 您为什么选择极氪？极氪与其他高端新能源汽车品牌（特斯拉、蔚来、理想、岚图、领克等）的最大不同是什么？

2. 极氪自称“用户型企业”，您觉得用户型企业应该是什么样子？极氪在打造用户型企业方面做得怎么样？可以结合您自己的亲身经历来说明。

3. 您是否与极氪共创产品（极氪 001）？您是如何进行共创的？除此之外，您还和极氪进行了哪些共创？

4. 您是否也与其他用户进行共创（主动分享极氪汽车的使用体验、主动分享参与极氪品牌活动的体验、主动向他人推荐极氪品牌等）？

5. 您主要通过什么平台进行同创？

6. 您为什么愿意花时间、花精力、付出情感与极氪（或其他用户）进行共创？您在共创过程中的感受如何？共创对您有什么价值？

7. 您对极氪是否满意？是否是极氪的忠实用户？是否愿意向他人推荐极氪？为什么？

8. 极氪在与用户共创方面还存在哪些问题？如何进一步完善？

附录 4 极狐汽车访谈提纲

一、管理者与员工访谈提纲

1. 相比于竞争对手（蔚来、理想、岚图等），极狐差异化的竞争优势有哪些？

2. 极狐销量不佳的原因是什么？

3. 极狐的高管变动比较频繁，请问不同高管（创建高端汽车品牌）的思路是否不一样？主要有哪些不同？

4. 极狐提出“做一个用户驱动型的企业”，那么什么是“用户驱动型的企业”？极狐是怎么做的？

5. 极狐的定位是什么？（极狐提的是“追求极致性能与创新设计的高端智能新能源汽车品牌”）目标顾客是谁？（高管人员提到过：严肃的冒险家、时代的先行者、高科技从业者、互联网原住民，到底是谁？）

6. 极狐是如何进行用户/品牌运营的？（是用户满意度→口碑推荐→品牌/财务绩效的路径吗？）

7. 极狐策划了几场大型跨界营销活动，带来了巨大的流量，但似乎没有明显转化为销量，请问原因是什么？如何才能把流量转化为销量？

8. 极狐强调与用户共创，但极狐的渠道大部分是经销商，直营的很少（截至 2022 年上半年，直营店 18 家，经销商店 127 家），像蔚来有 NIO House 这种共创场所，而极狐大部分是经销商的门店，如何与用户共创极致体验？经销商有销量压力，如何保证用户的全生命周期体验与直营店是一致的？

9. 用户满意度、品牌知名度、销量、盈利（或其他），哪一个是极狐现阶段最重要的目标？极狐未来如何进一步发展？

二、车主访谈提纲

1. 整体而言，您对极狐的满意度如何？1 – 10 分打分，打几分？

2. 您向亲朋好友推荐极狐汽车的可能性有多大？0－10分打分，打几分？推荐或不推荐的理由是什么？

3. 请问您为什么选择极狐？极狐同其他高端新能源汽车品牌（蔚来、理想、岚图等）最大的不同是什么？

4. 极狐号称“要做一个用户驱动型的企业”。请结合您的亲身经历谈谈极狐在做用户驱动型的企业上做了什么？做得怎么样？

5. 极狐新提出的定位是“追求极致性能与创新设计的高端智能新能源汽车品牌”，新提出的目标顾客是“严肃的冒险家”。请结合您自身谈谈：极狐的定位与目标顾客选得怎么样？是否符合实际？

6. 极狐强调与用户共创，如产品共创、服务共创、生活方式共创（各种社交活动）等，请结合您的亲身经历谈谈极狐在与用户共创方面做了什么？做得怎么样？您为什么愿意付出时间、经历、情感与极狐进行共创？

7. 极狐把智能驾驶、车机系统等核心技术交给华为研发，华为的加持是否对您购买极狐汽车有促进作用？还是您觉得作为一个高端汽车品牌，核心技术必须自主研发？

8. 极狐销量不佳的原因是什么？未来如何进一步发展？

三、汽车行业专家访谈提纲

1. 极狐的定位是什么？是否清晰、独特？竞争品牌包括哪些？

2. 极狐在品牌传播方面，近几年投入情况如何？效果怎么样？对比新势力品牌，投入力度如何？极狐今年进行了几场跨界营销活动，带来了较大流量，但似乎没有明显转化为销量，请问原因是什么？如何改进？

3. 极狐在宣传方面，是否有企业特有的重心，比如强烈要求在宣传上提出某些方面的优势？比如科技强或者品牌在国内地位高等？

4. 极狐车辆驾驶感与其他新势力车企相比有没有一些优势或者劣势？都是什么？驾驶感觉是否良好？1－10分如何打分？

5. 您认为极狐现如今销量惨淡，归根结底的原因是什么？从汽车行业内人士来看，极狐如何改变现有命运？

6. 极狐目前采用经销商和自营门店模式进行售卖，与新势力车企采用的销售渠道有所不同，在现有的汽车大环境下，到底哪种模式更利于现在企业的发展？

7. 极狐经常更换高层管理领导，稳定性和发展性较差，对于品牌的形象和销量是否有影响？之前宣传方面会经常更换宣传角度吗？从资深汽车人士来看，这样的变动会不会影响大众对极狐的信心？

8. 极狐与其他新势力企业相比有何较大的区别？优势还是劣势？（如蔚来、理想、小鹏、岚图和新进的一些国有新势力品牌）

9. 现如今所有车企都在宣传，为用户服务，为用户更好的体验而改进，目前来说蔚来在这方面做得比较好，极狐在这方面有没有实际做到什么事情？极狐说要做“用户驱动型企业”，是真的在做？还是喊口号？在新势力车企里，除了蔚来还有哪几家车企在用户方面实实在在用心在做？怎么做的？

10. 极狐需要从哪几点改变自己固有的品牌形象，才能让大众更加认可，提升自己的销量？从汽车行业人士的角度来看，极狐未来应该如何发展才能提高品牌形象，让自己的高端品牌形象让大家认可？

11. 如何看上汽与华为的“灵魂之争”？极狐将智能驾驶核心技术交给华为，将制造交给麦格纳，从打造高端汽车品牌的角度，这种模式在长期是否可行？

附录 5　岚图汽车访谈提纲

一、管理者与员工访谈提纲

1. 与其他高端新能源汽车品牌（特斯拉、蔚来、理想、极氪等）相比，岚图的最大不同是什么？

2. 蔚来是第一家自称“用户企业”的企业，岚图也提出要做“用户型企业”，两者有什么不同？什么是“用户型企业”？

3. 岚图的定位是什么？岚图是如何从定位（“真正零焦虑高端智慧电动品牌”）出发创建高端汽车品牌的？

4. 岚图把最佳用户体验作为目标，请问岚图从哪些方面创造最佳用户体验？岚图是如何通过运营模式、技术、产品、服务等创新实践来创造最佳用户体验的？岚图是如何以用户体验为核心创建高端汽车品牌的？

5. 岚图强调“共创共享”，什么是共创共享？岚图与用户共创共享的主要平台有哪些？岚图与用户进行了哪些共创共享？岚图是如何与用户进行品牌共创、产品共创和服务共创的？

6. 岚图是如何进行用户/品牌运营的？岚图是如何通过最佳用户体验和口碑推荐来提升销

量、提高品牌知名度和树立差异化的品牌形象的？

二、车主访谈提纲

1. 您为什么选择岚图？岚图与其他高端新能源汽车品牌（特斯拉、蔚来、理想、极氪等）的最大不同是什么？

2. 岚图自称“用户型企业”，您觉得用户型企业应该是什么样子？岚图在打造用户型企业方面做得怎么样？可以结合您自己的亲身经历来说明。

3. 您认为岚图的目标顾客是谁？岚图的定位是“真正零焦虑高端智慧电动品牌”，您觉得这一定位是否精准？能否与竞争对手相区别？

4. 岚图的用户体验如何？具体而言，岚图在产品、服务、数字触点（如岚图汽车 App）和生活方式等方面的体验如何？

5. 岚图强调“共创共享”，您与岚图进行过哪些共创共享？主要通过什么平台？品牌共创、产品共创和服务共创，具体是怎么进行的？

6. 您是否也与其他用户进行共创共享（主动分享岚图汽车的使用体验、主动分享参与岚图品牌活动的体验、主动向他人推荐岚图品牌等）？

7. 您为什么愿意花时间、花精力、付出情感与岚图（或其他用户）进行共创共享？在共创共享过程中，您的感受如何？共创共享对您有什么价值？

8. 您对岚图是否满意？是否是岚图的忠实用户？是否愿意向他人推荐岚图？为什么？

9. 您认为东风在创建岚图高端汽车品牌策略上还有哪些不足？如何进一步完善？

附录 6　高合汽车访谈提纲

一、管理者与员工访谈提纲

1. 高合的竞品车型有哪些（蔚来 ES8、特斯拉 Model X）？高合差异化的竞争优势有哪些？

2. 为什么高合汽车销量较少？（月销量不足 500 辆，在 50 万元以上纯电动汽车市场被保时捷 Taycan 超过，远远比不上蔚来 ES8）

3. 高合提出“要成为一个真正的用户型企业”。什么是“用户型企业”？高合是怎么做的？

4. 高合的企业文化和愿景（核心价值观与信念、目标、使命）是什么？

5. 高合强调与用户共创，具体有哪些共创？（场景共创、包括软件在内的产品共创、服务共创）高合是怎么做的？现在很多车企都在强调“共创”，高合的共创有什么不同？（场景定义设计，软件定义汽车，共创定义价值，更重视软件共创、由场景带来的服务共创）

6. 传统上创建一个品牌是由企业主导的，高合如何与用户共创全新的高端汽车品牌？与传统创建品牌的路径（品牌知名度→感知质量→品牌联想→品牌评价→品牌忠诚度）有什么不同？

7. 高合是如何进行品牌/用户运营的？感觉高合目前的品牌知名度不够，高合如何提升品牌知名度？（用户口碑推荐还是广告？）如何树立差异化的品牌形象？高合是如何进行圈层营销的？在品牌/用户运营方面，蔚来做得很好，高合是否在学习蔚来，与蔚来等其他车企又有什么不同？

8. 用户满意度、销量和盈利，哪个是高合现阶段最重要的目标？

二、车主访谈提纲

1. 整体而言，您对高合的满意度如何？1－10 分打分，打几分？

2. 您向亲朋好友推荐高合汽车的可能性有多大？0－10 分打分，打几分？推荐或不推荐的理由是什么？

3. 您为什么选择高合？高合与其竞品车型（如蔚来 ES8、特斯拉 Model X）的最大不同是什么？

4. 高合称其目标用户群是“破晓者”（向往更高、喜欢创造、不断打败上一秒的自己），请问您属于“破晓者”吗？您是否认可高合的用户画像？

5. 高合称其目标市场是“50 万元以上的纯电动汽车”，从您身边人群的购买意向来看，这个市场的规模是否较小？您为什么愿意花 60 多万元买一辆电动汽车？

6. 高合号称“要成为一个真正的用户型企业”。请结合您的亲身经历谈谈高合在打造用户型企业上做了什么？做得怎么样？

7. 高合强调“与用户共创”，如场景共创、产品与软件共创、服务共创等，请结合您的亲身经历谈谈高合在与用户共创方面做了什么？做得怎么样？

8. 高合强调“不断进化的用户体验”，请结合您的亲身体验谈谈用户体验是如何不断进化的？除了功能体验之外，高合是否也给您带来某些情感体验？

9. 您觉得高合销量不佳的原因是什么？未来如何进一步发展？

附录7 其他汽车品牌访谈提纲

1. 问问调查对象的大致情况。如：对于管理者/员工，可以问问在该品牌工作多长时间了？从事什么岗位的工作？对于车主，可以问问什么时候买的这个品牌的车？具体车型是什么？是车主的第几辆车？

2. 对于管理者/员工，可以问：该品牌相比于竞争对手（如蔚来、理想、极氪、高合、极狐、岚图、领克、星途、魏牌、坦克、红旗）的最大竞争优势是什么？

问车主：您为什么选择该品牌的汽车？该品牌与其他高端汽车品牌（如蔚来、理想、极氪、高合、极狐、岚图、领克、星途、魏牌、坦克、红旗）的最大不同是什么？

3. 对于车主和管理者/员工，可以问：现在很多车企都提出要成为"用户企业"，请问您觉得什么是用户企业？该品牌在创建用户企业上是怎么做的？做得怎么样？具体体现在哪些方面？

4. 对于车主和管理者/员工，可以问：该品牌的定位是什么？您觉得这一定位是否准确？能否与竞争对手相区别？

5. 对于车主和管理者/员工，可以问：您认为该品牌的主要目标顾客是谁？该目标顾客群体是否与实际相符？

如果是车主，可以问问车主的实际情况（如性别、年龄、教育程度、工作、收入、主要家庭成员、主要用车场景等），看与其目标顾客是否一致。

6. 对于车主，问问：您主要通过哪些方式或渠道（平台）与该品牌或该品牌的其他用户进行互动？互动的内容都包括什么？您觉得该品牌在与用户共创上做得怎么样？（是否重视与用户共创？是否真诚？反馈是否迅速？是否透明？是否能落实？）

提示：一般的互动内容包括：（1）产品共创：如在产品交付前，与该品牌一起设计产品；在产品交付后，提出改进建议，实现产品迭代创新；（2）软件共创：就车机系统、OTA的迭代升级提出改进建议；（3）服务共创：参与该品牌发起的各种服务共创，如投票公用充电桩安装在哪儿；就该品牌的服务提出改进意见等；（4）生活方式共创：参加该品牌或该品牌用户发起的各种线上、线下社交活动。

7. 对于车主，问问：您为什么愿意花时间、花精力、付出情感去与该品牌进行互动或者共创？这种互动或者共创给您带来什么价值？您在这个过程中的体验如何？

对于管理者/员工，可以问：该品牌是如何驱动用户一起进行共创的？（如会员体系、积

分体系、价值观驱动等）

8. 整体而言，您对该品牌的满意度如何？1－10 分打分，打几分？

9. 您向亲朋好友推荐该品牌的可能性有多大？0－10 分打分，打几分？推荐或不推荐的理由是什么？

对于管理者/员工，问题 8 和问题 9 可以问该品牌是如何进行品牌/用户运营的？

10. 您觉得该品牌当前的绩效（如：销量、盈利、品牌知名度、品牌形象等）怎么样？未来如何进一步改善？

后　记

一个篇章的结束是另一个新篇章的开始。

在“品牌向上”这段激动人心的新的中国故事中，在中国新能源汽车品牌的带动下，各行各业均涌现出“品牌向上”的浪潮。

代表性的行业、品牌和产品如下。

手机行业：华为、荣耀、小米、vivo、OPPO。

白酒行业：茅台－飞天茅台，五粮液－五粮液普五，泸州老窖－国窖1573，洋河－洋河蓝色经典梦之蓝M6＋，剑南春－水晶剑，汾酒－青花20、青花30，郎酒－青花郎、红花郎，酒鬼酒－内参，习酒－窖藏1988，古井贡酒－古26。

啤酒行业：燕京啤酒、华润啤酒、青岛啤酒、重庆啤酒、珠江啤酒。

服装行业：李宁、安踏、波司登、鄂尔多斯、爱慕。

化妆品行业：花西子、毛戈平、彩棠、佰草集。

茶行业：竹叶青、小罐茶。

乳制品行业：特仑苏、安慕希、飞鹤、极致。

其他行业：梦洁（家纺）、慕思（健康睡眠）、雅迪（电动车）、卡萨帝（家电）。

这也是未来将要出版的本书的姊妹篇《品牌向上：通用篇》的研究内容，敬请期待！

最后，我要特别感谢我的家人，赵冬梅、杨军、周辉、杨红四、杨紫依、杨紫辰……没有你们的支持、鼓励和包容，本书不可能完成！

杨一翁

2023年11月17日于北方工业大学励学楼